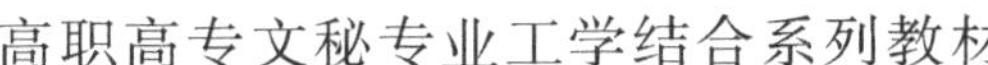
高职高专文秘专业工学结合系列教材

企业综合事务管理

Management of Enterprise's General Affairs

主　编　杨群欢
副主编　焦名海　李　柯　严晓蓉

ZHEJIANG UNIVERSITY PRESS
浙江大学出版社
·杭州·

高职高专文秘专业工学结合系列教材

总　序

2007年12月，浙江大学出版社邀请省内外数十所开设文秘专业的高职高专院校的教学负责人召开了高职高专文秘专业教学及教材建设研讨会。会议重点研讨了当前高职高专文秘专业建设、课程设置、招生就业、教材使用、工学结合课程改革等情况。大家一致认为，教材建设是文秘专业建设发展的重要环节，配合教学改革进行教材改革已迫在眉睫。会议决定开发一套"高职高专文秘专业工学结合规划教材"。

针对高职高专文秘专业的实际情况，结合目前秘书职业岗位需求和工作特点，浙江大学出版社确定了新编高职高专文秘专业工学结合系列教材的基本原则。即：思想性、科学性和方法论相统一；先进性和基础性相统一；理论知识和实践知识相统一；综合性和针对性相统一；教材内容与秘书职业岗位无缝接轨。同时根据高职秘书人才培养计划，遵循"以够用为度，以适用为则，以实用为标"方针，以职业活动为导向，以职业技能为核心，突出项目化、任务驱动的教学特点，体现实用性、技能性、职业性、融趣味性和可读性于一体的高职教育教学特色。

本系列教材主编和编写人员都是经过精选的，主要选择富有教学和教学改革实践经验的高职高专院校秘书专业的教师或秘书专业研究人员来担任。教材内容组合新知识、新技术、新内容、新案例、新材料，体现最新发展动态，具有前瞻性。编写体例新颖，主次分明；概念明确、案例丰富，同时安排了大量的便于教学过程中操作的实训方案，并有配套的习题和教学课件。

为了确保教材的编写质量，浙江大学出版社邀请了当前国内一流的文秘专业教学与研究方面的权威专家、学者对本套文秘专业工学结合改革教材进行了认真的审稿。专家们普遍给予了高度的肯定，同时也提出了很多宝贵的意见和建议，使得这套教材能更加完善。相信这是一套学生便于学习训练、教师便于教学指导的好教材。

教育部高职高专文秘专业教学指导委员会委员、教授

杨群欢

2009年6月18日

前　言

1999年6月，国务院组织召开了全国教育工作会议，提出要大力发展高等职业教育。随着高等职业教育的迅猛发展，原来的教材体系与内容已不能完全适应新时期发展的需要，编制改革创新教材已迫在眉睫。

2007年12月，浙江大学出版社组织来自浙江省各地开设文秘专业历史较长、办学水平较高、同行影响较大的高职院校文秘专业骨干教师，在杭州召开了文秘专业系列教材编前会议。会上强调教材编写要体现时代性、创新性和实践性。针对新时期秘书工作的特点，教材编写组在广泛调研的基础上，确定了基础知识够用，增加案例分析、突出技能训练，尤其是充分体现秘书职业岗位特点、工学结合紧密的编写基本原则。在每章后面增加案例分析和职业技能训练指导。

《企业综合事务管理》课程是一门符合新时期文秘专业改革的专业主干课程。由于高职高专文秘专业学生主要面向企事业单位就业，经过秘书教学工作者认真研讨，一致认为在文秘专业中需要开设针对企业秘书事务工作为主的《企业综合事务管理》课程。该教材安排了大量企业综合事务管理内容，与当今秘书岗位结合紧密。同时收集了较多的符合现代社会秘书工作岗位特点的案例。教材体系明晰，重点突出，技能训练操作性强。各高职高专院校在使用过程中可根据秘书工作的发展现状和教学需要，适当调整相关知识点和训练内容。

《企业综合事务管理》是2009年浙江省高校重点教材建设项目，经过近两年的建设，现在正式与大家见面。由于各位编写者都是忙碌在高校教学第一线的骨干教师，加上教材编写时间紧，秘书工作发展变化较快，教材难免有一些尚需完善和纠正的地方。敬请各位专家和同行及时提出宝贵意见。

编　者

2011年3月

目　录

模块一　企业员工管理

项目一　员工素质与员工激励

◎ 学习目标

知识目标

- 了解员工素质对增强企业活力的重要性。
- 掌握员工激励的基本理论。
- 掌握员工激励的方法。

能力目标

- 能够结合人性假设理论，解释一些员工管理中的现象。
- 能够应用激励理论解决现实问题。
- 能够结合实际设计激励方案。

◎ 工作任务

- 任务一：员工素质与企业活力基本认识。
- 任务二：员工激励及其方法。

◎ 导入案例

案例一　罗伟的困惑

罗伟已经在某计算机公司工作了五个年头。在这期间，他从普通编程员升职为资深的程序编制分析员。他对自己所服务的这家公司相当满意，很为工作中的创造性要求所激励。

一个周末的下午，罗伟和他的朋友及同事周安一起打保龄球。他了解到他所在的部门新雇了一位刚从大学毕业的程序编制分析员。尽管罗伟是个好脾气的人，但当他听说这新来者的起薪仅比他现在的工资少30元时，不禁发火了。罗伟迷惑不解。他感到这里一定有问题。

下周一的早上，罗伟找到了人事部主任，问他自己听说的事是不是真的？人事部主任带有歉意地说，确有这么回事。但他试图解释公司的处境："罗伟，编程分析员的市场相当紧俏。为使公司能吸引合格的人员，我们不得不提供较高的起薪。我们非常需要增加一名编程分析员，因此我们只能这么做。"

罗伟问能否相应调高他的工资时，人事部主任回答说："你的工资需按照正常的绩效评估时间评定后再调。你干得非常不错！我相信经理到时会给你提薪的。"罗伟向主任道了声"打扰了！"便离开了他的办公室，边走边不停地摇头，很对自己在公司的前途感到疑虑。

思考题：本案例描述的事件对罗伟的工作动力会产生什么样的影响？激励对于企业的重要意义表现在哪里？

提示：激励是一门艺术。2008年席卷全球的金融风暴已经为企业敲响警钟，危机时刻，员工绝不仅仅是一种工具，其主动性、积极性和创造性将对企业生存和发展产生巨大的作用。所以知识经济时代的企业领导一定要学会掌握科学而有效的激励方法，在危机环境下激发斗志、鼓舞士气，帮助企业度过寒冷的冬天。

◎ 理论导读

员工管理概述

员工管理实质上就是对员工的工作状态进行管理。如何提高员工的工作绩效，在实现组织目标的同时满足员工个人需要是员工管理的目标。知识经济时代，人力资源已经成为企业的第一资源。因此，员工管理的一个极为重要的问题，就是如何科学的管理人，以充分调动人的生产、工作积极性。而对人的科学管理，其理论和实践都必然要建立在对人的科学认识的基础之上。因此，对人性的认识，一直是管理学界一个重要课题。

一、关于人性的假设

人性假设理论，是管理学者根据自己对人性问题的探索研究的结果，对管理活动中的"人"的本质特征所作的理论假定。由于对人性的基本看法，从根本上影响着人们的管理思想、管理制度和管理的方式、方法，所以，对人性问题的理论探讨，几乎是伴随着管理科学的产生和发展进行的。19世纪末以来，随着管理科学的长足发展，西方先后出现了以下关于人性假设理论：19世纪末到20世纪初，出现了以泰勒为代表人物的"经济人"的人性假设理论；20世纪30年代出现了以梅奥为代表人物的"社会人"的人性假设理论；20世纪50年代，出现了以马斯洛、阿基里斯等人为代表人物的“自我实现人”的人性假设理论；20 世纪 60 年代出现了以史克思为代表人物的“复杂人”的人性假设理论；20 世纪 70 年代，出现了以西蒙等人为代表人物的“决策人”的人性理论观点；20 世纪 80 年代，又逐渐形成了一种“文化人”的人性理论观点。下面将重点介绍具有代表性的几种人性假设理论。

(一)“经济人”假设及其应用

“经济人”也被称作“唯利人”或“实利人”。“经济人”假设源于亚当·斯密的思想。亚当·斯密认为，人的行为动机根源于经济诱因，人都要争取最大的经济利益，工作就是为了取得经济报酬。

这种人性观产生于早期管理学阶段，当时，管理学者开始从经济的角度寻求人的工作的最主要的动机，不再把人看作完全被动的“工具人”。对于“经济人”的特征有如下概括：

1. 人是由经济诱因来引发工作动机的，人工作是为了谋求最大的经济效益。

2. 经济诱因在组织的控制下，人是被动地受组织的操纵、激发和控制而工作的。

3. 人的情感是非理性的，必须善于干涉他所追求的私利。

4. 组织必须设法控制个人的情感。

在“经济人”的人性理论影响下出现的管理模式有以下几个特点：

1. 实行的是任务管理。实行任务管理的管理者认为，管理就是计划、组织、经营、指导、控制、监督。他们只重视提高生产效率，完成任务指标，从根本上忽视了人的情感、需要、动机、人际交往等心理因素在管理中的作用。

2. 管理只是少数管理者的事，与广大职工无关，不允许工人参加管理，强调工人只需服从命令，听从指挥，接受管理，拼命工作。

3. 在管理方法上主张用金钱来刺激工人的生产积极性，用惩罚来对付工人的消极怠工行为。通俗地说，就是采取“胡萝卜加大棒”的政策。

(二)“社会人”假设及其应用

“社会人”假设起源于著名的霍桑实验。霍桑实验的结论是：工人不是机械的被动的机器，而是活生生的人；不是孤立的个体，而是复杂的社会系统的成员。因此把重视社会需要与自我尊重需要而轻视物质需要与经济利益的人称为“社会人”。这个理论的代表人物梅奥教授还认为，人们在工作中得到的物质利益是次要的，更重要的是人际关系。良好的人际关系是调动人的积极性的决定性因素。因此，梅奥教授等人认为，管理中的人不是“经济人”，而是“社会人”。

在“社会人”的人性假设理论影响下产生的管理思想及其管理措施，主要有以下四个特点：

1. 管理人员不能只注意完成生产任务，而应把注意的重点放在关心人、满足人的需要上。

2. 管理人员不能只注意指挥、监督、计划、控制和组织，而更应该重视职工之间的关系，培养和形成职工的归属感和整体感。

3. 在实行奖励时，提倡集体的奖励制度，而不主张个人奖励制度。

4. 管理人员的职能也应有所改变，他们不应只限于制订计划、组织工序、检验产品等，而应在职工与上级之间起联络人的作用。一方面，要倾听职工的需求和了解职工的思想感情，另一方面要向上级反映职工的呼声。

（三）“自我实现人”假设及其应用

“自我实现人”的假设是20世纪50年代末，由马斯洛、阿基里斯、麦格雷戈等人提出的。这种假设认为：人除了有社会交往需求外，还有一种想充分表现自己的能力，充分发挥自己能力的需要。

该理论是建立在马斯洛的“需要层次理论”基础之上的。马斯洛认为，人类需要的最高层次就是“自我实现”。所谓“自我实现”，是指人所具有的发挥自己的潜力，表现自己才能的需要。只有人的才能充分表现出来，人的潜力充分发挥出来，人才感到最大的满足，即“每个人都必须成为自己所期望的那种人”。马斯洛的基本意思是说，人都有积极努力，充分发挥自己的能力，取得优良成绩（效）的内在心理基础和可能性，这种可能性能否变为现实性，主要看有没有适宜的外部环境条件。

在管理思想和管理措施方面，“自我实现人”的人性假设理论与“经济人”、“社会人”等人性假设理论所产生的影响，也有很大不同。其主要特点是：

1. “经济人”的人性假设影响下产生的管理思想只重视物质因素，重视任务的完成，轻视人的作用和人际关系。在“社会人”的人性假设影响下产生的管理思想和管理措施与此相反，它重视人的作用和人际关系，而把物质因素放在次要地位。“自我实现人”的人性假设又把注意的重点从人的身上转移到工作环境上，但它重视环境因素不是把重点放在计划、组织、指导、监督、控制上面，而是要创造一种适宜的工作环境、工作条件，使人们能在这种条件下充分挖掘自己的潜力，充分发挥自己的才能，也就是说，能够充分地自我实现。

2. 管理人员职能的改变。从“自我实现人”的人性假设出发，管理者的主要职能既不是生产的指导者，也不是人际关系的调节者，而只是一个采访者。他们的主要任务在于如何为发挥人的才智创造适宜的条件，减少或消除职工自我实现过程中所遇到的障碍。

3. 奖励方式的改变。在“经济人”的人性假设影响下产生的管理思想，主张依靠物质刺激调动人的积极性。在“社会人”的人性假设影响下产生的管理思想，主张依靠搞好人际关系来调动职工的积极性。这些都是从外部来满足人的需要，而且主要是满足人的生理、安全和归属（交往）的需要。麦克雷戈则认为，对人的奖励可分为两大类：一类是外在奖励，加工资、提升及良好的人际关系；另一类是内在奖励。内在奖励是指人们在工作中获得知识、增长才干，充分发挥自己的潜力和心理上的满足和愉悦。只有内在奖励才能满足人的自尊和自我实现的需要，从而极大地调动人的积极性。麦克雷戈如下的话很能表达在“自我实现人”的人性假设影响下产生的管理思想的特点。他说：“管理的任务只在于创造一个适当的环境，即一个可以允许和鼓励每一位职工都能从工作中得到‘内在奖励’的环境。”

4. 管理制度的改变。从“自我实现人”的人性假设来看，管理制度也要做相应的改变。总的来说，管理制度应保证职工能充分地表露自己的才能，达到自己所希望的成就。

(四)“复杂人”假设及其应用

“复杂人”假设是20世纪60年代末至70年代初由沙因(Schen)提出的。“复杂人”的人性假设理论的基本内容主要有以下几点：

1. 人的需要是多种多样的，随着人的自身发展和社会生活条件的变化而发生变化，并且需要的层次也不断改组，因人而异。

2. 人在同一时期内有各种需要和动机，它们发生相互作用，并结合成一个统一的整体，形成复杂的动机模式。例如：两个人都想得到高额奖金，其动机可能不一样。一个人可能是为了改善物质、文化生活，另一个人可能是把得到高额奖金看成是自己取得高的技术成就的标志。

3. 一个人在不同单位或同一单位的不同部门工作，会产生不同的需要。例如：一个人在工作单位可以表现出很不合群，而在业余时间和非正式团体中却可以满足交往的需要。

4. 人可以依据自己的动机、能力和工作性质，来适应各种不同的管理方式。但是，没有一种万能的管理方式，适用于各种人。

“复杂人”假设理论所倡导的管理方式为：

1. 管理者本身要有较大弹性，其行为应能确实改变和调整，以适应不同人的不同情况；

2. 要了解员工的能力差异和需求差异，在安排工作时要充分考虑这些差异。

二、员工管理的内容和目标

(一)员工管理的内容

根据Han Williams在《员工管理》(*Managing People*)一书中的描述，员工管理应该包括以下内容：

1. 布置任务和行动；

2. 对正在做的事情进行检查；

3. 激励员工，让他们做得更好；

4. 对一些做事的方法进行批评指正；

5. 了解无法完成工作的原因；

6. 确定工资和奖金；

7. 对职业生涯发展进行建议；

8. 帮助员工渡过个人生活中的危机。

全球著名的盖洛普管理咨询顾问公司研究人员采用问卷调查的方式，让员工回答一系列问题，这些问题都与员工的工作环境和对工作场所的要求有关。最后，他们对员工的回答作了分析和比较，并得出了员工的12个需要。这些需要是薪酬和福利待遇以外的需要，它们集中体现了现代企业管理中员工管理的新内容。这些需求是：

1. 在工作中我知道公司对我有什么期望；

2. 我有把工作做好所必需的器具和设备；

3. 在工作中我有机会做我最擅长做的事；

4. 在过去的7天里，我出色的工作表现得到了承认和表扬；

5. 在工作中我的上司把我当一个有用的人来关心；

6. 在工作中有人常常鼓励我向前发展；

7. 在工作中我的意见一定有人听取；

8. 公司的使命或目标使我感到工作的重要性；

9. 我的同事们也在致力于做好本职工作；

10. 我在工作中经常会有一个最好的朋友；

11. 在过去的6个月里，有人跟我谈过我的进步；

12. 去年，我在工作中有机会学习和成长。

(二)员工管理的目标

阿布雷在其所著的《管理的演进》(The Management Evolution)中提出了“管理的十大要领”。在这十大要领中有六项是关于员工管理的。这六项要领也可以作为人力资源部门进行员工管理的六大目标，它们分别是：

1. 应使员工明白企业制定的目标，以确保其实现；

2. 应使企业中的每一位成员都了解其职责、职权范围以及与他人的工作关系；

3. 定期检查员工的工作绩效及个人潜力，使员工个人得到成长和发展；

4. 协助并指导员工提高自身素质，以作为企业发展的基础；

5. 应有恰当及时的鼓励和奖赏，以提高员工的工作效率；

6. 使员工从工作中得到满足感。

任务一　员工素质与企业活力基本认识

企业活力，就是企业获得和保持较高经济效益的能力，以及使这种能力得以充分发挥的企业机制。增强企业活力是一项庞大的系统工程。它既受企业外部环境的影响，又受企业内部因素的制约。而企业内部因素较之其他诸多因素，又起着决定性的作用。人是生产力中最活跃的因素，现代企业员工是企业生产力中的主导因素，提高员工素质，充分发挥其积极性、智慧和创造力是增强企业活力的重要途径。这主要表现在以下几方面。

一、提高员工素质才能增强企业的应变能力和竞争能力

企业的应变能力与竞争能力是企业活力的主要标志。随着我国企业从过去单纯生产型管理转变为新型的生产经营型管理，提高企业的经济效益已成为企业工作的中心。因此必须更加注重提高企业自身的应变能力和竞争能力，实现企业自我改造、自我积累、自我发展的良好循环。由于企业的外部环境是千变万化的，因而企业必须审时度势，制定正确的经营决策，科学地组织生产管理，从而占领市场，取得良好的经济效益。

从某种意义上讲，企业就是一个完善的系统，是许多具有不同特性的部分相互联系、相互协调、相互影响、相互适应所形成的整体。若其中任何一个环节出现问题，都会影响企业生产经营的正常运转，给企业造成损失。尽管现代高科技手段的应用增强了工作的合理性、科学性，但最终工作是要靠员工完成的。员工素质的高低决定了工作质量的好坏，而工作质量又决定了企业生产经营状况。因此，没有高素质的员工就不会有高质量的工作和产品，整个企业也就不可能灵活运转。因此提高员工素质就是提高企业的应变能力。

企业是否充满活力，其重要标志还在于企业有没有竞争力。竞争是商品经济规律的要求，竞争能力是占领并开拓市场的必要条件，是搞活企业的前提。企业的竞争能力来源于其高质量的产品和低廉的成本。提高产品质量、降低物质消耗是提高竞争能力的重要环节。这些工作的进行都离不开员工素质这个基础。市场竞争，归根结底是人才的竞争。只有提高了员工的素质，才能合理运用科学管理手段，去完成预定的目标。如果不注重员工素质的提高，过多地依赖机制的转化、物质利益的分配等方法，那只会适得其反，成为无源之水，无本之木。

二、企业的技术进步和发展离不开员工素质的提高和进步

企业作为国民经济的细胞，应当具有推陈出新不断吸收消化新技术并发展壮大自身的能力。一个有活力的企业，能够在国家政策方针允许的范围内，利用自身的积累顺利地实现扩大再生产，在新的世界技术革命挑战面前，及时地吸收并消化新技术，适时适当地采用新设备、新工艺，不断地进行企业的自我更新和改造。如果员工素质不高，不具备应有的智力和创造力，企业的更新与改造就会成为空谈。只有提高了员工素质，才能从根本上提高企业的整体技术水平。在现代工业生产中，科学技术与生产经营活动是密切结合的，特别是在劳动工具和劳动对象中日益渗透和凝聚着高度复杂的技术和科学。而科学技术及其生产工具只有被高素质的企业员工所运用时，才能变为现实的、有意义的生产力。

三、员工素质的高低决定着企业经营管理水平的高低

企业经营管理是一门综合技术,从某种意义上讲也是一种生产力。三分技术,七分管理,这已是被国际上发达国家所公认并证实了的事实。如果把技术和管理比做企业的两个轮子,员工素质则是连接两个轮子的链条,它带动并制约着轮子的旋转。现代企业经营管理已由从物到人的管理发展成为从人到物的管理,即从抓人入手,依靠员工的智慧才能,动员全体员工主动地抓管理经营,管设备,开发新产品,开拓新市场。人的管理已成为企业管理的核心。我们有许多企业,论设备条件并不逊色,但还是亏损甚至破产,究其原因,即是违背了企业管理的运行规律,忽视了人的作用,把人的管理放在了无足轻重的地位。

以人为中心的企业经营管理,要求管理者和被管理者必须树立新的观念,发挥人的作用,提高员工素质特别是员工自我管理意识。做到努力有方向,前进有动力,工作有压力。使员工主动掌握现代管理手段,并付诸实施,从整体上提高企业经营管理水平。如大连显像管厂,是一个兴建历史不长的中型企业,但全厂员工却经历了一个艰难痛苦却又是一个成功的观念转变过程,形成了一种严格管理的局面,企业出现了蓬勃发展的大好形势。有位日本专家说:“走进这个厂的车间,如果工人不讲话,我还以为是在日本一流的企业里。”可见,员工素质决定了企业经营管理的水平。

任务二　员工激励及其方法

一、激励理论

在经济发展的过程中,劳动分工与交易的出现带来了激励问题。激励理论是行为科学中用于处理需要、动机、目标和行为四者之间关系的核心理论。行为科学认为,人的动机来自需要,由需要确定人们的行为目标,激励则作用于人内心活动,激发、驱动和强化人的行为。激励理论是业绩评价理论的重要依据,它说明了为什么业绩评价能够促进组织业绩的提高,以及什么样的业绩评价机制才能够促进业绩的提高。

(一)激励过程

激励(motivation)通常是和动机连在一起的,是指影响人们的内在需求或动机,从而加强、引导和维持行为的活动或过程。

从心理学的角度分析,人的行为是由动机所支配的,动机是由需要引起的,动机引起行为,维持行为并指引行为去满足某种需要。从激励的内涵看,意味着组织中的领导者应该从行为科学和心理学的基础出发,认识员工的组织贡献行为,即认识到人的行为是由动机决定的,而动机则是由需要引起的。动机产生以后,人们就会寻找能够满足需要的目标,而目标一旦确定,就会进行满足需要的活动。从需要

到目标，人的行为过程是一个周而复始、不断进行、不断升华的循环。这个反复的过程就是激励过程。如图 1-1 所示。

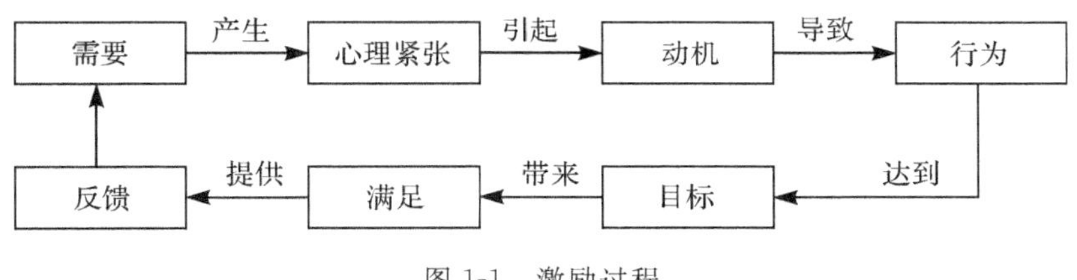

图 1-1 激励过程

正是从需要这种人的动机导向出发，引出了关于如何激励的各种理论。

（二）需要层次理论

需要层次理论（Hierarchy of Needs Theory）是美国心理学家亚伯拉罕·马斯洛（Abraham Maslow）于 20 世纪 40 年代提出的。该理论认为，人人都有许多复杂的需要，而这些需要可以按其优先次序排列成阶梯式的层次系列。从低级到高级划分为五个层次：生理需要、安全需要、社交需要、尊重需要与自我实现的需要。

1. 生理需要。指人类生存最基本的需要，如食物、水、住房、医药等。这是动力最强大的需要，如果这些需要得不到满足，人类就无法生存，也就谈不上其他的需要。

2. 安全需要。是指保护自己免受身体和情感伤害的需要。这种安全需要体现在社会生活中是多方面的，如生命安全、劳动安全、职业有保障、心理安全等。

3. 社交需要。包括友谊、爱情、归属、信任与接纳的需要。人们一般都愿意与他人进行社会交往，想和同事们保持良好的关系，希望给予和得到友爱，希望成为某个团体的成员等等。这一层次的需要得不到满足，可能会影响人的精神上的健康。

4. 尊重需要。包括自尊和受到别人尊重两方面。自尊是指自己的自尊心，工作努力不甘落后，有充分的自信心，获得成就感后的自豪感。受人尊重是指自己的工作成绩、社会地位能得到他人的认可。这一层次的需要一旦得以满足，必然信心倍增，否则就会产生自卑感。

5. 自我实现的需要。这是最高一级的需要，指个人成长与发展，发挥自身潜能、实现理想的需要。即人希望自己能够充分发挥自己的潜能，做他最适宜的工作。马斯洛认为，如果一个人想得到最大快乐的话，那么，一个音乐家必须创作乐曲，一个画家必须绘画，一个诗人必须写诗。一个人能做哪样的人，他就必须成为那样的人。

马斯洛认为，上述五种需要，以层次形式依次从低级到高级排列，可表示成金字塔形。一般来说，只有当某低层次的需要相对满足之后，其上一级需要才能转为强势需要。马斯洛的需要层次理论，对揭示人类复杂的需要的普遍规律性做出了贡献，且具有直观、易于理解、相对较合理等特点，因此成为国内外许多管理理论的重要基础。但是在应用该理论时，也应该看到，人的需要是复杂的，往往不能机械地、绝对地按层次进行划分，也并不一定严格地按上述各个层次逐级去满足。例如，会有这样的人，在其温饱尚未解决的情况下，却一味地追求个人价值的实现。对于这种特别的情况，就要具体问题具体分析，而不要盲目照搬该理论。

马斯洛的需要层次理论在企业管理中也有着广泛的应用，据一些西方管理心理学家宣称，马斯洛的需要层次理论能够帮助企业家管理好员工。根据员工的需要，即员工的追求目标，管理者可以采取相应的管理制度与措施，如表 1-1 所示，表明了需要层次和管理制度和措施的相互关系。

表 1-1　需要层次与管理措施

需要的层次	诱因(追求的目标)	管理制度与措施
1. 生理需要	薪水、健康的工作环境、各种福利	身体保健(医疗设备)、工作时间(休息)、住宅设施、福利设备
2. 安全需要	职位的保障、意外的防止	职务保证、退休金制度、健康保险制度、意外保险制度
3. 社会需要	友谊(良好的人群关系)、团体的接纳、与组织的一致	利润分配制度、团体活动制度、互助金制度、娱乐制度、教育训练制度
4. 尊重需要	地位、名分、自尊、权力、责任、与他人薪水之相对高低	人事考核制度、晋升制度、表彰制度、奖金制度、选拔进修制度、委员会参与制度
5. 自我实现的需要	能发展个人特长的组织环境，具有挑战性的工作	决策参与制度、提案制度、研究发展计划、劳资会议

(三) 双因素理论

双因素理论也叫“保健-激励理论”(Motivation-Hygiene Theory)，是美国心理学家弗雷德里克·赫兹伯格(Frederick Hertzberg)于 20 世纪 50 年代后期提出的。这一理论的研究重点，是组织中个人与工作的关系问题。赫兹伯格试图证明，个人对工作的态度在很大程度上决定着任务的成功与失败。为此，他在 50 年代后期，在匹兹堡地区的 11 个工商业机构中，向近 2000 名白领工作者进行了调查。在调查中，他用所设计的诸多有关个人与工作关系的问题，要求受访者在具体情景下详细描述他们认为工作中特别满意或特别不满意的方面。

最后，通过对调查结果的综合分析，赫兹伯格发现，引起人们不满意的因素往往是一些工作的外在因素，大多与他们的工作条件和环境有关，能给人们带来满意的因素，通常都是工作内在的，是由工作本身所决定的。

由此，赫兹伯格提出，影响人们行为的因素主要有两类：保健因素和激励因素。

保健因素是那些与人们的不满情绪有关的因素，如公司的政策、管理和监督、人际关系、工作条件等。保健因素处理不好，会引发对工作不满情绪的产生，处理得好，可以预防或消除这种不满。但这类因素并不能对员工起激励的作用，只能起到保持人的积极性、维持工作现状的作用。所以保健因素又称为“维持因素”。激励因素是指那些与人们的满意情绪有关的因素。与激励因素有关的工作处理得好，能够使人们产生满意情绪，如果处理不当，其不利效果顶多只是没有满意情绪，而不会导致不满。他认为，激励因素主要包括这些内容：工作表现机会和工作带来的愉快，工作上的成就感，由于良好的工作成绩而得到的奖励，对未来发展的期望，职务上的责任感等。

赫兹伯格双因素激励理论的重要意义，在于它把传统的满意—不满意（认为满意的对立面是不满意）的观点进行了拆解，认为传统的观点中存在双重的连续体：满意的对立面是没有满意，而不是不满意；同样，不满意的对立面是没有不满意，而不是满意。这种理论对企业管理的基本启示是：要调动和维持员工的积极性，首先要注意保健因素，以防止不满情绪的产生。但更重要的是要利用激励因素去激发员工的工作热情，努力工作，创造奋发向上的局面，因为只有激励因素才会增加员工的工作满意感。

对于管理者来说，双因素理论也有重要作用。赫茨伯格告诉我们，满足各种需要所引起的激励程度和效果是不一样的。物质需求的满足是必要的，没有它会导致不满，但是即使获得满足，它的作用往往也是很有限的、不能持久的。要调动人的积极性，不仅要注意物质利益和工作条件等外部因素，更重要的是要注意工作的安排，量才录用，各得其所，注意对人进行精神鼓励，给予表扬和认可，注意给人以成长、发展、晋升的机会。随着物质需求的满足，这种内在激励的重要性将会越来越明显。

不过，正如马斯洛的需要层次论在讨论激励的内容时有固有的缺陷一样，赫兹伯格的双因素理论也有欠完善之处。像在研究方法、研究方法的可靠性以及讨论的员工满意度与劳动生产率之间存在的一定关系，但他所用的研究方法只考察了满意度，并没有涉及劳动生产率。

（四）期望理论

期望理论是美国行为科学家维克多·弗鲁姆（Victor Vroom）在 1964 年出版的《工作与激励》一书中提出的，该理论一出现，就受到国内外管理学者和实际管理工作者的普遍重视。目前，人们已把期望理论作为最主要的激励理论之一。

期望理论认为人的行为过程实际上是一种决策过程。人们在做出某一种行为之前，总要对行为可能产生的结果、行为结果对个人会带来何种报酬、这种报酬对个人的吸引力等问题进行估计，人们对行为的结果将会带来的满足寄予期望，这种期望是激发人们采取行动的动机。

弗鲁姆认为，一个人从事某一活动激励力量（Motivation）的大小取决于"该项活动所产生的成果的吸引力的效价的大小"（Value）和"获得预期成果的可能性"即期望值（Expectancy）。

激励力量（M）＝效价（V）×期望值（E）

激励力量（M）指调动一个人的积极性，激发人的内部潜力的强度，效价（V）是个体对达成目标后满足个人需要价值的估计，期望值（E）指个体对某项目标能够实现预期结果的可能性大小的估计。

这个公式实际上提出了在进行激励时要处理好三方面的关系。

1.努力和绩效的关系。即个人认为通过一定的努力会达到预期绩效的可能性，也就是要回答："如果我付出了最大的努力，是否会在绩效评估中体现出来"。如果个人认为付出努力取得绩效的概率较高，就可能激发出很强的信心和动力。如果个人认为无论努力程度多高（如认为目标太高，自己能力缺陷，领导有偏见），也不会有好的绩效，就会失去工作的动力。

2.绩效与奖励的关系。即个人相信一定水平的绩效会带来所希望的奖励结果的程度，也就是要回答："如果我获得了好的绩效，是否会得到组织奖励"，如果认为取得绩效后能获得合理的奖励，就有可能产生工作热情，否则可能就没有积极性。

3.奖励与满足个人需要的关系。即组织奖励满足个人目标或需要的程度以及这些奖励对个人的吸引力，也就是要回答："如果我得到奖励，我是否认为它们对我具有吸引力"。员工努力工作以期获得晋升，得到的却是加薪，员工希望得到一个挑战性的工作，得到了仅仅是几句表扬。这些例子表明由于员工的年龄、资历、能力、个性等方面存在差异，需要满足的程度就不同，采用同一种办法奖励能激发出的动力也就不同，因此根据每个员工的个人需要设置奖励是十分重要的。

期望理论具有较高的实际价值，作为一个权变模型，表明了不存在一种普遍的原则能解释所有人的激励力量，重要的是要了解个人努力与绩效、绩效与奖励、奖励与个人需要满足之间的关系。管理者要激发员工从事某项活动并努力工作，一方面应使员工了解这项活动成果的吸引力，并尽量加大这种吸引力。另一方面要采取措施帮助员工提高获得绩效的能力，提高他们对获得绩效的可能性的估计，以便提高激励力量和激励效果。

（五）公平理论

公平理论又称社会比较理论，是美国的史坦斯·亚当斯（Stancy Adams）于20世纪60年代提出的。

公平理论认为，个人不仅关心自己经过努力所获得报酬的绝对数量，也关心自己获得报酬的相对数量，即关心自己报酬和其他人报酬的关系。在一个人投入（如努力、经验、能力、受教育水平）的基础上，对产出（如工资、加薪、认可或其他因素）进行比较，当人们感到自己的产出/投入比和其他人的产出/投入比不平衡时，就会产生紧张感，这种紧张状态能提供一种动机使人们采取行动以纠正这种不公平。如表 1-2 所示，如果我们的比率与相比较的人的比率相等，那么我们会感到公平感。如果比率不相等时，我们就会经历紧张感（被剥夺感或内疚感），这种紧张感，会成为行为改变的激励基础。

表 1-2　公平理论

比率比较	感觉	行为
$O_A/I_A < O_B/I_B$	报酬过低产生不公平感、被剥夺感	行为改变
$O_A/I_A = O_B/I_B$	公平感或满意感	行为不变
$O_A/I_A > O_B/I_B$	报酬过高产生不公平感或自豪或内疚感	行为改变

O_A/I_A　员工的产出 /投入比

O_A/I_A　相关的其他人的产出/投入比。

员工可能把自己与朋友、邻居、同事或其他组织成员相比较，也可能与自己过去的工作经验相比较。常用来比较的有四种参照对象：

自我——内部：员工在组织中过去的产出/投入比

自我——外部：员工在其他组织中的产出/投入比

别人——内部：同一组织中其他人的产出/投入比

别人——外部：其他组织中其他人的产出/投入比

根据公平理论，当员工感到不公平时，他们可能采取以下几种做法以期实现公平：

(1)改变自己的投入。（如不再像以前那么努力工作。）

(2)改变自己的产出。（如通过降低质量来增加产量以期增加报酬。）

(3)改变自我感知。（如我曾以为只要努力工作就能得到认可，但现在我意识到仅仅努力工作是不够的。）

(4)改变对其他人的看法。（如小李的工作能力还是很强的。）

(5)选择另一个参照对象进行比较。（如我虽然不如小李，但我比小张强多了。）

(6)离职。（如辞去现在的工作。）

公平理论提出的基本观点是客观存在的，但公平本身却是非常复杂的问题，根据近期的研究和客观现实，应这样理解公平：

1. 公平是相对的不是绝对的。因为公平感的判断是主观判断，个人对自己的产出/投入比和相关其他人的产出/投入比都是个人感觉，而一般人总是对自己的投入估计过高，对他人的投入估计过低。

2. 公平理论的研究，其产出着眼于工资。但实际上员工也从组织的其他奖励分配中寻求公平，有证据表明，高社会地位的头衔、宽敞、装饰豪华的办公室等在一些员工对产出判断中起重要作用。

3. 公平理论重视分配的公平。公平理论着眼于个人可见的报酬的数量和分配的公平(distributive justice),近期的研究认为应扩展公平的含义,公平不仅是指分配公平,也应考虑程序公平(procedural justice),即用来确定报酬分配的决策过程的程序的公平。程序公平影响员工对组织的承诺,对上级的信任和离职的可能。管理者需要考虑分配的决策过程应公开,应遵循平等的无偏见的原则。通过增加程序公平,使员工即使对报酬产生不满,也可能以积极的态度看待组织和领导。

(六)强化理论

这种理论观点主张对激励进行针对性的刺激,只看员工的行为及其结果之间的关系,而不是突出激励的内容和过程。强化理论是由美国心理学家斯金纳(B. F. Skinner)首先提出的。该理论认为人的行为是其所受刺激的函数。如果这种刺激对他有利,则这种行为就会重复出现若对他不利,则这种行为就会减弱直至消失。因此管理要采取各种强化方式,以使人们的行为符合组织的主目标。根据强化的性质和目的,强化可以分为正强化和负强化两大类型。

1. 正强化

所谓正强化,就是奖励那些符合组织目标的行为,以使这些行为得到进一步加强,从而有利于组织目标明确实现。正强化的刺激物不仅包含奖金等物质奖励,还包含表扬、提升、改善工作关系等等精神奖励。为了使强化达到预期的效果,还必须注意实施不同的强化方式。有的正强化是连续的、固定的正强化,譬如对每一次符合组织目标的行为都给予强化,或每隔一固定的时间给予一定数量的强化。尽管这种强化有及时刺激、立竿见影的效果,但久而久之,人们就会对这种正强化有越来越高的期望,或者认为这种正强化是理所应当的。管理者要么不断加强这种正强化,否则其作用会减弱甚至不再起到刺激行为的作用。另一种正强化的方式是间断的、时间和数量都不固定的正强化,管理者根据组织的需要和个人行为在工作中的反映,不定期、不定量实施强化,使每次强化都能起到较大的效果。实践证明,后一种正强化更有利于组织目标的实现。

2. 负强化

所谓负强化,就是惩罚那些不符合组织目标的行为,以使这些行为削弱甚至消失,从而保证组织目标的实现不受干扰。实际上,不进行正强化也是一种负强化,譬如,过去对某种行为进行正强化,现在组织不再需要这种行为,但基于这种行为并不妨碍组织目标的实现,这时就可以取消正强化,使行为减少或者不再重复出现。同样,负强化也包含着减少奖酬或罚款、批评、降级等。实施负强化的方式与正强化有所差异,应以连续负强化为主,即对每一次不符合组织的行为都应及时予以负强化,消除人们的侥幸心理,减少直至消除这种行为重复出现的可能性。

总之,强调行为是其结果的函数,通过适当运用及时的奖惩手段,集中改变或修正员工的工作行为。强化理论的不足之处，在于它忽视了诸如目标、期望、需要等个体要素，而仅仅注重当人们采取某种行动时会带来什么样的后果，但强化并不是员工工作积极性存在差异的唯一解释。

二、员工激励的原则及方法

(一)员工激励的原则

对于员工的激励问题，每个公司由于实际情况不同，都会有自己的激励政策和措施。激励政策与其他人力资源政策的不同之处在于：激励政策有更大的风险性，如果它不给公司带来正面的影响，就很可能带来负面的影响。所以，经理人在制定和实施激励政策时，一定要谨慎。如果在制定和实施激励政策时能够注意一些必要原则，则有助于提高激励的效果。

1. 激励要因人而异

由于不同员工的需求不同，相同的激励措施起到的激励效果也不尽相同。即便是同一位员工，在不同的时间或环境下，也会有不同的需求。由于激励取决于内因，是员工的主观感受，所以，激励要因人而异。

在制定和实施激励措施时，首先要调查清楚每个员工真正需要的是什么。将这些需要整理、归类，然后再制定相应的激励措施。

2. 奖惩适度

奖励和惩罚会直接影响激励效果。奖励过重会使员工产生骄傲和满足的情绪，失去进一步提高自己的欲望；奖励过轻起不到激励效果，或者让员工产生不被重视的感觉。惩罚过重会让员工感到不公，或者失去对公司的认同，甚至产生怠工或破坏的情绪；惩罚过轻会让员工轻视错误的严重性，从而可能还会犯同样的错误。

3. 公平公正

公平性是员工管理中一个很重要的原则，任何不公的待遇都会影响员工的工作效率和工作情绪，影响激励效果。取得同等成绩的员工，一定要获得同等层次的奖励；同理，犯同等错误的员工，也应受到同等层次的处罚。如果做不到这一点，管理者宁可不奖励或者不处罚。

管理者在处理员工问题时，一定要有一种公平的心态，不应有任何的偏见和喜好，不能有任何不公的言语和行为。

4. 奖励正确的事情

管理学家米切尔·拉伯夫经过多年的研究，发现一些管理者常常在奖励不合理的工作行为。他根据这些常犯的错误，归结出应奖励和避免奖励的十个方面的工作行为：

(1)奖励彻底解决问题，而不是只图眼前利益的行动；

(2)奖励承担风险而不是回避风险的行为；

(3)奖励善用创造力而不是愚蠢的盲从行为；

(4)奖励果断的行为而不是光说不练的行为；

(5)奖励多动脑筋而不是奖励一味苦干；

(6)奖励使事情简化而不是使事情不必要地复杂化；

(7)奖励沉默而有效率的人，而不是喋喋不休者；

(8)奖励有质量的工作，而不是匆忙草率的工作；

(9)奖励忠诚者而不是跳槽者；

(10)奖励团结合作而不是互相对抗。

(二)员工激励的一般方法

上述关于激励的各种理论，都是突出不同激励环节的结果。在管理实践中，孤立地看待和应用它们都是不完善的。实践中激励和绩效之间并不是简单的因果关系。要使激励能产生预期的效果，就必须考虑到奖励内容、奖励制度、组织分工、目标设置、公平考核等等一系列的综合因素，并注重个人满意程度在努力中的反馈。另外，需要注意的是，所有的激励理论都是一般而言的，而每个员工都有自己的特性，他们的需求、个性、期望、目标等个体变量各不相同。

因而领导者根据激励理论处理激励实务时，应该针对员工的不同特点采用不同的方法。结合上述的各种激励理论，常用的主要有五种激励方式：物质激励、工作激励、成就激励、环境激励以及培训教育激励。

1. 物质激励

物质激励的内容包括工资奖金和各种公共福利。它是一种最基本的激励手段，因为获得更多的物质利益是普通员工的共同愿望，它决定着员工基本需要的满足情况。同时，员工收入及居住条件的改善，也影响着其社会地位、社会交往，甚至学习、文化娱乐等精神需要的满足情况。

2. 工作激励

工作激励是指通过分配适当的工作来激发员工内在的工作热情。用工作本身来激励员工是最具激发性的一种激励方式。如果我们能让员工干其最喜欢的工作，就会产生这种激励。管理者应该了解员工的兴趣所在，发挥各自的特长，从而提高效率。另外，管理者还可以让员工自主选择自己的工作。通过这种方式安排的工作，工作效率也会大大的提高。

3. 成就激励

成就激励是指在正确评估工作成果的基础上给员工以合理奖惩，以保证员工行为的良性循环。随着社会的发展，人们生活水平的提高，越来越多的人在选择工作时已经不仅仅是为了生存。对知识型员工而言，工作更多的是为了获得一种成就感。所以成就激励是员工激励中一个非常重要的内容。根据作用不同，我们可以把成就激励分为组织激励、榜样激励、荣誉激励、绩效激励、目标激励和理想激励六个方面。

(1)组织激励

在公司的组织制度上为员工参与管理提供方便,这样更容易激励员工提高工作的主动性。管理者首先要为每个岗位制定详细的岗位职责和权利,让员工参与到制定工作目标的决策中来。在工作中,让员工对自己的工作过程享有较大的决策权。这些都可以达到激励的目的。

(2)榜样激励

群体中的每位成员都有学习性。公司可以将优秀的员工树立成榜样,让员工向他们学习。虽然这个办法有些陈旧,但实用性很强。就像一个坏员工可以让大家学坏一样,一位优秀的榜样也可以改善员工的工作风气。

(3)荣誉激励

为工作成绩突出的员工颁发荣誉称号,代表着公司对这些员工工作的认可。让员工知道自己是出类拔萃的,更能激发他们工作的热情。

(4)绩效激励

在绩效考评工作结束后,让员工知道自己的绩效考评结果,有利于员工清醒的认识自己。如果员工清楚公司对他工作的评价,就会对他产生激励作用。

(5)目标激励

为那些工作能力较强的员工设定一个较高的目标,并向他们提出工作挑战。这种做法可以激发员工的斗志,激励他们更出色地完成工作。这种工作目标挑战如果能结合一些物质激励,效果会更好。

(6)理想激励

每位员工都有自己的理想,如果他发现自己的工作是在为自己的理想而奋斗,就会焕发出无限的热情。管理者应该了解员工的理想,并努力将公司的目标与员工的理想结合起来,实现公司和员工的共同发展。

4.环境激励

环境激励是指环境是实现激励的一个载体,有效的激励是靠“对的”环境来支撑,就好比美丽健康的花朵是需要一个温度、湿度适宜的花房来成长。而一个有助激励的环境是依附于企业的机制体系(包括:企业文化、公正公开的人力资源政策、良好的劳资协调、完善的奖惩制度、员工成长规划以及一个良好的沟通平台等等),而这个平台是必须具备公平性和时效性的。环境激励主要包括三种形式。

(1)政策环境激励

公司良好的制度、规章等都可以对员工产生激励。这些政策可以保证公司员工的公平性,而公平是员工的一种重要需要。如果员工认为他在平等、公平的公司中工作,就会减少由于不公而产生的怨气,提高工作效率。

(2)客观环境激励

公司的客观环境，如办公环境，办公设备，环境卫生等都可以影响员工的工作情绪。在高档次的环境里工作，员工的工作行为和工作态度都会向"高档次"发展。

5. 培训教育激励

培训教育激励则是通过灌输组织文化和开展技术知识培训，提高员工的素质，增强其更新知识、共同完成组织目标的热情。通过培训，可以提高员工实现目标的能力，为承担更大的责任、更富挑战性的工作及提升到更重要的岗位创造条件。在许多著名的公司里，培训已经成为一种正式的奖励。

进入20世纪90年代以来，西方企业在多种激励理论的基础上，提出了一些形式新颖的激励计划，竭力改善企业员工的满意度和绩效，值得参考。这些计划主要包括绩效工资、分红、员工持股、总奖金、知识工资和灵活的工作日程等。

1. 绩效工资

企业突出绩效工资意味着员工是根据他的绩效贡献而得到奖励的，因此这种工资一般又称为奖励工资。它实际上是激励的期望理论和强化理论的逻辑结果，因为增加工资是和工作行为挂钩的。通用汽车公司就曾大力推行这种激励计划。公司管理层在取消员工的年度生活补贴后，建立了一种绩效工资制度，通过长工资刺激员工的工作任务。公司管理层分别对员工人数的上限10%、上中部25%、中部55%和下限10%强化工资差别。

2. 分红

分红是员工和管理人员在特定的单位中，当单位绩效打破预先确定的绩效目标时，接受奖金的一项激励计划。这些绩效目标可以是细化了的劳动生产率、成本、质量、顾客服务或者利润。和绩效工资不同的是，分红鼓励协调和团队工作，因为全体员工都对经营单位的利益在做贡献。绝大多数公司都采用了某种精确的指定绩效目标和奖金的核算方法。

3. 员工持股计划

员工持股计划(Employee Stock Ownership Plans，ESOPs)给予员工部分企业的股权，允许他们分享改进的利润绩效。相对而言，员工持股计划在小企业的管理中比较流行，但也有像宝洁公司(P&G)这样的大企业在采用这种激励计划。员工持股计划实际上是公司以放弃股权的代价来提高生产率水平。绝大多数企业主管发现这种激励形式的效果很不错。员工持股计划使得员工们更加努力工作，因为他们是所有者，要分担企业的盈亏。但要使这种激励计划有效进行，管理人员必须向员工提供全面的公司财务资料，赋予他们参加主要决策的权力，以及给予他们包括选举董事会成员在内的投票权。

4. 总奖金

总奖金是以绩效为基础的一次性现金支付计划。单独的现金支付旨在提高激励的效价。这种计划在员工感到他们的奖金真正反映了公司的繁荣时才有效，不然，效果适得其反。

5. 知识工资

知识工资是指一个员工的工资随着他能够完成的任务的数量增加而增加。知识工资增加了公司的灵活性和效率，因为公司需要的做工作的人会越来越少。但要贯彻这项计划，公司必须有一套高度发达的员工评估程序，必须明确工作岗位，这样工资才可能随着新工作的增加而增加。

6. 灵活的工作日程

灵活的工作日程主要指取消对员工固定的5日上班每日工作8小时工作制的限制。修改的内容包括四日工作制、灵活的时间以及轮流工作。执行四日工作日就是工作四天，每天10小时，而不是五日工作制中的每天从上午8点到下午5点的8个小时。这一激励目的，是满足员工想得到更多闲暇时间的需要。灵活的时间就是让员工自己选择工作日程。轮流工作是让两个或两个以上的人共同从事某一项40小时工作周的工作。这一激励计划意味着公司同意使用兼职员工，这很大程度是为了满足带小孩的母亲的需要，同时又消除了员工因长期从事某种工作而导致的枯燥和单调。

上述这些激励计划，一个最明显的优势，是企业增强了对熟练员工的组织吸引力，最终有效降低了对这种员工的市场搜寻成本和培训成本。在20世纪90年代的企业经营中，员工的知识积累日益成为企业重要的竞争优势，对员工的管理要从知识管理的高度把握。

◎ 技能训练

训练一　员工激励的有效方法

一、训练目标

通过实训，理解员工管理中对人的认识，理解激励的基本原理，掌握激励的常用方法以及激励方法的发展趋势，能够结合企业实际分析激励中存在的问题并设计合理的激励方案。

二、训练方案与要求

（一）案例内容

助理工程师王强，一个名牌大学高材生，毕业后工作已8年，于4年前应聘调到一家大厂工程部负责技术工作，工作勤恳负责，技术能力强，很快就成为厂里有口皆碑的“四大金刚”之一，名字仅排在一号种子、厂技术部主管陈工之后。然而，工资却同仓管人员不相上下，夫妻小孩三口尚住在来时住的那间平房。对此，他心中时常有些不平。

黄厂长，一个有名的识才老厂长，“人能尽其才，物能尽其用，货能畅其流”的孙中山先生名言，在各种公开场合不知被他引述了多少遍，实际上他也是这样做了。4 年前，王强调来报到时，门口用红纸写的“热烈欢迎王强工程师到我厂工作”几个不凡的颜体大字，是黄厂长亲自吩咐人事部主任落实的，并且交代要把“助理工程师”的“助理”两字去掉。这确实使王强当时春风不少，工作更卖劲。

两年前，厂里有指标申报工程师，王强属有条件申报之列，但名额却让给一个没有文凭、工作平平的老同志。他想问一下厂长，谁知他还未去，厂长却先来找他了：“王工，你年轻，机会有的是。”去年，他想反映一下工资问题，这问题确实重要，来这里其中一个目的不就是想得高一点工资，提高一下生活待遇吗？但是几次想开口，都没有勇气讲出来。因为厂长不仅在生产会上大夸他的成绩，而且，曾记得，有几次外地人来取经，黄厂长当着客人的面赞扬他：“王工是我们厂的技术骨干，是一个有创新的……”哪怕厂长再忙，路上相见时，总会拍拍王工的肩膀说两句话，诸如“王工，干得不错”，“王工，你很有前途”。这的确让王强兴奋，“黄厂长确实是个伯乐”。此言不假，前段时间，他还把一项开发新产品的重任交给他呢，大胆起用年轻人，然而……

最近，厂里新建好了一批员工宿舍，听说数量比较多，王强决心要反映一下住房问题，谁知这次黄厂长又先找他，还是像以前那样，笑着拍拍他的肩膀：“王工，厂里有意培养你入党，我当你的介绍人。”他又不好开口了，结果家没有搬成。

深夜，王强对着一张报纸招聘栏出神。第二天一早，黄厂长办公台面上压着一张小纸条：

黄厂长：

您是一个懂得使用人才的领导，我十分敬佩您，但我决定走了。

王强

二〇××年×月×日

（二）训练要求

结合本案例分析思考下列问题：

1. 根据马斯洛的理论，住房、评职称、提高工资和入党对于王工来说分别属于什么需要？

2. 根据公平理论，王工的工资和仓库保管员的不相上下，是否合理？

3. 根据有关激励理论分析，为什么黄厂长最终没有留住王工？

（三）训练步骤

1. 实训前准备。要求参加实训的同学，提前查阅相关资料，复习有关激励理论的内容。

2. 以小组为单位结合案例进行讨论，针对案例后的思考问题每人发表个人观点。

3.将大家的观点进行整合，统一达成共识。

4.总结并编撰实训报告。

（四）训练提示

此案例设置的主要目的是让学生对员工激励对于企业的重要意义和激励的原理及方法有一个较为清晰的认识。通过案例分析来掌握员工激励应注意的方面。

训练二 激励方案的设计

一、训练目标

通过实训，加强对激励理论的理解，能够针对不同的情况设计合理的激励方案。

二、训练方案与要求

（一）训练方案

了解你所在的系（部）、学生会工作的现状，结合本章所学的激励知识，思考对于学生会干部的激励与公司员工的激励有何不同？如何设计一个激励方案，使学生会工作开展得更有声有色？有机会的话，将你设计的方案付诸实践，观察效果，并做出分析。

（二）训练步骤

1.实训前准备。要求参加实训的同学，提前了解学生会干部的工作职责及现状。

2.以小组为单位进行讨论，各人充分发表个人观点。

3.对各种观点进行分析、归纳和要点提炼。

4.总结并编撰实训报告。

（三）训练要求

本项目实训时间安排以2课时为宜。实训结束后，学生应对实训过程进行总结，并完成实训报告。

◎ 知识拓展

链接资料一 你会发放“不花钱的胡萝卜”吗？

在管理范畴中，“胡萝卜”常被引申为有效的激励机制，发放“胡萝卜”奖励，可以充分体现领导的明智和人情味儿。因此要成为真正高效的管理者，你必须得花点心思，准备多种多样的“胡萝卜”，当然包括“不花钱的胡萝卜”，在精神上激励员工，让他们活跃在你所营造的“胡萝卜文化”中，乐此不疲地前进。

那么，你属于善于发放“不花钱的胡萝卜”的精明领导吗？一测便知：

1.你对下属的行为表示满意时，会用肢体语言来表示激励，比如点头微笑，拍肩赞许：

A 是的；B 偶尔为之；C 从不。

2. 你会在开会或其他员工在场的时候，对某位员工的良好行为提出当众表扬：

A 是的；B 偶尔为之；C 从不。

3. 不光提出表扬，你还会号召其他员工向受表扬的员工鼓掌示意，让他享受集体的尊重：

A 是的；B 偶尔为之；C 从不。

4. 你会给激励对象加上一个“先进工作者”或“绩效模范”之类的光荣称号：

A 是的；B 偶尔为之；C 从不。

5. 你会给激励对象颁发奖状，通过这种书面证明来满足员工的荣誉感：

A 是的；B 偶尔为之；C 从不。

6. 你会把乏味的一件任务说得很难，让员工感觉在从事一件非常具有挑战性的工作，激发他认真而又充满激情地去完成：

A 是的；B 偶尔为之；C 从不。

7. 你会把激励对象树立为典型，并且鼓励其在会上作报告，既让他人向他学习，也让被树为典型的他，一如既往地把优良作风贯彻下去：

A 是的；B 偶尔为之；C 从不。

8. 为了激励，你会弱化自己，去征求激励对象的意见，以显示他的意见很重要，他本人很受你器重：

A 是的；B 偶尔为之；C 从不。

9. 你会在合适的时候，如逢年过节，对员工的私人生活嘘寒问暖，表示关怀：

A 是的；B 偶尔为之；C 从不。

10. 你会在员工特殊意义的日子里（如生日、喜得贵子等），送上一张亲笔签名的贺卡：

A 是的；B 偶尔为之；C 从不。

11. 你会找出一定的时间，和员工一起共进午餐，给他们受赏识的幸福感觉：

A 是的；B 偶尔为之；C 从不。

12. 你会让员工有自己制订工作目标和计划的空间，提高员工实现自己订立目标的主动性：

A 是的；B 偶尔为之；C 从不。

评分标准：选 A 得 3 分，选 B 得 2 分，选 C 得 1 分，将分数加总。

测评结果：

12～19 分：你看上去不是很善于发放“不花钱的胡萝卜”，但看得出你十分务实，在管理激励的过程中，所谓“不花钱的胡萝卜”满足的是员工的精神需要，从某种意义上来讲，是务虚的，而奖金、晋升等激励方式不光效果强，而且最为实在直接。但请记住：凡事都讲究虚实相结，关注员工的精神需要是必需的，反正这种“胡萝卜”不花钱，何乐而不为呢？

20～28分：你有发放免费胡萝卜的意识，但对于发放胡萝卜还没到非常积极的地步，你发放“不花钱的胡萝卜”的水平，在社会领导层中处于中等水平。其实你可以把发放胡萝卜转化为一种习惯，因为它让你用最小的代价得到最大的效果，形成“胡萝卜文化”并没有什么不好。

29～36分：你是最擅长发放“不花钱的胡萝卜”的领导，你对人的了解可谓入木三分，对员工的心理需求拿捏得当，懂得攻心之道。同样，实质性的奖励也是必要的，无论是“花钱的胡萝卜”还是“不花钱的胡萝卜”，只要能提升团队竞争力就是“好胡萝卜”！

（资料来源：http://finance.sina.com.cn/）

链接资料二 六种不花钱的激励方法

一般认为，给员工提供更高的薪酬、更好的待遇就可使员工快乐，达到激励效果。其实，尽管金钱的确是激励员工的主要因素，一个稳固的报酬计划对吸引、保留优秀人才的确非常关键，但在实践中金钱并不总是唯一的解决办法，在许多方面它也不是最好的解决办法。原因很简单，金钱所起到的激励作用具有短时性，额外得来的现金很快会被员工花掉并很快被遗忘。而公司希望的激励却是长期性的。事实上，一些非现金却能有效激励员工的方法一直被企业管理层所忽视。

1.不断认可

韩国某大型公司的一个清洁工，本来是一个最被人忽视，最被人看不起的角色，但就是这样一个人，却在一天晚上公司保险箱被窃时，与小偷进行了殊死搏斗。事后，有人为他请功并问他的动机时，答案却出人意料。他说：当公司的总经理从他身旁经过时，总会不时地赞美他“你扫的地真干净”。你看，就这么一句简简单单的话，就使这个员工受到了感动，并“以身相许”。这也正合了中国的一句老话“士为知己者死”。

俗话说，打动人最好的方式就是真诚的欣赏和善意的赞许。当员工完成了某项工作时，最需要得到的是领导对其工作的肯定。领导的认可就是对其工作成绩的最大肯定。采用的方法可以诸如发一封邮件给员工，或是打一个私人电话祝贺员工取得的成绩或在公众面前跟他握手并表达对他的赏识。

企管顾问史密斯指出，每名员工再小的好表现，若能得到认可，都能产生激励的作用。拍拍员工的肩膀、写张简短的感谢纸条，发个短信等这类非正式的小小表彰，比单位一年一度召开盛大的模范员工表扬大会，效果可能会更好。

2.表示关怀

在中国许多历史题材的影视作品中，就经常出现这样的镜头：在一间密室里，一位领导模样的人神色凝重地问道："张三，我待你如何？"张三立即表示："大人待我恩重如山！"领导继续问道："有一件事，不知你能否完成？"张三也不问是什么事，首先表白自己的忠心赤胆："大人但有差遣，张三万死不辞！"真是恩之所至，士卒赴死。

当领导开始关怀部属的私人生活时，马上就会和他们形成某种特殊关系。这种特殊关系，不仅可以让部属们不要钱而多干活，甚至在关键时候能使他们去勇敢地从事异常艰巨的工作。

3. 具有特殊意义的礼物

生日贺卡太普通了，就是一张硬纸，但是，如果上面有你的签名话会怎样，通常会让员工倍感荣幸。同样的道理，到商场买一条领带只需要几十元，一旦它成为荣誉的象征，就意味着一种不寻常的价值。

假如某个员工为学校的发展提出一个很有建设的建议，你不妨可以用一下这种方法：开一个表彰大会，把那条领带大张旗鼓地奖给他。

这么郑重其事有三个好处：一是使得那条领带看起来像是无价之宝；二是让得到领带的员工感动得流下眼泪，使他为得到第二条领带而死心塌地地继续埋头苦干；三是使他的同事疯狂地嫉妒那条领带，从而建立"往前走是领带（胡萝卜），往后走是皮带（和大棒的作用一样）"的职场理念。

4. 和员工一起共进午餐

如果员工有机会和你一起共进午餐或谈天，无疑会感到荣幸。他会产生一种幸福的错觉，以为自己有能力、受到赏识和倚重、正在平步青云等等。

5. 团队集会

不定期的聚会可以增强凝聚力，同时反过来也有助于增强团队精神，而这样做最终会对工作环境产生有利的影响，能够营造出一个积极向上的工作氛围。如中秋节前夕的野餐、元旦前的晚会、重阳节的爬山、三八前的出游、员工的生日聚餐、团队庆功会等，这些都可以成功地将员工聚到一起度过快乐的时光。同时，最好再将这些活动通过图片展示、DV 摄制等手段保留下来，放在学校的展示板上，让这些美好的回忆成为永恒，时刻给员工温馨的体验与团队归属的激励。

6. 给予指导

指导意味着员工的发展，而主管花费的仅仅是时间。但这一花费的时间传递给员工的信息却是你非常在乎他们！而且，对于员工来说，并不在乎上级能教给他多少工作技巧，而在乎你究竟有多关注他。无论何时，重点是肯定的反馈，在公众面前的指导更是如此。在公共场合要认可并鼓励员工，这对附近看得见、听得清所发生的事的其他人来说会起到一个自然的激励作用。

（案例来源：http://blog.sina.com.cn/s/blog_57127bcd0100g01e.html）

项目二　企业员工管理

◎ 学习目标

知识目标

- 掌握员工工作分析的流程及方法。
- 掌握员工工作说明书的内容。
- 掌握影响员工沟通的因素。
- 掌握员工职业生涯管理的内容。
- 掌握劳动合同的内容。
- 了解劳动争议的处理程序。

能力目标

- 能够进行工作分析,编写工作说明书。
- 能够利用沟通技巧做好企业员工沟通工作。
- 能够帮助员工制定职业生涯规划书。
- 能够拟定劳动合同,处理劳动争议。

◎ 工作任务

- 任务一:员工沟通管理。
- 任务二:员工劳动关系管理。

◎ 导入案例

日本7-11便利店的员工管理

在日本的零售业界,便利店作为一种追求便捷的优质服务的商业形态一直占据着举足轻重的地位。而在这一新型零售业态中,7-11公司可以说鹤立鸡群,与众不同,同时俨然成为世界便利店的楷模。

所有了解7-11员工管理体系的人,都有一个深刻的印象,那就是7-11的员工管理非常规范,而且形成了制度化、书面化的流程,对于所有店员的活动,7-11制定了每天的工作计划表。通过这个表,店员能清楚地知道在什么时候,应当做什么样的事情,甚至在这个表中还有"空闲时做其他事";"下班后到车站周围走走看看"、"把东西放回原来的地方"、"空闲时不要窃窃私语"等各种指示。

进货陈列管理也是7-11对员工管理的重要内容之一。当订货商品到达店铺时，有些商品直接上架，有些商品暂时放到店后临时存货间。在此过程中，极容易出现店铺混乱或店堂通道堵塞现象，如果出现这种状况，显然会对店铺有效管理以及满足顾客购物需要方面产生不利的影响。一般的零售店铺在出现这种情况时，会临时增加人员进行商品搬运、陈列，而这样会大大增加人工费，不利于经营者最大限度地降低销售费用；如不增加人员，就只有投入全部店员从事这些活动，而这又可能会影响正常的经营活动。面对这种两难局面，7-11 着重通过规范化、程序化的作业，在最短的时间完成各项商品进货活动，同时通过具体细致的陈列规定防止出现取货、商品上架时的混乱。

7-11 之所以用如此详细的工作规范来约束员工，其根本的思想在于公司认为，作为一个店员，他绝不能仅仅从事单一的商品售卖活动，而需胜任各种店铺经营管理活动，这就如同一个人，如果只有头、手或身体的某一部位在经常运动，而其他部位不活动，那么他就不是一个健全的人。

在这种指导思想下，7-11 不仅通过工作计划表来规范员工的行为，而且还非常重视事后的检查与评估，为此，7-11 制定了工作检查表。工作检查表中列出了所有的作业项目，每个人对照各项目的要求来检查自己的执行情况。这种检查一般以每半个月、一个月、二个月、三个月为单位进行。7-11 根据各项工作的执行情况，再制定出下一个时间单位的工作计划或具体指导方案。

思考题：7-11 便利店的员工管理有什么特点？它为什么能取得成功？

提示：员工管理是一个系统工程，它需要有一个规范的管理体系。员工管理就是要考虑如何有效地激发员工的积极性，使员工更加忠诚于企业。其中包括制度化的流程、员工的培训开发、职业生涯规划、沟通协调、劳动关系管理等内容。

◎ 理论导读

任务一　员工沟通管理

沟通管理是企业组织的生命线。管理的过程，也就是沟通的过程。通过了解客户的需求，整合各种资源，创造出好的产品和服务来满足客户，从而为企业和社会创造价值和财富。企业是个有生命的有机体，而沟通则是机体内的血管，通过流动来给组织系统提供养分，实现机体的良性循环。沟通管理是企业管理的核心内容和实质。

一、沟通概述

（一）沟通的概念

沟通，是人与人之间的思想和信息的交换，是将信息由一个人传达给另一个人，逐渐广泛传播的过程。著名组织管理学家巴纳德认为“沟通是把一个组织中的成员联系在一起，以实现共同目标的手段”。没有沟通，就没有管理。沟通不良几乎是每个企业都存在的老毛病，企业的机构越是复杂，其沟通越是困难。往往基层的许多建设性意见未及时反馈至高层决策者，便已被层层扼杀，而高层决策的传达，常常也无法以原貌展现在所有人员之前。

现代企业，人与人之间，部门与部门之间，企业上下级之间，以及其他各个方面之间，特别需要彼此进行沟通，互相理解，互通信息。然而，在现实生活中，人与人之间却常常横隔着一道道无形的“墙”，妨碍彼此的沟通。尽管现代化的通讯设备非常神奇，但却无法穿透这堵看不见的“墙”。如果沟通的渠道长期堵塞，信息不交流，感情不融洽，关系不协调，就会影响工作，甚至使企业每况愈下。仔细分析起来，我们会随时看到这种“墙”的存在。比如，在企业的生产活动中，有的业务部门不明确自己的生产活动应当与整个企业的生产计划协调一致，有的甚至不择手段地去追求本单位的私利，不考虑其他业务部门的利益，更不愿意与其他部门进行合作。他们没有想到这样做会给整个企业的生产活动带来什么不良后果。又如，有的管理人员主观武断，一个人说了算，听不得下级的意见，更听不得对自己的错误的批评，他们不懂得上下级之间要经常进行沟通，不懂得如果下级的意见和建议受到忽视、冷漠，就会挫伤他们的积极性和对企业的责任感，下级就会消极、沉闷下去。这样的话，一旦企业发生什么紧急情况，需要全体员工出主意、想办法、共渡难关时，员工就会无动于衷，不会有任何的热情和积极性。所以要管理好现代企业，就要不断加强企业内部的互通信息、传递资料、交流感情，员工清楚知道公司的方针、政策和所处的形势，并且逐步建立起一套成熟完善的沟通系统。

(二)沟通的作用

美国一家公司的总经理非常重视员工之间的相互沟通与交流，他曾有过一项“创举”，即把公司餐厅里四人用的小圆桌全部换成长方形的大长桌，这是一项重大的改变，因为用小圆桌时，总是那四个互相熟悉的人坐在一起用餐，而改用大长桌情形就不同了，一些彼此陌生的人有机会坐在一起闲谈了，如此一来. 研究部的职员就能遇上来自其他部门的行销人员或者是生产制造工程师，他们在相互接触中，可以互相交换意见，获取各自所需的信息，而且可以互相启发，碰撞出“思想的火花”，公司的经营得到了大幅度的改善。

沟通在管理中的作用是多方面的，其中突出的有以下三个方面：

1. 沟通有助于改进个人以及群众做出的决策。任何决策都会涉及干什么、怎么干、何时干等问题。每当遇到这些急需解决的问题，管理者就需要从广泛的企业内部的沟通中获取大量的信息情报，然后进行决策，或建议有关人员做出决策，以迅速解决问题。下属人员也可以主动与上级管理人员沟通，提出自己的建议，供领导者决策时参考，或经过沟通，取得上级领导的认可，自行决策。企业内部的沟通为各个部门和人员进行决策提供了信息，增强了判断能力。

2.沟通促使企业员工协调有效地工作。企业中各个部门和各个职务是相互依存的,依存性越大,对协调的需要越高,而协调只有通过沟通才能实现。没有适当的沟通,管理者对下属的知道也不会充分,下属就可能对分配给他们的任务和要求他们完成的工作有错误的理解,使工作任务不能正确圆满地完成,导致企业在效益方面的损失。

3.沟通有利于领导者激励下属,建立良好的人际关系和组织氛围,提高员工的士气。除了技术性和协调性的信息外,企业员工还需要鼓励性的信息。它可以使领导者了解员工的需要,关心员工的疾苦,在决策中就会考虑员工的要求,以提高他们的工作热情。人一般都会要求对自己的工作能力有一个恰当的评价。如果领导的表扬、认可或者满意能够通过各种渠道及时传递给员工,就会造成某种工作激励。同时,企业内部良好的人际关系更离不开沟通。思想上和感情上的沟通可以增进彼此的了解,消除误解、隔阂和猜忌,即使不能达到完全理解,至少也可取得谅解,使企业有和谐的组织氛围,所谓"大家心往一处想,劲往一处使"就是有效沟通的结果。

二、有效沟通的障碍

在任何沟通系统中,都存在沟通的障碍。企业中经常遇到的是两类沟通:一是组织沟通,二是人际沟通。

(一)组织的沟通障碍

在管理中,合理的组织机构有利于信息沟通。但是,如果组织机构过于庞大,中间层次太多,那么,信息从最高决策传递到下属单位不仅容易产生信息的失真,而且还会浪费大量时间,影响信息的及时性。同时,自上而下的信息沟通,如果中间层次过多,同样也浪费时间,影响效率。有的学者统计,如果一个信息在高层管理者那里的正确性是100%,到了信息的接受者手里可能只剩下20%的正确性。这是因为,在进行这种信息沟通时,各级主管部门都会花时间把接收到的信息仔细甄别,一层一层的过滤,然后有可能将断章取义的信息上报。此外,在甄选过程中,还掺杂了大量的主观因素,尤其是当发送的信息涉及传递者本身时,往往会由于心理方面的原因,造成信息失真。这种情况也会使信息的提供者畏而却步,不愿提供关键的信息。因此,如果组织机构臃肿,机构设置不合理,各部门之间职责不清,分工不明,形成多头领导,或因人设事,人浮于事,就会给沟通双方造成一定的心理压力,影响沟通的进行。

(二)个人的沟通障碍

1.个性因素所引起的障碍。信息沟通在很大程度上受个人心理因素的制约。个体的性质、气质、态度、情绪、见解等的差别,都会成为信息沟通的障碍。

2.知识、经验水平的差距所导致的障碍。在信息沟通中,如果双方经验水平和知识水平差距过大,就会产生沟通障碍。此外,个体经验差异对信息沟通也有影响。在现实生活中，人们往往会凭经验办事。一个经验丰富的人往往会对信息沟通做通盘考虑，谨慎细心；而一个初出茅庐者往往会不知所措。特点是信息沟通的双方往往依据经验上的大体理解去处理信息，使彼此理解的差距拉大，形成沟通的障碍。

3.个体记忆不佳所造成的障碍。在管理中，信息沟通往往是依据组织系统分层次逐次传递的，然而，在按层次传递同一条信息时往往会受到个体素质的影响，从而降低信息沟通的效率。

4.对信息的态度不同所造成的障碍。这又可分为不同的层次来考虑。一是认识差异。在管理活动中，不少员工和管理者忽视信息作用的现象还很普遍，这就为正常的信息沟通造成了很大的障碍。二是利益观念。在团体中，不同的成员对信息有不同的看法，所选择的侧重点也不相同。很多员工只关心与他们的物质利益有关的信息，而不关心组织目标、管理决策等方面的信息，这也成了信息沟通的障碍。

5.相互不信任所产生的障碍。有效的信息沟通要以相互信任为前提，这样，才能使向上反映的情况得到重视，向下传达的决策迅速实施。管理者在进行信息沟通时，应该不带成见的听取意见，鼓励下级充分阐明自己的见解，这样才能做到思想和感情上的真正沟通，才能接收到全面可靠的情报，才能做出明智的判断与决策。

6.沟通者的畏惧感以及个人心理品质也会造成沟通障碍。在管理实践中，信息沟通的成败主要取决于上级与上级、领导与员工之间的全面有效的合作。但在很多情况下，这些合作往往会因下属的恐惧心理以及沟通双方的个人心理品质而形成障碍。一方面，如果主管过分威严，给人造成难以接近的印象，或者管理人员缺乏必要的同情心，不愿体恤下情，都容易造成下级人员的恐惧心理，影响信息沟通的正常进行。另一方面，不良的心理品质也是造成沟通障碍的因素。

7.直觉选择偏差所造成的障碍。接收和发送信息也是一种知觉形式。但是，由于种种原因，人们总是习惯接收部分信息，而摒弃另一部分信息，这就是知觉的选择性。知觉选择性所造成的障碍既有客观方面的因素，又有主观方面的因素。客观因素如组成信息的各个部分的强度不同，对受讯人的价值大小不同等，都会致使一部分信息容易引人注意而为人接受，另一部分则被忽视。主观因素也与知觉选择时的个人心理品质有关。在接受或转述一个信息时，符合自己需要的、与自己有切身利害关系的，很容易听进去，而对自己不利的、有可能损害自身利益的，则不容易听进去。凡此种种，都会导致信息歪曲，影响信息沟通的顺利进行。

三、有效沟通管理的渠道及方法

（一）沟通的渠道

1. 正式沟通与非正式沟通渠道

正式沟通是指在组织系统内，依据一定的组织原则所进行的信息传递与交流。例如组织与组织之间的公函来往，组织内部的文件传达、召开会议，上下级之间的定期的情报交换等。另外，团体所组织的参观访问、技术交流、市场调查等也在此列。

正式沟通的优点是，沟通效果好，比较严肃，约束力强，易于保密，可以使信息沟通保持权威性。重要的信息和文件的传达、组织的决策等，一般都采取这种方式。其缺点是由于依靠组织系统层层的传递，所以较刻板，沟通速度慢。非正式沟通渠道指的是正式沟通渠道以外的信息交流和传递，它不受组织监督，自由选择沟通渠道。例如团体成员私下交换看法，朋友聚会，传播谣言和小道消息等都属于非正式沟通。非正式沟通是正式沟通的有机补充。在许多组织中，决策时利用的情报大部分是由非正式信息系统传递的。同正式沟通相比，非正式沟通往往能更灵活迅速的适应事态的变化，省略许多繁琐的程序；并且常常能提供大量的通过正式沟通渠道难以获得的信息，真实反映员工的思想、态度和动机。因此，这种动机往往能够对管理决策起重要作用。

非正式沟通的优点是，沟通形式不拘，直接明了，速度很快，容易及时了解到正式沟通难以提供的"内幕新闻"。非正式沟通能够发挥作用的基础，是团体中良好的人际关系。其缺点表现在，非正式沟通难以控制，传递的信息不确切，易于失真、曲解，而且，它可能导致小集团、小圈子，影响人心稳定和团体的凝聚力。

此外，非正式沟通还有一种可以事先预知的模型。心理学研究表明，非正式沟通的内容和形式往往是能够事先被人知道的。它具有以下几个特点：第一，消息越新鲜，人们谈论的就越多；第二，对人们工作有影响者，最容易招致人们谈论；第三，最为人们所熟悉者，最多为人们谈论；第四，在工作中有关系的人，往往容易被牵扯到同一传闻中去；第五，在工作上接触多的人，最可能被牵扯到同一传闻中去。对于非正式沟通这些规律，管理者应该予以充分注意，以杜绝起消极作用的"小道消息"，利用非正式沟通为组织目标服务。

现代管理理论提出了一个新概念，成为"高度的非正式沟通"。它指的是利用各种场合，通过各种方式，排除各种干扰，来保持他们之间经常不断的信息交流，从而在一个团体、一个企业中形成一个巨大的、不拘形式的、开放的信息沟通系统。实践证明，高度的非正式沟通可以节省很多时间，避免正式场合的拘束感和谨慎感，使许多长年累月难以解决的问题在轻松的气氛下得到解决，减少了团体内人际关系的摩擦。

2. 向上沟通渠道

向上沟通渠道主要是指团体成员和基层管理人员通过一定的渠道与管理决策层所进行的信息交流。它有两种表达形式：一是层层传递，即依据一定的组织原则和组织程序逐级向上反映。二是越级反映。这指的是减少中间层次，让决策者和团体成员直接对话。

向上沟通的优点是：员工可以直接把自己的意见向领导反映，获得一定程度的心理满足；管理者也可以利用这种方式了解企业的经营状况，与下属形成良好的关系，提高管理水平。

向上沟通的缺点是：在沟通过程中，下属因级别不同造成心理距离，形成一些心理障碍；害怕"穿小鞋"，受打击报复，不愿反映意见。同时，向上沟通常常效率不佳。有时，由于特殊的心理因素，经过层层过滤，导致信息曲解，出现适得其反的结局。

就比较而言，向下沟通比较容易，居高临下，甚至可以利用广播、电视等通讯设施；向上沟通则困难一些，它要求基层领导深入实际，及时反映情况，作细致的工作。一般来说，传统的管理方式偏重于向下沟通，管理风格趋于专制；而现代管理方式则是向下沟通与向上沟通并用，强调信息反馈，增加员工参与管理的机会。

3. 向下沟通渠道

管理者通过向下沟通的方式传送各种指令及政策给组织的下层，其中的信息一般包括：①有关工作的指示。②工作内容的描述。③员工应该遵循的政策、程序、规章等。④有关员工绩效的反馈。⑤希望员工自愿参加的各种活动。向下沟通渠道的优点是，它可以使下级主管部门和团体成员及时了解组织的目标和领导意图，增加员工对所在团体的向心力与归属感。它也可以协调组织内部各个层次的活动，加强组织原则和纪律性，使组织机器正常的运转下去。向下沟通渠道的缺点是，如果这种渠道使用过多，会在下属中造成高高在上、独裁专横的印象，使下属产生心理抵触情绪，影响团体的士气。此外，由于来自最高决策层的信息需要经过层层传递，容易被耽误、搁置，有可能出现事后信息曲解、失真的情况。

4. 横向沟通渠道

横向沟通渠道指的是在组织系统中层次相当的个人及团体之间所进行的信息传递和交流。在企业管理中，横向沟通又可具体的划分为四种类型。一是企业决策阶层与工会系统之间的信息沟通；二是高层管理人员之间的信息沟通；三是企业内各部门之间的信息沟通与中层管理人员之间的信息沟通；四是一般员工在工作和思想上的信息沟通。横向沟通可以采取正式沟通的形式，也可以采取非正式沟通的形式。通常是以后一种方式居多，尤其是在正式的或事先拟定的信息沟通计划难以实现时，非正式沟通往往是一种极为有效的补救方式。

横向沟通具有很多优点：第一，它可以使办事程序、手续简化，节省时间，提高工作效率。第二，它可以使企业各个部门之间相互了解，有助于培养整体观念和合作精神，克服本位主义倾向。第三，它可以增加职工之间的互谅互让，培养员工之间的友谊，满足职工的社会需要，使职工提高工作兴趣，改善工作态度。其缺点表现在：横向沟通头绪过多，信息量大，易于造成混论；此外，横向沟通尤其是个体之间的沟通可能成为职工发牢骚、传播小道消息的一条途径，造成涣散团体士气的消极影响。

（二）有效沟通的方法

1. 文字形式

当组织或管理者的信息必须广泛向他人传播或信息必须保留时，以报告、备忘录、信函等文字形式就是口语形式所无法替代的了，采用文字进行沟通的原则有以下几个方面：

（1）文字要简洁，尽可能采用简单的用语，删除不必要的用语和想法；

（2）如果文件较长，应在文件之前加目录或摘要；

（3）合理组织内容，一般最重要的信息要放在最前面；

（4）要有一个清楚明确的标题。

2. 口语形式

利用口语面对面地进行沟通是管理着最常用的形式，有效的口语沟通对信息的输出者而言，需要具备正确的编码，以有组织的有系统的方式传递信息。至于输出这个人具备什么样的条件能够有效地增进沟通的效果？有关研究表明，知识丰富、自信、发音清晰、语调和善、诚意、逻辑性强、有同情心、心态开放、诚实、仪表好、幽默、机智、友善等是有效沟通的特质。

3. 非口语形式

非口语沟通可以强化口语所传递的信息，也可以混淆歪曲口语所传达的信息，因此了解非口语的沟通十分重要，非口语的信息可以用多种方式表达。

（1）利用空间沟通

人与人之间的距离远近，是站着还是坐着，以及办公室的设备和摆设等等，均会影响到沟通。在各种组织中，不同的地位和权力通常由空间的安排显示出来，高层管理者一般拥有宽敞、视野良好以及高品位摆设的办公室，不同档次的宾馆及餐饮业也可以通过空间的信息表达出来。

（2）利用衣着沟通

人们衣着的不同可给对方传达一定的信息。因为衣着可明显影响人们对不同的地位、不同的身份、不同的群体的认知。

（3）利用举止进行沟通

人体及其各种举止可以传达许多信息，尤其是面部表情最具有代表性，所以了解人体语言所代表的意义是有效沟通的一个重要组成部分（如表 1-3 所示：肢体语言的沟通渠道）。

表 1-3　肢体语言的沟通渠道

肢体语言表述	行为含义
手势	柔和的手势表示友好、商量；强硬的手势则意味着："我是对的，你必须听我的"。
脸部表情	微笑表示友善礼貌；皱眉表示怀疑和不满意。
眼神	盯着看意味着不礼貌，但也可能表示兴趣，寻求支持。
姿态	双臂环抱表示防御，开会时独坐一隅意味着傲慢或不感兴趣。
声音	演说时抑扬顿挫表明热情，突然停顿是为了造成悬念，吸引注意力。

（三）沟通的艺术

在明确沟通方法的同时也要注意沟通的艺术。据一项调查表明，在企业中，生产工人每小时进行16～46分钟的沟通信息活动；对于基层管理人员来说，他们工作时间的20%～50%用于同各种人进行语言沟通，如果加上各种方式的文字性沟通，诸如写报告，最高可达64%；而经理人员在工作时间内则有66%～89%的时间用于语言沟通，企业领导人经常开会，找人谈话，下基层，其中很大一部分属于沟通信息的内容。企业中的每个人都有大量的时间用于沟通，而沟通要讲究艺术才能更有成效，这点对于企业的领导者更为重要。

1.沟通必须目的明确、思路清晰、注意表达方式。在信息交流之前，发讯者应考虑好自己将要表达的意图，抓住中心思想。在沟通过程中要使用双方都理解的用语和示意动作，并恰当地运用语气和表达方式，措词不仅要清晰、明确，还要注意情感上的细微差别，力求准确，使对方能有效接收所传递的信息。发讯者有必要对所传递信息的背景、依据、理由等做出适当的解释，使对方对信息有明确、全面的了解：假如你要分配一项任务，那么要对任务进行全面分析，这样你才能正确地对任务进行说明；假如你面临的是纪律问题，那么在批评和处罚之前，应对情况进行全面了解，取得了真凭实据，这样的处理就会取得圆满的效果。沟通要以诚相待。发讯者要心怀坦诚，言而可信，向对方传递真实、可靠的信息，并以自己的实际行动维护信息的说服力。不仅如此，发讯者还要诚恳地争取对方所反馈的信息，尤其要实心实意听取不同意见，建立沟通双方的信任和感情。

2.沟通要选择有利的时机，采取适宜的方式。沟通效果不仅取决于信息的内容，还要受环境条件的制约。影响沟通的环境因素很多，如组织氛围、沟通双方的关系、社会风气和习惯做法等。在不同情况下要采取不同的沟通方式，要抓住最有利的沟通时机。时机不成熟不要仓促行事；贻误时机，会使某些信息失去意义；沟通者应对环境和事态变化非常敏感。

3.沟通要增强下级对领导者的信任度。下级对领导者是否信任，程度如何，对于改善沟通有很重要的作用。信息在社会中的传播是通过独特的"信任"和"不信任”的“过滤器”进行的。这个过滤器能起到这样的作用：如果没有信任，完全真实的信息可能变成不可接受的，而不真实的信息倒可能变成可接受的。一般来说只有受到下级高度信任的领导者发出的信息，才可能完全为下级所接受。这就要求领导者加强自我修养，具有高尚的品质和事业心，以及丰富的知识和真诚的品格。具备了这些，领导者就会赢得下级的信任，就有了有效沟通的基础。

4. 沟通要讲究“听”的艺术。作为一名领导者在与员工的沟通过程中，应该主动听取意见，善于聆听，只有善于听取信息才能成为有洞察力的领导者。就是说，领导者不仅要倾听，还要听懂员工的意思。因此，在听对方讲话时要专心致志，不要心不在焉；其次，不要心存成见，也不要打断对方讲话，急于做出评价，或者表现出不耐烦，这样会使对方不愿把沟通进行下去；最后，要善解人意，体味对方的情感变化和言外之意，做到心领神会。

5. 沟通要讲究“说”的艺术。与人沟通，不仅要会听，还得会说，会表达自己的意见。在表达自己的意见时，要诚恳谦虚。如果过分显露自己，以先知者自居的话，即使有好的意见，也不容易为人接受，会使人产生反感和戒备心理。讲话时要力求简明扼要，用简单明了的词句表明自己的意思，语调要婉转，态度也要从容不迫。在谈话时如果发现对方有心不在焉或厌烦的表情时，就应适可而止或转换话题，使沟通能在良好的氛围中进行。而且，在表明某个意思后，最好能稍作停顿，并向对方投以征询的目光，这样，使对方有插话的机会，也是尊重对方的表现。

任务二　员工劳动关系管理

在市场经济条件下，企业与员工之间的关系是劳动合同关系。劳动合同制度为规范企业劳动关系双方的行为、保障双方的正当权益、维护稳定和谐的劳动关系奠定了基础。企业人力资源管理工作中的员工招收、录用、企业内人力资源的配置调整等项事务，在劳动关系管理中表现为劳动合同的订立、履行、变更、解除和终止，这些都属于劳动法律行为。因此，都必须依照严格的程序，按照有关法律、法规和企业内部劳动管理规则的规定实施。劳动关系管理规范化、制度化是其基本要求。

2007 年 6 月 29 日，在十届全国人大常委会第二十八次会议上，历经 4 次审议的《劳动合同法》终于以“145 票赞成，0 票反对，1 人未按表决器”获得通过。这个结果说明了对于《劳动合同法》立法机关达成了高度共识，也体现了《劳动合同法》的重要性，因为它直接关系到劳动者的合法权益，关系到劳动关系的和谐稳定乃至经济、社会的协调可持续发展。

一、认识劳动关系管理

（一）劳动关系的概念

劳动关系是指劳动者与用人单位（包括各类企业、个体工商户、事业单位等）在实现劳动过程中建立的社会经济关系。

劳动关系的概念有广义和狭义之分。从广义上讲，生活在城市和农村的任何劳动者与任何性质的用人单位之间因从事劳动而结成的社会关系都属于劳动关系的范畴。从狭义上讲，现实经济生活中的劳动关系是指依照国家劳动法律法规规范的劳动法律关系，即双方当事人是被一定的劳动法律规范所规定和确认的权利和义务联系在一起的，其权利和义务的实现，是由国家强制力来保障的。劳动法律关系的一方（劳动者）必须加入某一个用人单位，成为该单位的一员，并参加单位的生产劳动，遵守单位内部的劳动规则；而另一方（用人单位）则必须按照劳动者的劳动数量或质量给付其报酬，提供工作条件，并不断改进劳动者的物质文化生活。

（二）劳动关系的建立

《劳动合同法》第 7 条规定："用人单位自用工之日起即与劳动者建立劳动关系。用人单位应当建立职工名册备查。"

用人单位是指依法招用和管理劳动者，形成劳动关系，支付劳动报酬的劳动组织。根据劳动合同法的规定，用人单位包括中华人民共和国境内的企业、个体经济组织、民办非企业单位等组织；国家机关、事业单位、社会团体以及劳务派遣单位。劳动者是指达到法定年龄，具有劳动能力，并实际参加社会劳动，以自己的劳动收入为生活资料主要来源的自然人。

劳动关系的基本内容包括劳动者与用人单位之间的工作时间和休息时间、劳动报酬、劳动安全卫生、规章制度、劳动保险、职业培训等。此外，与劳动关系密切联系的关系还包括劳动行政部门与用人单位、劳动者在劳动就业、劳动争议和社会保险等方面的关系，工会与用人单位、职工之间因履行工会的职责和职权，代表和维护职工合法权益而发生的关系等。本条规定了劳动关系的建立时间和建立职工名册备查两项内容。

1. 劳动关系自用工之日起建立

自用人单位招用劳动者从事劳动合同约定的工作之日起，劳动关系即确立。双方就可以按照约定享受权利和履行义务，接受劳动法律、法规的约束。

2. 用人单位应当建立职工名册

对于与本单位建立劳动关系的劳动者，用人单位应当建立职工名册，以备劳动行政部门查看。职工名册一般包括劳动者的姓名、性别、民族、出生年月、文化程度、政治面貌、职务、级别等内容。建立职工名册，对于用工管理、解决劳动争议、统计就业率和失业率等都有着很大帮助，同时也便于劳动行政部门行使劳动监察职责。

二、劳动合同管理

(一)劳动合同及其内容

劳动合同是劳动者与用人单位确立劳动关系、明确双方权利义务的协议。订立劳动合同的目的是为了在劳动者和用人单位之间建立劳动法律关系,规定劳动合同双方当事人的权利和义务。劳动者和用人单位签订劳动合同法律地位平等,但在劳动合同履行过程中,劳动者必须参加到用人单位的劳动组织中,担任一定职务或工种、岗位的工作,服从用人单位的领导和指挥,遵守用人单位的劳动纪律、内部劳动规则和各项规章制度;同时享有用人单位的工资、劳动保险和福利待遇。

起草劳动合同草案,必须掌握劳动合同的内容。劳动合同的内容是当事人双方经过平等协商所达成的关于权利义务的条款,包括法定条款和约定条款。企业为招聘员工、协商相互之间的权利义务而提供的劳动合同草案依法必须具备法定条款。

1. 劳动合同的法定条款

劳动合同的法定条款是指法律规定的劳动合同必须具备的内容。在法律规定了法定条款的情况下,如果劳动合同缺少此类条款,劳动合同就不能成立。我国劳动合同法第十九条第一款规定:"劳动合同应当以书面形式订立,并具备以下条款:(一)劳动合同期限;(二)工作内容;(三)劳动保护和劳动条件;(四)劳动报酬;(五)劳动纪律;(六)劳动合同终止的条件;(七)违反劳动合同的责任。"本条在前劳动法的基础上,删去了劳动纪律、劳动合同终止条件、违反劳动合同的责任等内容,同时增加了工作时间、工作地点、职业病危害防护等内容。

(1)用人单位的名称、住所和法定代表人或者主要负责人。为了明确劳动合同中用人单位一方的主体资格,确定劳动合同的当事人,劳动合同中必须具备这一项内容。

(2)劳动者的姓名、住址和居民身份证或者其他有效证件号码。为了明确劳动合同中劳动者一方的主体资格,确定劳动合同的当事人,劳动合同中必须具备这一项内容。

(3)劳动合同期限。劳动合同期限是双方当事人相互享有权利、履行义务的时间界限,即劳动合同的有效期限。劳动合同期限可分为固定期限、无固定期限和以完成一定工作任务为期限。签订劳动合同主要是建立劳动关系,但建立劳动关系必须明确期限的长短。劳动合同期限与劳动者的工作岗位、内容、劳动报酬等都有紧密关系,更与劳动关系的稳定紧密相关。合同期限不明确则无法确定合同何时终止,如何给付劳动报酬、经济补偿等,引发争议。因此一定要在劳动合同中加以明确双方签订的是何种期限的劳动合同。

(4)工作内容和工作地点。所谓工作内容,是指劳动法律关系所指向的对象,即劳动者具体从事什么种类或者内容的劳动,这里的工作内容是指工作岗位和工作任务或职责。工作地点是劳动合同的履行地，是劳动者从事劳动合同中所规定的工作内容的地点，它关系到劳动者的工作环境、生活环境以及劳动者的就业选择，劳动者有权在与用人单位建立劳动关系时知悉自己的工作地点，所以这也是劳动合同中必不可少的内容。

(5)工作时间和休息休假。工作时间是指劳动时间在企业、事业、机关、团体等单位中，必须用来完成其所担负的工作任务的时间。休息休假是指企业、事业、机关、团体等单位的劳动者按规定不必进行工作，而自行支配的时间。休息休假的权利是每个国家的公民都应享受的权利。

(6)劳动报酬。劳动合同中的劳动报酬，是指劳动者与用人单位确定劳动关系后，因提供了劳动而取得的报酬。劳动报酬是满足劳动者及其家庭成员物质文化生活需要的主要来源，也是劳动者付出劳动后应该得到的回报。劳动合同中有关劳动报酬条款的约定，要符合我国有关最低工资标准的规定。

(7)社会保险。社会保险是政府通过立法强制实施，由劳动者、劳动者所在的工作单位或社区以及国家三方面共同筹资，帮助劳动者及其亲属在遭遇年老、疾病、工伤、生育、失业等风险时，防止收入的中断、减少和丧失，以保障其基本生活需求的社会保障制度。

(8)劳动保护、劳动条件和职业危害防护。劳动保护是指用人单位为了防止劳动过程中的安全事故，采取各种措施来保障劳动者的生命安全和健康。

2.劳动合同的约定条款

对于某些事项，法律不做强制性规定，由当事人根据意愿选择是否在合同中约定，劳动合同缺乏这种条款不影响其效力。我们可以将这种条款称为约定条款。约定条款是指法律明文规定的劳动合同可以具备的条款。劳动合同的某些内容是非常重要的，关系到劳动者的切身利益，但是这些条款不是在每个劳动合同中都应当具备的，所以法律不能把其作为必备条款，只能在法律中特别的予以提示。这里所规定的“试用期、培训、保守商业秘密、补充保险和福利待遇”都属于法定可备条款。

(1)试用期。试用期是指对新录用的劳动者进行试用的期限。用人单位与劳动者可以在劳动合同中就试用期的期限和试用期期间的工资等事项做出约定，但不得违反本法有关试用期的规定。根据劳动法第21条规定：“在试用期中，除劳动者被证明不符合录用条件外，用人单位不得解除劳动合同。用人单位在试用期解除劳动合同的，应当向劳动者说明理由。”

(2)培训。培训是按照职业或者工作岗位对劳动者提出的要求，以开发和提高劳动者的职业技能为目的的教育和训练过程。

(3)保守商业秘密。商业秘密是不为大众所知悉，能为权利人带来经济利益，具有实用性并经权利人采取保密措施的技术信息和经营信息。用人单位可以在合同中就保守商业秘密的具体内容、方式、时间等，与劳动者约定，防止自己的商业秘密被侵占或泄露。

(4)补充保险。补充保险是指除了国家基本保险以外，用人单位根据自己的实际情况为劳动者建立的一种保险，它用来满足劳动者高于基本保险需求的愿望，包括补充医疗保险、补充养老保险等。补充保险的事项不作为合同的必备条款，由用人单位与劳动者自行约定。

(5)福利待遇。随着市场经济的发展，用人单位给予劳动者的福利待遇也成为劳动者收入的重要指标之一。福利待遇包括住房补贴、通讯补贴、交通补贴、子女教育等。不同的用人单位福利待遇也有所不同，福利待遇已成为劳动者就业选择的一个重要因素。

社会生活千变万化，劳动合同种类和当事人的情况也非常复杂，法律只能对劳动合同的条款进行概括，无法穷尽劳动合同的所有内容，当事人也可以根据需要在法律规定的约定条款之外对有关条款作新的补充性约定。

(二)集体合同及其内容

集体合同制度，是当今国际上普遍采用的调整劳动关系的一项重要法律制度。集体合同是指工会或职工代表代表全体职工与用人单位或其团体(即集体协商双方当事人)之间根据法律、法规的规定，就劳动报酬、工作时间、休息休假、劳动安全卫生、保险福利等事项，在平等协商一致的基础上签订的书面协议。

集体合同的具体内容，可能涉及劳动关系的各个方面，也可能只涉及劳动关系的某个方面。因此，企业职工一方与用人单位可以就劳动报酬、工作时间、休息休假、劳动安全卫生、保险福利等事项中的一项或者数项订立集体合同。以上事项与劳动合同法定条款(参照劳动合同法第 17 条)的理解基本相同，例如有关休息休假的规定，主要是指劳动者周休假、年休假、病事假、女职工生理病假和产假、婚丧假、探亲假、职工带薪休假、奖励假期等各类假日的期限、休假办法、休假待遇等项内容的约定，其中还应包括关于如何实施国家规定的劳动者休息休假制度的规定。再如集体合同中关于劳动安全卫生的规定，主要包括有关企业劳动条件、安全卫生设施、劳动安全卫生规程和标准、防护用品、职工健康检查、职业病防治以及企业应当采取的其他劳动保护措施等项内容的约定。

需要注意的是，一般来说，集体合同的内容比相关法律规定更具体更专业，但是比单个劳动合同更原则更具有一般性。单个劳动者在签订劳动合同时可以依据法律法规和参照集体合同的相关规定，来约定更有利于自己的条款。例如集体合同关于保险福利的规定，主要包括有关职工养老、待业、工伤、医疗、死亡的待遇和职工住房、生活供应、保健、文化、教育、娱乐设施等项内容的约定。由于劳动合同法实施后，我国的劳动保险以社会保险为主体，因此，集体合同对于劳动保险的约定，主要在于说明除国家基本社会保险外，企业将为职工建立哪些补充保险和举办哪些职工福利。

另外，除了劳动合同法第 17 条特别提出的休息休假、劳动安全卫生、保险福利等事项以外，依据由劳动部颁发的《集体合同规定》(自 2004 年 5 月 1 日起施行)第 8 条规定："集体协商双方可以就下列多项或某项内容进行集体协商，签订集体合同或专项集体合同：(一)劳动报酬；(二)工作时间；(三)休息休假；(四)劳动安全与卫生；(五)补充保险和福利；(六)女职工和未成年工特殊保护；(七)职业技能培训；(八)劳动合同管理；(九)奖惩；(十)裁员；(十一)集体合同期限；(十二)变更、解除集体合同的程序；(十三)履行集体合同发生争议时的协商处理办法；(十四)违反集体合同的责任；(十五)双方认为应当协商的其他内容。"

三、劳动争议

(一)劳动争议及其处理原则

劳动争议是指劳动关系双方当事人因实现劳动权利和履行劳动义务而发生的纠纷，又称劳动纠纷。

1. 劳动争议的受理范围

劳动争议的范围，在不同的国家有不同的规定。根据我国《企业劳动争议处理条例》第 2 条规定，劳动争议的范围是：

(1)因企业开除、除名、辞退职工和职工辞职、自动离职发生的争议。

(2)因执行国家有关工资、保险、福利、劳动保护的规定发生争议。

(3)因履行劳动合同发生的争议。

(4)法律、法规规定应当依照本条例处理的其他劳动争议。

判断是否属于劳动争议，有两个衡量标准，一是看是否是劳动法意义上的主体，二是看是否属于关于劳动权利和义务的争议。

2. 劳动争议的处理原则

根据我国现行立法的规定，劳动争议处理机构处理劳动争议案件应遵循以下原则：

(1)着重调解原则。着重调解是处理劳动争议的基本手段，并且贯穿于劳动争议处理的始终。无论是调解、仲裁还是审判，都要贯彻先进调解原则，能够达成调解协议的首先要达成调解协议，调解的前提是双方自愿，自愿达成的协议必须合法。

(2)及时处理原则。劳动争议必须及时处理。调解虽然是调解争议的重要手段，但并不是万能的手段，当调解无法达成协议时不能久调不决。为此，《劳动法》第 83 条及《企业劳动争议处理条例》规定了关于调解、仲裁的期限。

(3)合法原则。以事实为根据，以法律为准绳是法律适用的重要原则，也是劳动争议工作处理的准则。所谓合法，既包括新颁布的《劳动法》，也包括宪法、基本法，还包括规章、制度；既有实体的法，也有程序的法。劳动争议的依法处理要体现出大法优于小法的原则，即有法依法，无法依规定，无规定依规章，无规章依政策，无政策依惯例、依情依理。但是，也要考虑专业法优于一般法，地方法优于普通法，合同的约定优于法律的规定，以及先程序、后实体，后法优于先法等在劳动争议处理中所体现的法的原则性与灵活性相结合的特点。

(4)公正原则。劳动关系的特征决定劳动关系是一种隶属关系，是一种领导与被领导、组织与被组织、管理与被管理的关系。所以坚持公正原则是劳动争议的重要原则。鉴于劳动关系的隶属性，在劳动争议处理中应当体现向劳动者当事人倾斜的政策。

(二)劳动争议的处理程序

《中华人民共和国企业劳动争议处理条例》第6条规定“劳动争议发生后，当事人应当协商解决；不愿协商或者协商不成的，可以向本企业劳动争议调解委员会申请调解，调解不成的，可以向劳动争议仲裁委员会申请仲裁。当事人也可以直接向劳动争议仲裁委员会申请仲裁。对仲裁裁决不服的，可以向人民法院起诉。”根据上述规定，劳动争议当事人可以有四条途径解决其争议。

首先是协商程序。劳动争议双方当事人在发生劳动争议后，应当首先协商，找出解决的方法。

第二是调解程序。这里的调解程序是指企业调解委员会对本单位发生的劳动争议的调解。调解程序并非是法律规定的必经程序，然而对于解决劳动争议却起着很大的作用，尤其是对于希望仍在原单位工作的职工，通过调解解决劳动争议当属首选步骤。

第三是仲裁程序。当事人从知道或应当知道其权利被侵害之日起60日内，以书面形式向仲裁委员会申请仲裁。仲裁委员会应当自收到申请书之日起7日内做出受理或者不予受理的决定。仲裁庭处理劳动争议应当自组成仲裁庭之日起60日内结束。案情复杂需要延期的，经报仲裁委员会批准，可以适当延期，但是延长的期限不得超过30日。

第四是诉讼程序。当事人如对仲裁决定不服，可以自收到仲裁决定书15日之内向人民法院起诉，人民法院民事审判庭根据《中华人民共和国民事诉讼法》的规定，受理和审理劳动争议案件。审限为6个月，特别复杂的案件经审判委员会批准可以延长。当事人对人民法院一审判决不服，可以再提起上诉，二审判决是生效的判决，当事人必须执行。需强调的是，劳动争议当事人未经仲裁程序不得直接向法院起诉，否则人民法院不予受理。

关于处理因签订或履行集体合同发生的争议，《劳动法》作了特殊的程序规定，即因签订集体合同发生争议，当事人协商解决不成的，当地人民政府劳动行政部门可以组织有关各方协调处理；因履行集体合同发生争议，当事人协商解决不成的，可以向劳动争议仲裁委员会申请仲裁。对仲裁裁决不服的，可以向人民法院提起诉讼。

◎ 技能训练

编制工作说明书

一、训练目标

通过实训，掌握工作说明书的编写要求和编写方法，熟悉工作说明书的内容及格式规范，熟悉工作说明书的编制流程，掌握工作分析的信息收集方法。

二、训练方案与要求

(一)训练方案

1. 确定工作分析的对象(职位)。组织小组讨论，可以从学校各职能部门、学校各社团、班委会等选择一个职位进行分析。

2. 上网查询相关职位的信息，确定工作分析的方法和步骤，做好前期准备工作。

3. 综合运用各种方法，进行相关职位的调查分析。

4. 根据收集的信息，编写工作说明书。

5. 各小组交流成果。采用每个小组派代表上台演说的形式，汇报该组整个工作过程。

6. 撰写实训报告。

(二)训练提示

本次实训的主要目的是让学生对工作分析有一个具体、清晰的认识。通过训练掌握工作分析的基本操作流程及编制方法。

1. 明确工作分析的具体步骤，工作分析通常分为五大阶段：计划阶段、设计阶段、信息收集阶段、信息分析阶段和结果表达阶段。

2. 编制工作说明书，主要内容包括职务描述和职务资格要求两大部分。

◎ 知识拓展

员工奖励与惩罚条例

第一章　总　则

第一条　为加强公司员工遵纪守法的主动性、自觉性，规范员工行为，提高员工素质，维护公司正常生产、经营、管理秩序，保障公司各项规章制度的贯彻执行，特制定本条例。

第二条　本条例适用于公司全体员工。

第二章　奖　励

第三条　奖励范围。

对有以下表现者之一的员工均给予奖励：

1.在完成公司工作、任务方面取得显著成绩和经济效益的；

2.在技术、产品、专利方面取得重大成果或显著成绩的；

3.对公司提出合理化建议积极、有实效的；

4.保护公司财物，使公司利益免受重大损失的；

5.在公司、社会见义勇为，与各种违法违纪、不良现象斗争有显著成绩的；

6.对突发事件、事故妥善处理者；

7.一贯忠于职守、认真负责、廉洁奉公、事迹突出的；

8.全年出满勤的；

9.为公司带来良好社会声誉的；

10.其他应给予奖励事项的。

第四条　奖励种类。

公司可以设立如下奖励项目。

1.精神奖励

(1)记大功；

(2)记小功；

(3)嘉奖(奖状、奖品)；

(4)授予荣誉称号。

2.物质奖励

(1)一次性奖金；

(2)加薪；

(3)晋级；

(4)其他(旅游、培训机会、住房)。

第五条　奖励规则。

1.记大功对象

(1)对公司或国家有重大贡献者；

(2)对公司业务有重大发明、革新，成效卓越者；

(3)对危害公司和国家事件事先举报或阻止，避免重大损失者；

(4)对天灾、人祸、犯罪等现象，不顾安危，见义勇为者；

(5)开拓公司业务，经营业绩(利润、营业额)骄人者；

(6)获得社会重大荣誉者。

2.记小功对象

(1)对公司或国家有较大贡献者；

(2)对公司业务有较大发明、革新，成效优秀者；

(3)对危害公司和国家的事件，及时制止，避免较大损失者；

(4)见义勇为,获得好评、称赞者;

(5)开拓公司业务,经营业绩优良者;

(6)拾金不昧且价值较高者;

(7)本职岗位工作表现优异者。

3.嘉奖对象

(1)品行优良、技术超群、工作认真、恪尽职守成为公司楷模者;

(2)领导有方、业务推展有相当成效者;

(3)参与、协助事故、事件救援工作者;

(4)遵规守纪,服从领导,公司之敬业楷模;

(5)主动积极为公司工作,提出合理化建议,减少成本开支,节约资源能源的员工;

(6)拾金(物)不昧者。

第六条 奖励标准。

第七条 其他奖励规定。

1.凡获社会各类奖励或荣誉称号,其待遇按颁奖机关规定执行;

2.依照奖励标准,员工1年内奖励分累计满10分,可晋升一级工资;

3.公司对有突出贡献者,可授予荣誉称号;

4.公司可设董事长奖、总经理奖,设定奖励额度,每年颁发给工作优异者,起到类似诺贝尔奖的效应;

5.公司可通过奖励汽车、住房、出国培训、出国旅游等实物形式嘉奖勉励先进员工。

第八条 奖励程序。

1.员工有符合奖励条件的,由其所在部门及时提出申请,报人事部;

2.人事部审核决定,签署意见后报公司常务会议讨论决定;

3.讨论决议经总经理签字后生效;

4.凡获得奖励的员工均由公司发给奖状或证书,并张榜公布;

5.奖励事宜记入员工档案;

6.员工奖金在颁布时发放,奖励提成在其业绩完成后1个月内兑现。

第三章 处 罚

第九条 处罚种类。公司可设立如下处罚项目:

1.精神处罚

(1)口头警告;

(2)书面警告;

(3)记小过;

(4)记大过。

2.物质处罚

(1)一次性罚金;

(2)降级、撤职(减薪);

(3)留用察看;

(4)辞退。

第十条　过失分类。

(一)甲类过失

1.记大过后仍再犯;

2.因触犯法律被劳教、管制、罚金、判刑;

3.盗窃财物,挪用公款;

4.触犯公司规章制度、严重侵犯公司权益;

5.连续旷工达5天或1个月内累计达10天;

6.煽动他人不服从规定或怠工;

7.多次欺诈、谩骂、威胁主管;

8.利用职权谋私、受贿,以公司名义招摇撞骗;

9.有重大泄密行为。

(二)乙类过失

1.故意造成重大过失,造成重大损失;

2.损失/遗失公司重要物品、设备;

3.违抗命令或威胁侮辱主管;

4.主管包庇职员舞弊,弄虚作假;

5.泄露公司机密;

6.品行不正,有损公司名誉;

7. 没有及时阻止危害公司事件,任其发生;

8.全年旷工达4天以上;

9.因疏忽或督导不力导致重大灾害;

10.在公司内打架,从事不良活动。

(三)丙类过失

1.因玩忽职守或督导不力而发生损失;

2.未经许可擅自使用权限外之物品、设备,教唆他人;

3.工作不力,屡劝不听者;

4.服务态度恶劣,与客户争吵,影响公司声誉;

5.在公司内喧哗、扰乱秩序、吵架、不服纠正者;

6.连续3次不参加公司重要活动;

7.连续旷工2天;

8. 对各级领导态度傲慢，言语粗暴；

9. 造谣生事。

（四）丁类过失

1. 工作时间处理私人事务；

2. 因业务疏忽发生差错；

3. 教育培训无故缺席；

4. 工作时间未经许可擅自离岗；

5. 浪费公司财物；

6. 遇非常事故，故意回避逃离者；

7. 服装仪容经常不整者；

8. 多次发生迟到早退现象，不按规定请假、销假；

9. 委托或受托他人出勤打卡或签到。

第十一条　处罚标准。

视情况进行一次性罚款（一般不超过其工资的 20%），或决定减薪降职，乃至辞退。

1. 员工旷工。

（1）旷工 1 天，扣除当月效益工资 30%；

（2）旷工 2 天，扣除当月效益工资 60%；

（3）旷工 3～4 天，扣除当月效益工资 100%；

（4）旷工超过 5 天，辞退。

注：（1）迟到、早退 3 次折算旷工计半天；

（2）迟到、早退 6 次折算旷工 1 天，或累计时间超 4 小时折算旷工 1 天。

2. 病假。病假超过标准，1 天扣除 10%效益工资。

3. 事假。

（1）事假超过标准 1 天，扣 10%效益工资；

（2）事假超过标准 2 天，扣 30%效益工资；

（3）事假超过标准 3 天，扣 50%效益工资；

（4）事假 1 年累计超过标准 30 天，可辞退。

第十二条　其他处罚规定。

1. 以功抵过。员工违纪受罚后，若获得奖励，本人可提出申请，以奖励抵处罚；相抵后，该奖励不限享受待遇，也不再进行累计。

2. 员工因触犯国家法律而受司法部门处理，作无薪停职处理。

3. 依照处罚标准，员工 1 年内处罚分累计满 10 分，可辞退该员工。

4. 对非正式员工、试用期员工的处罚，比照正式员工酌情扣除基本工资。

5. 对连续 3 个月工作没进展或连续 6 个月没有盈利的部门、下属企业正职干部予以降职或免职。

6.违反公司经济合同管理办法，擅订合同造成经济损失的，应由责任人与参与者赔偿。

7.公司车辆发生交通事故，责任在我方者，追究驾驶员经济责任，视情况赔偿损失。

第十三条 处罚程序

1.员工违纪后，由所在部门依据具体违纪事项和本条例提出处理意见。

2.各类处罚的过程。

(1)口头警告，由当事人的主管签字后生效，可报人事部备案；

(2) 书面警告及以上处罚，经人事部审核，由公司常务会议讨论决定，总经理签字生效；

(3)对革职辞退须听取工会意见。

3. 申诉。员工可在处罚决定之日起 7 天内以书面形式向公司提出申诉。申诉期维持原处理结论。

4.处罚事宜记入员工档案，并予公告。

5.员工在受处罚之日起的一定时间内表现良好，可撤销处罚。

第四章 附 则

第十四条 本条例经董事会批准生效，总经理组织实施。

模块二　会议管理与接待工作

项目一　会议的筹备

◎ 学习目标

知识目标

- 熟悉会议的分类。
- 了解会议的申报、审批。
- 掌握会议预案的基本要素。
- 熟悉会议证件及会议资料的基本制作要求。

能力目标

- 能够拟订会议的筹备方案。
- 能够选择会议地点、预定会议室。
- 能够熟练布置一般会场。
- 能够按要求发送会议通知制发会议证件、发放会议文件资料及用品。

◎ 工作任务

- 任务一:拟订会议预案与文件准备。
- 任务二:会前组织准备。

◎ 导入案例

案例一　会议准备:细致、周密

一次某地党代表大会的开幕式上,会务人员未能按大会主持人宣布的程序播放国际歌,虽得到补救,但终是一件憾事,并受到批评。

事情发生的过程是，会务组会前起草的“大会开幕式程序(送审稿)”中列有“奏(或播放)国际歌”的一项。大会秘书处一位负责人审稿时，拟把此项放在大会闭幕式进行，于是把此项目在开幕式的程序中删掉了。后来大会秘书处主要负责人定稿时，又把该项圈了回来。会务组的同志凭印象只记住已删掉了奏国际歌此项程序，而对后来又被圈了回来一事，未加注意，因此对于在大会上宣布“奏国际歌”时无法奏出，一时形成了冷场。幸好会务组长急中生智，立即上台挥拍领唱，这样才圆了场。会后领导同志说，这一事故该予以批评，吸取教训。但在关键时刻能得到及时补救，这是好的，这一点值得表扬。

思考题：本案例中，会务准备方面存在哪些问题？

案例二　会前准备如何做

金州公司准备在本市的新天地大厦召开大型的新产品订货会。参加的有本单位、外单位的人员。总经理让秘书部门负责安排，会上要放映资料电影，进行产品操作演示。而公司没有放映机。租借放映机的任务交给了总经理秘书刘小姐。会议的召开时间是6月9日上午十点整，而资料放映时间是十点十五分。刘小姐打电话给租赁公司，要求租赁公司在9日上午九点四十五分必须准时把放映机送到新天地大厦的会议厅。

9日上午，会议开幕前，金州公司的秘书们正在紧张地做着最后的准备工作。刘小姐一看表，呀，已经九点五十分了，放映机还没有送到。刘小姐马上打电话去问，对方回答机器已送出。眼看着各地来宾已陆续进场，刘小姐心急如焚……

思考题：

1. 假如你是刘小姐，对接下去可能发生的各种情况，应该如何处理？

2. 假如放映机在十点十分还未送到，你将马上向总经理报告还是擅自决定调整会议议程？

3. 向总经理报告后，你还应该做些什么？

4. 召开大型会议前各种准备工作，包括音响、电子类装置应提前多少时间安排？

5. 有人说，会议上要用到的各种东西，最好公司都买齐。假如要借，应提前一天送到。你认为如何？

提示：会议对领导者而言，既是实施领导行为的一种手段，也是领导工作的一个环节。而一个有效的会议，无论是隆重热烈的庆祝会，还是任何一个企事业单位中必不可少的办公会，无不存在着会议组织服务工作，即本所说的会务工作。秘书人员应熟悉会务工作的程序，掌握会议组织与服务工作的方法和技巧。

◎ 理论导读

会议基本概述

一、会议的涵义

会议是有组织、有目的地召集人们商议事情、沟通信息、表达意愿的行为过程。从字面含义上看,“会议”一词中“会”有聚会、见面等意思,“议”是讨论、商议的意思,则“会议”的基本意思应包含聚会并商议两层意思。但在现实社会中,会议却有多种形式:有的是聚会并商议,如各种代表大会、办公会、论证会、评审会等;有的是聚合集会,而“议”则用沟通信息取代了,如报告会、传达会、“吹风会”、记者招待会、新闻发布会等;还有的则是聚会只为表达某种意愿,如誓师会、庆祝会、团拜会、联谊会、欢迎会等。

在以上会议的三种模式基础上,交叉融合,各有侧重,又可演变成各种类型、各种形式的会议。

二、会议的种类

从不同的角度出发,可以将会议划分为不同的类型。

1. 按会议规模分

大型——千人乃至数千人参加的会议,如政治和群团组织的全国性大会,一些庆祝大会、纪念大会等。

中型——百人至数百人参加的会议,如报告会、庆功会、经验交流会等。

小型——少则几人,多则几十人参加的会议,如座谈会、办公会、现场会等。

在某些地方、某些时候,还有在露天广场举行数以万计的人参加的特大型会议、庆典活动,如万人集会庆典活动、焰火晚会,特大型工程的奠基、开工及竣工典礼等。

对于秘书和秘书部门来说,大、中型会议的会务组织工作环节较多,难度较大,需要精心准备,小型会议虽属日常工作范围,但也有些关键环节,需要认真安排。至于特大型会议,则不是秘书部门能独立承担得了的,应由秘书部门会同相关部门临时专门组建的会务工作班子来负责组织。

2. 按会议性质分

规定性会议——指依法必须召开的,具有法律效力的会议,如各级人民代表大会;

决策性会议——指各级政府的常务会议,省、市、县长的办公会议,企业中厂长、经理办公会等;

专业性会议——这类会议具有极明显的专业性,多以各部门名义召开,如教育工作会议、金融工作会议、人事工作会议等;

动员性会议——这类会议以宣传动员群众，提高群众认识为目的，如征兵动员会；

纪念性会议——纪念重大事件或重要人物的会议，如纪念辛亥革命九十周年大会；

外事性会议——指与外宾会谈，与外商谈判的会议等；

综合性会议——这类会议多以各级办公室名义召开，讨论和研究各种问题。

3. 按时间分

常规型定期会议——如学会年会、机关办公例会；

非常规型不定期会议——视需要临时召开的会议或处理紧急突发事件而临时召开的会议，如防汛紧急会、抗震救灾紧急会等。

4. 按会议采用的媒介分

电话会议——通过公共通讯系统或专用通讯系统提供的电话会议功能，使多个会场实现异地语音交流的会议形式。20 世纪中期至末期，这种会议形式，在沟通交流重要情况、传达和布置紧急任务方面被普遍采用。

电视会议——运用远程数字传输系统，声音和图像在不同地区的多个会场之间相互联通，使相隔千里的各分会场如同在同一会场内很方便地传输文字、图像和语音信息的会议形式。

计算机会议——计算机和数字传输设备在网络支持下可实现非常灵活的网上多方对话。这种网络上多方对话同时也是计算机网络技术支持下的会议组织和管理的新形式。

此外，按会议地域划分，如国际性会议、全国性会议、地方性会议等；按会议召开的阶段划分，如预备会议和正式会议；还有像前文按会议目的划分，如为商讨研究的会议、为沟通信息的会议、为表达意愿的会议等。

以上会议分类方法都只是相对而言，没有绝对的标准。如会议的规模概念并不明确，有的会议是大小会议相结合，即通常所说的“大会套小会，小会接大会”。又如有的国际合作会议，其内容既有相互沟通某方面的信息，又对共同关心的国际问题进行广泛深入的讨论，而这种特定范围内相互间的沟通和讨论，正是为向全世界显示与会国对某次国际事件的共同关注和一致的态度。也就是说，这种会议既有聚会行为又兼有沟通信息、商讨问题、表明意愿的作用。

三、会议的申报与审批

会议无论大小，都有提议和决定召开该会议的过程或者程序。这种程序，视会议性质、内容、规模而不同。对于例行的常规性工作会议，如经理办公会，需要提议和审定的往往不是会议本身的必要性，而是会议应讨论研究的内容即议题。而对于更多的非例行、非常规的会议，如企业的客户联谊会、年终表彰会、产品鉴定会、订货会，则这一程序应包括对会议的必要性、会议的内容形式、规模、出席范围、经费预算等一系列内容的申报和审批。

1. 会议申报与审批的形式

一般而言,会议申报与审批大体有三种形式。

一是口头申报形式。对于小型座谈会、简短的碰头会、一般问题的现场会、报告会等,由职能部门负责人口头向主管领导人提出召开会议的要求,由主管领导视情况当即答复或讨论研究后答复。

二是书面申报形式。由申办会议的部门将需召开的会议的目的、议题、规模、形式、时间、场地、出席范围、所需经费等项写成综合性文字材料,上报机关领导,经研究协调后,由领导审定批复,或责成秘书部门按领导研究意见予以回复。

三是会议申报形式。在办公会、联席会或其他工作会议中提出要召开某一个会议的要求及会议的大体方案,在会议上由领导研究,决定是否批准该要求和方案。对于一些较复杂的大型会议,即使办公会议上领导人原则同意后,仍需要责成秘书部门会同有关职能部门综合协调,反复研究后,修改、制订出详细的会议预案,再次交办公会审定或报主要领导人审批。

为避免会议的重复,"会出多门",或者"会海"现象,以及议而不决,甚至劳民伤财,有必要加强会议的申报与审批工作。

2. 会议审批的原则

尽管各种会议的申报与审批形式不同,但精简从严的审批原则却大体一致。

秘书部门对有关职能部门申报召开的会议,要本着精简从严的审批原则,严格把好审批关。要分析会议是否有必要开,能否合并开,可否用其他方式解决问题等。对于可开可不开的会议,要向职能部门说明情况,协商变通解决。如仍不能取得一致意见,应上报领导裁定。对必须召开的会议,也应本着严格控制的精神,在规模、规格、时间、经费方面从严把握,在与申办会议的职能部门会商一致后,报领导批准。在企业中虽不至于形成某些机关单位"会海成灾"的现象,但这种精简从严的会议审批原则,对提高管理效率、避免资源浪费,仍是十分必要的。

会议审批还应遵循"一支笔"的原则。与前所说不同的是,精简从严的原则是针对会议本身而言,会议审批"一支笔"的原则是针对会议审批管理而言。在一些党政机关、大型企业中,众多的部门,复杂的事务,使得拟议需要召开的会议甚多。为加强管理,避免"会出多门"、"会海成灾",必须由机关的一个部门负责会议审批把关,以更好地执行会议审批精简从严的原则。在党委、政府机关里一般由秘书长把关,在企业也大都授权由办公室主任或行政事务部负责人审批把关。

要开好会议,使会议有效率,达到预期目的,就必须认真组织好会议。有人认为开会很简单,通知一下,几个人就可以在一起开会了。而事实上,没有认真做好组织工作的会议,是很难开成功的,不是不欢而散,就是开成了马拉松式,解决不了问题。所以有人说,开会容易,开好会难,是有道理的。精心组织的会议,会议的主持者只是幕前指挥者，而大量的工作是由后台工作人员——会议筹备者去完成的。

开好会议，需要会议各方面的“角色”(即会议的主持者、参加者、组织者和服务者)共同努力，才能达到预期目的。在通常情况下，会议的组织者、服务者，即会务工作人员的工作情况是影响会议质量和效果的重要因素。

四、指导会务工作的原则

1.准备充分

会议不论大小，都应充分准备，围绕会议的目的展开调查研究，搜集必要的背景资料和统计数据，了解群众的看法和意见等等。重要会议还要事先准备好会议文件，如动员会中的领导人报告、经验交流会中的发言材料等。决策性会议应将讨论方案预先印出，会前送有关与会者审阅。这样，开会讨论时与会者才不会感到突如其来，发表意见毫无准备，避免出现职能部门用一两个月制订的方案，却可能要求与会者在一二十分钟里表明取舍态度的现象。

2.组织严密

会议有些什么具体内容、会议如何开、讨论议题可能出现什么情况，会前都要逐项研究，安排到周密制定的预案之中，使会议过程中的各项工作有条不紊。规模较大的会议，组织工作更为重要。

3.服务周到

对会议服务工作的各个细小环节都要考虑周到，以免因小失大，造成忙乱现象。某地有一次召开咨询会，请各方面专家谈本地区发展规划。各方准备一应俱全，但临到开会时，专家准备演示事先准备好的文稿，却出现了找不到投影仪遥控器的尴尬局面。一时，台上台下，手忙脚乱，影响了会议进行。秘书工作人员应从类似“小事”中吸取教训，对琐碎的会务工作尽可能地考虑周全，服务周到。

4.确保安全

大型或特大型会议由于人数众多，要特别注意安全；有少年儿童和重要来宾参加的会更要确保安全。会议组织者应将安全问题作为一个特别重要的方面予以考虑。1994年，新疆某市一次教育系统汇报演出中，当会场出现火警时，由于疏散通道被堵，竟使300余人葬身火海，其中大多数为参加汇报演出的儿童。这一惨痛教训应使每一个会议组织者，特别是大型会议活动组织者引以为戒。

任务一　拟订会议预案与文件准备

一、会务工作主要内容

各种会议类型不同，内容各异，规模也有差别，会务工作的项目也不同，这里重点分析大中型会议会务工作的一般要求。

大中型会议工作内容繁多，且视会议议题，规模不同而有差别，但概括起来说，大都有以下六个环节：

1. 会议预案；
2. 会议文件准备；
3. 会议通知；
4. 会前检查；
5. 会间调度；
6. 会后整理。

二、拟订会议预案

所谓会议预案就是会议的筹备方案，制定好预案是开好会议的前提。

会议预案一般包括以下内容。

1. 会名

预案中首先明确会议名称。会名要名实相符，妥帖恰当。会议名称不同，其性质、规模也不同，如座谈会与汇报会不同，表彰大会与总结会也有差别。因此，首先要给会议“正名”。

2. 会议时间

会议时间包括会议何时召开和会期长短两项。会期长短应与会议内容联系起来考虑，能够在半天开完的会，就不要勉强拉长到一天，更不应该预先毫无估计，开到何时算何时。预案中应写明会期，由领导人最后“拍板”通过。

3. 会场

开会地点，会场设置，要结合参加会议的人数和会议效果来综合考虑。一两百人的会议，就不要勉强在可容一千余人的大礼堂召开。党政机关或企事业单位的秘书部门，平日要掌握本单位或附近的主要会场、礼堂、宾馆（招待所）的数据资料，包括会（剧）场、招待所可容人数，会场座号排列方法、舞台大小，宾馆单、双、多人房间数等基本情况。代表须集中住宿的会议，会场安排还应与宾馆或招待所一起考虑，按会议的规格、出席人数等因素选择适当会议地点。

4. 出席范围

会议出席人数事先应有比较精确的计算。会议开到哪一级（总公司、分公司、部门或车间），哪些单位派什么人出席，哪些单位应有人列席，都应心中有数。这也需要秘书部门平时注意掌握本公司、本系统的基本资料（如下属单位数、部门数、某级干部人数等等）。大型会议活动，应专门成立“组织组”负责考虑会议参加者的范围、人数及名单分配。

5. 会议票证

小型会议的票证很简单，凭会议通知或介绍信即可。大型会议则需要专门印刷入场证和其他票证，重要会议还要为工作人员印发证件。如大型游园联欢或重要集会，应有各种入场证（分区使用的或各区通用的）、各种工作证（指挥长、联络员、领队、服务人员、记者等)、各种汽车通行证(小汽车、交通车、联络服务车等)。重要的代表大会有出席证、列席证、请柬等。会议票证制发应兼顾会场安全和工作方便两方面。

6.会议筹备班子的职责分工

会议筹备班子中有关方面(如会务组、秘书组、后勤组)或有关人员的职责,一定要在会议预案中划分清楚,以便预案中规定的各部门分别按照其职责要求去完成会议筹备和会议其他工作任务。特别是临时组织起来的大会指挥部、秘书处、会场的工作人员平时缺乏分工协作的实践,更应在预案中明确各方的任务和协作要求,以期密切配合、共同努力,组织好会议。如较大会议的预案中,应分别写明大会筹备处、宣传组、组织组、秘书组、资料组、后勤服务组、保卫组的职责,人有专职,事有专人,既要分工明确,又要互相协作。

7.会场布置

会场通常为方形、长方形,也有布置成马蹄形、圆形、八角形、山字形、而字形,视会议需要而定。

会场布置要讲究“气氛”。庆祝会要布置得气氛热烈,履行法定程序的会场要布置得庄严,追念哀悼性的会场要布置得肃穆。会场的布置,包括会场主席台上方会标字体与横幅颜色的选择,会场周围标语、口号的制作以及台口花卉的摆法等。大型会议,为了预先了解会场布置情况是否合乎要求,有时还应先画出会场布置效果图,请有关领导人审定。

会场布置还包括场地的划分以及进场退场的路线。人数很多的大型会议,如在体育场、露天广场上召集的会议,应有会场平面布置图。要特别注意,大型集会中与会者是分散进集中退场的,应避免出现由于集中退场而通道不畅,发生人群拥挤,踩踏伤人事件。这在大型活动是有许多血的教训的。

此外,会场音响效果、照明设施、通风设备、茶水杯盘、录音录像设备、场地卫生设施、会场保安措施等,都应在会场布置中考虑如何妥善安排。

会场音响应事先调试妥当,不要临场调试,避免会场出现强烈的啸叫声。会议期间,在多路话筒语音信号同时接入时,音响控制室工作人员应密切注意会场发言人的转移变换,在多路调音台上适时将某路话筒传输信号强度提升或消除。特别要避免在主发言人信号输出时,其他多路话筒中却传出与会议无关的声响,如主席台上就座的某些人员与其他人员讲述无关会议主题的声音,影响会议效果。

重要会议的录音工作要有专人负责,录音工作人员应全程监听录音效果,适时更换磁带。使用无线话筒录音时,特别要避免由于无线话筒的频率飘移或信号减弱,造成录音不清晰,甚至一片空白,以致留下无法弥补的遗憾。

会议进行中,若有现场摄像工作,要充分考虑摄像照明对会场供电负荷的影响。若多个摄像照明灯接入同一相电源中,可能造成某一相电流过载而致使断电。

即使马上采取紧急措施，也会严重影响会场气氛。

8. 主席台

主席台是会议参加者注目的地方，也是会场布置的重点，应在预案中单独列为一项。

主席台布置除前面提到的会标外，还有国徽或纪念人画像、旗帜等悬挂问题。重要会议的主席台座次名单也是会务工作中必须考虑的重要问题，常常由秘书部门负责人亲自安排，并及时送领导审定。至于一般会议，则不必把众多的领导请上主席台，只要主持人和发言人上台即可。主席台上的座位安排，应根据领导审定的座次名单事先用名签（席次卡）标明。主席台上若有外宾，名签上面对外宾的一面应使用其本国文字或英语。话筒布置也要注意选择最佳位置。

主席团或负责同志的休息场所应有专门安排。

9. 会议议程

会议议程通常是指会议所要解决、处理问题的大体安排，一般须经大会通过。会议议程必须体现在妥善安排的日程中。也就是说，议程比较概略，日程比较具体；各项议程在会议期间何时进行，要在日程中显示出来。将日程具体分解，可以看出半天或一天的会议内容的先后顺序，这就是会议进行的程序。

大型会议的议程、日程、程序必须划分得很清楚。小型会议则将三者合而为一，统称之为议程。

小型会议，议程可由主持人掌握。大型会议议程应印发给主席团全体成员。

秘书工作人员在制定会议预案时，应首先了解会议议程，并依此作为初步日程安排，由有关领导人审定通过。会务人员在会议期间应根据议程或日程安排，事先做好准备。例如举行经验交流会，会务人员应事先将发言人提前请上后台等候或在台下前排就座，并由专人负责联系，不要在会上喊发言人上台或到处找发言人。

10. 经费预算

会议活动的经费视会议规模大小、规格高低而定。但只要会议涉及经费问题都要事先做好预算，以备领导审核。

以上十项是一般会议预案的主要内容，有些会议还有选举、发奖、摄影等活动，也应列入预案之中。

11. 选举投票的组织工作

各种代表会议往往有选举投票工作。投票地点、票箱的设置、唱票间隙的活动，都应在预案中有所安排。如果用计算机处理选票，会务工作人员也应做好相应的准备工作。

12. 发奖活动的组织工作

表彰大会往往都有发奖活动，气氛既要热烈，又要防止错乱，预案中应就此列出专项，作好安排。例如台上奖品的排列顺序应与领奖人上台顺序相符。重大会议的发奖仪式，应将领奖人员安排在台下前排按顺序就座，必要时事前可预演，以便事先发现问题，避免错乱。

会务工作人员应预先向领奖人说明上台领奖的礼仪和程序。如果有现场摄影录像活动，更应将注意事项先通知有关人员。领奖后，如发现奖品错发，可以会后再行调整，不宜在会场上调换。

13. 集体摄影活动组织工作

大型会议的集体摄影活动看起来不过是几分钟的事，但会务工作人员往往要为此花费很多精力。

会议预案中应对集体摄影活动周密安排。人员队列安排应有平面布置图；在人数众多的集体摄影中，进入摄影场地的路线和进退场先后次序应有明确规定；摄影场地的站台长度计算准确，并留有余地，各排间应留有足够的高度差；领导人座次应在椅背上将姓名做出标示，整个摄影活动要有专人统一指挥。

14. 特殊活动的安排

有些特殊性的会议，如节日的焰火晚会，也应列入节日庆祝预案之中。如焰火施放地点与联络方法应作明确规定。

应指出的是，特大型会议内容较多，组织工作复杂，预案往往是由大会整体实施方案和各组具体工作实施方案（如秘书组、组织组、宣传组、保卫组、后勤组等各组具体实施方案）组成。大会筹备处或办公室从整体列出各组工作要求，而由各组再行拟定具体方案。会议预案形成文字后，经过审批，由各方面遵照落实，并作为会后检查的依据。

任务二　会前组织管理

一、会前检查

会前检查是落实预案、保证开好会议的重要一步，重要会议在会前要多次反复检查落实。会前检查，一般分为由领导人听取大会筹备处各组汇报和现场检查这两种方式。其中，现场检查是主要形式。检查的重点是会议文件材料的准备、会场布置以及安全保卫工作等等。

大型会议的会前检查还包括警卫部署，票证检验人员的定岗定位，交通指挥及主席台服务人员的就位，供电安全、疏散通道的检查，特别是会议播放乐曲的光碟或磁带的检查等等。有的大型会议活动因为播放乐曲的光碟、磁带检查不认真，出现笑话甚至严重的错误而导致会场秩序哗然，影响会议进程。

二、办公会议题的收集整理

办公会议题收集，由秘书人员主动向有关行政副职和职能部门联系、征询。在建立良好工作秩序的企业中，职能部门则每周定时向办公室主动联系，提出需要提交办公会研究的问题。

收集的议题应在合并整理后，视条件成熟与否和事项的轻重缓急，列出有必要提交办公会研究的若干问题，送主要领导人审定，由主要领导人斟酌后增删调整，确定办公会议题。

三、会议文件准备

会议审议的文件材料，应在会前数日分送与会人员审阅，让他们有时间准备意见，特别是研究工作方案、审议工作计划的会议，这一环很重要，会直接影响会议的效率。

为了准备好会议的主要文件，秘书部门应根据领导意图，有的放矢地进行调查研究，提出解决问题的方案，拟出文件。如有必要和可能，还应将拟定的初稿，分送有关单位征求意见，然后修改定稿。会前做好有关文件的准备工作，可以使会议议题比较集中，保证会议的基本目标得以实现。

会议文件一般不宜过长、过多。特别是经验交流会的典型材料，一要真实，二要简短，以千字为好，要力求短、小、精(即篇幅宜短，题目宜小，内容要精)，不要长、大、空，要使人听后有“看得见、摸得着、跟着学”的感染力。

会议文件应事先打印好。印刷会议文件，应认真校对，避免差错，特别是统计数字、计量单位、人名地名，要力求精确，务必反复核对。文件印刷份数要比预计发放份数多些。文件宜在代表报到时发给，不要开会时在会场上散发，影响秩序，干扰会议。

重要会议的会议通知发出后，还应跟踪落实，用电话与参加会议人员联系，检查通知是否送到，了解对方是否能如期出席会议。特别是对会议中的关键人物，通知发出后一定要注意落实。

会议通知可将会议的有关票证一起附上，如入场券、汽车通行证等。但分发票证时，应留有必要的机动数，以解决不可预见的临时需要。

重要会议在通知发出时，还应准备好代表座次、住宿房间、就餐安排、乘车号码、小会地点、编组名单和其他准备事项。这些事项附件能随通知附上，则一起发出；不能一起发出的，至少也要在会议参加者报到时通知他们。

办公会相关材料的准备一般包括：

1. 与议题相关的背景材料及解决问题的初步方案；

2. 议题提出部门向办公会所作的专题汇报材料；

3. 拟作为会议讨论的文件初稿或拟提交会议讨论通过的决定草案。

在以上的会议相关材料中，2、3 两项大都由议题提出的职能部门准备，第 1 项一般由秘书部门在主要领导授意下完成。打印或复印的议题、与议题相关的背景资料及提交会议讨论的初稿，一般在会前送交给办公会组成人员，使与会者对商讨的问题心中有底。

四、会议文件的管理

办公会会议记录，应由秘书部门妥善保管。作为讨论稿的相关文件，应按文书处的有关制度予以妥善处理。

五、会间调度

1. 会议签到制度

会议签到可以及时了解该到会的人是否到会，准确地统计到会人数。对于股东大会、董事会来说，这关系到是否达到法定人数，选举结果和通过的决议是否有效的大问题。为了保证执行签到制度，有的会议还采取了周密的签到卡、签到图的措施。在规模较大的会议中，采取划片安排座位的办法，由会务工作人员核对介绍信或入场券，执行签到制度。

2. 候会制度

有些会议，议题较多，与前一议题无关但必须参加后一议题汇报讨论的人员，秘书部门可根据预计的各议题讨论时间，通知他们在讨论前达到另行为他们安排地方候会。这是保证会议有条不紊进行的必要措施，也是保证各议题讨论内容不致扩散的重要措施。秘书部门应指定专人管理这件事，对各项议题讨论时间的估计应尽可能大体准确，以免候会过久。坚持候会制度也是改进会风，减少不必要的“陪会”现象的一种办法。

3. 会议特殊情况的应急措施

会议进行过程中可能发生临时变动，如调整议题、临时动议、增加与会人员以及其他特殊情况。秘书部门要根据情况采取应急措施，做好临时调度工作，始终有人在场服务。

4. 大型集会的现场指挥

大型会议活动，要有现场指挥，并运用现代化联络手段（如有线广播、无线电对讲机和其他联络信号等）来调动队伍，处理突发事件，保证集会的顺利进行。

◎ 技能训练

训练一　拟订会议预案

一、训练目标

通过实训，掌握会议筹备工作的基本要求和会议组织工作的一般程序，熟悉会议计划和筹备方案的主要内容，熟悉会议材料的基本种类及一般要求。

二、训练方案与要求

（一）案例描述

近年来，中国家电业迅猛发展。这不只表现在家电品种的增加，更主要表现在中国家电业在全球市场份额的扩大。比如，中国制造的彩电已占全球市场份额的29%，洗衣机占24%，电冰箱占16%，空调占30%，而照相机和电话机则超过50%，微波炉的数字更是惊人，单是广东格兰仕一个厂生产的微波炉就占全球市场份额的35%。最近，手机和电脑的生产量与销售量也直线上升。这一分析充分说明中国家电业在逐步发展壮大、走向成熟，中国家电业在占据了国内市场的同时，迅速占领国际市场。

当然，形成这种局面的原因是多方面的，除了我们国家良好的经济环境、优惠的经济政策外，企业自身素质的提高也是重要因素，他们注重开发科技含量高的新产品，注重产品质量、售后服务等，重视了现代经济管理体制在企业发展中的作用。如，国内一家著名的家电公司朝阳家电公司正在召开有关会议，讨论关于近期召开全国各地客户咨询洽谈会的有关事宜。朝阳家电公司是一家改制后的大型国有企业，公司资产雄厚，员工众多，著名科技人员和高层管理人员云集。公司在做好内部管理工作的同时，也注意做好客户管理工作。最近几年，公司推出了一系列新产品，占领了国内50%以上的家电市场，在国外也影响很大。最近，公司又在电脑、手机、电视等多个项目上研制生产出新型、新款产品，准备在这次客户咨询洽谈会上亮相，以此引起客户和消费者的关注。会上，营销部主任提供了一份本公司客户名单，单位和个人有二三百个。公司决定给这些单位和个人发出邀请信，邀请他们参加本公司关于新产品的大型客户咨询洽谈会。公司派主抓公关、销售的王副经理负责此项工作，迅速成立会务筹备处，拟定会议方案，准备大会所用各种材料。会议定于2002年10月10日在北京国际会议中心召开，食宿也在北京国际会议中心，会期暂定5天，其中第一天开幕式，第二天专家讲座，第三天专家咨询，第四天专项合作项目洽谈，第五天组织客户游览长城。公司要求大会必须圆满成功，以达到公司举行这次活动的目的。

王副经理立即成立了大会筹备处，成员有10人。他们首先召集会务工作会议，明确将要召开的咨询洽谈大会的主题，即宣传新产品，洽谈新业务。围绕主题，拟定大会筹备方案。确定参加会议的正式人员280人，特邀有关领导和专家10人，工作人员10人。

经过精心准备，各方人员如期到会，新产品咨询洽谈会按时召开。但是，在与会人员报到时，负责接待签到的小张发现，有十几个会员在报到单上注明“回族”或其他民族。小张及时把这一情况报告给王副经理，王副经理马上通知有关人员安排不同民族风味的饭菜，使与会人员都非常满意。会议按计划顺利进行，与会人员对该公司的新产品非常满意，专家的讲解时间、介绍更使与会人员大开眼界。利用会议休息时间，公司还应与会人员的要求，组织参观了公司的生产车间等场地。会务筹备处还安排了舞会等娱乐项目，最后一天的游长城更是其乐融融，热闹非凡，大家像老朋友似的说笑着、唱着登上长城，年轻人还进行了登长城比赛。公司王副经理在长城上即兴演说，把长城的历史同当今中国经济的繁荣结合起来，使得客人们群情激昂，振奋不已。客人们都表示，对这种形式的会议很满意，他们了解了生产公司的情况，了解了公司产品的特点。在经销这种产品时就会有的放矢地介绍产品，这增加了他们销售的积极性。因此，这次会上，公司签订的订单是出人意外的多。在游长城回来后，还有单位同公司签订合同。

新产品咨询洽谈会结束了。公司送走了客人后，进行会后总结。总结会上，公司总经理认为，这次会议开得很成功。会务筹备处的准备工作做得周密细致，会议的组织接待工作做得很好，为公司赢得良好的人气指数打下了基础。再加上新产品过硬的质量，专家精辟的讲解等，使得这次会议达到了预期的目的，圆满成功。王副经理也讲了话，他主要指出这次大会上的一些疏漏之处，比如，在准备期间，把一个常识性的问题给遗忘了，那就是少数民族人员的就餐问题。虽说是一个小问题，但处理不好也会造成不好的影响。幸亏发现及时，及早解决，才没有影响客户的情绪，使大会能顺利进行。在此特表扬小张工作细致，发现问题及时反映，尽早解决。另外，会议简报出得不够及时，没有把会议上的情况及时通报给有关人员，尤其是最后签订合同的情况，这可能是会期结束，有些人员思想松懈造成的，以后要吸取这方面的教训。总结会上还通报了这次咨询洽谈会上的收获，80%的与会者都同公司签订了合同，超出了预计的数量。这也为公司下一步的工作提出了更高的要求。尽管如此，公司上下都很高兴。总经理决定，对大会筹备处的人员每人奖励一个月的奖金。最后，要求大会筹备处尽快把与会这次大会有关的材料都整理出来。

（二）训练要求

1. 假定你是会议筹备处的秘书，请你为新产品咨询洽谈会拟订一份会议计划和会议方案。

2. 要求学生在电脑上完成上述两份文案，排版后发邮件到教师指定邮箱，并交打印稿一份。文档要求格式规范，内容正确，条理清晰，表达精确，编辑打印精美。

（三）训练步骤

1. 指导学生认真阅读案例及实训内容和要求。

2. 分析案例主要内容以及本次实训目的。

3. 讲解会务准备工作（会议计划及会议筹备方案）要点。

4. 布置实训任务。

（四）训练提示

此案例设置的主要目的是让学生对会务工作有一个具体、清晰的认识。通过实训掌握会议计划及会议筹备方案的制作。

1. 拟订会议计划，一般要制成会议活动安排表。会议时间、名称、与会单位及人员、议题、主持人、地点等均填入表中，提前分发给领导及有关部门。

2. 制订会议预案，即会议的筹备方案，主要包括：会议名称、会议主题、会期、出席人员、会务工作组及职责分工、会议会场布置、会议其他活动安排等。

◎ 知识拓展

会议通知与会议报名表范例

关于举办国家职业资格秘书职业师资培训班的通知

各省、自治区、直辖市高等院校及相关单位：

为推动秘书职业资格考试新标准新教材的应用，确保2007年秘书职业统考下放后培训和鉴定工作顺利进行，适应"统考日"制度的实施，同时协助各地培训鉴定机构做好秘书职业实训基地建设工作，应各地培训和鉴定机构的要求，劳动和社会保障部中国就业培训技术指导中心、国家职业技能鉴定专家委员会秘书专业委员会拟于2007年7月，在北京举办国家职业资格秘书职业师资培训班。现就有关事宜通知如下。

一、培训目的

（一）促进各培训机构熟悉新标准新教程

（二）针对秘书职业不同级别，进行教学和实训指导

（三）提高秘书职业教师队伍的整体素质

适应各省鉴定中心对从业教师的资格要求，促进各培训机构的师资队伍建设，促进秘书职业技能实训的推广和普及。

二、培训内容

（一）秘书职业从业形势与企业需求分析

（二）秘书职业主要知识技能体系及培训纲要

（三）秘书职业技能鉴定考核方案

（四）《秘书国家职业资格考试与实训指南》使用指导

（五）秘书职业培训教学指导与经验分享

（六）参训教师现场进行教学教法交流

（七）秘书职业技能实训统一指导及实训资源库试用

（八）实训基地和职业场所参观考查

（九）参训教师体验实训流程

另外，本次培训班在进行教学教法研讨的基础上，将选择优秀论文推荐发表到国内著名期刊上，请有意向的老师携带论文参加。

三、培训对象及资格认定

(一)秘书及相关专业的授课教师

(二)培训机构秘书专业培训师

参加培训并经考试合格者,由中国就业培训技术指导中心统一颁发秘书职业师资培训合格证书。

四、组织实施

(一)主办单位:劳动和社会保障部中国就业培训技术指导中心

(二)承办单位:国家职业技能鉴定专家委员会秘书专业委员会

(三)北京中鸿网络教育技术有限公司

五、培训时间和地点

(一)培训时间:2007年7月26—31日,共6天。7月25日全天报到。

(二)培训地点:中央电大培训中心

(三)报到地点:海淀区魏公村街1号韦伯豪家园7号楼二层

自火车站:自西客站乘坐727、827路公交车(或自北京站乘坐808路公交车),到魏公村站下,上过街天桥,从人民出版社大厦路口进50米即到。

自首都国际机场:乘坐机场大巴到双安商场站下,转乘727、332、808路公交车到魏公村站下,直接从路口进即到。

六、其他事宜

(一)培训费:1800元/人

(二)食宿统一安排,费用自理

(三)报名及交费方式

1.填写《秘书职业师资培训报名表》传真至:010－888639××或发E-mail至大会秘书处。

2.报名截止日期:7月20日

3.培训费通过银行汇款至:

户　名:(略)

账　号:(略)

开户行:华夏银行北京世纪城支行

4.将汇款底联传真到待会秘书处,同时注明发票抬头及要求;

5.报到当日领取培训资料。

(四)参加培训人员须带2张一寸彩色照片、身份证、学历、职称复印件各一份。

七、联系方式

联 系 人:王小姐　李小姐

联系电话:010－888637××　010－888639××

传　　真：010－8886××××

附件：秘书职业师资培训报名表

国家职业技能鉴定专家委员会秘书专业委员会秘书处

北京中鸿网络教育技术有限公司

二〇〇七年五月九日

（说明：考虑到有些信息的私密性，部分内容隐去真实信息，适当修改。）

附件：

秘书职业师资培训报名表

<table>
<tr><td>姓名</td><td colspan="3"></td><td colspan="3">性别</td><td colspan="3"></td><td colspan="3">年龄</td><td colspan="3"></td><td colspan="2">民族</td><td colspan="1"></td></tr>
<tr><td>职称</td><td colspan="6"></td><td colspan="8">从事本专业时间</td><td colspan="5"></td></tr>
<tr><td>工作单位</td><td colspan="19"></td></tr>
<tr><td>通讯地址</td><td colspan="19"></td></tr>
<tr><td>邮政编码</td><td colspan="3"></td><td colspan="3">联系电话</td><td colspan="5"></td><td colspan="2">手机</td><td colspan="6"></td></tr>
<tr><td>E-mail</td><td colspan="19"></td></tr>
<tr><td>身份证号码</td><td></td><td></td><td></td><td></td><td></td><td></td><td></td><td></td><td></td><td></td><td></td><td></td><td></td><td></td><td></td><td></td><td></td><td></td><td></td></tr>
<tr><td>本单位现有
鉴定业务</td><td colspan="19">□五级　□四级　□三级　□二级　□涉外</td></tr>
<tr><td>个人
专业
经历</td><td colspan="19"></td></tr>
<tr><td>所在
单位
意见</td><td colspan="19">单位盖章：
年　月　日</td></tr>
</table>

注：请报到时提交身份证、学历、职称复印件、两张1寸彩照。

项目二　会务组织管理与文字工作

◎ 学习目标

知识目标

- 了解会议组织的工作方法的变革。
- 熟悉会议服务的基本要求。
- 熟悉会议的文字工作(简报、纪要、工作规程、总结等)。
- 了解会议评估的基本方法。

能力目标

- 能够做好签到及座位引导工作。
- 学会会议服务礼仪。
- 能熟练使用会议常用设备。
- 熟悉并掌握会议材料的制作。
- 能够做好会务协调工作。
- 能够做好会议的总结工作。

◎ 工作任务

- 任务一:会议服务与工作规程设计。
- 任务二:会议组织与控制。
- 任务三:会议文字工作。

◎ 导入案例

“首届世界温州人大会”乐清发展恳谈暨投资项目推介会

为积极参与世界温州人大会和中国国际轻工产品博览会活动,充分挖掘和发挥在外乐清人这一独特优势,进一步加大招商引资力度,加快我市开放型经济发展,促进全市国民经济和社会各项事业持续快速健康发展,决定举办“首届世界温州人大会”乐清发展恳谈暨投资项目推介会。实施方案如下。

一、指导思想

以首届世界温州人大会和中国国际轻工产品博览会活动为契机,围绕把乐清建设成为新型的现代化中等城市这一目标,进一步加大招商引资力度,包装推出一批重点招商引资项目,把“乐清人经济”转化为“乐清经济”,实现资金回流,外资涌入，人才、信息、技术的交流合作及发展理念的更新提高，为全面提高乐清对外开放水平和提前基本实现现代化奠定基础。

二、时间地点

（一）时间：2003年10月13日

（二）地点：新世纪大酒店

三、来宾邀请

参加首届世界温州人大会的全体乐清籍人士，约155名。

四、活动安排

（一）参观考察

1. 时间：上午9：30—11：30

2. 参加对象：全体来宾

3. 参观考察路线：到来宾住宿宾馆迎接—正泰工业园—（上高速）—乐清经济开发区—中心区—新世纪大酒店

4. 参观考察结束后，来宾入住新世纪大酒店

5. 中午就餐：新世纪大酒店四楼荣华厅

（二）乐清发展恳谈暨投资项目推介会

1. 时间：下午14：30—17：00

2. 参加对象：全体来宾，市四套班子领导，组委会相关成员

3. 地点：新世纪大酒店四楼荣华厅

（三）招待酒会

1. 时间：晚上18：00

2. 地点：新世纪大酒店四楼荣华厅

3. 参加对象：全体来宾，市四套班子领导，组委会全体成员

（四）机动安排

1. 13日：温州其他来宾来乐清参观考察安排（根据温州具体部署另行安排）；

2. 14日：来宾继续参观考察（根据来宾报名情况组织）。

五、组织机构

为切实加强对“世界温州人大会”乐清发展恳谈暨投资项目推介会组织工作的领导，决定建立“世界温州人大会”乐清发展恳谈暨投资项目推介会组委会。组委会主任由×××市长担任，副主任：王××、张××，成员：相关单位负责人。

组委会下设联络文秘组、项目推介组、后勤保障组、环境整治组、新闻宣传组等5个工作组。具体安排另行通知

六、工作要求（略）

思考题：

如你作为会务组秘书处秘书，针对这次大型会议，你认为应该从哪些方面着手

做好会务工作?

提示:会议的组织和服务是一项复杂的、非常艰巨的工作。只有掌握全面的会务组织、协调等专业技能,提高综合素质,才能将秘书会务工作变得高效、完善。通过本章学习,学生应了解会议组织变革发展的情况,掌握会议组织规程表的制作及使用要求,掌握会议文字工作的基本要求。

◎ 理论导读

任务一　会议服务与工作规程表

一、会务工作总体要求

(一)准备充分

会务工作是一项时限性、集中性很强的工作,会期机动时间很少,这就要求秘书人员必须充分做好会前准备工作。主要包括:

1. 拟订会议计划,一般要制成会议活动安排表。会议时间、名称、与会单位及人员、议题、主持人、地点等均填入表中,提前分发给领导及有关部门。

2. 制订会议预案,即会议的筹备方案,主要包括:会议名称、会议主题、会期、出席人员、会务工作组及职责分工、会议会场布置、会议其他活动安排等。

3. 准备会议材料。一般在较重要的会议举行前均应提前准备好各种会议材料。主要包括:开幕词、闭幕词、工作报告、领导者发言、交流材料等。

4. 发送会议通知。会议开始前一般都要发通知给有关人员。做到及时准确,开会须知表达明确,防止错发或漏发。

5. 布置会场。人的情绪很容易为外界因素所影响,合理布置会场,既能改变会议氛围,也能调节与会者心情。会议要取得理想效果,会场布置不容忽视。

6. 座次排列。包括主席台座次和其他与会者座次。主要依据职务或社会地位、名望高低进行排列。

7. 制发名册与证件。名册主要包括姓名、性别、年龄、工作单位、职务、联系方式、房间号(与会期间)等项目。若遇大型会议,还需编制会议手册等材料。

(二)组织严密

会议经过充分的准备工作阶段后,会议的组织工作将会议带入实质性阶段,这就要求各项具体的会务工作责任到人,安排有序,运转有方,既遵循原则又不失灵活。具体包括:

1. 签到工作。签到是为及时了解与会人员的基本情况,同时对于需要选举的会议,还涉及有无达到法定选举人数和选举结果是否有效的问题。通常用签到本(事先分项列表)签到,也有用发放签到卡(或会议出席证)方式进行签到。

2.接待工作。会议接待工作的好坏直接关系到会议和会议主办者的形象。秘书人员要根据会议的基本要求，彬彬有礼，热情周到，做好接待工作，使与会人员颇感亲切，从而提高会议工作效果。

3.会议记录。会议记录是秘书人员的一项重要工作。认真做好会议记录，力争做到记录材料实整、翔实。尤其是重要会议的讲话、发言，还需要通过录音、录像等方法加以辅助。为会后整理、分析、研究提供依据。

4.编写会议简报是对会议进程，动态的直接反映，通过通报会议情况的文件形式向与会者发布，便于与会人员、组织者及领导及时掌握会议信息和会议进程，加强交流。

5.会间调度。即会议期间对会议程序、内容以及会场服务等环节进行调整和安排。会务组织人员要及时了解会议进行的情况和与会者意见、建议，并遵照主要领导者或主席团指示进行会议期间有关内容的适当调整。这既是确保会议顺利进行的需要，也直接反映了秘书沉着冷静、灵活应变的处事能力的高低。

6.会间生活安排。一次大型会议，从准备到完成凝聚了很大的工作量，应该说组织工作非常不易。能否合理安排好会间与会人员的吃、住、行(交通)、乐(适当娱乐)等事宜，直接反映了会议组织工作的质量好坏，也是会议能否取得成功的重要因素。

(三)服务周到

会议期间，秘书人员要摆正自己的位置，将做好服务工作放在重要位置，以热情、细致、优质的服务迎接与会人员。在服务的每个环节上，都要考虑全面、周到，严防出现差错。

(四)安全保障

会议的安全保障是会议成功与否的至关重要的前提。尤其是大型会议，重要领导人出席的会议，一是规模大、范围广，二是影响广，媒体介入力度强，安全工作迫在眉睫，采取强有力的安全措施非常必要。它主要表现在交通、饮食、文体及会议内容保密、重要人物在公众场合出入保护等各个环节。

二、会议组织服务工作的规程表

会议组织工作，特别是非常规的大中型会务工作按照前文所说的方法制作会议预案，是一种多年形成的传统方法。这种方法是有效的，但也存在需要改进的地方。如用这种传统方法，很难在预案中将会议细节如时间要求以及工作效果要求制定得很完备，因而在操作时，工作人员只能依靠经验跟上整个会议筹备的进程，筹备服务工作也只能依靠经验或按口头指示尽可能满足工作要求。再如，在这种传统的会议预案中，很难看清各部门各程序相互之间的联系和制约关系，会议筹备者难以从整体上控制各项工作细节的进度，使分属各组的工作细节符合整体进程的要求。

这种方法在一定范围内推广使用取得较好的效果。这种方法对传统的预案制作方法的改进主要在于：

1.会议组织规程表将原来用冗长的文字所表达的预案变成一两张很简明的表格。不但篇幅缩小了，而且条理清晰。

2.会议筹备组织工作在预案中比较难以表述的细节，在表格的项目中都能很清晰地表达，且工作的要求、完成的时间、责任人一目了然。

3.对经常筹备大中型会议活动的单位，对于不同的会议，这种表格不仅项目可以相对固定，甚至有些要求也可以大体相似，仅对时间、责任人作些调整即可使用，这样极大地缩短了会议筹备工作的时间。

以下是1985年11月在原江汉大学召开全国高校秘书学教学研究会所用的规程表。此表对该会议的成功组织起了相当重要的作用（见表2-1）。这种工作规程表设计，即使到了21世纪的今天，仍然十分有效。

当然，不同的会议在规模、内容、地点上会有许多区别。这种会议组织规程表格除了将一般会议必须有的项目列入其中外，还可视会议内容和会议筹备者的不同要求增减其中的项目。

应注意的是，使用这种表格筹备会议，筹备者自身仍应对会议的细节有充分考虑。虽然已有的表格项目已可以为你避免许多细节上的疏忽，但毕竟表格是死的，完成这项工作的人才是至关重要的。因此会务工作规程表从严格意义上讲，它只是会议筹备组织工作分工责任表。即使明确了工作责任和完成任务时间，并不等于筹备工作就能做好。会议筹备负责人仍要抓好三个大组的工作，即通过会务组、秘书组、后勤组的负责人，反复督促检查会议组织各项工作的质量和进度。

必须明确的是，应用这种规程表方法筹备组织会议，要建立在熟练掌握传统方法的基础上，即基于对会议筹备组织工作全局的全盘把握。否则，没有会务工作的全局在胸，仅凭一张详细的表格，也难以组织好会务工作。

表 2-1 全国高等院校秘书学教学经验交流会暨中国高等院校秘书学教学研究会第一次年会会务工作规程表

<table>
<tr><td>会名</td><td colspan="2">（见题头）</td><td>批准人</td><td></td><td>批准时间</td><td></td></tr>
<tr><td>会期</td><td colspan="2">1985 年 11 月 15 日至 11 月 19 日共 5 天</td><td>会场</td><td>北院 6 号楼二楼会议厅</td><td>会务筹备负责</td><td></td></tr>
<tr><td rowspan="2">出席范围</td><td colspan="2" rowspan="2">1. 全国高等院校中开办秘书专业的负责人；
2. 高等院校秘书学教学研究会会员；
3. 国内各秘书杂志编辑部负责人；
4. 秘书学研究领域中有影响者；
5. 特邀中办秘书局、中国行政管理学会、国家教委及国内知名人士</td><td rowspan="2">新闻单位</td><td rowspan="2">光明日报
湖北日报
长江日报
武汉电视台
湖北人民广播台</td><td>会议人数</td><td>原定 150 人
实际报到人数包括本校
与会者将达到 170 人</td></tr>
<tr><td>主持人</td><td></td></tr>
<tr><td rowspan="18">责任分工</td><td colspan="2">任务</td><td colspan="2">具体要求</td><td>完成时间</td><td>责任人</td></tr>
<tr><td rowspan="17">会务组</td><td>负责人</td><td colspan="2">落实各项工作、并协调各组行动</td><td></td><td>顾正华</td></tr>
<tr><td>会标全文</td><td colspan="2">9 米×0.9 米布底，白吹塑纸，长宋体字</td><td></td><td></td></tr>
<tr><td>主席台背景及桌椅</td><td colspan="2">主席台设两排座，每排十人</td><td></td><td></td></tr>
<tr><td>主席台座次安排</td><td colspan="2">画出三种方案草图，视情况摆好名签</td><td></td><td></td></tr>
<tr><td>主席台成员休息室</td><td colspan="2">北院 6 号楼小会议</td><td></td><td></td></tr>
<tr><td>会场花卉</td><td colspan="2">庄重、淡雅为宜</td><td></td><td></td></tr>
<tr><td>音响、录音</td><td colspan="2">2 只有线话筒，1 只无线话筒，保证录音质量</td><td></td><td></td></tr>
<tr><td>茶水供应</td><td colspan="2">由会务组提供茶叶，实习学生随时倒茶</td><td></td><td></td></tr>
<tr><td>新闻单位联系</td><td colspan="2">开幕式安排电视采访、消息见报、电视台播放</td><td></td><td></td></tr>
<tr><td>欢迎标语牌</td><td colspan="2">北院大门内置一大标语牌“欢迎全国高校”</td><td></td><td></td></tr>
<tr><td>特邀代表接送</td><td colspan="2">热情有礼、细致周到</td><td></td><td></td></tr>
<tr><td>参观活动联系</td><td colspan="2">确定线路、时间、落实午餐安排</td><td></td><td></td></tr>
<tr><td>文化活动安排</td><td colspan="2">两次电影，一次录像，一次校内文艺演出</td><td></td><td></td></tr>
<tr><td>开幕、闭幕式安全保卫</td><td colspan="2"></td><td></td><td></td></tr>
<tr><td>分组讨论地点安排</td><td colspan="2">按五组分，每组 30～40 人讨论安排</td><td></td><td></td></tr>
<tr><td>特邀代表的看望</td><td colspan="2">预先通知校领导</td><td></td><td></td></tr>
</table>

续表

		任务	具体要求	完成时间	责任人
责任分工	秘书组	制发会议通知	红底烫金，会议正式通知	10.15	杨光汉
		会议须知	明确周到	11.12	
		编排名单	1.按地域编组；2.按研究内容编组	11.4	
		会议日程、议程、作息时间	预先提出方案，经碰头会认可即打印		
		代表及工作人员胸卡	编号、分发、登记务必准确无误	11.12	
		编写简报	三期简报，力求第二天见面		
		记录人员	将学生分三组，记录准，整理快		
		预订报纸	每间房一份《长江日报》，有会议消息时每人一份		
责任分工	秘书组	集体照相安排	安排好前排座位，后排估算准确	11.12	
		预问气象	分别向省台、武汉台预问会期天气情况	11.13	
		公告栏	在住宿处设一公告栏	11.14	
		住房划分	划分后，应印制成平面图，以便查找	11.10	
		学生学习管理与安排	11 日动员，12 日进入工作		
责任分工	后勤组	负责人			涂国栋
		确定膳食标准	4.00 元/餐，每餐六菜一汤		
		进餐票证制发	在会议报到日前发至专门人员负责分送代表		
		落实住房			
		保证供电	向地区调度送交报告，确保 15 日供电，校内电工值班		
		工作用车	一辆面包车		
		接送代表团用车	车队安排		
		参观武钢用车	四辆大客车，17 日上午 18 时招待所待命		
		医务人员			
		会场卫生			
		回程车(船、机)票	会议报到时落实所有返程车、船、机票		
		经费落实	由学校财务按办公会意见预拨 2 万元		
		预收票款	伙食费、车票预售款由财务科负责，会务费另行安排		
		财务结账	财务应在代表离会前结清财务手续，不耽误代表离会		
		票证发放			
		补假			
		集体照相椅、凳、桌安排	与秘书组合作，搬运桌椅	15 日中午	

任务二　会议组织与控制

会议种类繁多，性质不同，目的各异，规模、会期也互有差异。因此，在会议工作具体实务操作过程中，采取的方法和措施也自然不同。只有充分了解各种会议的基本特点，做到心里有数，不断积累经验，才能使会务工作真正务实、高效、圆满。这里主要介绍常见的会议实务的处理技巧和方法。

一、会议组织技巧

（一）如何选择和布置会场

1. 会议场地选择：对组织一些较大规模或重要性会议特别重要。主要掌握以下要点：

(1)足够的会议场地空间。这既为会议场地布置带来多种选择，也是保持会议室内良好空气、环境的需要。同时，会间休息时便于自由交流、活动。

(2)与会人员与会务组均感方便的场所，这是提高会议效率的需要。

(3)良好的照明、通风、保暖（或送凉）设备，这是保持与会人员良好精神状态的需要。

(4)完善的会议设备，除普通桌椅外，有时需要黑（白）板、视听器材（投影仪、幻灯机、扩音设备等）以及各种不同会议所需的专用设备器材等。

(5)抗干扰。会议期间能有效地确保与会人员专心致志参加会议，避免噪音及其他干扰因素影响会议的正常进行。一般会议室内不装电话，会议中，门外挂上“正在开会，请勿打扰”等类似牌子。

2. 会场布置要求：

(1)会议桌椅安排

会议时间如果较长（1小时以上），要尽量安排桌子大一些，椅子有靠背，便于摊放会议资料，同时能减轻与会者身体疲劳。年长者居多的会议，自由讨论的会议，在桌椅安排上更多考虑舒适为主。

(2)照明光线

一般宜采用亲和的暖色灯光为主。既避免受强光照射刺眼引起疲劳，又利于与会者集中注意力。会议室窗帘应用遮光布。

(3)室内装饰

室内装饰并不是越高档豪华越好，而应根据会议中心议题，起到突出会议主题和烘托会议气氛的作用。主要考虑：

色调：与会议内容、对象、气氛相适应，并考虑季节因素。

徽标：在会场主席台或主席位的上方悬挂会标或会徽。

标语：在会场内或入口处适当挂一些与会议内容相关的庆祝性标语。标语文字力求通俗易懂，读来上口简短，多用口号式。

花草：是会议气氛营造的需要，既能保证会场的环境美化，也能创造会议的宽松气氛。一般安排在主席台底幕布下，主席台前排与代表席的隔离处、会场四周等。有时在专题发言席（演讲台）处放置鲜花，既庄重也美观。

旗帜：对一些党、政、团等政治性会议、企业商贸开幕式等会议上，在主席台底幕会标两边要挂 10 面红旗或竖一些彩旗，以烘托气氛。

（4）排列座次

这是很多会议必须要做的重要工作。大中型会议都需要排列座次，使与会人员有固定的座位，确保大会整齐、方便、有秩序。主席台与主桌席是排列重点。具体排列方法：

主席台和主桌席一般按职务身份排列；

代表席则按系统、区域、汉字（英文）、笔画或字母顺序排列；

正式代表在前，列席、候补代表在后。

会议主持人的座位应事先决定，一般地说主持人的座位以会场主席台中央或稍中央为宜，以确保其主要角色地位。

发言席（报告者）一般安排在会场的中央位置，有时特设演讲台（报告席），以突出其中心地位。

会议秘书座位，原则上设在大会入口处。这样便于联系工作，便于会间调度又不影响整个会场秩序。

当然有些小型会议或普通事务性会议，对座次排列要求并不是很严，甚至是自由择座，但无论如何作为秘书人员，均需在座次排列后或是否进行座次排列都要征求领导的意见。

（二）会议议题确定

1. 提交会议讨论的议题的资格。提交会议讨论的议题，一定要够会议讨论标准。即一般性事务议题，主管领导能解决的问题，不要放到集体会议上讨论。

2. 议题应有简要的文件或汇报提纲。

3. 议题及文字材料应事前经过领导人审批和专人对其内容及文字审核把关。

4. 议题选定、处理，均应当事前请主管领导人审定。

5. 适量的会议议题。议题过多，与会者不能充分发表意见，讨论仓促，容易忽视有关因素；议题太少，会议效率就显得低下，会议的必要性就值得怀疑。从这一点上来，会议议题宁肯多一些，也不要出现无事可讨论的尴尬局面。

（三）会议日程与时间的安排

会议日程是秘书人员对会议期间整个过程的框架安排，会议时间是对会议各个环节的具体时间分配。

1. 会议日程确定

一般根据召开会议的具体目的，确定总体安排。在具体运作过程中应特别注意以下因素：

一是事先安排好关键人物(重要领导人、发言者)等的时间。一些会议，目的明确，缺少某个重要人物，会议效果则大打折扣甚至会议根本无法进行。所以应事先征求关键人物的意见，先确定其出席到会时间，再根据需要对其他环节作时间安排或调整。

二是考虑多数与会人员的情况确定日程。会前应充分调查与会人员的情况排出若干日程，最终确定合理的会议日程。

三是照顾特殊原因或因素。一些会议是历史沿革或特殊原因所致，如党、政府、军队、团、妇女组织等纪念性会议，尽管某些重要领导可能没空，但也应以大局为重。一般来说，关键人物也会考虑到这点，能准时到位。

四是例会制度不能随意改变。

单位或部门原来确定的例会(年会、月会、周会制度等)，没有特殊原因，不能随意取消或改变，以确保例会制度的严肃性、规范性，也是确保单位职能部门的权威性的需要。

2. 会议时间分配

会议日程一旦确定，应该说，会议召开的时间也就可以确定了。特别注意的是，会议时间较长的，一定要安排好开(闭)幕式的具体时间，做到每个与会者心中有数，也便于安排会间活动。同时要注意每次召集时间不宜太长，以 2 小时左右为宜，避免因开会时间过长，引起与会者疲劳，降低会议工作效率。如确需将会议时间延长，中途可安排 10～15 分钟的休息。

(四)会议通知与会议材料

1. 会议通知

会议一旦决定召开，就要以书面形式分发通知。召开单位内部会议可以给每位参加者发一份通知，也可以用传阅形式通知，甚至可以布告栏上通知、电话通知或转告等。但一些较重要的、涉及外单位、部门的会议，尤其是地区性会议，地市级及以上规模的会议，撰写会议通知并及时发出就变得非常重要了。在撰写会议通知时，应重点抓住以下几方面因素：一是会议名称。如“浙江省教育厅高校招生工作会议”、“浙江省高校财政拨款协调会”等；二是开会日期、时间、地点要明确；三是写明会议议题；四是附上必要会议资料，并注明名称、页数；五是写明与会者必须随带物品和费用预算等。有些全省乃至全国性会议，因与会者来自四面八方，路途遥远，开会通知中还应注明前往报到地点的具体交通路线等。

2. 关于会议资料

很多会议，为使与会者早日准备讨论内容或意见、建议，会议资料和会议通知一并发出。会议资料一般包含：一是对会议议题的主要说明，阐明会议目的与背景；二是对会议中要讨论议案的说明。

会议资料是与会者必要的参考资料，因此在准备会议资料时应做得精简、准确、必要、一目了然。

（五）会中茶水服务与会间膳食安排

1.茶水服务

会中服务除了提供必要的资料准备、与会人员的引导、突发事件的处理等，很重要的一个环节是做好茶水服务工作。初一看，是一个很简单的工作，实际上是很有讲究的。在会中茶水服务过程中应做到：

(1)茶水端出时间要适当，会议时间长，要多次倒茶。

(2)倒茶姿势文雅，茶杯不要放在会议资料上，要慢倒轻放。

(3)先端给重要人物或外单位人员。

(4)准备充足的热水，方便与会人员随时能用。

(5)遇到像座谈会、商谈会等较宽松自由的聚会，可准备一些饮料或糖果，增加亲切感，改善会议气氛。

(6)大中型会议主要对主席台及前排重要代表席上茶水，小型会议直接上茶水。

2.会间膳食安排

有很多会议，因开会时间较长，需要安排与会人员的用膳。因与会人员来自各个地方、单位，所以与一般的单位食堂用餐是不同的。合理安排用膳，是一件很细致严肃的工作，要主动请示领导，再作妥善安排。并对不同的情况，不同的会议采取不同的方法。总结一般会议用餐的经验，在安排会议用膳，具体操作过程中，主要把握：

(1)在会议通知中注明是否用膳。用膳时统计人数要准确。

(2)预约订餐时，要明确交代具体时间、确保准时送来。

(3)注意用餐食物口味大众化与特殊化相结合。大中型会议，用膳人数多，要符合大多数人的口味为宜，对少数特殊情况者(少数民族、地域饮食习惯特殊、孕妇等)要事先了解清楚，以便给予适当照顾。

(4)因会议用膳人多、集中、量大，饮食卫生特别重要，以防食物变质、中毒事故发生。

(5)会议用膳力求经济实惠。

二、会议角色扮演

作为秘书人员，在各种会议中经常扮演不同角色。掌握会议不同角色的基本要领和技能，是一位秘书综合能力的基本要求。

（一）如何当好主持人

会议主持人，担负着控制会议有序进行的重任。他对会议良好氛围的营造和会议效率的提高起到了极其重要的作用。

1. 主持原则

（1）善于调节各方意见。作为主持人，能及时收集获取与会人员的建议意见，主持人本身就是会议主办者与与会人员之间架起的桥梁和纽带。不宜将自己的意见强加给与会者，要善于协调。

（2）充分发扬民主。与会人员中的职位、资历虽有不同，在会议座次及发言安排上有所体现，但千万不能忽视与会人员中大多数职位低、资历浅的这部分人的作用。会议要给予与会人员平等发表意见的机会。发扬民主，是会议的基本原则。

（3）效率优先。无论什么会议，都必须在议程规定的一定时限内完成，力求高效率。作为主持人，在会前及时宣布会议纪律和要求，会中有效控制会议节奏，限时发言、讨论都是提高会议效率的有效方法。

（4）集中统一。主持人要与主办方领导及时交换沟通信息，利用自己的有效职权，集中统一指挥整个会议过程，这样能有效地将会议控制在议题范围。在会议结束前，主持人一般都要对本次会议做出简短精要的概括，表达会议成功之意。

2. 主持人基本能力要求

主持会议是一门学问，必须不断积累经验，才能使会议在主持人的引导下开得有条不紊。作为秘书人员，掌握这些基本功，是非常必要的。

（1）调研能力。就是主持人在会前应对整个会议的基本情况作认真调查、分析、研究，掌握一手材料，以便在主持时得心应手，避免因不了解情况而出现错误。

（2）洞察能力。作为主持人，要能够及时观察会场情况并及时做出反应。这要求主持人应当是思维敏捷、反应及时、应对自如的大会组织者。会场局面的控制和会场秩序的维护很大程度上取决于大会主持者的组织能力。

（3）判断能力。作为会议主持人，在充分遵从主要领导或主席团意见的前提下，对会议需要解决的情况不优柔寡断，犹豫不决，必须果断裁决。当然，并不是说主持人可以盲目拍板。

（4）表达能力。主持人的语言要求准确、简洁、有号召力。这要求主持人善于表达大会意图。我们经常看到一些主持人妙语连珠，使大会有声有色。所以说，语言艺术训练，是每位秘书人员的必修课。

（二）会议发言技巧

会议发言与平时一般交流时的用词、语调、神态均有很大区别。在稍大规模的会议上发言，对发言者来说，是有较高要求的。一般来说，发言者在发言时应掌握以下基本技巧。

1.语言通俗易懂

除专业学术会议外，一般会议与会者学历层次，文化程度等相差很大。为加强沟通、交流，发言者所用语言应尽可能通俗易懂，避免出现深奥难懂、专业性很深的词汇。即使像国家领导人的报告都是遵循这个基本原则的。

2.发言简洁明了

除特殊需要（专题报告、学术研究等），一般性会议，发言的时间长短均有明确规定，力求简明扼要。话说多了，易偏离议题中心，如果不是高明的演说者，泛泛而谈，更易引起与会者反感。

3.节奏快慢有序

会议发言不是播音、朗读，它应该是随着内容的变化、会场的气氛及时变换语调和速度的。尽管多数会议用扩音设备，但仍要求发言时声音要大，发音要清晰，语速不宜太快，以便与会者听得清楚。当然，时快时慢，时轻时重都是会议的需要决定的，这样使发言变得充满激情而娓娓动人，充满吸引力和号召力。

4.形体语言得体

在发言过程中，加以适当、得体的形体语言（主要通过手势、脸部表情等），对提高会议发言的感染力能起到很大的作用。秘书人员在平时与人交谈时就要充分注意养成良好的习惯，善于发挥形体语言的作用，落落大方，温文尔雅。

5.保持双向交流

发言时要面对观众，不要看天花板、地板或斜视，要善于把握会场气氛，将你的目光从一个人身上慢慢移向另一个人，让你的目光在每个人身上都停留片刻。如果感到这样不舒适或不习惯，那宁可把目光集中在会场尽头的某一点上，这比看天花板或地板要好些。将目光注视听众，就能保持与他们的交流。当然，在发言过程中，提一个小问题，讲一个笑话，也是经常采用的双向交流的技巧。

三、控制会议特殊技巧

（一）如何营造踊跃发言的氛围

在举行的各种会议中，我们经常看到，由于种种原因使会议“冷场”，这未必就是坏事，可能是与会者正在动脑筋思考问题。作为会议组织者此时不应慌张，应注意观察每位与会者的表情。要善于暗示和启发、鼓励其发言。通常采取以下方法。

1.主持或组织者要有幽默感

这是在会议举行过程中适当运用幽默语言，提起与会者的精神和兴趣，使大家有亲切、轻松感，产生主动参与意识和欲望，关键要掌握一定的“度”。

2.供大家讨论的议题要具体

组织者提供较具体的议题，便于大家在讨论时下手。如讨论来年计划时，可分阶段讨论。比如“明年第一季度主要任务是什么?”，“哪个部门负责?”，“有什么任务指标?”等。这些问题都很具体，便于大家针对性讨论，会议就不会“冷场”了。

3. 会议组织者要创造民主气氛

不要在会议上指责发言者，即使说错了，也不能当面点明，只能以解释的方式进行处理比较合适。千万不要以简单、粗鲁的方式行事。如果这样，要么对方沉默，要么互相争论，总之效果适得其反。

（二）如何缓解会议出现的紧张气氛

有时，会议可能出现一些意想不到的事情。有些人甚至利用会议这种特殊形式来发泄私人恩怨，使组织者难堪。作为秘书人员，面对这种情况，首先不要紧张害怕；其次不要以牙还牙，要保持自己的身份；再次就是要用巧妙的语言，从容对待。这需要组织者有良好的心理素质和综合能力。比如，一位与会人员指着你大声说道："你算什么？照照镜子，看看你的模样！"这时你应该和气有礼地回答："谢谢你的批评。真的，我在平时工作中确实还有很多需要改进的地方，自身努力也需要加强，幸亏大家都能给予真诚相助，才使我的工作得以顺利完成。我也衷心希望大家继续关心和支持我的工作，在此谢谢了！"如果这样，能有利于会议紧张气氛的缓解，也会赢得与会多数人的佩服，尊重，从而使他们的立场会站到你的一边。要记住，对方的不理智，大家自有分辨。作为组织者的不理智，不仅会使会议因矛盾激化而进入僵局，而且会使大家认为你无能。

任务三　会议文字工作

会务工作中，涉及文字工作的内容比较多。一般说来，有起草会议通知、工作报告、总结，做好会议记录，编写会议纪要等项工作。这里仅就会议记录、简报、会议纪要作简述。

一、会议记录

会议记录是会议情况的真实反映，也是检查会议决定事项执行情况的依据和凭证。它包括两部分：

第一部分是会议组织情况，要写明会议名称、届次数、时间、地点、出席者、缺席者、列席者、主持人的姓名与职务，稿末签上记录者的姓名。

以上这些项目多在会议主持人发言之前写好。

第二部分是会议内容。这是记录的主要部分，要将会议议题、讨论发言、形成的决议、尤其是主持人的结论性发言记录下来。

会议记录的方法有两种。

1. 摘要记录

这是一般会议通用的记录方式。不必有言必录，只记发言要点、结论和会议上讨论的问题，通过的决定、决议。

2. 详细记录

多用于领导班子的重要会议，如党委常委会、经理办公会等。要求有言必录，不能只搞提纲挈领式的记录，也不能只记结论，要尽量记原话，不改变原意。

做好摘要记录的关键在于：要对发言内容迅速做出分析，哪些可记，哪些可不记，有所取舍，适当归纳，扼要地记下重点，不可歪曲发言者的原意，不可遗漏发言者的主要观点。所谓重点，一般是指会议主持者和主要负责人的发言，也包括与会者的不同意见或有争议的问题，会议的决定或决议。所谓扼要，就是要记下发言人的主要观点和论据。

作详细记录，要求记录者认真负责，精力集中，一字一句谨记不放，特别要注意抓住发言人开始、转题、结论的语言。对通用词汇可采用简化方法，事后补正；涉及文件名称或便于查找的文件内容，可先省略后补记。有可能的话，可采用多人记录，综合整理；还可利用录音方式，修正补齐会议记录。能否作好会议记录，不完全是书写速度的问题，还要看记录人是否熟悉会议所涉及的内容。有的机关即使配了速记员，但记下来的内容往往并不合要求，甚至闹笑话，原因就在于记录人不熟悉会议内容，不了解实际情况。

会议结束后，记录人要全面检查记录，检查错漏字，字迹不清的地方和其他遗漏处要及时补写好，对会上没有弄清楚或发言者表述不清的地方，要及时找有关人员核对。

记录人必须遵守保密规定，不得泄露会议内容。会议记录要妥善保管，不得外传或遗失，并使用专用记录本，按规定定期归档。

二、会议简报

会期短、人数少的会议，不必出简报。人数多，会期较长的会，应搞好会议简报。

会议出简报的目的是交流情况，提高会议质量。简报应求新、求实、求短、求快。求新，即反映新经验、新情况、新问题；求实，就是反映情况要真实，不夸张，不缩小，事事要查对落实，不能马马虎虎；求短，就是文字简练，篇幅短小；求快，即迅速反映值得注意的问题，简报不抢时间、拖拖拉拉，就起不到指导会议的作用。

会议简报的主要写法有下面两种。

1. 报道式写法

这往往是由简报编写者将情况综合后，选取有价值的部分，用新闻消息报道的形式，反映会议全局或局部的进展情况。

2. 转发式写法

这种会议简报往往用于节录某组代表发言，照登某代表的倡议或意见。简报编写者“转发”这些发言或倡议时，往往加上简短的“按语”，强调“转发”内容的指导意义或参考价值。

会议简报应注意标题的选用，既要醒目，能吸引人看下去，又要实在，做到文题一致。

简报的印制数量和发送范围，应视内容而定，有的只送主席团，有的发到各组负责人，有的发到全体与会者。

三、会议纪要

会议纪要的内容可分两部分：

第一部分是会议情况简述。其中包括召开会议的根据、目的、时间、地点、参加会议的人员，会议讨论的问题以及会议结果(包括对会议的基本估价)。

第二部分是会议主要内容的归纳。这是纪要的主体，应对会议讨论问题的基本结论和今后的任务做出具体的阐述。如会议内容较多，可以分列标题，逐段逐层地将会议讨论的各方面问题阐述明白。

属于一般例行的办公会议，则可直接写会议的纪要，还要在结尾写出会议的号召，提出贯彻会议精神的阐发。有的会议纪要，特别是例行的会议，这一部分写得极简略，开门见山就是“×月×日会议，讨论和议定了以下问题”，结尾处才写会议主持者、参加者姓名等等。

会议纪要的第二部分，既是对会议主要内容的归纳，也是今后对会议贯彻执行的依据，应认真拟写。这部分写作要点是“纪实”和“扼要”。也就是说，纪要应忠实于会议实际，这也是拟写纪要的基本原则。纪要又应是对会议基本精神的提炼和概括，既要反映会议讨论情况，特别是领导人重要讲话精神，又必须是综理其要，不成为会议记录。拟写这部分内容，特别应注意条理要清晰，可用顺序号或小标题将各问题、决定、措施、要求分清楚。

写好会议纪要，文笔固然重要，但关键在于了解会议主旨，拟写纪要的人应自始至终参加会议，注意从发言和简报中收集素材，当会议进展到一定阶段，就可根据会议主旨和实际情况，拟出纪要的大体轮廓，进一步收集材料，加以充实并广泛征求意见。必要时，会议纪要的要点或提纲应经会议讨论，统一认识。纪要起草后，一般需经会议讨论，然后定稿。例行办公会的纪要，只需将会议讨论的若干问题结论明确后，直接拟写，由主管领导人或秘书部门负责人核准，即可发出，不必再经办公会通过。

◎ 技能训练

会务组织情景训练

一、训练目标

通过实训，掌握会议组织的全方位内容，掌握会议期间的组织、协调、服务的基本要求。

二、训练方案与要求

(一)训练要求

1. 熟悉会议筹备方案的分工落实环节。

2. 熟悉主持人、发言者、会议记录者等不同角色的基本要求。

3. 熟悉会议的协调和服务要领。

4. 熟悉会议期间文书工作。

(二)训练组织

1. 以班为单位,举行一次以“暑期大学生社会实践表彰大会”(模拟)。

2. 情景模拟:设定上级领导、来宾若干人。

3. 确立会议主持人、主要发言人。

4. 成立会务服务组、秘书处。

(三)实训指导

1. 对会议筹备方案、议题、议程审核。

2. 大会服务组布置会场,做座位牌,座次排列;音响、话筒等准备。

3. 会议主持人、发言人角色扮演。

4. 颁奖次序与形式要求。

5. 会中服务:茶水服务、资料分发、摄影等。

6. 会议记录:要求与会者均作记录。

(四)训练作业

1. 秘书组会后整理会议记录,出会议简报。秘书组:会议简报一份。

2. 其他人每人会议记录一份。

◎ 知识拓展

会议日程表

教育部高职高专文秘类专业教学指导委员会第四次会议
日程安排表

会期:2008 年 3 月 20～23 日　　　　地点:浙江省湖州市

时间	项目	内容	主持人	地点
3 月 20 日下午	会议报到	1. 签到;2. 交费;3. 领取文件资料;4. 安排住宿;5. 订返程票。	李柯 宗培玉	湖州大厦总台会务室 907 房
3 月 20 日晚 7:30	会务组会议	1. 研究会议细节安排; 2. 确定讨论要点。	孙汝建	另行通知

续表

<table>
<tr><th>时间</th><th>项目</th><th>内容</th><th>主持人</th><th>地点</th></tr>
<tr><td>3月21日
上午8:30</td><td>开幕式与
专题报告</td><td>1.介绍到会领导、来宾；
2.主任委员孙汝建教授致辞；
3.湖州职业技术学院领导讲话；
4.9:30:集体合影；
5.孙汝建教授介绍会议主要议题；
6.湖职院吴建设教授介绍文秘主干课程标准开发；
7.兄弟院校介绍文秘专业主要课程设置情况（每校10分钟）。</td><td>孙汝建</td><td>湖职院5号会议室
（陆中恺老师摄影）</td></tr>
<tr><td>3月21日
下午13:30</td><td>专题讨论</td><td>1.高职高专文秘专业主干课程标准（草案）讨论；
2.高职高专文秘专业教材开发编撰讨论。</td><td>任鹰</td><td>荻港渔庄会议室
全体人员</td></tr>
<tr><td>3月21日
晚上17:00</td><td>晚宴</td><td>校领导宴请</td><td>湖职院
校领导</td><td>荻港渔庄</td></tr>
<tr><td rowspan="2">3月22日
上午8:30</td><td>教指委委员
会议</td><td>1.教指委文秘专业课题选题事项讨论；
2.高职高专文秘专业教材开发编撰讨论。</td><td>孙汝建</td><td>湖职院1号会议室</td></tr>
<tr><td>校际专业交流
（特邀代表）</td><td>文秘专业建设交流与实训中心参观</td><td>丁国强</td><td>人文分院6410会议室</td></tr>
<tr><td rowspan="2">3月22日
下午13:30</td><td>教指委委员
会议</td><td>1.首批教指委文秘专业课题申报确定；
2.首批高职高专文秘专业教材开发课程名单确定。</td><td>杨群欢</td><td>湖职院1号会议室</td></tr>
<tr><td colspan="2">兄弟院校代表自由活动</td><td>人文
分院</td><td>机动</td></tr>
<tr><td>3月22日
晚上19:00</td><td colspan="2">校方组织联谊活动</td><td>人文
分院</td><td>湖州大厦</td></tr>
<tr><td>3月23日
上午</td><td colspan="4">会议结束，代表返程</td></tr>
</table>

备注：叫早：7:00，午餐：11:30，晚餐：17:30。

会务组湖州大厦专车接送到会场，上车时间：上午8:00；下午13:15。

会务组联系电话：办公室：0572－2364208，湖州大厦2035888转907室。

教育部高职高专文秘类专业教学指导委员会第四次会议会务组

二〇〇八年三月二十日

项目三　办公室接待工作

◎ 学习目标

知识目标

- 熟悉接待工作的内容和种类。
- 掌握接待工作的一般程序。
- 了解预约接待、非预约接待基本要求。
- 熟悉接见、会谈、宴请活动礼宾安排。
- 熟悉握手、介绍、称呼、名片、电话迎宾、送客等常用相关礼仪。
- 了解国外常见习俗与禁忌。

能力目标

- 能够拟订接待工作计划。
- 能够正确安排礼宾次序。
- 能够指导安排会见、会谈和宴请。
- 熟悉国内外常见礼仪。

◎ 工作任务

- 任务一：接待工作安排。
- 任务二：接待礼仪强化。

◎ 导入案例

“第四届世界华人论坛”浙江温州段活动接待方案

时间		内容	地点	接待要求	主要负责部门
6月23日	10:35	参观考察正泰集团	正泰集团	市领导在正泰集团迎候并全程陪同	市府办
	11:45	赴雁荡山庄	雁荡山庄	招商引资资料收集、发放	市外侨办、市外经贸局 雁荡山管理局
				住地安全保卫	市公安局
	12:50	自助中餐	雁荡山庄二楼灵峰宴会厅	中餐安排	市接待处
				餐饮卫生监督检查	市卫生局

续表

时　间		内　容	地　点	接待要求	主要负责部门
6月23日	14:30	赴大龙湫、灵岩景区参观	雁荡山	门票、导游5名、停车位、景区环境整治、时间衔接	雁荡山管理局
				景区安全保卫	市公安局
	18:00	晚餐	雁荡山庄二楼灵峰宴会厅	晚餐安排	市接待处
				通知有关市领导赴宴	市府办
				餐饮卫生监督检查	市卫生局
				安排翻译1名	市外侨办
	19:30	赴灵峰景区参观	雁荡山	门票、导游5名、停车位、景区环境整治	雁荡山管理局
				景区安全保卫	市公安局
6月24日	07:00	自助早餐	雁荡山庄二楼灵峰宴会厅	餐饮卫生监督检查	市卫生局
	08:00	赴杭州		市领导送至高速公路雁荡入口处	市府办
注:1. 市外侨办负责全程接待工作衔接和人员联络。 2. 市交巡警大队安排警车开道,并安排警力保持道路畅通。					

提示:也许我们每个人都曾经做过接待事务,但你可能没有参与过真正意义上的专业接待工作吧?从《“第四届世界华人论坛”浙江温州段活动接待方案》中,你对接待工作有何认识?

接待是秘书的一项重要工作,是沟通内部上下的“桥梁”,是联系外部的“窗口”。从某种意义上说,秘书的接待工作就是单位的门面、喉舌,是单位形象的缩影。通过本章的学习,要求学生能够掌握接待工作的内容、种类和要求;熟悉交往群体的礼仪要求;区分接待对象,确认接待规格;按照行动规范做好接待的准备工作;从容应付已预约和未预约的客人。

◎ 理论导读

接待工作基本程序

接待工作,看似简单,实则不然,它要求接待人员:口才上,能伶牙俐齿,做到接待什么人说什么话,能随机应变,善打圆场,及时消除可能出现的困窘场面;组织能力上,善于协调各种关系,调动各个部门,能够自如地应付各种局面;人际交往上,要求沟通能力强,路子宽,熟人多,确保接待工作畅通无阻;业务能力上,要求熟悉本单位的情况,明确自己的本职工作——最好是博学多才,如懂英语、熟电脑、能开车等。总之,接待工作对秘书的综合素质要求相当高,除了掌握接待工作的技巧外,还必须具备良好的个人素质,如精神状态、言谈举止、着装打扮等。接待工作的好坏,对本单位的形象起着至关重要的作用。

一、接待工作内容和种类

接待是指对来访者给予相应的服务的活动。它涉及面广,对象多而复杂。根据不同的对象,不同的来访目的,接待的内容各不相同。根据不同标准,分类方式也就不同,具体有:

按照来宾的来访意图可以将接待分为公务接待、会议接待、视察与检查接待、参观接待、经营活动接待、技术考察接待和其他接待。

按照接待的对象不同,可以把接待分为外宾接待和内宾接待。内宾接待又可分为对上级单位来人的接待、对平行单位来人的接待、对下属单位来人的接待、对新闻单位来人的接待和对本单位来人的接待。

按照来访者有无预约又可以把接待分为预约来访者接待和未预约来访者接待。

二、接待工作的一般程序

接待的内容不同,接待的程序也不尽相同,但一般的程序主要包括以下几方面。

(一)发出邀请

邀请可分为口头邀请、电话邀请、书面邀请、登门邀请及邮信邀请等。邀请的方式很多,采用哪一种应根据亲疏关系和实际情况而定。如口头邀请是向被邀请者以谈话的方式发出邀请,这多在一些较为简单的活动场所应用;又如登记邀请是邀请者亲自到被邀请者寓所或单位发出的邀请,表示重视等等。有时是这几种方式的综合运用,发了书面邀请后,又用电话催请,然后再登门邀请。无论哪一种邀请,语言要恳切,态度要真诚。若是对方主动提出或是来函来电通知来访的,则没有这个环节。

(二)接待前的准备工作

接待前的准备工作很重要,它是整个接待工作的基础,决定着接待工作的质量和效果。

1. 平时的准备工作

(1)思想心理的准备

①诚挚恳切的态度

无论来访者是有预约的还是没有预约的,是易于沟通的还是难以沟通的,性格是内向的还是外向的,脾气是平和的还是急躁的,都要让对方感到自己是受欢迎和受重视的。对客人的到来要有“感谢光临”心态。当自己手头事情很多而接待的客人又难以应付时,要极力暗示自己:“不要着急,一件一件解决,一定能做好的。”当客人情绪过于激动时,不要受其影响,若问题出在自己身上或是单位的问题,则向对方致以歉意；若问题出在客人身上，则不能针锋相对，责骂或是侮辱对方，而要等对方冷静下来后，再把事实说清楚。

②团结合作的工作精神

接待工作是单位共同的事情，因此，在接待客人时，要有主动协助的精神，不能认为不是自己的客人就不予理睬或是态度淡漠。

(2)业务知识和能力的准备

作为领导的助手，代表单位门面的秘书人员，不仅要熟悉自己的本职工作，而且必须全面了解本单位的各方面情况；手边必须占有较完备的资料，具体包括单位内部职员的电话号码、本市其他公司或企业单位的电话号码、国外自动拨号的密码，当地宾馆名胜古迹、游览路线、娱乐场所的名称、地点、联系方式，本市的政治、经济、文化等情况。

(3)物质和环境的准备接待

接待环境物件的摆放应该整齐、养观、清洁，光线充足，空气清新。前台、办公室、会客室设置要协调，物品齐备。如前厅里应该为客人准备座椅，会客室时要准备茶具(包括茶叶、饮料等，普通客人可以用一次性茶杯，重要客人用正规茶具为佳)、烟灰缸、空调设备，还应有电话、复印机、传真机等(即使没有，也不要离会客室太远)。做到办公室里的文件、文具、电脑、电话等物品各归其位，摆设美观、整洁。常用的、不常用的及私人的用品应该放到合适、固定的地方，需要时能马上找到。

会客室要及时清理，勤换空气。客人走后，清洗烟灰缸、茶具，为下一批客人的到来做好准备。每天下班前整理好所有的办公用品，上班提前到达，清洁、整理、检查接待环境，做到有备不乱。

(三)接受任务后的接待准备工作

一般情况下，来宾来前会事先通知，接到通知后，秘书接待准备工作一般的程序如下。

1.了解来宾的情况

秘书在接到通知时要了解来宾的基本情况，包括来宾的来访意图、目的和要求，包括来宾的单位、人数、身份、性别、民族、年龄和健康状况，还包括抵离的时间、乘坐的交通工具和车次航班等，并将上述情况向主管部门领导报告，同时通知有关部门人员。

2.确定接待规格

由于来宾的身份和来访的目的不同，接待的规格也不尽相同。接待规格是从主陪人的角度而言的，即来什么客人由什么人陪同的规格问题。接待的规格分为高格接待、对等接待和低格接待三种。

(1)高格接待

高格接待是指主要陪同人员比主要来宾的职位或职称高的接待。它表明对被接待一方的重视和友好。主要有几种情况：

上级领导或上级领导机关派一般工作人员向下级领导口授意见，下级领导要出面作陪；兄弟单位领导或派人商谈重要事宜，本单位领导要出面接见，必要时还应陪同座谈；下级领导来访，领导应该出面作陪；接待公司的重要客户。

(2)对等接待

对等接待，就是指主要陪同人员与主要来宾的职位或职称大体相当的接待，在接待工作中，这种接待最为常用。

(3)低格接待

低格接待，是指主要陪同人员比主要来宾的职位或职称低的接待。这种接待多用于基层单位或业务性联系的接待。

采用哪一种规格接待，除了客人的身份影响因素外，还有其他因素的影响。如：对方的关系，当对方的来访事关重大或我方希望发展与对方的关系的，往往采用高格接待；突变情况，如领导临时有事，只能让他人代替；老客人的接待，客人曾经来过，那么接待最好按上次规格。

总之，无论采用哪一种接待规格，秘书拟定后，由领导决定。一旦定下来，秘书应当把主要陪同人的情况和日常安排告知对方，征求意见，加以确认。

3.制订接待工作计划

“凡事预则立”，接待来访者，制订接待计划很有必要，一是可以合理地安排各项接待工作，使之有条不紊地开展；二是可以使有关人员提前安排好自己的时间，保证接待工作顺利开展。接待工作的计划一般包括三个方面的内容：确定接待规格、拟定日程安排和开列接待经费。接待规格和来访意图决定了接待人员、日程安排和经费开支。涉及的具体内容有：来宾的单位、来访的目的、要求、人数、性别、身份、生活习惯、抵离的日期；工作日程的安排；负责这次接待的高级管理人员和专职陪同及接待人员的安排；来宾的住宿地点、标准、房间数量等；会见、会谈的时间、地点和参加的人员、人数，担任主谈判的人员，其他谈判人员、翻译、后勤服务人员名单，大的项目还要有律师和会议的名单；宴请的时间、地点、规格、人数、次数；参观游览或娱乐等活动的时间、地点、人数、次数及陪同人员；接待期间的交通工具的安排；接待期间的安全保卫工作，包括饮食卫生、人身、财产安全等；接待经费主要包括住宿费、餐饮费、劳务费(讲理、作报告等费用)、交通费、工作经费(如租借会议室、打印资料、通讯等费用)、考察参观娱乐费、纪念品费、其他费用等。

若来客的住宿费、交通费等一些费用由来客自己承担的，就必须把所需费用数目与日程安排提前通知对方(用电话或信函等)。若由两个或两个以上单位联合接待的，则双方要明确经费的承担问题。接待计划制订好后，送交领导批准，一经批准，按照方案组织人力、物力、财力做好接待准备工作。同时，制定并填写表格，印发各有关人员，使有关人员明确自己在此次接待工作中的任务和责任。提前安排好工作，确保接待工作圆满成功。

任务一　接待工作安排

一、接待工作的实施

为了保证接待工作的顺利完成，客人来前检查接待工作所需的文件、资料、场所、交通工具是否落实到位，同时要及时提醒或联系有关接待人员，做好充分准备。客人一到就要实施具体的接待工作内容。

1. 迎接来宾

核实班机、车、船抵达的具体时间，若要到机场、车站、码头接的，则根据来宾人数准备车辆提前到达。若双方是第一次见面的，要准备接站牌。若必要时，准备仪仗队或迎宾鲜花。当客人下飞机或车、船后，应立刻上前迎接，双方互作介绍。若是外宾，则我方人员（或翻译）将按照身份高低向来宾介绍，按来宾习惯致见面问候礼，行礼后献花。接下来把来宾送到宾馆，送上日程安排表，约好下一项活动的时间，就可离开，切不可在来宾的房间停留时间过长。

2. 会见、会谈的接待

会见，是一种礼貌性应酬，礼节性的会晤，时间较短，通常是半个小时左右。会谈，也称谈判，内容比较正式，而且专题性较强，是指双方或多方就某些实质性问题交流情况、交换意见及达成协议等。

(1)在会见、会谈前，秘书要做好信息资料工作，一方面做到“知己知彼”，了解对方的背景，包括对方国家的政治、经济、地理、历史情况、对外政策、领导人情况等，对方可能提出的问题，若是外宾，则要掌握外宾的礼仪特征和习俗禁忌，并把它变成书面文字呈送有关人员，还要提供外交资料作为参阅。凡能收集到的资料，应尽量收集齐全，提供给领导或其他人员作参考，就内部而言，要给领导提供本单位情况的资料，有时包括我国的法律和政策。如果不是第一次交往，则把以前会见、会谈情况写成摘要给领导或与会人员。

(2)来宾抵达时，接待人员在大楼门口或大厅迎接，并引导来宾到会客室。若是重要来宾，则来宾进门由主见人在门口迎接。

(3)会见会谈时安排好座次。会见时，宾客在右，主人在左。座位安排通常为半圆形。会谈时，宾主则在长方形桌子两边相对而坐。

(4)会见会谈时，要做好记录。认真细致地将双方的谈话原原本本，一字不漏地记录下来，以备查考。会上有争议的问题，未落实的问题等都要一一记下。无论是客人提出的问题，还是领导许诺的问题，会后应负责做好后续落实工作。

(5)会见会谈结束时，有时要安排合影留念，应事先安排好合影图。安排合影留念时一般主人居正中，遵循“以右为尊”的原则让主客双方间隔排列，如果人多要分成多行，则按“前高后低”进行排列。注意尽量不要让客人站在边上。

(6)会见会谈结束后，在会客室门口与来宾握手告别，对重要来宾则送至大厅或大门口再握手告别。有领导一起送的时候，秘书应走在领导的后面。陪同人员送客视情况而定。

3. 宴请接待

要事先通知来宾宴请的时间、地点和与宴人员。如果要接送的则安排好交通工具。

宴请时要根据来宾的情况确定宴请环境、菜单和席次。若是外宾，则要考虑外宾饮食特点及宗教信仰方面的禁忌。例如，在我们的“山珍海味”中，有许多外宾是不能接受的，如保护的野生动物和家禽等。

在宴请时，接待人员应到门口迎接来宾，引导来宾进入宴会并入座。参加宴请的人员要讲究个人卫生，衣着大方、得体，女士要化妆以示尊重。

4. 安排参观游览

组织安排来宾参观游览，有利于增进友谊和加深相互了解。在具体安排参观游览时，一定要根据来宾来访的目的、性质和来宾的意愿、兴趣，结合当地实际情况，有针对性地选择游览项目。在接待计划中事先安排好，包括参观游览的日期、路线与内容、交通工具等。参观游览前要预先通知接待的单位和人员做好准备。

5. 安排娱乐活动

娱乐活动包括观赏歌舞演出、戏剧、文艺演出、听音乐会等，预订座位以第7—9排最好，观看时应有人陪同，要求陪同者衣着大方得体，女士要化妆。注意观看演出时不能迟到，也不能提前退场，把移动电话调到振动，不在场中打电话。

6. 新闻报道

对重要来宾的接待来访，应根据情况，确定新闻报道的内容，事先通知有关新闻部门和人员前来。

7. 送客

根据来宾来访通知单上有无需要代订返程票来决定预订与否。若是邀请来访的，则在回执单上有“是否预订返程票”一项。确认来宾返程具体时间、飞机(或车、船)班次等，提前订好车辆，并通知有关人员。送客时，应提前出发，尤其是外宾，需提前2～3个小时到达机场(或车站、码头)，因外宾安全检查需很长时间。只有等来宾乘坐交通工具启动后才可以走开。注意送客的规格与迎接的规格要一样，无论谈判成功与否。

8. 接待工作后总结

来宾接待工作的记录，是重要的档案资料之一，一定要收集齐全，及时整理，按照档案管理规定的要求整理归档。另外在送走来宾后，应结算接待经费，做好会议善后事情的处理，力求事事落实到位。写好接待工作小结，如有必要，可编印简报。

二、预约来访者的接待

按来访者事先有无预约可以把接待工作分为预约来访者接待(以下简称预约

接待)和未预约来访者接待。日常有约的接待对象大都是零星来单位访问或洽谈工作的客商或是朋友。接待时在保证礼貌待客的基础上参照上述接待工作程序，酌情简化。企业秘书的日常接待工作大多是一般性的来访接待。日常的一般性有约接待，无须制订接待计划(方案)，秘书只需根据计划安排表，按顺序有礼貌地接待预约前来的客人，并按顺序安排客人与领导见面就行。秘书如何做好一般的预约接待工作呢？一般的工作程序是：

了解来访者情况→确定接待规格→制订接待计划→做好接待准备工作→接待计划的实施→接待工作总结。

具体的做法如下：

1. 主动迎接和问候。当来访者来到时，要以站立姿态，面带微笑主动迎上前去并问候。如："您好，欢迎您！"、"您好，希望我能帮助您！"

2. 了解情况。了解来访者约见的人员或部门，如果已到约定时间，则立即通知被访的部门或人员；如果比约定的时间早很多，则请来访者入座，倒茶送报或轻松和他们交流，使对方感到不受冷落。等到距预约时间5～10分钟左右通知被访者。

3. 发放宾客卡。按单位要求发放给来访者宾客卡，来访者离开前提醒并收回宾客卡。有的单位是来访者在来访单位来客登记簿上详写来访细节。

表2-2　来访者登记表

日期	来访者姓名	来访者单位	到达时间	来访事由	被访者
2008.5.1	王××	××公司	8:30	商谈业务	销售部经理
2008.5.1	李××	××人事局	9:00	调查人事问题	人事部经理
2008.5.1	孙×× 李××	××公司	9:40	洽谈业务	生产部经理
2008.5.1					

4. 正确引导。引导来访者到被访的部门，或按单位要求安排专门工作人员接待。

5. 送客。当来访者离开时，应礼貌送客，如"请您走好"、"欢迎您再次光临"等，并为客人开门，帮客人取衣帽等物或是陪同客人到门口。若有必要，可帮助来访者预订车辆。

对于规模较大的接待则参照上一节接待程序和接待方法。

三、非预约来访者的接待

未预约来访者的接待(以下简称无约接待)是指没有事先预定会见面谈，是临时来访的接待。

对于临时来访者，秘书要有礼貌地询问客人的来意，再根据当时情况，凭借自己以往的接待经验，采取适当的接待应对办法。具体的做法如下。

1. 热情接待

面带微笑主动迎接问候来访者，了解未预约来访者，仍要以礼貌友好、欢迎的态度去接待。

2. 了解情况，尽心服务。

了解来访者要访问的部门或人员，看看能否安排尽可能早的预约时间。若来访者要求当下见面的，则要设法联系有关部门或人员，看被访者能否接见来访者，若可以，则按照预约来访者的工作程序进行；若不可以，则向来访者说明情况，主动请对方留言或留下联系方式，保证尽快将留言递交给被访者，或是尽可能快地安排会见时间并通知对方。

3. 机敏应对

如果来访者要见领导，而领导不愿见，秘书则要找借口打发来访者，或是请示领导能否指定别人代替，若可以，则礼貌地请来访者与指定人员会见会谈。如果来访者坚持要见领导，而领导实在不想见，则一方面要为领导挡驾，让来访者明白今天想会见是无论如何都不行的；另一方面让对方留下电话和会面时间、要求，表示将及时禀告领导，待领导决定后立即通知对方。

4. 耐心倾听

若来访者是怒气冲冲前来指责批评或是脾气急躁的，一方面要耐心倾听，礼貌接待，切不可以话语相激，致使事态恶化；另一方面快速寻找解决方法，向对方表示尽力帮助解决问题，抱着善良、认真、真诚的态度对待他，使对方感到你是真心诚意为他着想的，等事态缓和下来后再想办法解决问题。

5. 确保来访者满意

在接待过程中始终要热情、周到，使来访者满意离开。送客时与有约接待相同。

任务二　接待礼仪强化

礼仪，是指人们在长期生活实践中形成的约定俗成的一种行为规范，它是社会文明的标志，也是人际交往的准则。就秘书来说，她(他)每天都要和各种各样的人打交道，礼仪就是她(他)与众人交往场合中的“通行证”，更是其业务素质和自身修养的一种标志。掌握一套基本的礼仪规范有利于秘书顺利地开展接待工作，随时随地给人留下良好的印象。下面几则有关礼仪的阅读材料，供参考。

一、握手礼仪

握手礼是人们在日常交往中最常用的一种礼节，是人们在相见、离别、祝贺或感谢时相互表示情谊、致意的一种礼节。一般双方先打招呼，后握手。

1. 握手的顺序

一般来说，男女之间，女士先伸出手后才握手；长辈与晚辈见面，长辈先伸出手（以示对对方的尊重）再相握；上下级之间，上级先伸出手，下级才能与上级相握；宾主之间，主人先伸出手，客人再相迎握手。

2. 握手的时间

握手讲究时间，握手时一般以24秒为宜，太长让人觉得有些不舒服，太短则显得没有诚意。但熟人在一起或满含感激之情时，握手时间可以长一点。

3. 握手的方式

握手时一定要用右手，五指齐用，在握住之后，如果一般关系，一般场合，双方握手时稍用力握一下就可放开。此时，两人的手掌最好处于垂直状态。同时，眼睛要注视对方，不能东张西望，还要微笑致意。握手要适度，不能握得太紧，过紧地握手或是只用手指部分漫不经心地接触对方，这都是不礼貌的。一般来说，老朋友见面，可稍微用力一些，异性之间，轻轻握一下四指就行，千万注意，绝对不能紧紧抓住异性的手不放，否则会让人觉得你不怀好意。

4. 握手的避讳（注意）

（1）贸然伸手。在上级、长辈、女士、主人等未伸手时，自己先伸手是失礼的。

（2）长时间不放手。旁边的人很多，却只顾握住一个人的手，忽视或冷落别人，或者影响对方与他人握手，这是不礼貌的。

（3）交叉握手。当两个人正握手时，却跑上去与正握手的人相握，或者穿过他们与别的人握手是失礼的。

（4）该先伸手而没有伸手。在需要握手的场合，上级、长辈、女士等不主动伸出手去跟人握手，也是不礼貌的。

（5）出手时慢腾腾。当对方伸出手后，出手很慢，被视为失礼。

（6）握手后用手帕或纸巾擦手。刚刚与对方握好手，就用手帕或纸巾擦手，是失礼的。另外，女士可以戴手套握手，男士以脱去手套为原则，若不易或不便脱去，需要说明理由，请求谅解，但遇到地位高的人，仍先脱去手套。

二、介绍礼仪

介绍是社交礼仪的重要环节，是一切社交活动的开始，即不相识者建立交往的起点。介绍分为自我介绍和他人介绍两种。

1. 介绍的顺序

在介绍两个人相互认识时，一般应遵循的顺序是："先卑后尊"、"女士优先"。具体地说：把年少者介绍给年长者；把职位低的介绍给职位高的；把男士介绍给女士；把未婚的介绍给已婚的，若未婚的比已婚的大很多时则把已婚的介绍给予未婚的；先宾后主；如果双方的年龄、职位相当，又是同性，则可根据实际情况灵活介绍。集体介绍时，特别是在宴会上，如果你是主人，可以按照他（她）们座位顺序进行介绍,也可以从贵宾开始。商业介绍习惯与一般社交惯例不是完全一样,商业介绍不分男女老幼,社会地位低的人总是被介绍给社会地位较高的人。

2.介绍的方法

一般情况下,介绍人和被介绍人(除年迈者和身体原因外)都应站起来,以示礼貌和尊重,等介绍人介绍完毕,被介绍双方应微笑点头示意或握手致意,或者同时要寒暄一下,譬如说:“王局长,很高兴能认识您”,“你好,李小姐”,“久仰久仰”。说出对方的名字是最亲切也是较有礼貌的反应。

在宴会、会议、谈判桌上,被介绍双方视情况可不必起立,微笑点头致意即可;如果双方相隔较远(2米以外),中间又有障碍物,可举右手微笑点头致意。

自我介绍时,应将自己的姓名、身份说清楚,等对方也作过自我介绍后才与之进行交谈。交谈之初,应多谈别人、少谈些自己,等彼此有了一定交流、沟通之后,再作详细介绍。自我介绍时要及时准确、清楚、谦虚地介绍自己,如自己是大学教授可以说自己在大学任教的,销售经理可介绍为某公司跑业务的。

3.介绍人的礼节

(1)先向双方打招呼。介绍前,应先向双方打个招呼,如“请允许我介绍你们认识一下”,使双方有所准备,而不是唐突,打招呼后再把双方的名字介绍一番。

(2)注意介绍的先后顺序。

(3)介绍要清楚准确。尤其是双方难记生僻或易发生混淆的姓名。如向某人介绍吴先生时,要补上一句“口天吴”。

(4)避免过分赞扬。因为不合时宜的吹捧易使被介绍的人发生尴尬、不自在。

(5)介绍停留时间得当。一般情况下,介绍完毕后,稍停片刻,引导双方交谈,双方能交谈后,可借故离开。

三、称呼的礼仪

称呼反映人们之间的关系,反映着一个人的修养,决定着社交成功与否,被认为是交谈前的“敲门砖”。称呼一般可分为:职务称、职业称、姓名称、一般称(不知对方职务或姓名时称)、代词称、亲属称等。一般称男子为“先生”,称女子为“夫人”、“小姐”或“女士”,已婚的称“夫人”,未婚的称“小姐”,不能十分确认的称“女士”,在这些称呼前可以冠以姓名、职称、衔称等,如“怀特先生”、“爱丽丝小姐”、“市长先生”、“董事长先生”、“凯特夫人”等。对大使或政府部长以上的高级官员,在官衔之后往往加上“阁下”、职衔或先生。如“部长阁下”、“总统阁下”、“大使先生阁下”。对有高级官衔的妇女,也可称“阁下”,如“撒切尔首相阁下”等。

在我国,很多时候,在称呼前冠以敬词或称谓前表以谦词,如“请问尊姓大名”、“你的高徒”、“李公”、“王老”、“贵公司”、“令郎今年大学毕业了吗”、“敬请台启”、“先祖”、“贤弟近来可好”、“尊夫人一向可好”、“鄙人意见仅供参考”、“鄙居简陋”、“家兄在外工作”、“舍妹刚好在家”、“贱内上班去了”、“愚兄之见,请多谅解”、“拙作不成气候，烦请指正”等。

四、互递名片的礼仪

在认识新朋友、自我介绍、一般聚会、联系业务等很多场合都需要互相交换名片。互递名片的过程，要注意基本的礼仪。

1. 名片一般由持有者自行设计，内容包括任职单位和部门、本人姓名、职务、单位地址和通信地址、邮政编码、联系电话、邮箱等。文字有横排和竖排两种。

2. 名片的递送，要讲究礼仪。通常是在自我介绍后或被别人介绍后出示的。递送名片时应起立，上身向对方前倾以敬礼状，表示尊敬。并用双手的拇指和食指轻轻地握住名片的前端，而为了使对方容易看，名片的正面要朝向对方，递名片的同时要报上自己的姓名。

3. 名片是对方身份的象征，接收名片时，态度一定应像对待名片主人一样尊重，要用双手由名片的下方恭敬接过收到胸前，一只手接名片是十分失礼的行为。接过名片后不要急于收起。眼睛注视着名片，要看清楚对方的身份、姓名，也可轻轻读名片上的内容。

4. 接过的名片忌随手乱放或不加确认就收入包中，这是很失礼的。应该准备专门的名片夹或名片簿，用以存放收到的名片。在闲暇时对名片进行分类、整理，方便查找和使用。

5. 与长者、女性、职位高者打招呼后，可先将自己的名片递给对方，并请对方多指教。需要明确的是，直接向长者、女性或职位高者要名片是不恰当的。

6. 在多人面前发名片时，应该注意除了很熟悉的人以外，每一位在场者都应收到，以免失礼。

7. 名片的索要。向他人索要名片时，不要直接向对方要，而是要含蓄地向对方仔细地询问姓名、单位、地址、电话等。如“××先生/小姐，今后想向你请教，怎样能找到你?”、“××先生/小姐，今后怎样和你取得联系?”若对方愿意，一定会送给你一张名片。

五、打电话礼仪

在现代社会，电话已经成为不可或缺的通讯交往手段。电话是不见面的交往，电话沟通的好坏，直接影响交往的成败。打电话时说话要清晰，要注意声音“表情”，音量要适中。

1. 接电话的礼仪

(1)电话铃声一响时，应尽快去接，最好不要让电话铃响超过五声。如果有特殊原因让电话铃响超过五声才接的，则拿起电话后一定要有礼貌向对方道歉。接电话时要以温和的语调报出自己单位名称，如“您好，××公司××部”，“××公司××部，您好。”在报完单位名称后，要有礼貌地询问对方找哪一位，及对方的姓名。切不可生硬地问对方：“你是谁? 哪里的? 找谁?”这是没有礼貌的表现。

(2)听电话时要注意力集中,回答问题要有耐心和热情,不能用生硬、讨厌、冷淡的语调说话。当对方请求叫人时,要说“请等一下”,马上去叫。若对方要求接电话的人不在时,应该说声“对不起,他不在”,并询问一下是否有话或有事转告。若有,则认真记下所转告的话和念一遍对方的姓名、单位、联系方式,最好把转告的内容复述一遍,再挂电话,以免出错,并及时把受托之事办好。

(3)接到打错的电话时,应该说:“这是××公司,电话是××××××××,你是不是打错了?”而不应该说“您打错了”,就“啪”一声挂上电话。

(4)电话交谈完毕,应尽量让对方先结束对话,若确需自己来结束对话的,如手边刚好有急事要处理或有客人正等着,则向对方解释、致歉。通话结束后应等对方放下话筒后,再轻轻放下话筒,以示尊重。

2.打电话的礼仪

(1)选择适当的时间。上班时间的电话,一般选择在上班十分钟后或距下班半小时前,力求避开临近上下班时间打电话,因为这个时候对方急于做上下班的准备工作,很有可能得不到满意的结果。公务电话应尽量在上班时间内打,如果的确有必要往家里打的,则避开吃饭和午休时间,且在早上八点之后,晚上十点以前打电话较好。

(2)通话时,首先通报自己的姓名、身份。必要时,应询问对方是否方便,若方便才可继续交谈;若不方便,可再约定一个时间。

(3)电话内容要简明扼要,通话时间不能太长。

(4)拨错电话时,要向对方说声对不起,以表歉意。如果有必要要核实一下,则可以这样说:“对不起,我打的电话是××××××××,这不是××××单位吗?”

(5)电话打通后,若你要找的人不在,不能马上就“咔嚓”挂掉电话,这是不礼貌的。

(6)通话结束时应说声“再见”,然后轻轻地放下话筒。

六、迎送礼仪

接待是商业活动的一个重要组成部分,接待礼仪备受重视。接待礼仪的基本要求:热情周到,文明礼貌,平等待人,衣着得体、整洁,举止大方,女性还要化淡妆。

1.迎宾礼仪

具体的做法:

(1)见到来宾光临,主动迎上前亲切问候,表示欢迎。尤其是遇到老、弱、病、残、幼客人,要特别主动帮忙,倍加关心。

(2)宾客乘坐的车辆到达时,要热情相迎。当车子停稳后,应一手拉门,一手挡在车门框上沿,以免客人的头部碰撞到车顶门框。下雨天时要撑伞迎接,以防客人被雨淋湿。

(3)帮助宾客提行李物品时,要主动热情,同时要尊重宾客的意愿。宾客的行李物品要轻拿轻放，对贵重和易碎物品，要倍加小心。

(4)接待团体宾客时，应连续向宾客点头致意和多次重复问候语。问候时注意力要集中，眼睛注视着宾客。若宾客先问候致意的，要及时还礼。

2.送客礼仪

具体的做法：

(1)帮助宾客确认所携带的行李物品，帮助宾客小心提送到车上。安放好行李后，向宾客作一下交代，并施礼感谢光临和致告别语，如"祝您旅途愉快，欢迎下次再来"、"祝您一路平安，同时希望我们合作愉快"等。

(2)帮宾客关车门时，时间要恰到好处，不能太重，也不能太轻。太重会惊吓客人，太轻车门会关不上。另外，还要注意不要让宾客的衣服裙裤被车门夹住。

(3)车门关好后，不能马上转身就走，而应等宾客的车辆启动时，面带微笑，挥手告别，目送车子离开后才能离开。

◎ 技能训练

训练一　接待工作案例分析

一、训练目标

通过训练，学生能够按照接待工作的要求正确地接待来访者。

二、训练方案与要求

(一)案例一

史密斯先生到你办公室要求拜见你的上司，可你的上司却完全忘了这个约会，且此时上司正在俱乐部与一位重要客人打完网球后在吃午餐。

作为秘书，你应该如何处理这种局面？

(二)案例二

假如你是新开泰物业有限公司的秘书小王，一周前公司来了实习兼试用的电话兼接待员小丽。今天早上你发现桌子上有一封她留给你的短信，内容是：

王秘书：

你好！我因接待来访者和通过电话与外界联系时不得体曾受到多次责备。我的确很想得到这份工作，希望你给我一些建议和指导，我该如何做好来访者的接待和电话的接待。不然，我就有被辞退的可能。有时碰到来访者是不速之客，而上司又不想见他们，他们只好悻悻而去。而且更为糟糕的是，上司不想见，可客人一定要见，上司不高兴，客人不满意。又如接电话，由于听不清对方的声音，对方很生气。我怎样做才能应付这些困难的场面。若你能给我一些指导或给我一些建议，我将会思考并从中学着去做，那么我就会有不被开除的希望和可能。

小丽

2008 年 10 月 20 日

请对小丽提出的问题列出一个提纲——如何应付困难尴尬的场面。主要针对下面两个方面进行准备：

1. 如何接待未预约的来访者？

2. 如何接待电话？

（三）案例三

国人有国人的传统，洋人有洋人的习惯。在接待客人上，两者之间有很大的区别。我们来了客人，总要去车站、机场接一下，而且来的人是什么级别，接的人也大致相当。认识的翘首相望，不认识的便打一块牌子，写明会议或本单位的名称。然后或与客人在单位寒暄一阵，或直接送到事先预订好的宾馆、招待所。办好手续再帮客人拿行李，送进房间，我沏茶，你递烟，先聊上一小阵或一大阵，接下来是吃饭、工作、陪伴游览。

在匈牙利、德国则不讲这一套。在匈牙利开会，他们先寄来一份通知，告诉你住宿与开会地点，以及从机场到宾馆，从宾馆到会场乘车的路线。另外特别提醒你，从机场到宾馆如果乘出租车，路费大约是多少钱，以防司机“宰人”，这便是他们对你格外的关照了。会散之后便立即“拜拜”，你乘哪一趟飞机、火车、如何去机场、车站则一概不问。（节选自冯伯群的《接待，不接也不送》，《北京档案》1997 年第 1 期）

问题与讨论：

(1)你是如何看待匈牙利和德国的接待的？

(2)假如有一个会议在中国召开，参加会议的人员除了中国外，还有其他六个国家的人员，他们分别来自德国、匈牙利、日本、俄罗斯、泰国、美国。针对匈牙利、德国的“接待，不接也不送”，中国有关部门或组织将如何接待来自德国和匈牙利的客人？

（四）讨论说明

1. 可以分组讨论；

2. 每组推荐一位中心发言人，归纳该组同学的发言；

3. 每组中心发言人在全班发言；

4. 老师作最后总结；

5. 讨论 30 分钟，班级发言 15 分钟，老师总结 5 分钟。

训练二　接待工作情景模拟训练

一、训练目标

通过训练，学生能够按照接待工作的要求，合理挡驾和处理预约、未预约客户的技巧。

二、训练方案与要求

（一）场景一

2003 年 9 月 28 日下午，秘书李华正在前台接电话，忽然看见两位客人直接去往办公室。李华赶紧叫住他们。客人有些不耐烦地说："我们上午刚来过，是找你们总经理的。上午的事没有办完。"李华说："对不起，请你们稍等一下。我马上跟总经理联系。"总经理在电话里说："我不想见他们，请你帮我挡一下。"演示李华怎样处理这件事。

（请四位同学分别扮演李华、两位客人和总经理。其他同学评价和讨论，在四位同学情景模拟中记录下四人表现得好与不足的地方。尤其是李华的挡客礼仪是否恰到好处。假如是你，你会怎样处理和表达。另外，说出评分的理由。）

（二）场景二

秘书张艳正在公司前台接电话，电话是一个客户打来的，事情较为复杂。这个时候进来两位客人，一位已经预约的，一位还未预约的。他应该怎样处理才能使电话里的客户和来访客人都满意？请学生演示一下秘书张艳。

（三）训练说明要求

请四位同学分别演示打电话的客户、两位来访者和秘书张艳。其他同学对张艳的演示者进行评价并说明理由。

1. 个人思考（10 分钟）；
2. 小组讨论（10 分钟）；
3. 班级同学演示（25 分钟）；
4. 教师总结（5 分钟）。

◎ 知识拓展

综合测试

一、训练目标

通过综合测试，进一步全面掌握接待的基本规范。

二、测试题

1. 假如你公司新来了一位接待员，上司要求你给她一份接待时所需的简要指南。那么，这份指南具体应包括哪些内容？

2.为什么在客人被引进会客室或上司的办公室之前，要派秘书与客人交谈？

3.你单位要求你开列一份新的接待中心所必需的设备用具的清单，并说明你选用这些设备用具的理由(包括你认为有用的参考资料和记录)。

4.有甲、乙两家公司都是你公司的合作单位。一次甲公司的副总经理到你公司商谈业务，你公司的总经理为了表示友好和尊重，出面接待，全程陪同。两个月后，乙公司的副总经理也到你公司商谈业务，而你公司的总经理恰好有事，抽不出身来接待作陪。作为秘书，你该怎么做？

5.甲乙两家公司是合作伙伴，甲公司是小公司，是给乙公司提供生产原料产品的。乙公司是一家大公司，前几年由甲公司提供的原料生产的产品销路很好，甲公司的总经理过来时，都是由乙公司总经理亲自接待。今年开始这种产品销路不好，这时甲公司的总经理又过来。请问乙公司将以什么样的规格接待？为什么？

6.饭店经理秘书小张刚接到某旅行社打来的电话，说昨天晚上一批游客在这里用餐后出现较多腹泻或肚子不适。假如你是小张，你该怎么处理这个电话？

模块三　公关社交与宴请管理

项目一　企业公关活动策划与组织

◎ 学习目标

知识目标

- 熟悉企业公关的概念与构成要素。
- 了解公关活动策划的内容。
- 掌握公关活动策划的价值与原则。
- 熟悉企业公关活动的类型。

能力目标

- 能够做好公关活动策划前的准备。
- 能够做好活动策划方案。
- 能够作好公关活动组织的计划与管理。
- 能够完成企业公关专题活动、公关调查、公关广告、公关新闻、公关营销策划与组织以及公关危机管理。

◎ 工作任务

- 任务一：企业公关策划。
- 任务二：如何与媒体打交道。
- 任务三：典型公关活动组织。

◎ 导入案例

案例一　王老吉“夏枯草”危机事件公关管理

2008 年 5.12 汶川大地震不久，红罐王老吉慷慨解囊，为灾区捐款 1 亿元。如此高调献爱，加之行之有效的网络营销，赢得了国人的感动和敬意，甚至有网友提议，王老吉上架一罐买一罐，王老吉的品牌美誉度和影响力以及销售额随之快速增大。可就在一年后的5月11日，同样有一位网友在他的博文中提到，他的胃溃疡的罪魁祸首可能是王老吉凉茶配方中的夏枯草，后来王老吉也被卫生部指认，其饮料中所含的中药成分夏枯草不在允许使用范围之内。就在乳业三聚氰胺、蒙牛OMP事件后，王老吉也被曝添加“违规”成分，可以想象这对于王老吉来说，面临着致命的考验。如果处理不好，就会像三鹿公司一样面临破产。但就在“夏枯草”事件出现3天后，事情就出现了逆转。王老吉是如何进行这次危机公关的呢？

在事件出现后，王老吉没有立刻进行澄清，但公关活动没有停止。在5月12日，广东省食品行业协会召开记者招待会，申明王老吉不存在添加物违规问题，同时拿出了国家卫生部2005年《关于普通食品添加夏枯草有关问题的请示》批复。这一备案，在4年后的今天被翻出来，彻底扭转了“添加门”中的舆论趋势。在5月14日，卫生部也发布声明，认可夏枯草的安全性，并表示王老吉凉茶是依据《食品卫生法》和《禁止食品加药卫生管理办法》的有关规定，依法备案和销售的产品。在网络上，在5月12日搜狐圈子、新浪论坛、天涯、西陆、铁血等论坛上，就出现了一批力挺王老吉的“铁杆”和对王老吉倾向性的帖子。一份请示，一个声明，让王老吉度过了这次产品危机。

思考题：1. 为什么王老吉在被曝“违规”添加“夏枯草”后没有立刻进行澄清？

2. 由自己来召开和由广东食品行业协会召开记者会，在效果上有什么不同？

案例二　汉王借助神舟七号制造公关新闻

2008年9月，中国及世界都在关注这次神舟七号的飞行，因为这次飞行，将检查中国的载人航天能否顺利出舱，而“出舱”的实验，不仅检验神舟七号飞船、航天服、天地通信等多方面的稳定性和科学性，而且也是为将来登月作技术准备。汉王成功地利用了这次航天飞行，迅速提升了企业品牌的知名度和美誉度，使汉王电纸书成为广大读者心目中质量过硬的产品。

为了神舟七号飞行这样一个“上天”机会，汉王自2008年8月起，汉王科技与中国宇航学会进行接触，通过支持中国宇航学会开展了“点亮宇宙　寄语神七——我与神七同行”祝福签名活动，并将这些作品存入汉王电纸书中上天。中国宇航学会也通过多次评选，选中了汉王出的电纸书作为这次飞行的搭载电子产品。在9月28日神舟七号飞行绕地球45圈之后成功在内蒙古着陆，三名宇航员也健康出舱。在全国欢庆鼓舞的时候，汉王科技在9月29日就发出了“汉王电纸书搭乘‘神舟七号’‘掌上图书馆’实现人类首次太空阅读”的新闻稿。同时在2008年10月8日，在第二个“中国航天日”来临之际，中国宇航学会与汉王科技在中华航天博物馆共同召开了“我与神七同行——汉王电纸书圆满完成存储任务表彰会”。会上展出了与“神七”共同飞向太空的汉王电纸书。并且制作了“承载全球祝福，汉王电纸书搭载神七共游太空”广告刊于平面媒体和网络。证明汉王电纸书在真空、无重力、温差极大和强宇宙射线辐射等复杂环境下的考验，汉王电纸书凭借其具有的航天品质，受到了多方的好评。

思考题：

1. 如果“汉王电纸书搭乘‘神舟七号’‘掌上图书馆’实现人类首次太空阅读”新闻稿在 10 月 8 日发出，效果会有什么不一样？

2. 公关新闻多是人为性的，从这个案例中如何看出其主观设计特点？

3. 公关新闻策要讲究适度，案例中是如何做到这一点的？

提示：公关新闻的适度性包括真实下的适度和实力下的适度。前者要求是真实的，使用的表达语言也要做到适度，不要弄虚作假。后者不要太过宣传，虽然通过策划可以对某些亮点放大，但总体上要求符合事实。

◎ 理论导读

公关活动策划概述

一、公关活动策划的内涵

1. 公关活动策划的概念

公关活动策划属于“策划”的一种特殊类型，它是公关活动中最高的层次。为了更好掌握公关活动策划的概念，先了解一下“策划”的概念，《中国公共关系辞典》中对策划的解释为“人们为了达成某种特定目标，借助一定的科学方法和艺术为决策计划而构思、设计、制作、策划的过程。”通过这个概念可以看出策划是对未来事情所作的当前决策，是一种过程，是一种科学设计。

作为策划的特殊形式——公关活动策划，它是策划原理在公共关系中的运用。它指的是为达成组织目标，公关人员在充分进行环境分析和调查的基础上，根据自身形象的现状和目标要求，对总体公关战略及具体公关活动所进行的谋略、计划和设计的过程。我们可以通过以下几方面来理解这个概念：

第一，公关活动策划是为组织目标服务的。每一个企业都有其自身的目标，从企业管理到企业员工的个人行为，都是围绕实现企业目标来展开。公关活动策划作为企业组织行为的一部分，也应当为组织的目标服务。

第二，公关活动策划是建立在公关调查基础上的，既非凭空产生，也不囊括所有的公关活动，所以在公关策划前要对公关进行情报搜集与研究工作。

第三，公关活动策划可以分为三个层次，即总体公关战略策划、专门公关活动策划、具体公关活动操作策划。

第四，公关活动策划包含谋略、计划和设计三方面的工作。谋略是根据形势发展而制定的行为方针和竞争方式。计划，则多指“概念规划”，即对项目中具有方向性、战略性对象的重大问题进行研究，并从经济、社会、环境等角度提出项目策划的综合目标体系和发展思路。设计则是以策划目标为基础，将社会、经济、技术、艺术、心理等因素综合起来，使其能纳入策划项目的完善轨道。

2. 公关活动策划包括要素

(1)策划者，即社会组织中的专业公关人员。这是公关活动策划的关键要素。策划者要求具有基本的素质和能力外，还要独特的策划兴趣、创新意识、预测能力和丰富的实践经验。

(2)策划目标，指策划主体预期要实现的一种良好的未来状态。

(3)策划对象，即与组织相关的目标公众。

(4)策划内容，包含对组织的总体宏观规划设计、专题活动策划和具体公关活动。

(5)策划方案，是策划者在充分调查、了解策划对象的现状和需求的基础上，为了实现策划目标而精心设计、制订的公关实施细则和设计方案。

3. 公关活动策划的特征

(1)超前性。公关活动策划的超前性主要体现在公关活动策划行为相对于活动的实施具有超前性、公关活动策划具体实施相对于竞争者来说应有超前性。因此公关策划人员应根据已有的经验和条件，对未来做出科学的预测，并设计出一套较为可行、具有超前性的谋略方案。

(2)创造性。公关活动策划的创造性主要体现在策划的来源要超脱日常生活，策划内容应包含出人意料之外的、非常规的做法和举措。为此，公关活动策划人员应创造性地整合各类资源根据社会需要进行设计。

(3)谋略性。公关活动策划是一项脑力劳动，强调思维谋略，也是一项智慧活动。一个成功策划要求从宏观到微观都要精心谋划、布局。为此要求公关活动策划人员站在战略的角度，根据自身条件谋划组织的发展战略，使组织的发展战略避免盲目性。

(4)整体性。公关活动策划不仅仅追求一些分散的，独立的收获，还要追求公关活动的整体效益，使组织的发展获得最大化的收益。另外，公关活动策划所有活动都是一个整体，在策划时应注意每个环节的策划，做到环环相扣。

二、公关活动策划的内容

公关活动策划主要包括下面几方面的内容。

1. 组织形象调查

组织形象调查是在策划之前，以组织的形象的现状进行分析诊断，为选择公关活动目标和方法提供依据。组织形象指的是公众对一个社会组织的全部看法和总体评价，是社会组织的表现与特征在公众心目中的反映，它主要由组织的总体特征与风格、组织的形象定位、知名度与名誉度等要素构成。评价一个组织主要从下面四个维度来评价：

(1)高知名度—高美誉度。组织处于这个形象地位，属于最佳的公关状态，但同时也要注意，知名度越高，美誉度的压力越大，一旦美誉度有微小失误，造成的负面影响将很大。

(2)低知名度—高美誉度。这是较为稳定的一种公关状态，这个状态，说明组织的形象有推广的基础，但由于知名度低，其高美誉社会价值得不到体现。

(3)低知名度—低美誉度。这表明组织的公关处于不良状态，没有名气，公众评价也不好。虽然低知名度可以减少负面评价的扩大范围，但这种不良状态影响组织的发展，因此，处理于这种状态的组织努力应先提高美誉度，然后再提高知名度。

(4)高知名度—低美誉度。这说明组织处于恶劣状态。不仅评价差，而且知道人很多。这种情况组织应降低负面的知名度，再努力挽救信誉度。

组织形象调查的内容主要有：

(1)公众要求的调查。即调查社会公众要求组织什么，如何做。

(2)组织形象的要求调查。组织形象包括外感形象和内在精神两方面，前者指产品质量、服务特色、商品包装、广告和组织标志。后者指组织的价值观念、经营风格等。

(3)组织知名度与美誉度调查。主要对组织自身的知名度与美誉度、产品的知名度与美誉度、管理和知名度与美誉度进行调查。

(4)组织期望形象的调查。对组织争取实现的一种未来形象的调查。

组织形象调查应从多角度、多侧面、多层次进行。

2.确定总体目标

作为一个组织，公关活动策划的总体目标主要是提升企业形象和提高品牌知名度。提升企业形象是每个组织管理者的追求，它的价值难以用金钱来衡量，特别是薄利时代，企业形象影响着组织在市场地位和市场的主动权。一般的消费者不愿购买不熟悉品牌的产品，因此公关活动策划的总体目标主要是提升企业形象和品牌的知名度。

3.设计活动主题

公关活动主题是对公关活动内容的高度概括，它对整个公关活动起着指导作用。主题设计是否恰当精彩，对公众的形象影响也不同。公关活动的主题表现形式多种多样，可以是一个口号，也可以是一句话或一个表白。

设计一个好的主题要考虑三方面的因素：(1)公关活动目标。(2)信息特征，即主题包含信息要独特新颖、有鲜明的个性，能体现活动的特色。(3)公众心理，即活动的主题要适应公众尽量的需要、主题要形象，词句能打动人心，具有较强的感召力。

4.分析目标群体

分析目标群体就是确定公关活动希望让哪些人来看，确定他们属于哪个群体。这些群体的修养与素质如何。确定目标群体主要从两方面来考察：

(1)产品特性。这是确定公关活动目标群体的关键，策划者要深入了解使用这类产品的消费者的性别、年龄、职业、爱好、消费心理、生活方式等多方面的信息，在了解目标群体信息的基础上，进行有的放矢的公关策划工作。

(2)时代特征。时代不同，一个群体的消费水平、消费习惯、生活方式也不同。群体的社会生活具有鲜明的时代特点。分析目标群体时，应注意他们的时代特征。比如当代年轻人，追求娱乐化，那么在公关策划时，应让娱乐性占有一定的分量，这样才能吸引年轻群体。

5.选择活动内容与方式

当明确了公关活动的目标群体后，就应确定公关活动的内容与方式，这是整个策划工作中的重要环节。主要完成两项工作：(1)完成公关活动方案的设计工作；(2)编制公关预算。确定的公关活动内容与方式要有创新性，富有个性。

三、公关活动策划价值与原则

1.公关活动策划的价值

公关活动全过程可以分为调查、策划、实施和评估四个阶段，策划在四个阶段中起着承上启下的作用，对后继工作起着控制作用。它的价值体现为：

(1)公关活动策划是公关活动的最高层次。成功的策划方案需要策划人运用聪明才智，对调查信息进行全面、科学的分析，并在此基础上提出合理、新颖、操作性强的设计，还需要对公关活动的方方面面进行周密的安排。从中可以看出，相对于其他工作来说，它是一项高级、复杂的智力活动。

(2)公关活动策划是树立企业品牌的法宝。随着产品的同质化，技术的市场化，一个企业要树立品牌，靠单纯的广告是不够的，一个品牌需要进行全方位、多手段、多载体来进行传播，从那些成功的企业来看，他们无不通过产品、服务、新闻稿、策划新闻、公益活动等方式来向公众传播品牌。作为公关活动核心环节——策划对于树立企业品牌的起着重要的作用。

(3)公关活动策划是公关活动价值的集中体现。公关活动策划是公关活动中最具创造性工作，进行公关活动策划时要求做到新奇、独特、精致而不落俗套，这样才能使公关活动“出彩”，才能吸引公众的关注，才能保证公众的理解与支持。所以公关活动策划是公关活动价值的集中体现。

2.公关活动策划的原则

(1)创新原则

创新原则指公关活动策划时要打破传统、摆脱俗套，做到新颖、别出心裁，从而使公众对活动有趣、给公众留下深刻而美好的印象。创新原则在策划中体现为：独特的解决问题的思路与方法、富有个性的能让人快速记住的主题、传播方式的独特运用与组合、组织方式的独创等。

（2）可行性原则

可行性原则是指公关活动策划方案应当切实可行、符合实际，实施后能取得良好的效果。这里强调的符合实际主要是指符合政府政策法规要求，符合公众关系原则要求，符合企业的发展战略，符合组织现有的条件。

（3）真实性原则

真实性原则是指公关活动策划要建立在真实把握事实材料的基础上，建立在诚实对待公众的基础上，还要建立在与同行公平竞争的基础上。虽然策划讲究创新、讲究新奇，但一定要在实事求是与尊重公众与同行的前提下进行创新。不可通过弄虚作假的方式来愚弄公众。

（4）时效性原则

时效性原则是指在策划中应重视公关活动开展的时机。时间变化，社会大背景的变化会影响公众的关注度，因此策划时要求策划人有足够敏感性。

四、企业公关活动类型

企业常见的公关活动主要有以下几种。

1. 社会赞助

社会赞助是一项社会福利性活动，组织通过资金或物资赞助某项社会公益活动，以提高其社会形象。社会赞助的基本类型有赞助体育活动、赞助文化活动、赞助教育事业、赞助福利事业。

2. 新闻发布会

新闻发布会又称记者招待会，是组织为公布重要新闻或解释重要方针政策而邀请新闻记者参加的一种公关专题活动。它是组织与新闻界建立较正规的形式。新闻发布会具有正规隆重、沟通活跃、传播迅速等特点。

3. 庆典活动

庆典活动是指组织利用重要节日或自身重要事件，以庆祝的方式开展的一种公关活动。组织举办庆典活动可以起到吸引公众的注意力、显示组织强大实力，增加公众对组织信任感以及增强组织内部凝聚力的作用。企业的活动主要有开业庆典、周年庆典、庆功典礼和节日庆典等。

4. 展览会

展览会是企业公关活动经常采用的形式，它是通过实物的展示和示范表演来展示社会组织的成果和风貌的一种宣传活动。展览会因为采用多种媒体，可以起到宣传效率高、效果好的作用，能给公众留下较深刻的印象。展览会应注意直观性和趣味性。

5.联谊活动

联谊活动是组织以实现一定合作目标，增进了解、加深感情，促进信息沟通而进行的一种公关活动。主要的形式有小型座谈会、舞会、经验交流会、茶话会等。

6.宴请活动

宴请活动是组织为了庆祝一些值得纪念的日子、表彰庆功、答谢合作者而举办的公关活动。主要的形式有宴会、冷餐会、酒会、茶会等。

7.参观活动

参观活动为了更好地与目标公众相互沟通，通过向公众开放，组织公众参观本组织的工作现场和设施，从而增强公众对组织的兴趣和好感，并获得公众的理解与支持而举行的一种公关活动。参观活动是一项复杂的工作，要求提前作好项目安排。

8.文艺演出招待会

文艺演出是一项经常性的公关活动，是由组织邀请客方观看文艺演出的一项公关活动。主要用于沟通感情。

9.危机公关活动

危机管理是组织内外的某种非常性因素所引发的公共关系非常事态或失常事态时，组织通过科学决策，运用合理手段，减少危机给组织与公众带来影响，以重塑组织良好形象的一种公关活动。危机公关重点在于预防。

任务一　企业公关策划

一、综合分析

1.收集公关信息

收集公关信息是做好策划工作的前期，是一项基础性工作，没有大量信息作基础的策划只是空中楼阁，难以取得公关活动效果的最大化。公关活动策划收集的信息主要是与组织经营和形象信誉有关的信息。具体来说主要有：

(1)公众对组织形象的评价信息。即包括公众组织形象的印象与评价，也包括公众对组织所采取的实际行为。这两者其实紧密相联，公众的印象与评价往往决定了他们所采取的行为方式。

(2)组织自身状况的信息。包括自我期望形象、实际社会形象两种。收集实际社会形象时既要收集组织的外观形象信息，也要收集组织的整体形象信息和组织个别部门的形象信息。

(3)组织危机的预警信息。主要是指组织员工的应变心理与能力，整个预警系统的可行性与实效性。

由于公关信息十分庞大，在收集信息时，建议采用信息技术手段来进行。

2. 确定公关策划的目标、分析公众权利要求

(1)策划公关活动目标

公关活动目标是指组织通过策划和实施公关传播活动，所追求和渴望达到的一种状态或目的，包括公关活动全过程的总目标和指导实施方案中的各个分目标。公关活动目标从时间来分可以分为长期目标、中期目标、短期目标和具体目标；从目标实现顺序来分可以分为传播信息目标、联络感情目标、改变态度目标；从目标性质来分，可以分为适应性目标、控制性目标。

公关活动目标是指导公关活动实务的关键，是公关全部活动的核心。我们可以依据下面几点来确定公关活动目标：①社会组织自身形象调查；②公众需要及对组织的期望；③组织总体目标与发展战略；④组织资源及可提供的条件。

在确定公关活动目标时，要注意目标之间的相互协调，目标陈述要清楚明确，内容要具体。

(2)分析目标公众的权利要求

当我们确定了组织的目标群体之后，接下来要完成的是区分与分析公众群体的权利要求。

一个大的企业，一般有下面 10 个公众群体。群体不同，他们的权利要求也不同，为此企业的公关活动也不相同。

①政府机关。这是社会的管理部门，企业组织应熟悉政府的政策与法规，积极参加社会公益活动帮助企业解决就业等问题，由此赢得政府支持。

②员工。员工是企业组织机构各岗位上的工作人员，组织需要建立激励机制，加强员工培训，增加员工的归宿感与认同感，从而增加企业凝聚力。

③股东。这是企业的所有者，在经营过程中，经营者要维护股东利益，定期向股东汇报经营情况，加强与股东沟通，争取股东支持。

④消费者。这是与企业利益密切相关的外部公众，组织应为消费者提供合格商品和满意的服务，做到诚信经营，加强与消费者联系，努力塑造良好企业形象。

⑤竞争者。这是与企业分割市场份额的组织。对此，组织应与竞争者进行差别化经营，形成自己的特色，摆脱与竞争者进行价格战，同时也要维护同行业的利益。

⑥协作者。这里包括供应商、分销商和金融机构。组织对他们要信守承诺、加强沟通。

⑦社区组织。是企业所在地的区域性单位。企业组织应同社会组织保持友好往来，维护社区的共同利益，积极参加社区活动，承担社区责任与义务，以赢得社区的赞誉与支持。

⑧市政单位。是指城市能源供应与市政设施管理的单位。企业组织要遵守这些公众的管理规定，按时缴费，积极配合他们的检查与维护工作，有选择性进行赞助市政建设。

⑨社会团体，多指一些民间机构及社会非营利性机构。企业可以根据自己的经营范围，有选择性同社会团体建立协作关系，互助关系，这样可以丰富企业资源，树立良好的公众形象。

⑩媒体。是传播新闻与信息的传媒机构。这是企业向社会传递信息的窗口与桥梁，企业应同新闻媒体保持长期的联系，加强与新闻记者的关系，有选择性赞助新闻事业，积极营造新闻热点，吸引新闻媒体，扩大企业组织的社会影响力。

3. 公关创意与形成方案

(1)策划创意

创意是公关活动策划的核心，进行公关活动策划创意主要采用“头脑风暴法”，具体操作过程如下：

①确定议题：创意前要让参与人员明确这次头脑风暴会要解决什么问题。

②会前准备：主要准备各种资料让参与头脑风暴会的人员了解议题的背景以及外界动态，同时准备会议环境与物质准备。

③确定人选：一般选8～12人为宜。

④明确分工：指定一名主持人，1～2名秘书。

⑤规定纪律：规定人人积极参与，不做旁观者，不私下议论，相互平等，不作褒贬。

⑥掌握时间：时间为30～45分钟为宜。

创意过程一般分为五个阶段：收集资料，加工信息，分享创意，执行创意和评估。

(2)形成方案

当有了创意后，就要根据创意形成可操行的公关活动方案。方案的格式如下：

①封面。封面主要包括标题、密级、策划部门、日期。封面要求大方、典雅、规范。

②序言。主要写策划书的内容摘要、策划书的创新之处以及预期效果，序言要求简明扼要，一般在500字左右。

③目录。目录要求让人一看就能了解策划书的全貌。

④宗旨。主要告诉阅读人，策划活动目的所在，意义所在。

⑤内容。这是策划书的主要部分，主要包括公关活动的目标、目标公众、主题、公关活动方式、公关活动的媒介、公关活动时间、公关活动空间及其设计。

⑥预算。策划应有周密的预算，最好使用表格的形式将总目与分目全部列出，以方便核算。

⑦进度表。利用列表的形式列出公关活动起讫时间，并对各时间段的具体工作加以标识。

⑧职务分配表。要把所有任务落实到人，有执行人、监督人。

⑨物品。按活动阶段列出所需物品清单。

⑩相关材料。主要是提供给决策者参考的材料。这部分可以不附。

4. 策划方案的申报、论证与审定

公关活动策划方案写好后，必须经过本组织领导的审批，有时还需要向相关部门进行申报。使公关活动取得合法性。一般说来，小型的公关活动只要向机构负责人或主管职能部门申报就可以，大型的公关活动在组织审批完后要向政府相关部门申报。

为了减少公关活动的失误，在接到策划书后，应有相关部门组织对方案的论证。论证一般由有关领导、专家、实际工作者参加，他们就方案的必要性、可实施性、实施的条件成熟度以及实施中可能遇到的困难以及补救的可能性进行分析讨论。一个成功的方案有时要经过反复论证后才进入实施阶段。

方案经过论证之后，要由领导正式批准，这样方案就可以实施了。

5. 策划方案的评价

公关活动策划评价是做好下一次策划工作基础，当公关活动策划实施后，要对公关活动的进行评估，通过评估分析出策划的得失。评估可以通过公众接收信息、关注信息、改变观点的公众数量来分析。

任务二　如何与媒体打交道

媒体是向公众传播信息最快捷的方式，也是公关活动中常借助的手段。因此作为负责的公关人员应学会与媒体打交道。

一、联系媒体

要与媒体建立良好的关系，首先要学会联系媒体。那么如何做好联系媒体的工作呢?

1. 与媒体保持良好的人际关系

在公关活动中，与媒体保持良好的个人关系和工作关系十分重要，一般说来，组织应当有固定人员负责处理与新闻媒体的关系。与媒体打交道，不仅要与他们搞好关系，而且还要与他们保持经常性往来。

2. 尊重新闻媒体的职业特点和权利

组织要尊重新闻媒体的职业特点，尊重新闻媒体对客观事实进行报道的权利。有时新闻媒体报道的事件可能与组织在立场和认识上有偏差，组织不可粗暴指责。对于新闻媒体可能出现的失实报道，要有起码的宽容态度，不可得理不让人。

3. 以诚相待、一视同仁

联系媒体时，应主动与媒体建立相互尊重和信任关系，以诚实赢得媒体的支持与理解。不要用庸俗手段或贿赂方式与媒体进行交往。另一方面，组织对不同级别、不同层次的媒体应一视同仁，不厚此薄彼。

4.不强人所难,也不变相交换

组织联系媒体时,不可有太过功利的想法,向媒体提出不切实的要求,更不可强迫记者按组织的意愿来写新闻稿,也不要通过广告投放来换取新闻媒体的正确报道。因为这种利益制约的关系,一方面会使组织的形象受损,另一方面也不利于媒体对组织的全面了解。

二、配合媒体

1.主动提供媒体所需的信息

组织公关人员应尽可能多、快、准确地为新闻媒介提供有价值的、及时的新闻信息。组织应与媒体建立起良好沟通渠道,并进行良好的合作。

2.按新闻特点提供信息

组织在回答媒体提出问题时,应根据新闻的特点来提供信息或表达观点。这里说的新闻特点,表现在下面几方面:(1)谈问题时,应从公众利益而非仅仅谈本组织的利益;(2)回答提问要求简洁,越是棘手的问题,越要求简洁;(3)将重要的信息在一开头陈述清楚;(4)提供真实的事实。有时虽然提供真实的事实很痛苦,但比被人揭露隐瞒事实带来的损失要少;(5)提供有新闻价值的信息。

3.重视为媒体提供企业新闻

在组织需要媒体进行宣传其正确形象时,媒体也需要企业的新闻来吸引读者。因此,组织与媒体打交道不仅仅是投放广告,还要提供媒体所需要的新闻,并且这种软性宣传比广告效果还好。

三、"新闻制造"

新闻制造是指组织为提高自身的知名度与美誉度,通过有计划的策划,将某个事件新闻化的一种公关活动。新闻制造对于提高组织的知名度与美誉度非常重要,一方面它可以使组织处于主动地位,为媒体提供正面的材料,另一方面可以起到广告所起不到的作用。

1.了解媒体的受众人群

受众人群不同,对新闻关注点也不同,要制造新闻除了要了解各类媒体的特点、性质、内容、版面分布、发行周期等情况外,还要了解每种媒体的受众人群。组织应根据自身的消费群体所关注的媒体来策划新闻,这样才能做到新闻的针对性。

2.选择好"新闻"载体

新闻制造最重要的提供什么"卖点"给新闻媒体,以吸引媒体与公众的关注。一般来说,可以借助组织庆典与纪念日、公益活动、重要活动、名人、新产品新服务面世来制造新闻。

3.规划新闻制造

新闻制造要求进行整体性策划,因为策划人员对新闻制造要进行规划。规划的内容主要为传播的目标、采用的传播策略、媒体及版面的选择、新闻的表现形式、新闻标题和新闻表现主体等。

4.新闻监控

新闻监控是就对新闻制造运用过程的检查与反馈，了解新闻取得的效果，为下一步新闻制造提供依据。

任务三 典型公关活动组织

一、社会赞助活动的组织

1.研究与确定赞助项目

无论是进行哪一种社会赞助，事前都要进行调查研究，了解赞助对象的基本情况，确定单位社会赞助的方向和政策，分析赞助的成本以及可能获得的效果等。

2.制订赞助计划

在调研的基础上，根据单位的总体赞助方向，制定赞助计划。赞助计划内容包括赞助目标、赞助主题、赞助对象、赞助形式、经费预算、传播方式、实施时机与措施等。

3.赞助计划审核

对赞助活动进行可行性论证，主要审核赞助项目是否符合本单位的经营策略与公共关系目标；接受赞助者的口碑、赞助的具体方式、赞助款项、赞助时机、赞助可能产生的社会作用；社会舆论与社会公众对此类赞助的评价、赞助之后对本单位会有多大的积极作用等。

4.实施赞助

安排公关人员实施赞助活动，实施时应充分运用各种有效的公关技巧，扩大单位的社会影响。具体实施过程一般为：(1)签订赞助合同或协议；(2)邀请人员，布置场地；(3)举行赞助仪式。

赞助仪式大致有如下环节：(1)宣布赞助会正式开始。(2)奏国歌。(3)赞助单位正式实施赞助。赞助单位的代表首先出场，口头上宣布其赞助的具体方式或具体数额。随后，受赞助单位的代表上场。双方热情握手。接下来，由赞助单位的代表正式将标有一定金额的巨型支票或实物清单双手捧交给受赞助单位的代表。必要时，礼仪小姐应为双方提供帮助。(4)赞助单位代表发言。(5)受赞助单位代表发言。(6)来宾代表发言。

5.赞助评估

赞助完成后要对赞助活动进行综合分析和系统总结。

组织赞助活动时，应注意下列几方面：

第一，审慎行事，不要以救世主的心态行事。

第二，要信守承诺。

第三，要量力而行。

第四，要尽可能扩大影响。

二、庆典活动的组织

1. 庆典策划

庆典策划要求主题明确，题目新颖、别致，不落俗套。如深圳某酒店10周年庆典的主题为“情满××，舒适家园”。

2. 确定来宾并发放请柬

为扩大单位影响，庆典活动的来宾要有广泛的代表性，一般由政府官员、地方知名人士、业界实力人物、新闻记者、社区公众代表、客户代表等，当来宾确定之后就可以发放请柬，发放请柬应提前7～8天时间。在庆典活动前一天再电话确认。

3. 设计庆典场地

庆典活动场地设计要体现庆典的吉祥、和美以及欢乐之意，因此可以在庆典场地挂上标语、彩灯、彩旗、热气球、红灯笼、鲜花、霓虹灯等来增加庆典的活动隆重与喜庆。庆典场地的设计应提前一天完成。

4. 制定庆典活动程序

一般庆典活动程序为：(1)主持人宣布开典；(2)介绍来宾；(3)单位领导讲话；(4)重要来宾讲话；(5)剪彩；(6)座谈与宴会。

5. 庆典前的准备工作

庆典活动前，活动组织人要完成以下几项工作：(1)落实发言人和剪彩人；(2)编写好宣传材料和新闻通讯材料；(3)完成接待前各项准备工作；(4)安排好座谈会和宴会。

6. 举行庆典

庆典活动往往参加人多，场面热烈，要求组织者之间做好相互协调，注意控制场面。此外在举行庆典活动时，要善于制造新闻，造成轰动效应。

7. 庆典活动总结

庆典完成之后，应做好庆典活动的总结工作，分析整个活动的得失。

三、联谊活动的组织

1. 确定主题

确定主题是组织联谊活动的前提。联谊活动的主题要根据联谊活动的目的来确定，主题词要求明确、简洁、有新意。如某企业团委的联谊活动确定主题为“携手青春、共享友谊”。

2. 征询联谊对象

举办联谊活动要征询联谊对象的意愿，询问他们是否参加以及他们对联谊活动有什么要求。

3. 联谊活动策划

联谊活动策划主要是联谊方式的策划，联谊方式要根据联谊的内容和目标来选择。联谊活动策划书主要包括活动目的、活动主题、活动时间、活动内容、活动人员职责分配、活动经费预算等。

4.联谊活动实施

联谊活动前要做好场地的安排、做好活动现场的录音、录像、摄影工作，客人到来时要做好接待工作。

四、参观活动的组织

对外开放参观活动，可以加强与目标公众的相互沟通，增加公众对单位的兴趣和好感。参观活动组织过程如下。

1.确定主题

任何一次参观，要有鲜明的主题，一般情况下，主题应为展示单位的总体形象、优质的工作环境、先进的工艺流程和职工认真负责的工作状态。

2.选定参观项目

让公众参观的项目，要选择既让参观人感兴趣、又能展示单位特点和优势的项目，常见的有：成果展览室、环境设施、典型车间、员工娱乐、福利、卫生实施，员工教育与培训实施、新产品体验室等。参观项目要注意做好保密工作。

3.选择开放的时机

组织开放的时机最好选择在一些特殊的日子，如单位的周年或重大节日。

4.确定邀请对象

根据参观目标的不同，选择的参观对象也不同，一般说来主要有两类：一类是家属与一般市民；一类是政府官员、记者、行业主管部门人员和专家。

5.策划宣传工作

参观前，准备好宣传资料，可以是参观说明书、录像等，同时做好对外宣传工作。

6.参观活动的实施

参观活动要做好接待工作，参观活动一般有下列程序：(1)介绍单位基本情况；(2)介绍参观的路线及注意事项；(3)陪同参观，并作解释；(4)参观招待。

五、新闻发布会的组织

1.筹备发布会

新闻发布会的筹备工作主要包括：(1)根据发布会主题准备好各种材料(发言稿、宣传资料、新闻稿和答记者备忘录)；(2)确定主持人和发言人；(3)确定邀请记者范围；(4)选择交通便利、设备齐全的场地。

2.选择发布时机

一般说来新闻发布要避开周末和重要政治事件和社会事件，要避开其他重要部门召开记者会的时间。从具体时间来看，新闻发布会应安排在下午。

3.新闻发布会的程序：(1)迎宾、签到；(2)分发资料；(3)主持人宣布会议开始，介绍发言人、来宾和新闻机构；(4)发言人发布新闻，介绍情况；(5)记者提问，发言人回答;(6)主持人宣布结束。

4.安排其他活动

新闻发布会结束后可以安排参观、茶话会或自助餐等活动,以便记者可以采访。

六、危机公关的处理

企业危机管理重点在预防,但不可能百分之百地杜绝危机,当危机一旦发生时,应如何处理呢?

1.采取紧急措施,防止事态发展

当组织遭受公关危机时,此时作为公关人员应保持冷静的思维,并根据危机处理预案防止事态进一步发展。

2.坦诚相告,表明诚意

单位一旦发生公关危机,很容易引起公众的关注,尤其是知名度高的企业,更是会成为关注的焦点。公众很希望得到危机发生的真相。这时,单位采取什么态度很重要。正确的态度是坦诚告知事实真相,表明诚意。很多事例证明,隐瞒事实只会让危机不断扩大。

3.了解情况,收集信息

单位要扼制危机的进一步蔓延,在危机发生时应立即了解危机造成的损失,发生危机的原因是什么,为处理危机决策提供依据。

4.针对对象,确定处理对策

在对危机调查的基础上,根据不同的对象采用不同的对策。处理对策可以分为:组织内部对策,受害者对策,上级主管部门对策、业务往来对策、其他公众对策。

5.危机处理总结

危机处理完后,要做好善后工作,对危机处理过程进行总结与评估,对导致危机的机制进行整改。

◎ 技能训练

训练一　拟定公关活动策划方案

一、训练目标

通过实训,掌握公关活动组织的基本要求和一般程序,能编制一份具有可操作性、富有创新特点的活动方案。

二、训练方案与要求

(一)案例描述

全成公司虽然刚成立不久,但经过全体员工的努力,全成公司生产的炉灶出口到欧美市场,公司在2007年利润超过2000万元,他们想在2008年再接再厉,更上一层楼。想不到一场金融危机，使全成公司遭受了灭顶之灾。大量商品积压，经费周转困难。好在全成公司形成了良好的企业文化，在公司拖欠员工工资的情况下，全体公司员工能理解公司的难处，没有追讨工资。公司老总非常感谢员工的支持，在很多公司大量裁员的时候，公司没有裁减一名员工，而是安排员工进行培训并赶快调整公司经营战略，由原来专做海外市场转向国内市场。经过全体员工的共同拼搏，公司渡过了艰难时候，到2008年，虽然利润没有达到2007年业绩，但总算维持了公司正常运转。随着海外市场的复苏，加上内需增加，2009年12月公司利润达到4000万元。公司领导层认为，当年之所以能取得这么好的成绩，离不开公司全体员工的不懈努力，也离不开员工家属的理解与支持。因此公司领导层决定举行一次答谢联谊活动，来表达公司对员工及家属的感激之情。

12月26日下午，全体公司员工及家属全部来到海涛假日酒店三楼会议室。一走进会场，舞台背景上悬挂着“感恩的心，新年答谢联谊活动”，周围装点着彩灯与彩球，屏幕上播放看公司制作的优秀员工的宣传片。17点正，两位主持人古强和李娟走进会场，宣布联谊会开始，然后介绍了出席联谊活动的嘉宾。接下来关总代表公司致了答谢词。之后，各种联谊活动就开始了，活动形式丰富、也很有创意，比如爱火传递，12个爱心天使，手捧蜡烛，唱着优美的歌，点燃每一桌上蜡烛，原先黑乎乎的会场慢慢摇曳烛中。联会中有很多参与性项目，既有适合大人玩的项目，也有适合儿童与老年人的项目。19点联谊活动结束，之后公司安排了宴会。在席间大家都感觉到这次联谊活动温馨、快乐、祥和。

（二）训练要求

1. 假定你是联谊活动筹备处的秘书，请你为答谢联谊活动会拟定一份方案。

2. 要求学生在电脑上完成上述两份文案，排版后发邮件到教师指定邮箱，并交打印稿一份。文档要求格式规范，内容正确，条理清晰，表达精确，编辑打印精美。

（三）训练步骤

1. 指导学生认真阅读案例及实训内容和要求。

2. 分析案例主要内容以及本次实训目的。

3. 指导学生了解联谊活动的组织过程及策划要点。

4. 布置实训任务。

（四）训练提示

此案例设置的主要目的是让学生策划一次公关活动。通过实训掌握公关活动策划目的是提高组织的形象，增强组织内部凝聚力，形式要求创新。

1. 联谊会的策划方案，一般要包括活动的目的、活动的主题、活动时间、活动内容、活动进程表、活动材料准备、人员安排等。

2. 联谊活动的策划时，要求根据联谊活动的基调进行整体设计。设计的项目要求具有适应性、想象性和趣味性。

◎ 知识拓展

2009××电信工程公司年终总结表彰暨2010新年晚会活动方案

一、活动概述

1.活动名称

"点燃激情，飞跃2010"2009××电信工程公司年终总结表彰暨2010新年晚会

2.执行机构

主办单位：××市电信工程有限公司

承办单位：深圳市××文化发展有限公司

3.盛会

举办时间：2010年1月15日

举办地点：深圳市××大酒店

活动规模：500人左右

参加人员：公司员工、公司领导、嘉宾

二、活动目的

1.通过活动，充分展示企业的品牌风貌，传达成功的企业形象；

2.通过活动，建立员工与企业之间的相互了解，让员工充分认识公司的发展史，奋斗史，提升员工对集团的信任感，归属感；

3.通过活动，增强企业的核心凝聚力和市场竞争力；

4.通过活动，总结过去，感受今天，展望明天；

5.通过活动表彰和奖励一部分优秀员工，充分体现员工在企业的价值，使员工充分感受企业的关怀和关爱。

三、活动构想

1.指导思想

晚会围绕企业品牌，企业文化，企业与员工同心、同乐、同分享，彰显责任、品质、爱心、用人之道的精神诉求，结合现代创意理念、舞美效果、文艺氛围来营造一场展现企业成就、展望美好未来，增强企业凝聚力、亲和力的年会。

2.活动构成

晚会将集企业历程回顾、新年祝福、总结表彰、文艺演出、互动游戏为一体，打造一场盛大的、喜庆的、温馨的新春盛会。整台年会共分乘风篇、破浪篇、辉煌篇、未来篇四个篇章展开。

3.活动基调

环境——高雅、舒适

氛围——轻松、欢快

表演——艺术、魅力

四、活动主题

点燃激情飞跃2010

五、前期准备工作

1.前期活动安排时间进度表

日期 内容	2009.11.27	2009.11.30—2009.12.05	2009.12.08—2009.12.10	2009.12.11—2010.01.10	2010.1.11	2010.01.10—2010.01.13	2010.01.14—2010.01.15
初步执行方案提交	★						
完整执行方案		★					
组委会成立与分工		★					
设计		★					
方案定案			★				
流程确定			★				
节目彩排				★			
节目指导				★			
双方碰头会议					★		
道具制作						★	
现场布置							★
活动当天							★

2.前期准备工作落实进度表

项　目		内　容	完成时间
物料制作部分	荣誉证书	现场颁发18名，部门评先进个人64名，工会积极分子13名，共计95名。	1月14日前
	绶　带	明星员工10条，优秀班长6名，先进集体2名。	1月14日前
	节目单、抽奖券、签到树叶状卡片		1月14日前
	奖品购买	特等奖、一等奖奖品。	1月14日前
	大型制作部分(灯光舞美、舞台背景、签到背景及其他物料等)		1月15日前
2009年PPT回顾		电信公司提供相关视频，图片；视界风负责剪辑、制作PPT，确保当天晚会顺利进行。	1月14日前
主持人串词		视界风负责提供整场晚会的主持人串词，与电信工程公司对接落实领导、嘉宾、抽奖嘉宾等名单。	1月12日前
优秀员工视频资料		通过电信工程公司收集的DV资料，视界风负责进行剪辑配音完成。	1月14日前
员工节目		视界风负责节目在晚会中的编排。	1月14日前

六、活动执行

“点燃激情，飞跃 2010”2009××电信工程公司年终总结表彰暨2010新年联谊晚会工作明细表（晚会及晚宴：1.场地布置；2.排练部分；3.接待部分；4.晚会部分；5.收尾工作）				
活动时间：2010年1月15日				
活动地点：××大酒店				
序号	时间	项目	活动内容	负责人
第一部分：现场布置（1、舞台、灯光；2、接待区域）（时间：1月15日 AM09:00至14:00，地点：××大酒店				
1	9:00—17:00	现场布置准备	布置时间：15号8:00—17:00	
2		舞台设置 用品布置	1. 灯具等设备准备及分配；2. 灯光效果调试	小戴
			2. 音响、话筒、功放机、监听器、DVD机、线村、眯架、音频处理器等设备准备，并连接测试效果；检测投影设备及投影效果；检测抽奖系统	
3			3. 舞台背景板安装（根据施工效果图确定）	
			4. 话筒、气柱、鲜花、演讲台安排摆放到位	
4		接待区	指示牌/签到板/迎宾背景板/台花/胸花/签到卡片/签到笔/抽奖券/礼品及奖品	小刘 小黄
		晚会区	台号/椅桌椅/酒水/主台布置/鲜花/后场条幅/主桌摆放节目单	张凡
		指示部分	指示牌确定	郑祥
第二部分：排练部分（时间：1月15日 PM14:00至17:30，地点：××基大酒店）				
5	15:00—17:30	员工节目	1. 音乐/道具/相关音影资料准备	钟琪
			2. 入场及出场/走位/道具配合/合唱部分的主唱	
		主持人对词	三位主持人提前演练台词，提前做好细节上调整的准备（如嘉宾名单、颁奖名单、抽奖名单）	
5	16:30	到达现场	全体礼仪小姐到达现场	
6	16:30—17:20	接待安排	对礼仪小姐进行相关知识的培训	小刘 张凡
7	17:20		1. 礼仪小姐安排到相应岗位	
8	17:20—17:30		2. 礼仪小姐站位，准备迎接嘉宾	
9	17:30—18:20		3. 礼仪小姐引领嘉宾到签到台签到	
			4. 循环播放企业2009年度视频短片，PPT照片回顾	郑祥
			5. 嘉宾到来，同时播放迎宾曲，重要嘉宾引领到贵宾室休息	小刘 张凡
			6. 由礼仪小姐引导嘉宾、员工在树叶上签名并贴在签到墙上	
			7. 礼仪发放抽奖券、节目单	
			8. 摄影开始，公司领导和嘉宾合影	
10	18:20—18:30	嘉宾介绍	各礼仪小姐进行提醒指引，根据指示牌的位置提示依次进入大宴会厅按座次就座	

续表

序号	时间	项目	活动内容	负责人
第四部分:年终总结表彰暨2010新年晚会(时间:18:30至22:00)				
11	18:20—18:30	嘉宾入场	礼仪小姐入场,演员到位,晚会序幕(重要领导、贵宾专门礼仪)	
12	18:30—18:35	主持人出场	主持人创意出场,致辞宣布晚会正式开始	小刘 钟琪
		嘉宾介绍	来宾介绍	
13	18:35—18:45	表彰部分	公司领导致辞	
14	18:45—18:50		嘉宾致辞	
15	18:50—19:30		公司年终总结表彰: 1. 礼仪小姐提前准备绶带及荣誉证书; 2. 颁奖音乐响起,优秀员工分批次上场,准备玫瑰花瓣; 3. 优秀员工上场后,播放视频资料; 4. 视频定格,主持人请领导嘉宾上台颁奖,颁奖过程中礼仪配合领导给获奖者佩戴绶带及颁发证书。	
16	19:30—19:35	晚会开始	领导及嘉宾上台共同为大家祝酒并致祝酒词	
17	19:35—19:40	演出部分	绸子舞开场	小刘 钟琪
18	19:40—19:45		英文歌(两首歌)	
19	19:45—19:50		肩上芭蕾	
20	19:50—20:05	抽奖部分	抽取三等奖	小刘 钟琪
21	20:05—20:10	演出部分	舞蹈《飞天》	小刘 钟琪
22	20:10—20:20		国粹变脸	
23	20:20—20:30		歌曲串烧	
24	29:30—20:40		节目互动	
25	20:40—20:50	抽奖部分	抽取二等奖	小曹 小黄
26	20:50—20:55	出部分	沙画表演	小曹 小黄
27	20:55—21:00		美声独唱(两首歌)	
28	21:00—21:10	抽奖部分	抽取一等奖	小曹 小黄
29	21:10—21:15	演出部分	踢踏舞	小刘 钟琪
30	21:15—21:25		互动游戏《掷色子》	
31	21:25—21:30		歌舞《请你恰恰》	
32	21:30—21:40		刘冲乐队(两首歌)	
33	21:40—21:50	抽奖部分	抽取特等奖	小曹 小黄
34	21:50—21:55	演出部分	舞蹈《走向辉煌》	小刘 钟琪
35	21:55—22:00		《大合唱》	

续表

序号	时间	项目	活动内容	负责人
36	22:00	晚会结束	酒会结束，礼仪小姐列队于门前欢送嘉宾	
37	22:00 后	撤场	酒店现场	小戴 郑祥
第五部分　收尾工作				
38		收尾工作	1. 欢送嘉宾	
39			2. 物资清点/回收	
40			3. 后续跟进	
第六部分　事后归纳总结				
41			照片册/影像带	
42			归纳总结	
43			款项拨付	

七、活动流程

活　动　流　程　表					
时间	项目	内容	灯光	音响	背投
1月15日17点之前	签到部分	现场布置完毕（包括舞台、背景板、签名墙、鲜花等各项工作准备完毕）			
10:00		全体礼仪小姐到达现场			
10:00—12:00		礼仪小姐现场调配、组织及相关培训			
14:00—16:30		现场布置检查、节目彩排			
16:00—17:00		礼仪小姐站位，准备迎接嘉宾。循环播放企业2009年度视频短片，PPT照片回顾			
17:00—18:20		嘉宾到来，同时迎宾曲迎宾。礼仪小姐为嘉宾佩戴胸花并引领嘉宾到贵宾休息室（重要的嘉宾由公司的相关人员和礼仪小姐共同引导，事先沟通好佩戴胸花的嘉宾人数等情况，以便礼仪小姐和工作人员进行正确的引导）。引领重要领导（事先沟通好）在签到处题字，礼仪发放节目单和礼品。摄影开始，公司领导和嘉宾合影			

续表

时间	项目	内容	灯光	音响	背投
18:20—18:30	嘉宾入场	礼仪小姐入场，演员到位，晚会序幕（重要领导、贵宾专门礼仪）	全场暗灯，追光灯跟上	嘉宾入场音乐伴奏	背景定格晚会主题
18:30—18:35	主持人出场	主持人创意出场，致辞宣布晚会正式开始	追光灯渐亮	主持人出场音乐伴奏	切换现场场景
	嘉宾介绍	来宾介绍	追光灯跟随相应领导		切换现场场景
18:35—18:45	表彰部分	公司领导致辞	追光灯	领导上场音乐	切换领导场景
18:45—18:50		嘉宾致辞	追光灯	领导上场音乐	切换嘉宾场景
18:50—19:30		公司年终总结表彰： 1. 礼仪小姐提前准备绶带及荣誉证书 2. 颁奖音乐响起，优秀员工上场准备玫瑰花瓣 3. 优秀员工上场后，播放视频资料 4. 集体视频定格在最后一个画面，主持人请领导嘉宾上台颁奖，颁奖过程中礼仪配合领导给获奖者佩戴绶带及颁发证书	白光	颁奖音乐准备	员工视频资料
19:30—19:35	晚会开始	领导及嘉宾上台共同为大家祝酒并致祝酒词	灯光闪亮，追光	欢快、悠扬音乐	
19:35—19:40	演出部分	绸子舞开场	白光		
19:40—19:45		英文歌（两首歌）			
19:45—19:50		肩上芭蕾			
19:50—20:05	抽取部分	抽取三等奖	白光	抽奖音乐	抽奖系统画面
20:05—20:10	演出部分	舞蹈《飞天》			
20:10—20:20		国粹变脸			
20:20—20:30		歌曲串烧			
20:30—20:40		节目互动			

续表

时间	项目	内容	灯光	音响	背投
20:40—20:50	抽奖部分	抽取二等奖	白光	抽奖音乐	抽奖系统画面
20:50—20:55	演出部分	沙画表演			
20:55—21:00		美声独唱(两首歌)			
21:00—21:10	抽奖部分	抽取一等奖	白光	抽奖音乐	抽奖系统画面
21:10—21:15	演出部分	踢踏舞			
21:15—21:25		互动游戏《掷色子》			
21:25—21:30		歌舞《请你恰恰》			
21:30—21:40		刘冲乐队(两首歌)			
21:40—21:50	抽取部分	抽取特等奖	白光	抽奖音乐	抽奖系统画面
21:50—21:55	演出部分	舞蹈《走向辉煌》			
21:55—22:00		大合唱	亮光	合唱音乐	现场
22:00	晚会结束	酒会结束,礼仪小姐列队于门前欢送嘉宾	全场亮光	结束音乐	
22:00后	撤场	酒店现场			

八、活动应急措施

1. 现场交通工作:派出足够数量的保安人数,保证活动现场的交通顺畅,并提前把嘉宾车辆、宾客车辆的指示牌作好,保证现场车流有序畅通,万无一失。

2. 安全保卫工作:由主办单位保卫机构配合维护现场秩序,处理现场突发事件负责安全保卫工作。

3. 后勤工作:礼品小组、统一服装、现场餐饮、现场供电、卫生小组、预备应急话筒。

4. 防雨措施:备用一定的广告伞,以防急用。

5. 医疗措施:防止现场有意外事故出现,及时救治。

6. 治安消防:主会场周围禁止吸烟。(可变动)室内外配备灭火器。

九、活动现场执行团队

现场人员安排及注意环节（具体安排见细致的流程表）		
名　称	姓　名	项　目
总统筹	胡思忆	统筹安排（整个场地的安排管理）
统筹助理	张　洁	统筹
文案组	石　祥	文字资料管理、视频资料
	黄琳琳	文字资料管理、视频资料
影视组	张晓阳	现场摄影
设计组	曹　舰	投影管理
	任志华	现场配合
制作组	戴忠毅	现场制作、前期布置、临时调度
演出组	安　琪	演出管理
礼仪组	刘金娇	现场后勤工作

十、活动预算

项　目	名　目	费用（元）	总费用（元）
演出部分费用	舞蹈类	20000	63000
	肩上芭蕾	4000	
	沙画表演	15000	
	京剧变脸（6 人）	6000	
	美声歌手	4000	
	流行女歌手	3000	
	乐队歌手（深圳知名歌手）	6000	
	大合唱		
	舞蹈		
	舞蹈		
	主持人男一名	5000	
	女主持		
场景制作费用	舞台制作及布置	15000	49000
	投影	6000	
	场地布置	18000	
	灯光一组/音响一组	10000	
视频剪辑（优秀员工）			6000
现场摄影摄像	3 台机器剪接制作完成成片		8000
其他不可预见费用			5000
费用合计			131000
折后价			120000

项目二　宴请活动组织

◎ 学习目标

知识目标

- 了解商务宴请与私人宴请的区别。
- 熟悉商务宴请的形式与特点。
- 熟悉宴请的原则与组织宴请活动过程。
- 了解点菜的要求。

能力目标

- 能够安排好宴请的座位。
- 学会宴请与赴宴礼仪。

◎ 工作任务

- 任务一:宴请的座位安排。
- 任务二:宴请与赴宴礼仪。

◎ 导入案例

案例一　安排座位有学问

一天,公司老板要宴请3个合作公司的共15位重要客人,其中重点宴请一位重要级客户王经理,他虽然职务是采购部经理,但却给公司带来了40%的利润。老板让秘书小李去酒店预订一间容纳两桌的包房。李小姐接到老板的通知后,马上来到公司指定的接待酒店,安排好了菜单与酒水后,小李为了方便客人较快找到席位,她根据一般惯例,将宴请对象名单按职位进行了排位,制作了座签放在桌席上。到了开宴时,老总发现,自己的位置安排在了离门最近那一桌的主人位上。而主桌的主人位却安排了另一家的公司的老总。重要客户王经理却安排在主桌的副主人位。好在老板一进来就发现了问题,他巧妙让客人在包房的沙发上先喝茶休息,然后要陪同的办公室主任立即调整位置。

思考题:

1. 如果你是秘书小李你会将自己的老板安排在哪个位子,王经理应安排在哪个位子比较好?

2. 如果是吃西餐,老板坐哪个位子,请你用图画出来。

案例二　赴宴有讲究

顾小姐今年大学刚毕业，应聘一家单位做办公室文员工作，该单位通过技能测试后，决定让她试用1个月。试用期的第二周，一家合作公司的老总宴请自己老板，老板考虑到以后工作需要让顾小姐一同出席宴请。宴席结束后，老板直接告诉人事经理，解除与顾小姐的聘用合同。顾小姐办理手续时，人事经理转告诉了老板对她的看法，吃饭时，表现急不可耐、时不时用筷子挑菜，吃饭时声音太响，又不会掩饰，实在有损公司形象。

思考题：

1.中国是礼仪之邦，宴请和赴宴都要讲究礼仪，出席中餐宴会，要注意哪些礼仪？

2.顾小姐如何避免吃饭时声音太响？

提示：赴宴的礼仪很多，主要表现在仪容仪表、坐相、吃相三个方面。

◎ 理论导读

宴请活动概述

一、商务宴请与私人宴请的区别

根据宴请的性质来分，可以分为商务宴请与私人宴请。

(1)商务宴请

商务宴请主要是指各类企业和营利性组织为了一定的商务目的而举行的宴请活动。商务宴请带有浓重商务色彩，相比私人宴请来说，商务宴请更郑重、更隆重。首先在宴请前要尽量了解对方的喜好，在酒店选择和菜品上要迎合对方的偏好。通过满足对方来营造一种商务洽谈的气氛；其次商务宴会要注意上菜的程序与节奏，商务宴请往往边吃边谈，上菜节奏要适当，不可太急。

(2)私人宴请

私人宴请以个体与个体之间的情感交流为主题，其目的在于表示友好、联络感情、沟通信息等。如庆贺、答谢、送行、接风洗尘等，它的特点是宴请的主题与商务无关，而是私人情感的交流，主办者和被宴请者都是以私人身份出现。主要的形式有：婚宴、寿宴、纪念宴、迎送宴和节日宴。

二、商务宴请的形式与特点

1.宴会的形式与特点

宴会常指以用餐为形式的社会聚会，可以分为正式宴会与非正式宴会。正式宴会往往是为宴请某一专门人员而精心安排的宴会，宴请时往往选择较高档的酒店，讲究排场，对于出席人数、穿着打扮、桌次席位、菜肴数目与品种都要求严格。

非正式宴会多用于日常交往，形式简便，重在人际交往，不讲究规模与档次。

宴会的种类繁多，比如按是否有座位可以分为站式宴会与坐式宴会，按服务方式来分，可分为中餐宴会与西餐宴会，按宴请的礼仪分，可分为欢迎宴会与答谢宴会，按规格分可分为国宴、正式宴会与非正式宴会等待。

以下重点介绍中餐宴会与西餐宴会：

（1）中餐宴会，是指宴请时的菜式与饮品以中式为主，使用中国餐具，采用中国服务程序。它的特点为：①菜式以传统菜肴为主，同时兼顾地方风味，酒水质量要求高；②餐具以陶瓷、筷子为主，餐桌为圆桌；③宴席品种为冷菜、热菜、点心、水果等四大类；④适应面广，既适应高规格宴请，也可以用于一般民间聚会。

（2）西餐宴会，是指宴请时的菜式品以西式为主，使用西式餐具，并按西式服务程序和礼仪服务。它的特点为：①菜式以欧洲菜式为主，饮品为西洋酒水；②环境布置体现西洋风格，餐具使用刀叉；③西餐采用分食制，就餐者各点各的菜，上菜后，吃完第一道，才吃第二道；④品种包括开胃品、汤、主菜、甜食等；⑤西餐宴席形式多样，服务方式也不尽相同。

2. 招待会的形式与特点

招待会是一种简便灵活的宴请形式，主要商务冷餐会、商务鸡尾酒会、商务自助餐、商务茶会。

（1）商务冷餐会，又称冷餐酒会，是一种客人既可以自由取食又可以在轻松的气氛中与较多友人交谈的站式便宴形式。它类似于自助餐，但比自助餐正式。它的特点是：以冷菜为主，热菜为辅，形式随意，不讲究座次。有主题，重视环境，这是它与自助餐不同的地方。这种宴会多用于欢迎宴请。

（2）鸡尾酒会是西方国家比较传统的一个社交节目，它的形式较为活泼，品格高雅、来去自由、重气氛轻食品。由于它的这些特点，目前越来越流行，在很多场合如开幕、交接典礼、庆祝、纪念会等都采用。被邀请参加鸡尾酒会的客人一般都要正正经经修饰一番。例如男士要穿西服或小晚礼服，女士要化妆，要穿得正式等等。其次行为举止要优雅，做到彬彬有礼。

（3）商务自助餐。自助餐严格意义上不是一种宴请，多为重要活动中一个环节。如附属在参观、庆典、会议后的一种接待客人的项目，不是独立的一种正式宴请形式。它的特点：没有固定的席位、同时接待多人、各取所需、自寻方位，不太重视气氛。

（4）商务茶会是指为了联络、结交朋友而进行的具有对外联络和招待性质的社交性集会。它的特点：①借茶引言，通过饮茶品点达到叙情的目的；②随意就座，茶会多是会议厅或客厅，一般不排席位。为了便于交流，主宾多安排在主人旁边；③重视茶叶与茶具的选用。招等贵宾，要求用上好茶叶，并配相宜的茶具。

三、商务宴请的原则与组织宴请活动程序

1.商务宴请的原则

(1)守时守信。守时守信是表示对别人尊重的一种形式,无论是宴请还是赴宴都要求守时,特别随着国际交往的增多,更应养成守时守信的习惯。

(2)认清主客。在宴请活动中,主方立场为保护者,而客方扮演的则是被保护者。也就是说在宴请过程中要在细节处表示对客方的关心与尊重。作为赴宴之人则要客随主便。

(3)尊敬他人。就是在宴会中应尊重别人的隐私、尊重别人的生活习惯与禁忌,遵守公共道德。

(4)自律自重。在宴会应酬中不论身份高低、职位大小和财富多少,每一位都要自律自重,用餐饮礼仪约束自己,不能随心所欲。

(5)入乡随俗。"十里不同风,百里不同俗",对于自己的风俗不要自高自大,简单否定别人的风俗,应尽可能入乡随俗,使自己融入到宴会交流气氛中。

2.组织宴请活动程序

尽管各种商务宴请工作程序不同,有的复杂些,有的简单些,但都有下列几步工作程序:

(1)列出宾客名单,向宾客发出邀请。秘书应根据不同的宴请目的,列出宴请宾客的名单,然后让上司决定。根据邀请宾客的身份确定宴请的规格。

(2)确定宴请时间、选好宴请场所。宴请的时间应根据上司的要求来定,同时也考虑下列因素:一般不要选择重大节日、假日和忌日。地点的确定要考虑宴请的规格,如果宴请身份高的宾客应选择在高级饭店,一般的宾客可以选择在适当的饭店进行。无论是选择高级或一般的饭店,宴请的地点一定要卫生,环境要优雅。

(3)确定菜单。秘书点菜要考虑宴请宾客的口味,注意菜的各种搭配。一般要遵循"精致可口、色香俱全、特色突出、膳食平衡"的原则。另外还要考虑到宾客的禁忌。

(4)排定座位。安排宴请先要排定桌次,然后再排定位次。桌次原则是以主桌为基准,右高左低、近高远低。位次则是以主人座位为中心,近高远低,右上左下。如果有主宾夫人参加,又要安排在女主人的右边。桌次和位次排好后,可以制作桌次卡和位次卡,放在桌上,以便宴请对象对号入座。

(5)做好宴请服务工作。秘书应在宴请前安排好车辆,并提前到饭店做好迎客工作,并安排宾客入席,宴请后做好结算工作。

四、点菜

宴请宾客时,可以先点好菜,不过,点好后要把菜单交给上司审核。如果宴请宾客的人数不多,只有一台时,则可以临时点菜。临时点菜,应让客人点菜,如果有女宾客,则先请女士先点。当然客人有时表示对主人的尊重,会让主人点菜,这时

主人也不要太客气。

1. 点菜程序与方法。点菜程序为：

(1)认真阅读菜单，对于一些容易误解的菜名，要询问清楚，或者让服务员为你讲解。

(2)按上菜顺序点菜。中餐可以按上述提到的“开胃菜—主菜—点心”的顺序点，也可以按先冷盘后热炒、先主菜后点心；先炒后烧；先咸后甜，先清淡后浓烈的顺序点菜。

(3)参考他人意见。点菜可以参考来过这家饭店的同事的意见，也可以参考餐厅服务员的意见。

(4)确认所选的菜品。

2. 点菜时应注意的事项：

(1)看人下菜。点菜前应询问或从侧面了解客人的口味和禁忌。

(2)突出特色。点菜先要了解饭店有哪些特色菜。

(3)数量适中。不宜太多造成浪费。

任务一　宴请座位的安排

一、桌席的安排

1. 中餐桌次的安排

中餐的桌次安排先确定主桌，一般要求是“面门为上，以远为大，居中为尊，以右为尊”。其他桌次以主桌为基准，近为主，远次之，右为主、左次之。

中餐餐桌大多是圆桌，多为 8～10 人为一桌。餐桌的排列方式没有严格的要求，可以根据需要和餐厅的大小以及整体美观来排列。下面是各种桌次排列图：

(1)二、三、六台的桌次安排顺序。

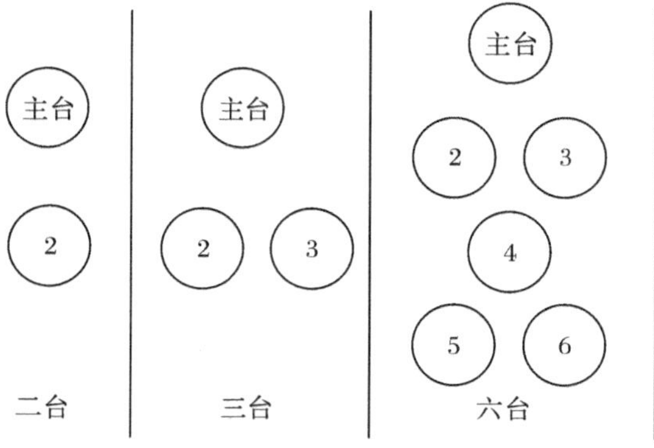

(2)七、八台桌次排列

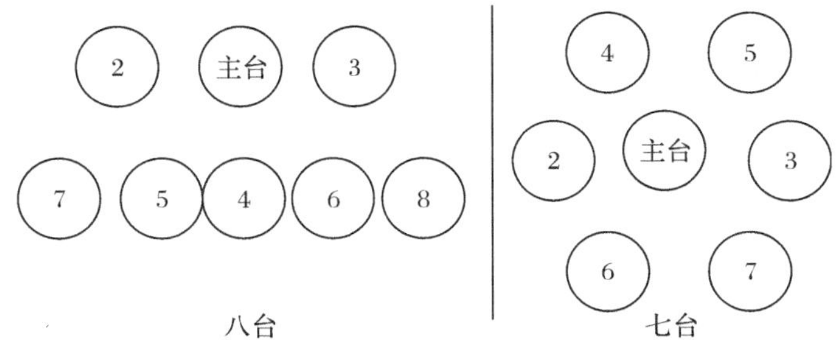

八台　　　七台

2. 西餐桌次的排列

西餐餐桌多采用长方形餐桌,人数多时会采用 T 形。但尽量不用 U 形桌,这种桌多用于谈判,较严肃,不太适合用餐。

西餐的桌次与中餐相同,也是根据主桌远近而定,桌次多时,应摆上桌次牌。

二、中餐座位安排

中餐座位的排列的基本原则是:"右高左低、中座为尊、面门为上、观景为佳、临台为上,以远为上",具有来说,主人都应面对正门而坐,并在主桌坐。如果有多桌时,每一桌都要有主桌主人代表。主宾在主人右侧就座,如果主人夫人都出席,主人夫人坐副主人位,主宾夫人坐主人夫人的右侧。

一般座位安排如图:

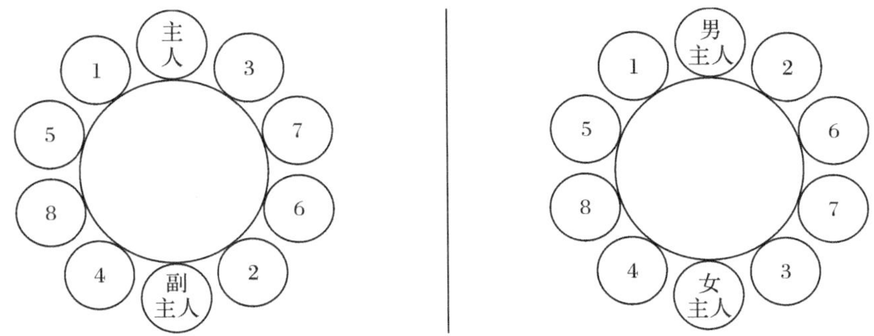

三、西餐座位安排

西餐座位的安排总原则是男女穿插安排、以女主人为准,主宾在女主人的右上方,主宾夫人在男主人的右上方。

下列几种西餐的座位安排方式：

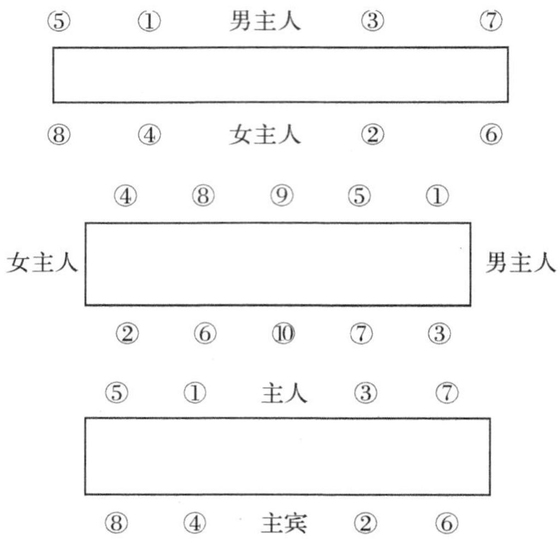

任务二　宴请与赴宴礼仪

一、宴请的礼仪

1. 迎客

作为宴请活动的主人，宴会开始前，应穿戴整洁，注意自己仪表，迎接客人前，应该站在门前笑迎宾客。如果多位迎客时，职位低的、晚辈在前，职位高的，长辈在后。对每一位来宾，要依次招呼，招呼对方时，可以用姓氏加职务的方式。招呼要注意不要叫错人，也不要用如大人、老爷等过时称呼，更不要用绰号。等客人大部分到齐后，再回到宴会场所中来。迎接宾客要一视同仁，不要只因招呼一两位重要客人，而忽视其他客人。

2. 引导入席

主人迎接后，可以由主人或主人单位其他接待人员带客人入席，引导客人时，应让客人走在自己右侧上手位置，向休息厅或直接向宴会厅走去。休息厅内服务人员帮助来宾脱下外套、接过帽子。客人坐下后送上饮料。如果是主宾到来，最后由主人陪主宾进入宴会厅主桌，接待人员引导其他客人入席后，宴会就可开始。

3. 相互介绍

如果宴请的宾客中有主宾不认识的，主人应向主宾进行介绍。主人向主宾介绍时，要站起来，用正确的手势指向被介绍人，介绍顺序应可以先介绍地位低的，再介绍高的，如“这位是××公司王总经理助理李女士”，介绍到王总经理时，可以说“这位就是刚提到××公司王总经理”。如果同桌其他人在身份上差不多时，可以从主宾的左边按顺序介绍。介绍内容要简明扼要，有时可增加一点其他信息，如特长等。被介绍人这时可以提交名片给主宾。

4.致词、祝酒

正式宴会一般都有致词和祝酒。但时间不尽相同。一般是在开宴之前讲话、祝酒、客人致答词。在致词时,全场人员要停止一切活动,聆听讲话,并响应致词人的祝酒,在同桌中间互相碰杯。这时宴会正式开始。

5.餐中服务

餐中服务一般由酒店的服务人员提供。服务人员前来服务时,主人应看着服务人员用正确手势指向主宾,并告诉服务人员"这边先来"。如果有女主宾时,应让服务人员从女主宾开始,然后再是男主宾。

6.斟酒

(1)斟酒量。斟酒时,就当场打开酒瓶,同桌的酒杯要一致。斟酒量要根据不同酒类倒酒。白酒、红葡萄酒为八分满,白葡萄为六分满,白兰地为横放大肚杯不流出杯口为宜,香槟酒先倒1/3,等泡沫消失后再倒七分满。啤酒应顺杯倒八成酒二成泡沫。鸡尾酒为三分满,黄酒为八分。

(2)斟酒顺序。服务人员斟酒多是应从主宾开始,再主人位,然后按顺时针方向依次为客人斟酒。主人斟酒时,如果在座的有年长者、职务高的,要先后为他们斟酒。如果没有这种情况可以从主宾开始按顺时针方向依次斟酒。一般说来,除了服务人员和主人外,其他宾客最好不要自行给别人斟酒。

(3)斟酒的方法。斟酒时,不要让客人同一个杯喝红酒与白酒,倒酒时,要避免洒到客人身上和客人的桌面,不要让酒瓶碰到酒杯。另外,倒酒时要面面俱到,一视同仁,不能只为别人倒酒,而自己不倒,也少倒。

7.调节气氛

(1)当做完客人介绍后,参加宴会的人可以自由交谈。作为主人,不宜单独和某人进行忘我长谈,应关注处于宴会边缘,接不上话的沉默人,要去为他们解围,找些他感兴趣的话题。只有你与他进行愉快的谈话,其他的客人也迟早会参与进来。这时,主人可借机自然找其他客人交谈。

(2)敬酒。等热菜上桌后,宴会就可以开始。这时主人要先向客人敬酒(如果宴会有多桌主人先祝酒后再向主宾敬酒),敬酒时,主人先敬主宾,说些感谢光临的话,然后热情地喝完第一杯酒。等主宾回敬酒后,主人可向其他客人敬酒,客人也可相互之间敬酒。俗话说"宴会离开酒,气氛将会死",主人要借助酒调节宴会的气氛,避免宴会沉闷。

(3)为了避免喝闷酒,主人要善于找话题。主人找话题时要找安全话题,不要打听别人隐私,一般可找些当前媒体关注的事件,或引入别人的话题。也可以直接问对方的兴趣,然后就这个话题进行交谈。

8. 送别

客人离别时应像迎接一样站在门口与宾客依依握别，当很多一起离开时，挥手道别，然后把客人送到门口。送别客人时可以寒暄几句，表示抱歉之类的话。如果用完膳休息时，客人提出要走，作为主人如果时间不是太早，不宜强留客人。

二、赴宴的礼仪

1. 应邀

接到邀约后，应当做出积极的反应，给邀请人一个明确的是否应邀的答复。如果邀请者采用信函的形式邀请，应约方也要采用书面的形式进行答复。在一般情况下，应尽可能参加，如果不能参加，应在接到邀请时，就给邀请人答复无法参加，并说明理由。给出的理由要充分。

2. 体面赴宴

参加宴会，要注意整理自己的仪容仪表。在正式宴会中，男士可以穿西装前往，女士则尽可能了解主人的衣着品味或者上司的可能穿着，不能太过随意。男士要对头发进行整理，女士还要注意化妆。在饰物选择上，不宜戴墨镜赴宴。

3. 掌握赴宴时间

赴宴不得迟到，迟到是非常失礼的。但也不可去得过早，去早了主人未准备好，难免尴尬，也不得体。

4. 抵达

抵达后，主人主动迎来握手时，应积极响应，并向主人致意。

5. 入座

入座要讲究顺序，应礼让尊长，注意方位，从左入座，背对座椅，轻稳落座。穿裙子女士入座时，人拢后片裙摆，以免“走光”。入座后，要保持良好的坐姿，也不用手撑在桌面上，显示无精打采的样子。同时，也不要将个人用品放在桌面，或在桌前化妆。

6. 餐中

“坐有坐相、吃有吃相”，这是对餐中礼仪的要求。餐中礼仪比较多，但至少应做到：(1)就餐中要约束自己的上下肢体，上肢的动作不能太大，以免影响别人就餐，下肢不可任意伸直，以免践踏别人；(2)用餐时保持温雅、安静，不可表现出急不可耐；(3)口内有食物时避免说话；(4)夹菜时要使用公筷，不要用自己的餐具伸入公共餐盘；(5)吃进口里的食物不能吐出来，如果太热可以喝口饮料或水；(6)不可以用筷子与口一起撕食物；(7)夹菜时，要先看准，忌翻转食物；(8)剔牙要用牙签，并用另一只手遮掩，不要用手直接伸入嘴里掏；(9)要用其他人桌前的调味品，可以让其他客人传递一下，以免伸手衣袖粘上菜；(10)吃到异味食物或异物时应先吐在纸巾上，然后放在餐碟中；(11)避免在桌上打喷嚏，万一控制不住，应用纸巾捂住侧向打，并说声对不起；(12)控制自己的进食速度，应与主人同进度；(13)吃完后，要让餐具摆整齐。

7. 交谈

在宴会中要倾听他人谈话，并积极参与其中，配合主人调节宴会气氛。

8. 退席

(1)中途退席。如果席间不可以不辞而别，如果有急事需要马上离开，要先告之主人，并向同桌表示歉意，不是太急情况，等大家吃完后离开。中途离开时要提早说明离席原因，离开时不要影响他人，可以请同桌待久点，并说明自己确有事要离开，以免扫大家的兴致。离席时要向同性别主人告辞，忌嘴说走，而又不动。

(2)餐毕退席。餐毕退席，要注意先后顺序，应让长尊先退席。自己起身时要轻稳。离开桌时，要从左边走出，并把椅子移回原位。

9. 话别

当主人来送别时，应向主人表示感谢并道别。

◎ 技能训练

宴会活动组织情景训练

一、训练目标

通过实训，掌握宴会活动组织的方法与要求，掌握宴会前的准备工作和宴会中各种礼仪。

二、训练方案与要求

(一)方案描述

天华公司在2009年得益于国家促进内需的政策和客户大力支持，终于走出困局，扭亏为赢。天华公司为了加强与客户的联系，表达对客户的谢意，在2009年12月召开了大客户联谊会，会后安排了晚宴。根据联谊会筹备组的安排，由秘书小敬安排宴会活动。现在小敬从联谊会筹备组拿来了参加宴会的客户名单表：

姓名	职务	性别	年龄	单位
何思远	总经理	男	50	湖南庆达公司
胡振强	采购部经理	男	35	湖南庆达公司
胡钟秀	总经理助理	女	27	湖南庆达公司
王强辉	总经理	男	48	浙江双元公司
司徒如	副总经理	男	35	浙江双元公司
张一民	采购部经理	男	35	浙江双元公司
巴三金	总经理	男	47	四川友联公司

续表

姓名	职务	性别	年龄	单位
楚天明	副总经理	男	39	四川友联公司
胡娟云	采购部经理	女	32	四川友联公司
权少东	总经理	男	45	广东富晶公司
麦穗	采购部经理	女	30	广东富晶公司
冼彩玲	总经理助理	女	25	广东富晶公司

另外她从总经理那里了解到公司2名副经理与销售部5名员工及行政部部长共9个人参加宴会。小敬根据上司的指导和公司宴会惯例，向凤凰酒楼订了一个2桌的包房，并向酒店服务员确认了菜单。最后制作了宴会座次排列图给了行政部长。行政部长觉得这安排很好。

(二)训练要求

1.熟悉宴会活动组织工作过程。

2.熟悉订餐要求。

3.熟悉座次排列的要领。

4.熟悉赴宴的礼仪。

(三)训练组织

1.分小组，每组4人，制定宴会活动组织的计划。

2.情景模拟：根据计划，先出22个人模拟参加宴会，然后模拟与酒店订桌。

3.确立每个人座位，并将员工引入到座位前。

(三)实训指导

1.宴会活动组织计划重点是活动前的工作安排。

2.宴会活动组织程序：掌握出席宴会人数及预算经费，了解宾客情况，向酒店订桌及制定菜单，排定位次。

3.座位排列进行角色扮演方式。

4.引导入席情景模拟。

(四)训练作业

1.每个小组提供活动计划一份，包含座位排列图。

2.提供一份入席的礼仪视频。

◎ 知识拓展

链接资料一　宴请与国际惯例

各国宴会因为习俗不同，形成了不同礼仪与要求，随着国际交流的不断增多，宴会也形成了一些国际惯例。

1.守时。守时是现代国际交往中共同遵守的道德规范，无论是宴请还是赴宴都要求守时，在赴宴时，万一因故不能按时赴约，应向主人和其他来客道歉。

2.服饰要求。有些宴请对参加宴会的人有服饰上的要求。国际惯例是在邀请函的左下角注明"正式的（formal）"、"非正式的（informal）"、"小礼服（black tie）"和"随意（casual）"等字样。这时赴宴人应要求穿，免得出现尴尬。

3.入座。按国际惯例，入席与退席都是"左入左出"。

4.位次。举行正式宴会时，座次排列按国际惯例：桌次的高低依距离主桌位置的远近而右高左低，桌次多时应摆上桌次牌。同一桌上席位的高低也是依距离主人座位的远近而定。

5.女士优先。进入餐厅时，男士应先开门，请女士进入，入座、餐点端来时，都应让女士优先。

6.正式宴请的环节。正式的宴会应按下列几个程序进行：迎接、小憩、开宴、致词、宴会、休息，最后是告辞。礼貌的主人应在迎接客人到来的宴会厅门口等待客人的到来，并为客人准备好存放衣帽架子和地方，客人来后，要有服务人员为客人脱掉外套和帽子，把它们放到衣架上，主人则与来宾一一行礼（比如握手等）。

7.国宴要求挂两国国旗，本国的国旗在左边，被宴请方的国旗在右边。

8.在宴会上不论吃东西、喝酒水，都不要发出刺耳的声响，以免影响他人食欲。

9.注意不要选择对方有重要活动或禁忌的日子和时间。对信仰基督教的人士不要选在13号，更不要选择在星期五的13号。确定时间最好事先能征询客人的意见，千万不要按传统习惯，认为自己确定了宴请的时间后再通知客人才显得真诚礼貌，对习惯国际惯例的人士来说，这是失礼的。

10.侍应顺序应从男主人右侧的女宾或男主宾开始，接着是男主人，由此自右向左按顺时针方向进行。

链接资料二　民俗民风与宴请禁忌

1.安排菜单的禁忌

（1）美国人不吃羊肉和大蒜，俄罗斯人不吃海参、海蜇、墨鱼、木耳，英国人不吃狗肉和动物的头、爪，法国人不吃无鳞鱼，德国人不吃核桃等等。中东信奉伊斯兰教的国家，多数的阿拉伯人不喜欢吃海参、螃蟹等食物，也不食无鳞鱼。在巴基斯坦，人禁止吃猪肉，他们喜欢牛肉、羊肉和鸡鸭。

（2）对方来自西方国家的人，不要点动物内脏和鸡爪、田鸡腿、蛇、蝎子等对方觉得奇怪和可怕的食物。

（3）穆斯林通常不吃猪肉，佛教徒少吃荤腥食品，它不仅指的是肉食，而且包括葱、蒜、韭菜、芥末等气味刺鼻的食物。一些信奉观音的佛教徒在饮食中尤其禁吃牛肉，招待港澳台及海外华人同胞时尤要注意。

(4)宴请外宾时，尽量少点生硬需啃食的菜肴，外宾在用餐中不太会将咬到嘴中的食物再吐出来。

2.用筷的禁忌

(1)避免将筷子长短不齐的放在桌子上。这种做法是大不吉利的，通常我们管它叫“三长两短”。其意思是代表“死亡”。

(2)握筷避免用大拇指和中指、无名指、小指捏住筷子，而食指伸出。很多地方被认为是骂人。

(3)忌将筷子的一端含在嘴里，用嘴来回去嘬，并不时地发出咝咝声响。这种行为被视为是一种素质低下的做法。

(4)忌用筷敲打碗盘，这种行为被看做是乞丐要饭。

(5)忌手里拿着筷子，旁若无人地在桌子上的菜盘里寻找。此种行为是缺乏修养的表现，令人反感。

(6)忌用筷子扒食物，这属于缺乏教养的做法。

(7)忌用筷子往自己盘子里夹菜时，将菜汤流落到其他菜里或桌子上。这种做法被视为严重失礼。

(8)忌将筷子颠倒使用，这种做法表示饥不择食，让人看不起的。

(9)忌用一只筷子去插盘子里的菜品，这被认为对同桌用餐人员的一种羞辱。

(10)忌将筷子插在饭中，这被视为给死人上香，属不敬行为。

3.餐中的禁忌

(1)我国藏族饮茶不能随便用他人的碗。喝茶时，也不能随便喝干，而是喝一半或一大半，斟满后再喝，最后结束喝茶时也要留下少许，表示茶永远喝不完，财富充足。在藏族，客人一到，喝茶要喝三碗。

(2)我国苗族人不喜欢吃羊肉，忌讳吃狗肉，禁止杀狗、打狗。在苗族吃糍粑，不能拍了灰再吃。

(3)我国维吾尔族吃抓饭时不要满盘子乱抓或者将抓过的肉食再放入盘内；吃剩的残骨不要乱扔，应放在自己面前的餐布上；用餐时外出不可从餐布上跨过或者从客人面前走。

(4)我国很多地区整鱼上桌，吃完一面以后绝对不能说“翻过来”。尤其是座席上有司机、船员的时候更不能说，他们认为这是不吉利的话，正确的说法是“转过来”。

(5)我国很多地区视用残碗为讨饭，所以桌上不能摆边缘有破损的碗。

(6)在我国很多农村忌讳餐具与人数不合，因为只在祭祀时才会多出一套餐具。

(7)日本人用餐忌讳有：用一双筷子依次给别人夹菜。忌将筷子插在米饭中。

忌用半途筷、游动筷、碎筷、窥筷、刺筷、签筷、泪筷及吮筷。

(8)法国人的禁忌有：忌讳吃狗肉。不吃肥肉、宠物、肝脏之外的动物内脏、无鳞鱼和带刺的鱼。忌吃核桃或当做礼物送人。

(9)英国人禁忌有：主要不吃狗肉，不吃过咸、过辣或带粘汁的菜肴。吃饭时忌讳刀叉碰响杯盘。忌讳将盐碰撒。

(10)德国人忌吃核桃。

(11)穆斯林一般都认为左手是脏的，忌用左手给人传递物品，特别是食物。

(12)在穆斯林家里做客，主人有时用右手抓一些肉、米饭分给大家，这时不要拒绝、不能表现出为难的样子，不愿意接受。

模块四　办公室礼仪与涉外事务管理

项目一　办公室基本礼仪

◎ 学习目标

知识目标

- 熟悉办公室礼仪内容与规范。
- 了解办公室事务处理礼仪。
- 熟悉办公室上下班礼仪规划。
- 熟悉赠送礼品的礼仪。

能力目标

- 能够有礼貌运用恰当方式问候别人。
- 学会与办公室人员友好相处。
- 学会得体处理办公室各项事务。
- 能够正确送礼。

◎ 工作任务

- 任务一：办公室礼仪规范。
- 任务二：送礼的艺术与技巧。

◎ 导入案例

案例一　秘书丽琍

李丽琍形象较好，性格开朗活跃，人也聪明。在生产部做了两年的文员，目前公司的经理秘书小吴要生小孩了，在上个月就开始请假在家待产。公司经理管理着200多员工，有大量的事需要人来协助处理，但公司又不好重新招人，否则小吴休完产假回来后，招来的人就不好安置，于是公司决定让李丽琍顶一段时间。李丽琍原来在生产部主要做生产任务的统计与汇总，秘书这个岗位对李丽琍来说，还是一个新岗位，李丽琍也想尝试一下，于是就答应了。上岗前，公司也没有对她进行像样的培训，只是行政人事部经理简单告诉了李丽琍一天要做哪些工作，要注意些什么。经理的意思是要李丽琍边干边学。李丽琍第一天刚坐到秘书这个位子上不久，人事经理就走了进来，让李丽琍去复印几份材料。文印室设在公司的三楼，李丽琍去时，刚好遇到原来生产部的郑经理也上楼，李丽琍很礼貌地让郑经理先进，郑经理进去后先按住了电梯开门键，然后问李丽琍到几楼。小李回答到："三楼，谢谢。"乘电梯过程中，郑经理主动询问李丽琍是否适应，丽琍说还行。电梯到了三楼，李丽琍让郑经理先出。来到复印室，有几个同事也在这里等复印，其中一个还是原来生产部的同事彩绢。彩绢一见李丽琍，就开玩笑说"你现在靠近领导了，好好表现，等着升迁，不过升迁后，不要忘了我们这些苦命姐妹"。李丽琍推了一下同事，大声地说："你说啥啊，我只是临时差。中午有什么安排，还是去可颂坊吧，那里意粉我最中意。总经理今天出差了，我们可以提早点走……"正说着，丽琍接了电话，说经理要等这份材料。刚好一个人已经复印完了，李丽琍就说："我先印吧，经理在等着呢"，其他几个同事虽然没有对她说什么，但还是脸带怒气。李丽琍印完后，就直接来到人事经理办公室，李丽琍看门虚掩着，只有经理一人在屋，就推门进去，经理看一人突然进来，吓了一跳。经理提醒她："丽琍，进入别人房间不管门有没有开，都要先敲门。另外，你是否刚才说话声音太大，影响隔壁的人办公。"丽琍挨了批评，只好低头认错。丽琍还算聪明，别人在投诉她声音大时，肯定也告诉经理她想早退的想法，只是经理没有点出来吧了。中午丽琍等到12点正才离开。下午事不多，李丽琍整理了办公室，给水浇了花，同时也整理了总经理的办公室。

思考题：

1. 秘书李丽琍除了大声说话、进入别人房间没有敲门不符合办公室礼仪外，还有哪些举止言行不符合办公室礼仪规范？

2. 从办公室礼仪规划的角度来看，你觉得李丽琍在哪些方面做得到位？

案例二　送礼也讲时机

顺昌公司引进了一批新货，计划通过超市渠道进行销售，而华业超市是本市最大的连锁超市。为了让公司的货物进入这家超市。老总给销售部下了死任务，要求在一个半月内打通华业超市这条渠道。老总也知道这是一块难啃的骨头，因此要求行政部全力支持，配合工作。行政部安排秘书周琳一起参与公关。周琳经过周密的设计与安排，拟先从超市的采购主管入手。

周琳通过多层关系，与超市采购主管取得了联系，约好了面谈时间。周琳按中国的办事"传统",想求人办事,必须"礼"先行,于是向公司说明了情况,公司给了周琳 1500 块的经费。周琳第一次给一个陌生男性送礼,一时又找不到人商量,不知送什么才好。她只好到超市买了条中华香烟,一瓶五粮液,兴冲冲地去见客了。

到了约定的地方,采购主管看到她带给他的礼物,微微一笑,全部退还了周琳。在后来的交谈中,才得知他上个月当爸爸了,为了给小孩一个良好的居住环境,把酒烟都戒了。他开玩笑地说等小孩长大了,再和她喝两杯。周琳知道他这么说是在给她留面子。当晚的交谈,没有多少进展。坐了不久,采购主管就借故走了。周琳望着这堆东西不知怎么办,最后只好认栽了,上千块的烟酒只有拿回家孝敬老爸了。

过了一周,周琳从别人那里找来了主管的家庭地址,她与销售部小刘以她丈夫朋友的身份提着些婴儿用品来到他家里,看望主管的孩子与他夫人。这次去没有提新货进入超市的事。主管也装着不知道,也不打电话给周琳。周琳在与他老婆的交谈中,了解到她小孩老是咳嗽,吃了很多药都没有效果。周琳后来托朋友从香港买来了治咳嗽的药,送到家里,这药还挺有效,小孩吃药三四天后就好了,这时采购主管也很感动,主动给周琳打电话,感谢他们对家人关心。终于在一个月之后,新产品进入华业超市。

思考题:

1. 是什么让采购主管主动打电话给周琳?

2. 为什么第一次送礼会失败?

提示:赠送礼品需要讲究时机,送礼的目的性不能太强,否则难以建立起良好的关系。

◎ 理论导读

办公室礼仪概述

一、办公室礼仪的基本内容与意义

1. 办公室礼仪的基本内容

办公室是秘书人员活动的主要场所,也是秘书人员展示自己才华与风采的舞台。秘书在这里要整理办公室环境,处理日常事务,接受领导指派的任务。同时,秘书还在召开与参加会议,接待客人,协调内外各种关系等,这些活动处处要求秘书人员以完美的礼仪体现自己的修养、展示单位的形象。

办公室礼仪是指人们在办公室这一特定环境中所应具有的礼仪,主要包括三个方面的内容:

(1)环境礼仪。办公室作为员工工作和与社会公众进行交往的重要场所,清洁、整齐、舒适、幽雅的环境,不仅让员工心情舒畅,也让单位机构充满生机。具体

来说，一是指工作环境的洁净，一是指工作环境的整齐。

(2)上下班礼仪。办公室是秘书处理公务的地方，每天早上从家里出来到这里，处理单位的各种事务，到了下午，离开单位又回到家里。这个过程也要讲究礼仪，如上班不迟到、办公时不做与工作无关的事，下班前清理办公桌面等。上下班注意礼仪能够让自己自觉执行单位的制度，同时也让自己成为一个勤快的人。上下班礼仪又包括下班时礼仪、办公时举止行为礼仪、事务处理礼仪以及下班时礼仪。

(3)异常情况下礼仪。秘书在办公的时候常会遇到异常情况，如领导之间矛盾、领导失误、群体上访、突发事件等，这时要求秘书把握好分寸，注意基本的礼仪。异常情况下礼仪包括异常情况下与领导关系的礼仪、异常情况下处理信访的礼仪以及突发事件处理的礼仪。

2.办公室礼仪的意义

作为一个与内外联系广泛的岗位，秘书人员讲究礼仪可以影响整个办公室、整个办公楼，甚至整个单位的工作气氛、工作节奏和工作状态。作为一个“窗口”部门，办公室礼仪可以促进单位文化的形成，也可对工作制度与纪律起到补充作用。作为单位工作的枢纽，办公室礼仪促进单位内部更具凝聚力，促进本单位的社会网络更加稳固与深化。

二、办公室礼仪的基本要求

1.以体现单位精神风貌与文化风格为主

一个单位良好形象树立不能仅靠产品与技术，也要靠员工的精神风貌与单位文化。随着时代的发展，越来越多人认识到员工的精神风貌与单位文化对单位的长久发展起着重要的作用。培养员工良好精神风貌，建设良好单位文化，成了当前一个单位管理的重大课题。办公室礼仪作为一个单位组织文化的一部分，员工精神风貌的具体体现也被人们所重视。

办公室是一个单位的核心机构，秘书人员所在的办公室，也是最核心最重要的部门，秘书人员的礼仪不仅是个人修养的展示，也关乎领导的修养。如果在领导身边工作秘书的行为、仪表和风范都不符现代礼仪的要求，其他人自然会联想到领导精神风貌也好不到哪里去。这必然会影响到单位组织的文化建设。作为秘书在办公室应以优雅的姿态、礼貌的语言、得体的举止、热情的态度、负责的精神、平和的性格来辅助领导、办理公务、处理事项，用工作实绩来展示个人形象，体现单位组织的精神风貌。

2.以工作大局为重

办公室礼仪以工作为重就是发挥办公室礼仪的协调作用，以礼仪促进团结，促进工作。协调关系是秘书人员的职责之一，而礼仪又是协调关系的重要手段，如有时面对失态的领导、刁难的同事、愤怒的员工，礼貌的语言、得体的举止、热情的态度、负责的精神能使对方镇静、清醒或收敛。秘书人员在展示办公室礼仪时，要避免将礼仪“庸俗化”，将礼仪演变成在各部门与员工之间“和稀泥”，不求事情的解决，只是追求事情表面的平息，这种礼仪只是使问题进一步激发。因此，办公室礼仪必须是积极的、健康的、有利团结、有利沟通的礼仪。秘书人员在工作时应围绕单位的工作大局，用平静的面容、明确的态度、理智的状态来执行制度、处理事项。

3. 以共同发展为标杆

一个单位的发展离不开社会组织，所以现在单位都十分重视对外交往。秘书人员对外交往时，讲究礼仪就是坚持诚信原则，对任何单位人员待之以礼，通过互惠互利的合作，实现共同发展。当然，一个单位对外交往时并非一帆风顺，有时会发生冲突、误解，这时需要秘书人员从中调停与斡旋。这时礼仪可以成为一个有效的工具。比如由于自己单位措施不力，造成合作者损失时，主动致电表示歉意并表示赔偿，有利于问题的解决。有时，领导可能会在某些情况下，意气用事或拉不下情面，这时秘书应负起这些礼仪性工作，使双方矛盾能有所化解。

三、办公室行为举止的基本要求与规范

1. 办公室行为举止的基本要求

(1)分寸得当。从事秘书工作的人员应有分寸感，所谓分寸感是指行为举止与办公场所的气氛、环境以及正在进行工作相吻合。办公室行为举止的分寸感，主要包括言语表达的分寸，个人情绪表露分寸和行为的分寸。语言表达的分寸，是指同事之间在办公室不随意开低级趣味的玩笑，不乱传播单位的小道消息、不议论别人的私事，在对外场合要用礼貌用语，不随意使用不规范的词。个人情绪表露分寸是指个人在办公室里不毫无掩饰自己的喜怒哀乐，不毫无顾忌地嬉笑怒骂，注意办公室环境的严肃性，考虑其他办公人员的存在。行为分寸是指在上班时，不做与办公无关的事情。比如不在办公室闲聊，不在办公室化妆，不在非休息时间下棋、玩游戏等。

(2)关心他人。掌握分寸是让办公室人员保持一定距离，但办公室工作大多数需要协作、需要理解，因此关心他人也是办公室礼仪的基本要求。办公室里关心他人应做到下面几点：第一，秘书人员在办公室工作时动作宜轻、细，以免影响他人办公；第二，主动关心领导，主动为领导分忧；第三，办公室工作分工不分家，彼此之间相互协作、相互配合。

2. 办公室行为举止礼仪规范

(1)进出门。进出门虽然是一个简单的行为，但反映出秘书人员的礼仪修养。进出门礼仪要做到“轻、敲、让、帮”。“轻”是指进出门，开门与关门的动作要缓，声音要轻。敲是指去别的办公室应先敲门，即使门开着也是如此，同时询问：“我能进来吗?”或“方便进来吗?”。“让”是指与别人一同进出门要谦让。“帮”是指如果遇到门关着，秘书人员应走在前面帮助打开门，让后来者顺利通过。无论后进还是离开盥洗室要帮助关好门。

(2)吃喝洗。随着后勤社会化，在办公室喝水吃饭越来越普遍。虽然吃喝在非工作时间，但也要注意礼仪。吃喝礼仪主要包括吃喝时，要打开门窗通风，不宜发出太大声音，注意避免汤水污染文件，注意清扫剩饭残渣。在办公室可适当储备些点心，但应藏好，吃点心时，不能边走边吃，以免碎渣掉在办公室地上。

(3)琐细小节。在办公室时称呼别人用尊称，路遇同事和熟人应打招呼，不在办公室内奔跑，办公室设备要按操作规程操作，有故障时，不能大力拍打设备。使用公共物品用完后要放回原处。不随意翻看别人文件，在别人工作时不宜探头查看。借用东西要及时归还。

四、事务处理礼仪基本要求与规范

办公室事务繁杂，秘书在处理这些事务时应注意下列礼仪：

1. 谦和。谦和不仅是秘书人员从事秘书工作的基本要求，也是秘书处理办公室事务必需的礼仪。秘书由于其角色特点，要求他谦和听取领导的讲话，谦和地做好“幕后”工作，陪领导外出时也要保持谦和态度，不能抢领导的“风头”。

2. 主动。在办公室，秘书应主动承担起办公室事务工作，比如每天上班时，主动清理办公室环境、同事遇到困难时，主动去帮助他渡过难关。在协助领导时，要主动去搜集资料，为领导决策提供依据，对于新来员工和同事，应主动打招呼，主动去关心工作与生活。

3. 热情。办公室虽然承担着管理工作，但更多的还是服务性工作，因此，待人热情是从事办公室工作的最基本的要求。办公室人员不能因为别人有求于自己就对人冷漠，也不能因为自己常跟领导接近，而目中无人。秘书应热情对待任何进入办公室的人，对于单位外客人更要热情招呼。

4. 专业。办公室事务繁杂，很多人认为没有“技术”含量，认为脚勤嘴甜就行了。其实办公室很多工作专业性很强，没有经过训练很难办好。比如办公室的文件，如何收集、整理、归档，没有专业知识，很难保持文档分类的统一性，使用的方便性。

5. 高效。不管是领导，还是同事，都希望给他办事的人能够很快地帮他处理好事务。所以办公室人员应统筹各项事务，将相关的事务归为一类，以便提高事务的处理速度。为此，办公室人员应有快速处理事务的基本能力，如快速打字、快速作会议记录、快速写作等能力。

五、送礼的形式

送礼主要有下列几种情况：拜访、探病、祝贺、送葬、送别与回礼。送礼主要是显示心意，因此，送礼要根据不同的情形，采用不同的送礼方式，否则，容易造成误解与不快。

1. 拜访送礼。拜访送礼主要是表示对对方的尊重，显示拜访的情意，选择礼物时，不一定要很贵重的礼物，尤其是第一次去拜访，更是如此。拜访送礼可以选择本地特产或本公司的产品。

2.探病送礼。探病送礼主要给病人送去慰问，带的礼品要根据病人的情况选用花或滋补品。所以去之前，可以从医生处或家属处了解病人的一些情况，再决定送什么礼品。

3.祝贺送礼。合作单位或对本单位至关重要的人有大喜事举行庆祝时，作为接受邀请的一方，应送礼表示祝贺。这时选择礼物应选有意义的礼物，来表达自己的感激之情和祝福之意。

4.送葬送礼。送葬送礼主要是表示对死者的怀念和对家属的关心与慰问。这时选送礼物要特别注意，一般说来，送花圈和挽联是比较恰当的。

5.送别送礼。当一个对本单位有贡献的人要离开本地时，可以送些礼物表示对对方的感谢和对双方友谊的珍惜。送别送礼可以选择一些有纪念价值的礼物。

6.回礼。礼尚往来是中国交际传统。当接到别人送来礼物时，作为接收方应回礼。回礼选用的礼物在价值上不要超过送来礼物价值太多，否则会让别人产生自己送礼太轻的误解。可以选用等价的礼品，也可以选价值小但有纪念意义的礼品。

六、送礼的原则

送礼一门艺术，有其约定俗成的规矩，不能瞎送、乱送和滥送。送礼经过历史的发展形成了一定原则。

1.礼尚往来。别人送来礼物时，为了表示对对方的感谢之情，应回赠礼物，回赠礼物价值不是很重要，最主要是用心替对方选一件适当的礼物。

2.“投其所好”。俗话说：“宝剑赠侠士，红粉赠佳人”，送礼要看送礼对象身份、品位与兴趣。比如对方是教师，最好送书，再如对方有写书法爱好，可以选择文房四宝作为礼物。总之，送礼要从接收方来考虑，要选择能让别人开心的礼物。

3.不含动机。所送礼的礼物不能带有表达感谢之外的动机，尤其所送礼物不能包括有影射性意义。带有动机的礼物，有时会让受赠方处于尴尬境地，甚至让受赠方生气，从而影响双方的感情。

4.注意禁忌。由于受各地历史、文化、风俗和习惯的影响，一些物品在当地会被认为是不吉利的物品，比如在我国祝寿，最忌讳送钟，因为“送钟”与“送终”谐音。所以送礼时应了解当地的禁忌。

5.新而特别。选送的礼物应是新的，因为没有多少人喜欢别人送二手货。如果选送的礼物很特别，甚至独一无二，这样容易让受赠方开心。

6.做足表面文章。礼品不是自己使用，在注意内容的同时，还要注意好的表现形式，即赠送的礼物应尽可能选择漂亮的包装。此外，礼物上不要有价格标签。因为送一个有价格标签的礼品，好像提醒对方礼物花了多少钱，这是很不礼貌的行为。

7. 把握好时机。无论国内与国外，选准时机送礼会让双方皆大欢喜。在国内一般要选择良辰佳节，婚丧喜庆之时送礼。有些时候可以提前一两天送礼，但最好不要事后送礼，事后补礼会让人产生被轻视的感觉。

任务一　办公室礼仪规范

一、办公室环境礼仪

1. 配备必要的清洁卫生工具

要搞好办公室环境礼仪，办公室应配有必要的清洁卫生工具。如扫帚、垃圾筐、垃圾袋、水桶、吸尘器、拖把、抹布、簸箕、清洁液等。但这些卫生工具摆放在隐蔽的地方。

2. 定期进行打扫

秘书应在早上上班前打扫办公室卫生，擦去灰尘，下午下班之前清理垃圾。每周应进行一次卫生大扫除。有些办公室的沙发、电话、办公设备盖有遮罩物，也应定期清洗。

3. 保持办公室家具协调与整齐

在选用办公室家具时，要注意办公室家具颜色、款式、规格的统一，摆放这些家具时，要注意整齐，与办公室的结构相一致。

4. 分类摆放办公室物品与设备

办公室的小物件可以先放在文件筐中，然后按类型放在物品架上，办公室的设备可以按工作流程摆放，保持设备连线整齐有序。办公室设备最好选择一体机，以节约办公室空间。文件报纸要及时清理，分类存放。绿色植物要定期浇水、去掉枯叶，并放置在不影响工作与行走的地方。

5. 收藏好个人生活用品

个人生活用品除水杯外，应放在隐蔽的地方。

二、上下班礼仪

秘书上班场所主要在办公室，秘书在上班时，也要讲究礼仪。在办公室中讲究礼仪，不仅可以更好的展示自己的良好形象，同时也有利于营造良好的工作人际关系。

1. 做好上班前的准备工作

在上班之前应检查必须携带的物品，如钥匙、记事本、文件、名片盒等。以免遗忘而影响一天的工作情绪。出门前，要再次整理自己的服饰和仪容。为保证第二天有饱满的精神去上班，在头天晚上最好不熬夜。上班时应考虑路上突发事件，应尽量提早 15～20 分钟出家门，做到不迟到。

2.专心工作

上班时间是用于办公的时间，因此在上班时，应专心工作，不能在工作时间内做与工作无关的事，闲聊与工作无关的话题，更不在上班时间干私活，甚至离开工作岗位。上班时间最好不要打私人电话，如果有朋友来找，又不是为了单位工作的事，应尽快解决或要求对方下班后联系。

3.遵守单位规章制度

不同单位对办公室工作人员有不同的制度，作为办公室人员就毫无条件地遵守这些制度。不能以别的单位制度或以前工作单位的制度来评说现有的制度，尤其不能以别的单位制度作为自己不遵守本单位制度的理由。

4.举止行为得体

办公室是单位的一个窗口，自己的举止行为也影响到企业的形象，因此办公室人员应有言行举止礼仪。具体举止行为礼仪要求与规范如前文所述。

5.准时下班

下班是一天工作时间结束，但很多人没有下班的概念，尤其是在公务繁忙时，加班成了常见的事，但是必须清楚，适当的休息和放松对第二天的工作至关重要，为此办公人员应在工作时间提高效率、养成准时下班的习惯。工作人员下班之前，应预定好次日的工作事项，将桌面物品清理整齐，将文件和材料锁好。如果是最后一个离开办公室，要把窗户、电器设备关好。万一手头还有工作没有做完，尽可能在工作完成告一段落后再下班。

三、办公室办事礼仪规范

(1)尊重领导。服务领导、辅助领导是秘书岗位存在的前提，秘书人员在服务领导和辅助领导过程中，首先应尊重领导。尊重领导主要表现在服从领导，尊重领导的权威，凡事多向领导汇报请示。在显要场合，要突出领导，向客人介绍领导时态度要恭敬，不论什么场合，与领导说话要有分寸，陪领导外出要料理好领导的生活琐事，根据事情的轻重缓急，为领导挡驾。

(2)与同事和睦相处。秘书在办公室中要记住“和为贵”。也就是要求秘书人员与同事和睦相处。要做到和睦相处，首先对同事要笑脸相迎，热情招呼。同事有病，主动打电话问候或抽时间去看他。对同事的成功要给予真诚的祝贺，当同事遇到挫折时，应主动送去鼓励。如果是新到一个单位，不要在同事面前将现在的工作单位与以前的工作单位进行对比、评说，应与同事应保持一定距离，不要显示跟人天生就熟。

(3)热情服务同事。办公室是联系单位各部门的枢纽，很多部门在运作过程中需要办公室给予协助，有时还会求助于办公室。作为办公室人员对前来办事的同事，要服务周到，在政策规定的范围内积极给予办理。不能有意为难同事，尤其不能公报私仇。

(4)善待上访员工。在单位中员工遇到不公平,有时会直接找领导解决。作为领导秘书,应主动接待、尊重并理解上访者,积极与上访者沟通,倾听他们的意见与要求,并根据相关规定作出适当的承诺。

(5)热情接待来访者。无论是对待有预约的来访者,还是未预约的来访者,都要热情接待,在弄清楚来意的基础上,区分处理,最后礼貌送客。

(6)认真接听电话。接听电话是办公室人员的基本工作,办公室人员在接听电话时要迅速,要认真倾听,并做好电话记录,让对方等待时,要说声抱歉,结束电话要说再见。

(7)外出办事要注意维护单位形象。

四、办公室人际关系礼仪规范

1.与同事相处的礼仪

同事之间应相互尊重、相互关心、相互帮助,后辈应虚心向前辈学习,前辈应关心爱护后辈。求同事帮忙要用商量的口气,得人之助后要诚心表示感谢。同事之间有分歧时,应以大局为重,求同存异。同事之间不能以自己的标准去苛求别人。

2.与上司相处的礼仪

对待上司在感情上要高度尊重,在组织上要高度服从,而不是表面上的谦恭。在上司遇到困难时,下属应协助解决,而不能拆台。上司不了解情况时,要帮助他们了解情况,以辅佐其工作。当上司之间或上司与同事有矛盾时,应积极从中调解,解释。自己与上司发生分歧时,不要当面顶撞上司,而应从尊重上司,爱护上司的角度出发,婉转表达自己的意见。遇到不关心下属、以权压人、给人“穿小鞋”的上司时,也不要消极怠工或到处发泄。

3.与下属相处的礼仪

上司对下属既要关心,也要严格要求与管理。上司对下属态度要和蔼,要心平气和,接待下属要热情,对下属反映的问题与意见要仔细倾听,耐心解释,合理解决。上司对下属的生活要关心,但不要干涉他的私人生活。上司对下属的错误要批评指正,同时要倾听下属对自己提出意见,要信任下属。

任务二　送礼的艺术与技巧

一、选择礼品

送礼是人与人之间诚心相待、表达尊重与友情的见证,送礼品要得当,这其中包括了礼品选择要有所讲究,不可敷衍了事。

最好的礼物是让对方惊喜的礼物、表达幽默感的礼物,透露出高贵思想的礼物,因此选择礼品时应考虑下面三个方面的问题。

1. 注重真情

选择礼品时，应把礼品视为友情与敬意的物化。通常说来，融进感情的礼品是最好的礼品，因此在选择礼品时，首先要考虑是如何通过礼品来表达自己的感情，而不是考虑是否满足某个人的私欲，更不是显示本人的富有。常言道："礼轻情义重"，选择礼品时不只关注礼品价值，更应着眼于礼品所表达的情感与心意。

2. 因人而异

送礼要看对象，不同对象务必选择不同的礼品。在选择礼品时首先要考虑对方与本单位的关系，即考虑这次送礼是因公还是因私，是新朋友还是老朋友，是外国人还是中国人，是商务往来还是文化交流。不同的关系要送礼不同礼品。其次要考虑对方的兴趣、品位，选择对方感兴趣的礼品容易给对方带来喜悦之情。此外，还要根据对方不同的内容，选择不同的礼品，对方是告别还是新到，是庆寿还是生病，是结婚还是丧葬，内容不同，选择的礼品也不太相同。

3. 尊重禁忌

礼品选择不当是馈赠礼品的最大禁忌。由于受各地历史、文化、风俗和习惯的影响，生活中，人们形成了许多禁忌。送礼时，应注意这些禁忌。目前人们的禁忌主要来自三个方面：第一，由风俗习惯、民族差异和宗教信仰等形成的禁忌。比如，女士不给男士送腰带，除非你与他有亲密关系，因为送腰带有拴住人的意思。再如在欧洲参加舞会，不能给女主人送鲜嫩的菊花，因为它让人联想到死亡。第二，个人的禁忌。这主要是由于个人经历、兴趣和习惯的不同，形成了他个人的禁忌。比如一个前不久被车撞伤的人，你送给他汽车模型，会勾起他负面的回忆，这样送礼效果肯定不好。第三，国家的有关规定。比如毒品、涉黄的物品不能作为礼品，因为这些物品在很多国家是作为非法物品的。另外在一些国家把接受超过多少价值的物品作为受贿标准，那么送礼时也要注意。

在社交场合或商务往来中，一般不用金钱作为馈赠礼品，也不送有害健康的、旧的、用作广告的物品。选择礼品时可以依据下面几个标准来考虑：

第一，适应性。即送人的礼品，要符合对方的某种实际需要，或有助于对方的学习、工作和生活，或满足对方的兴趣、爱好。

第二，纪念性。即选择的礼品要突出其具有纪念意义，或者有历史意义的纪念物，或者有城市特色或民族特色的纪念物。

第三，独特性。即礼品独具匠心，具有新、奇、特等特点，忌讳"千篇一律"。

第四，时尚性。即选择的礼品，还要十分注意时尚，不要落后于时代。送人过时礼品易让对方产生被轻视之嫌。

二、礼品的赠送

选好礼品，如何送出去也是有讲究的，赠送的过程也要有一定技巧。

1. 精心包装

很多人选好礼品后，不重视包装，往往很高档的礼品用报纸一包了事，这是不符合礼仪规范的。包装是礼品的外衣，也是反映送礼人的心意，所以选好礼品后，应精心包装好礼品。

2. 把握时机

赠送礼品要注意赠送的时机，时机准确，双方皆大欢喜。在国内，一般要选择良辰佳节，婚丧喜庆的时候向对方表示祝贺、感谢和慰问之意。如果是参加道贺活动，最好在见面之初赠送，如果是会见，最好在活动之后赠送。

3. 注意送礼礼仪

送礼最好当面赠送，这样可更好畅谈友情、介绍礼品、加深感情，如果托人赠送或邮寄赠送要附上一份礼笺，署上姓名，说明赠送的理由。

当面送礼，送礼人要神态自然，举止大方，双手送给受礼者，而不能手足无措，更不能偷偷摸摸，将礼品放在一边，也不告诉对方。

赠送礼品时对礼品的介绍要简短、热情和得体，不必要说自夸的话，否则让人产生受礼太重之感。当然也不要说自贱或自贬的话，这样也会让人产生不被重视的误会。

有时赠送礼品，不必要介绍礼品，但可以在赠送的同时，说些祝贺或慰问的话。

三、接收礼品

在社交场合，当他人赠送礼品时，作为受赠者不应该对他人漠然相对，也应讲究接受礼品的礼仪。

1. 接收方式

一般情况下，只要送的礼品不违法、违规，最好的方式是大大方方、欣然接受，不可忸怩失态，也不要推辞再三后才接下。

当赠送者向受赠方赠送礼品，接受方应停下手中的活，站起来，双手接受，然后伸出右手，同对方握手。如果礼品较大时，可以转交身边的人后再握手表示感谢。

接过礼品后，如果条件允许可以当面打开欣赏，以表示看重对方，也看重对方送的礼品。拆开礼品包装时动作要文雅，要有序，不可乱撕。

欣赏之后，可以将礼品放置在适当的地方，再次向赠送者表示感谢。

2. 拒收

接收礼品要把握好原则与分寸，不能接收他人的礼品时，应讲明原因，婉言拒收，拒收对方礼品要讲究方法方式，给对方有退路，不使对方难堪。

(1)拒收礼品要当场进行，最好不要接受后再退回。

(2)看到对方礼品不能接收时，说明不能接收的原因，并对对方的心意表示感谢。

(3)无法当场退回时，一般应在 24 小时内退回给本人。

(4)要保证退回礼品的完整,不能拆封后或试用后再退还。

3. 回礼

“来而不往,非礼也。”礼尚往来是中国馈赠的传统。当收到他人的礼品时,要及时回报,有所表示。

(1)把握回礼时机。当接收人礼品后,不要立即就回礼,这样给人有“等价交换”的感觉,但如果拖的时间过久,让人觉得自己不珍惜彼此情意。一般情况下,在对方有喜庆活动、或节假日,或登门拜访、回访对方时回礼是较好的。

(2)回礼要注意方式。在回礼的礼品选择上,可以用对方赠送的同类礼品作为回礼礼品,也可用选择一些有纪念意义或独特的礼品作为回礼的礼品。回礼的礼品不必非得超过礼品价格,可以是等价的,也可是不等价的。当然有时可以打电话表示感谢,或者告诉对方很喜欢礼品来作为回礼。

◎ 技能训练

办公室礼仪规范与送礼训练

一、训练目标

通过实训,掌握办公室礼仪规划,能根据不同的目的完成送礼工作。

二、训练方案与要求

(一)案例描述

上海精仪设备公司是一家经营医疗设备的公司,吴佳丽是这家公司行政人事办公室的文员,她日常工作主要是协助总经理处理日常事务,具体有总经理办公室环境维护、公司信件收发工作、资料管理工作、公司文件打印、复印、归档工作,公司的考勤工作以及总经理的时间管理等。今天,吴佳丽提早 15 分钟上班,一到公司,她把自己的包放进柜子后,就去整理总经理办公室,她先打开窗户,然后整理总经理的桌面,茶几以及书报,接着打开饮水机烧好水,之后她又去清洗茶杯。总经理室整理完后,吴佳丽回到自己办公室,看到同事李嘉珍也来了,她主动与嘉珍打招呼,然后她打开复印机及自己电脑之后,就去写字楼大堂取当天的信件与报纸,今天的信件不多,除了 1 封给同事的信,其他是送到总经理办公室的报纸。吴佳丽将报纸拿到总经理办公室的时候,总经理也已经来了,坐在那里办公。吴佳丽夹完报纸后,总经理告诉她 10 点钟要用一下公司的商务车。公司的车辆是由嘉珍管理,于是吴佳丽回到办公室就与嘉珍商量总经理使用商务车的事。安排好车辆后,销售部来复印资料。复印资料后,吴佳丽的大学来看望她。下午她要代总经理去给广州来的客户刘经理送礼。刘经理虽然是个生意人,但是他对书法特别感兴趣,所说他的家里收藏了不少名家书法作品,记得 2008 年汶川地震,他还拍买了两幅作品用作善款。吴佳丽准确选用一个端砚作为礼品送给刘经理。吴佳丽来到一家经营艺术品商行，选了一个质地很好的端砚并包装好，下午来到了刘经理下榻的宾馆，双手送给刘经理，并说："我代表我们华总感谢你对我们公司的一贯支持。"刘经理当面一看，细细欣赏起来，直说这个笔砚好。

（二）训练要求

1. 四个学生一组，一人扮演吴佳丽、一人扮演李嘉珍、刘经理，一人扮演总经理、销售员和佳丽大学同学，一人拍摄。四人根据上述的情景进行模拟表演。

2. 模拟表演要求学生在实训室或教室完成，拍成视频，适当编辑后提交。同时提交表演脚本。

（三）训练步骤

1. 指导学生认真阅读案例及实训要求。

2. 四人共同编写表演脚本。

3. 准备好道具并对场景进行简单布置。

4. 学生进行表演，完成拍摄并编辑。

5. 赠送礼品。

（四）训练提示

此案例设置的主要目的是让学生通过模拟一个办公场景，检查学生对办公室礼仪规划的掌握情况。

1. 对案例分析时，应分析有多少情景，列出每个情景的礼仪细节，然后完成脚本编写。

2. 拍摄可以使用 DV 机或有录像功能的数码相机完成，视频编辑可以使用 Windows 系统自带的 Moviemake 软件。

3. 赠送礼品要符合礼仪规范。

◎ 知识拓展

链接资料一　当代办公室礼仪禁忌

1. 形象比工作重要。有些女士过分注重自我形象，在办公桌上摆着化妆品、镜子和靓照，还不时忙里偷闲照照镜子、补补妆，这不仅给人工作能力低下的感觉，而且给人产生品行不正之感。

2. 缺乏公共意识。很多单位为了方便大家，提高工作效率，会在办公室提供一些公共设施与物品。作为一个办公室人员理应加以爱惜与保护，但很多只考虑自己的方便或个人利益，不保护公共设施，不珍惜公共物品，甚至占为己有。

3. 在办公室吃零食、吸香烟。女孩子大都爱吃零食，且以互换零食表示友好，还有一些以吸烟为享受的男士在公共场合也不注意办公室是公共场所，毫无顾忌地吸烟。这些行为不仅影响自己形象，还会招来讨厌。

4.形象不得体。坐在办公室里，浓妆艳抹、环佩叮当、香气逼人、暴露过多，或衣着不整、品味低俗，都属禁忌之列。工作时，应有得体的仪容与衣着。

5.把办公室当厨房。中午自带的饭盒，用微波炉热一下，在办公室吃，只要保证办公室通风可以接受，但是如果在办公室用电炉煮食品，饭后将餐具之类随手一放，等到下午上班后，让同事们在这种充满菜味的屋子进进出出，就不好了。

6.高声喧哗，旁若无人。有什么话慢慢讲，别人也一样会重视你的，旁若无人地喧哗，只能让人侧目。

7.随便挪用他人东西。未经许可随意挪用他人物品，事后又不打招呼的做法，显得没有教养。用后不归还原处，甚至经常忘记归还的，就显得不会为人着想。

8.偷听别人讲话。两人私下谈话，你却停下手中活计，伸长两只耳朵偷听；或者别人在打电话，你竖起耳朵向前倾听，这会使你的形象大打折扣，此时有可能的话还是暂且回避一下的好。

9.对同事的客人表现冷漠。无论是谁的朋友踏进你的办公室的门，就是你们的客人，而你应客客气气招待，如果你一言两语把客人推掉，或不加理睬，有失风度。

链接资料二 办公室语言礼仪

语言，是人们最主要的交际工具，办公室人员要做到语言美，不仅要重视自己“说什么”，又要重视自己“如何说”。办公室语言礼仪包括以下一些。

1.语言文明

使用语言时，要文明当先，办公室人员要以文明的语言体现出自身良好的文化修养。办公室语言文明具体要求有：

(1)讲普通话。作为一个地域广大的多民族国家，我国各民族都有使用和发展自己语言文字的自由，但是《中华人民共和国宪法》明文规定：“国家推广全国通用的普通话。”办公室人员最好都要讲普通话，尽量不讲方言、土语。

(2)用文雅词。在同事或客人交谈中，要努力做到用词文雅。不要动辄讲脏话、讲粗话，更不能讲黑话、讲黄话、讲怪话。

(3)检点语气。语气，即人们讲话时的口气。它直接表现出讲话者的心态，是语言的有机组成部分之一。与外人交谈时，语气要热情、亲切、和蔼、友善、耐心。在任何情况下，语气不要急躁、生硬、狂妄、嘲讽、轻慢。

2.语言礼貌

语言礼貌，要求办公室人员在日常性交谈中主动使用约定俗成的礼貌用语，以示对交往对象的尊重友好之意。基本礼貌用语主要有如下五种。

(1)问候语。它的代表性用语是“你好”。接待来宾、路遇他人，或是接听电话，应主动问候他人，否则便会显得傲慢无礼，目中无人。

(2)请托语。它的代表性用语是"请"。要求他人帮助、托付他人代劳,或者恳求他人协助时,应当使用这一专用语。缺少了它,便会给人以命令之感,使人难以接受。

(3)感谢语。它的代表性用语是"谢谢"。使用感谢语,意在向交往对象表达本人的感激之意。获得帮助、得到支持、赢得理解、感到善意,或者婉拒他人时,也可使用此语向交往对象主动致谢。

(4)道歉语。它的代表性用语是"抱歉"或"对不起"。在工作中,由于某种原因而带给他人不便,或妨碍、打扰对方,以及未能充分满足对方的需求时,应及时运用此语向交往对象表示自己由衷的歉意,以求得到对方的谅解。

(5)道别语。它的代表性用语是"再见"。与他人告别时,主动运用此语,既是一种交际惯例,同时也是对交往对象的尊重与惜别。

项目二　企业涉外事务管理

◎ 学习目标

知识目标

- 了解涉外事务的性质与特点。
- 熟悉接待外宾的常识。
- 熟悉外事出访的程序。
- 了解出入境要求。

能力目标

- 能够做好外事接待工作。
- 学会外事洽谈工作安排。
- 能做好外事出访工作。

◎ 工作任务

- 任务一:外事活动的合理安排。
- 任务二:外事接待处理。

◎ 导入案例

案例一　海外产品展览会工作安排

庆华公司是一家生产 LED 的公司,十月在德国有一个大型家电展,公司准备参加这个重要的展览。公司准备由负责销售的成副总带队一行 4 名参加这次展会。海外参展的工作由行政部陈秘书协助办理。陈秘书接到任务后,先在网上查相关信息,并向举办方索取相关资料,然后根据资料填报了报名表,将公司参展的面积、参展人员和参展产品通报给展览公司。完成报名工作后不久,德国方的展位图也出来了,陈秘书将展位布置图给了成副总,成副总选定了一个靠正门入口的展位。这个展位人口流量很好。

陈秘书根据这个定位的标价写了一个费用请示,交给成副总,成副总批准后,陈秘书把请示交给财务,并提供了德国展览公司的账号,在一个星期后,主办方回复了一份发票和邀请函。

陈秘书拿到邀请函和发票后,让销售部门开始准备展品,另外向去参加展会的人员要来了身份证。陈秘书先是预定订双程飞机票和酒店,然后又拟了一份说明此次参展是由公司派遣,并且费用由公司承担的证明,让成副总签字后自己在证明上盖了公司证明章。陈秘书接下来又到人事部,要求他们提供成副总等4人收入证明及劳动合同复印件。之后,陈秘书又向4人要来了户口原件,身份证原件、暂住证原件、境外保险、护照,又从自己管理的保险柜中找来了公司营业执照正本,税务登记证正本,接着给广州德国领事馆打了电话咨询什么时间办理签证方便。打完电话后,陈秘书把这些材料全部交给了成副总,让他们4人最好在本周三去广州德国领事馆办理签证,同时还给了成副总德国领事馆的地址。

成副总他们的签证很快就签了下来。陈秘书接着又给市防疫中心打电话咨询办理"黄皮书"的手续与要求,了解到信息之后,陈秘书要成副总4人带上1寸照片,到市防疫中心进行接种,并领取接种证明。

经过一个月的准备工作成副总一行终于成行,陈秘书也松了一口气。

问题:出国需要办理哪些手续?陈秘书为什么先要订好飞机票与酒店?

案例二 外事接待安排应合理

龙雪今年大学刚毕业,应聘到一家电子公司从事办公室工作,公司为了拓展在南美的市场,决定在阿根廷、巴西、智利三国各选一家有较大实力的公司作为本公司产品的代理商。为了让代理商了解本公司,公司决定邀请三个公司的老板到中国来考察。为了做好这次外事接待,公司决定让行政部来负责,龙雪负责外宾的参观考察工作,参观当天,龙雪带领三个客人先是参观了产品和成果展示室,巴西客人对公司的产品很感兴趣,当拿起一个样品来看时,龙雪及时对客人进行详细讲解,并给了一份西班牙文的说明书。巴西客人当时脸有点愠色,放下资料看其他产品。然后,龙雪又带客户参观了公司车间。参观完公司后,为了让客人对本市增加了解,龙雪又带领了客人到本市的几个景点参观,直到晚上10点才结束,客人感到很累。第二天龙雪准备带3人客人到市郊几个景点去玩,但是客人都不想去,说昨天太辛苦了,想休息一天。龙雪只能调整计划。

思考题：

1. 龙雪参观访问安排有没有问题，如果有请指出来。

2. 外宾接待要尊重客人的禁忌，龙雪是否做到了？

◎ 理论导读

涉外事务管理概述

一、外事工作的构成要素与性质

1. 外事工作的构成要素

外事是相对于内事而言的，原意指外交，但随着我国对外开放的扩大，现在外事多指一切涉外事务。即指国家机关与外国政府、国际组织、国际机构、外国企业、团体、外宾、华侨所进行的政治、经济、文化、法律、军事、旅游等一切交涉、会谈和活动。外事与外交基本要求是一样的，授权有限，外事无小事，外事工作要站稳立场、掌握政策、熟悉业务、严守纪律。外事与外交的区别只是两者规格不同而已，外交是最高层次的涉外事务。

一项外事活动需要具备下列五个要素：

(1)有两国或者两国以上人员参加，并代表各自的国家或单位；

(2)有实质性的活动内容，有明确的目的；

(3)采用一定的方式或形式；

(4)遵循一定国际礼仪与礼节；

(5)产生一定的影响和效果。

2. 外事工作的性质

外事工作的对象主要是外国人，其次是本国公民。外事工作作为一项涉外工作，其实质是协调我国政府机关、企事业单位与外国政府、外国企业机构之间的关系，因此它是我国对外关系的一个窗口。做好外事工作，不仅可以促进我国与各国人民之间的友好往来，也可以促进企事业单位经济与文化的交流与发展。相反，外事工作没有做好，不仅影响企业的形象与经济利益，而且有时会给国家带来不可挽回的负面影响，甚至损害到国家利益，所以外事工作具有较明显的政治性。

另外，外事工作又具有事务性。无论是外事工作中两国人员的交流、谈判，还是本国人员出境，都有很多具体事务工作，比如，谈判，一个企业要在与外国企业谈判过程中取得较好的结果，需要从事外事工作人员在前期做大量的准备工作，在谈判过程中作好服务。这些工作都很具体，需要秘书认真去完成。

二、涉外事务管理的特点

涉外事务管理是对包括外交在内的一切涉外行政事务的管理和处理。它有自己的目标、原则、规范、主体、客体和手段，是一切涉外活动健康发展的保证。涉外事务管理具有下列特点。

1.政策性与事务性相结合

外事活动中的谈判、交涉、协议、签约以及友好交往等活动都是政策的表现。外事工作不同于一般的政治、经济和文化活动，它涉及国与国之间关系，它的工作直接影响着国家利益、民族荣誉，所以政策性很强。但是，任何一项重大的涉外事务又是一件件看起来是“小事”的事务性工作组成的，例如一个企业宴请外商，就要完成定场地、布置场地、拟定宴会标准和菜单、确定双方参加宴会人员名单、排好席次、制作与发送请柬、选派翻译、现场服务等，每一件事都有政治性，又有高度的事务性。

2.综合性与协调性相结合

外事工作涉及许多方面，大到政治、经济、军事、文化，小到交通、语言、生活起居等，无所不包。因此，一项外事工作的完成，需要各方面的配合，而外事工作人员在其中起协调作用，他一方面要协调中外双方之间的关系，另一方面要协调各部门之间的工作顺序，所以涉外事务管理是一项综合性、协调性强的工作。

3.时效性与纪律性相结合

外事工作讲效率，要善于抓时机。因此事先要做充分准备，遇到重大问题要请示，如果出现差错要及时报告，特别是当前对外经济活动非常活跃，外事工作人员应提高工作效率，为企业的经济发展提供良好的外事活动的环境。另外，企业的外事活动不能仅仅考虑本单位的经济利益，还要以维护国家、民族利益为己任，要有坚定的立场，贯彻国家外事政策，严守国家外事活动纪律。如果只为一己利益，不考虑国家的外事纪律，造成的后果轻则双方合作不愉快，合作中断，重则酿成外交事件。

三、外事接待原则

1.高度统一

企业在处理外事接待时，必须按照国家有关部门统一的方针政策、统一的行动部署、统一的对外表态口径，在外事部门的统一管理下，办理接待工作。在开展对外交往活动中，要加强组织观念，自觉遵守纪律，如实反映情况，严格执行请示报告制度，对应报告、请示和没有把握的事，要及时向外事部门请示，不能擅自做主，各行其是。

2.维护国家利益和民族尊严

涉外接待活动要坚决维护国家主权和利益，维护民族尊严，严格按国家的法律法令办来，绝对不允许做出有损国格、人格的事。

3.平行相待

在外事接待工作中应体现我国在国际交往中大小国家一律平等的原则，反对大国主义，也不妄自菲薄。尊重各国的风俗习惯、不强加于人，举止端庄大方，不卑不亢，讲究文明礼貌，做到热情友好。

4.内外有别

在外事接待中，要严守国家与企业的机密，凡属机密事项，未经批准，任何人都不得以任何方式在对外交往中泄露。

5.注意调查研究

做好接待工作，应在接待前做好调查研究，尽量多地收集被接待人的相关信息，这样才能保证接待工作的针对性，保证接待工作的实效。

任务一　外事活动安排

一、涉外会见的安排

1.会见的安排

会见是涉外交往中一种常见且重要的活动，目的在于双方通过直接面对面的交谈增进感情、加深了解、交流看法。会见根据双方身份地位和主客关系的不同，分为接见和拜见。

安排会见时秘书要做好下列工作：

(1)了解会见事项及对方背景资料。与外宾会见，应了解双方会见的事项、会见时间、地点、规格、目的。此外，还应掌握对方的背景资料，包括对方公司的情况、习俗禁忌、礼仪特征等。这些资料应整理成文字材料呈送给参与会见的人员。

(2)会见环境的安排。接待外宾应安排在会客室进行，因此对会客室环境的布置特别重要。会客室的布置要做到光线充足、色彩柔和、温度舒适、卫生清洁、物品摆放合理，设备使用方便。有时会见在背景墙上需要摆放两国国旗。

(3)座次的安排。正式会见的座次安排可是宾、主各坐一边，也可以穿插坐在一起。但在我国习惯上客人坐在主人右边，译员、记录员分别坐主人和主宾的后边或右边，其他客人按礼宾顺序在主宾一侧就座，主人陪见人在主人一侧就座。

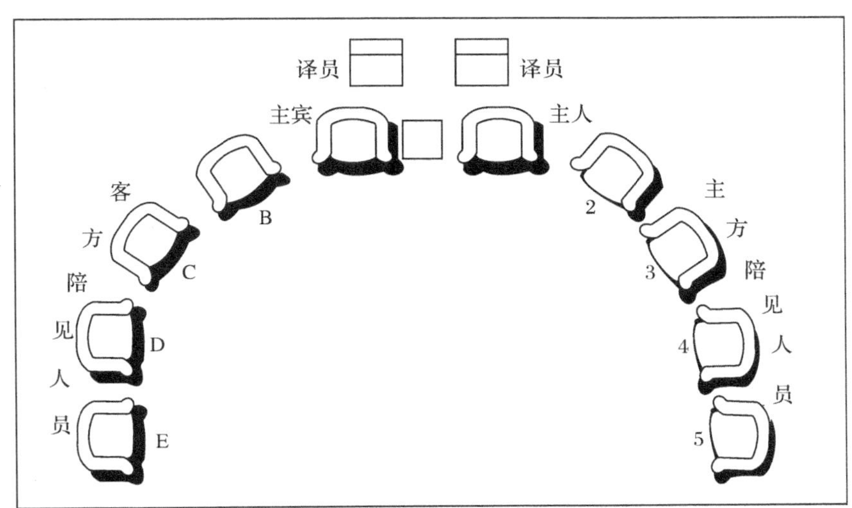

图 4-1　会见座次安排

企业外事中很多时候是非正式会见，非正式会见座次安排不拘形式，以方便和有利于工作为原则。

(4)人员的安排。会见一般要求单位领导出面，领导人即为主谈人，参加人员不宜过多，只要求有关人员参加，如何双方不能使用对方的语言，还需要安排一名译员。

2.会见程序

(1)提出会见要求。涉外会见一般要经双方事先约定，会见要求双方均可以提出。不过提出前，应将会见人的姓名、会见目的告诉对方，被接见一方应尽早给予回复。如果不能会见应婉言解释。如果谈妥会见，负责会见工作的人应将外宾情况、对方关心的问题向主谈人汇报。

(2)通知会见事项。作为接见一方的安排者，应主动将会见的时间、地点、主方出席人、具体安排及有关注意事项通知对方，一般被接见一方可向对方了解上述情况，并通知有关的出席人员。

(3)做好准备工作。做好会见场所、人员安排。

(4)迎接客人。主人应提前到达，秘书应在大门口迎接，然后引领客人抵达会见地点。主人在会客室迎接客人。双方见面后，主方领导应把自己这方人员介绍给客人，然后由客方介绍自己的成员。

(5)合影。宾主握手、介绍完后，可以合影。合影位次由主人居中，主人右侧为第一主宾，左侧为第二主宾，双方其他人员相间排列。

(6)会见。合影完毕，双方就座会谈开始，除主谈人、参与会谈人、翻译、记录员外，其他人员退出会客室。会见环节一般安排如下：主宾双方作简短致辞、互赠礼物、交谈。

(7)送别客人。会见结束后主人应送客人至车前或门口握手告别，目送客人离去后再回到室内。

二、外事洽谈

洽谈，又称谈判，在企业中，一般是指中外双方就合作中具体问题作商洽性的谈判。它又可以分为意向性洽谈与签约性洽谈。

1.意向性洽谈

意向性洽谈是外事洽谈的第一阶段，多是因为洽谈的一方有与对方合作的意愿，而通过谈判的形式，商洽合作的可能性。如果谈判成功可以进入签约性洽谈。

(1)意向性洽谈的准备

①调查、收集和提供准确、详细的信息和文献。进行意向性洽谈之前，应进行洽谈前调查，调查的内容包括谈判对手的法人身份、资本、信用、经营能力、方式、意图、可能做出的让步等。在掌握这些资料后，通过分析总结出双方的优势和劣势。此外还要向本方谈判人员提供国际市场的有关信息与文献资料。

②拟定计划。洽谈前要拟定一个计划，使谈判人员在谈判中不偏离方向，循序渐进，最终达到目标。洽谈计划包括谈判主题、谈判日期、人员安排、谈判地点、谈判过程安排。

③预备方案。预备方案一般有两套，一个对我方最为有利的方案，另一个是能够接受和利益最低的方案。谈判人员都应熟悉两套方案。

④准备洽谈的会场。

⑤安排好迎接、安顿人员。

(2)意向性洽谈的组织

①地点选择。以选择能满足对方要求，又能方便自己，且不会受外界干扰的地方为宜，比如客人下榻的宾馆。洽谈的环境应安静、整洁、生活设施齐全。

②人员安排。参加洽谈的人员应是懂行人士，有专业知识，富有谈判经验并能言善辩。如果能够直接用外语与对方交谈更好。洽谈小组组员包括：领导或项目负责人、专业人员、翻译或记录员，人数最多不超过 4 人，小组内要有所分工，避免自相矛盾。

③洽谈进度。洽谈进度要掌握松紧有度，紧中有松的原则。

(3)洽谈过程中与洽谈结束后的服务

秘书人员在洽谈过程中应做好如下服务：

①口语翻译。秘书人员如果外语水平较高，应承担洽谈的翻译工作，翻译要求准确、迅速，不增删内容。

②记录。洽谈记录用于汇报，征求上级意见，或供会后研究，为协议起草提供基础，秘书记录时应全面、准确。必要时可与洽谈班子核对，有时还需要双方签字。

③协助起草协议书。起草时要注意条款应具有法律依据，词语明确、肯定，不允许产生歧义。

洽谈结束后的服务主要工作有：整理会场、文件和上报材料，协助做好执行协议的准备工作。同时与谈判小组送别客人。

2. 签约性洽谈

签约性洽谈是一种特殊而常见的洽谈方式，是外事洽谈的第二阶段，它指经过前期的意向性谈判后，双方最终达成一致意向，并将此化为书面文件，以各自的法人代表签署姓名和盖印的方式确立双方的权利与义务关系。

签约性洽谈重点在于合同文本的洽谈，应用双方国家的语言文字表述，做到准确、无误、无歧义。

当文本经过洽谈确定之后，接下来主要完成签字工作。

(1)签约前的准备工作

正式签约前，应做好以下几方面的工作：

①确定时间。应选择一个对参加签字仪式的双方领导都合适的日子，由洽谈

双方商定，一般选择有意义的日期。

②确定地点。可以根据合作项目来确定。如大型工程项目可以在工程现场举行签约仪式。

③会场布置。签字会场设置一长方桌，桌子应盖有桌布。桌上摆放将要签字的文本，上端放置文具，中间旗架悬挂双方小国旗。

④必备物品。准备好签字文本，签字文具、椅、签字后祝酒用的酒与酒具、摄影器材等。

⑤确定人员。基本上为双方参加洽谈的全体人员，双方人数要大致相当。

(2)签约程序

签约大致程序如下：

①双方按规定的时间进入签字会场，签字人员入座，助签人员待立两旁，其他人员按主宾位置并依身份顺序由中向两边站列。

②助签人员协助翻揭签字文本并加以指点，第一文本签完后，由助签人将文本互相交换，签字人在对方的文本上签字，然后由双方签字人交换文本，相互握手，众人鼓掌表示庆贺。

③由服务人员送上香槟，宾主举杯共贺，摄影留念。

三、外事出访安排

这里外事出访是指受企业派遣，到国外从事各种活动。比如参加海外会展、海外市场考察、海外项目洽谈等。

1.出国派遣程序

(1)提出派遣计划。提出派遣计划是指各企业单位根据本单位的需要，拟派遣有关人员出国时，事先制订的出国计划。出国计划应写明出国目的、前往国家、出国人数、旅行路线、往返时间及所需要经费等。有些人员出国需要得到政府批准，取得出国批文。

(2)确定出国人选。派遣计划经过批准后，派遣部门要根据派遣计划确定出国人选。人选的标准应政治可靠、热爱祖国，熟悉本职业务，能够完成出访任务，身体健康。

(3)申领出国护照。出国人员依照《中华人民共和国护照签证条例》规定到外事部门申领护照。

在社会经济生活中，绝大部分是通过一般途径办理出国手续。它的程序如下：

(1)体检。凡出国人员都要在国内进行体格检查，体检合格后方可办理出国手续。

(2)领取护照。护照是一个主权国家发给其公民出入国境和在国外旅行、居留的身份证明。护照有外交护照、公务护照和普通护照。企业人员出国多是办理普通护照。

(3)办理签证手续。取得护照后,还须取得前往国的入境签证。签证一般直接签在护照上。办理签证主要到前往国在本国的大使馆或领事馆办理。有些国家为了防止有移民倾向的人得到签证,会要求申请人提供收入证明、职务证明、邀请函、返程机票等材料。

(4)办理"黄皮书"。黄皮书又称"预防接种证书"。这是各国为防止国际间的某些传染病的流行而对入境者做出需要进行某种预防接种的规定。出国人员应到各省市指定的卫生防疫站办理接种手续,并领取"黄皮书"。

(5)置装。出国前应了解前往国的气候,准备好衣物。衣物应大方、整洁、得体,不失国家尊严。

(6)购买机(车、船)票。

2.出入境手续

出入境手续主要包括:

(1)安全检查。主要检查有无武器、易燃易爆物品、剧毒品等。

(2)卫生检查。主要是交验"黄皮书"。

(3)海关检查。一般询问是否有申报的物品或填写旅客携带物品入境申报单。海关有权开箱检查所带物品。

(4)边防检查。很多国家由移民局负责边防检查,主要是要求填写出入境登记卡,交验护照、检查签证等。

任务二　外事接待工作

外事接待的主要环节如下。

一、外事接待的准备工作

1.向上级汇报。外事接待工作不仅是一个企业形象的展现,而且是一项政治性强的工作。对于重大的外事活动,企业应向上级主管部门、地方政府外事办及其他主管机构汇报备案,以便获得上级领导的重视与支持。汇报备案应填写"境内外事活动申请备案表",备案的内容主要有来宾的基本信息、来访目的、来访活动安排。在汇报的同时,应将接待规格向领导汇报,如果需要领导出面,还要上级部门做好协调工作。

2.制定出外宾来访日程表。日程表应列出每日的具体参访内容、场所、接待人员、陪同人员、车辆安排、就餐地点、下榻宾馆等。日程应尽量紧凑、充实。下榻宾馆要力求安全,方便,档次相称。

3.布置接待环境。正式重大外事活动要做好接待的环境准备,有条件的公司可以在公司外的广场上悬挂所属国国旗、中国国旗和公司徽旗,在公司大门口悬挂欢迎标语。在会谈室的桌上可以摆放鲜花、小型国旗,准备好投影仪、手提电脑、影碟机等设备。总之接待环境的布置要显示主人豪爽气派、实力强劲，同时让来宾感觉自豪、温馨、方便，备受尊重。

4.安排好翻译人员。翻译人员素质体现企业的形象，因此安排翻译人员时应选拔综合素质高、外语流利的人。同时接待部门在安排翻译人员时，应向翻译人员提供这次会谈相关的资料，以便让翻译人员做好前期准备工作。

5.准备好宣传资料。为了扩大企业的知名度，让外宾了解本企业，接待部门应准备好相关的资料，资料包括企业产品样本和企业综合样本，宣传资料内容要翔实准确、图文并茂，配有英文文本或中英文对照文本。另外要注意的是，现在很多企业宣传资料的图片习惯放上级领导来企业的照片，但这实际上效果不是太好。最好选择外国经销商和用户照片，这种照片更有说服力，也更能激起外宾的兴趣与积极性。

二、迎接

1.确定迎接规格。确定对外迎送规格主要依据来访者的身份和访问目的，同时考虑与对方的关系以及国际惯例。

2.接送。企业的外事活动不在机场、车站或码头搞欢迎仪式，但应安排专车和迎接人员到机场、车站或码头去迎接。车辆选择力求高档、舒适、快捷。司机要礼貌诚恳待人，要主动积极、认认真真为来宾提供优质服务。负责迎接的人员应遵循外事活动礼仪，做到热情、礼貌。

3.介绍与陪车。外宾与迎接人员见面时，应相互介绍，通常先将欢迎人员介绍给外宾。介绍完后，欢迎人员应安排客人登车前往住地。前往住地时，可以安排主人陪同乘车，也可不安排。如果陪车，主宾应安排坐在主人右侧。

三、会见与会谈

会见与会谈的接待工作可以参考任务一的相关内容，这里不再赘述。

四、宴请

宴请要根据外宾身份和地位及接待规格，确定宴请的形式，如正式宴会，便宴，鸡尾酒会，冷餐会等。宴请要注意节约，主要工作环节有：了解客人的饮食习惯、订房、点菜、安排座位。

五、带领参观

外宾到中国访问，在与公司谈判中，有时会提出参观工厂的要求，这时，作为接待人员应注意做好下列工作：

1.提前做好准备。作为接待人员，应提前通知工厂有关负责人，将外宾参观访问的目的、内容、时间等详情告知他们，让他们做好准备工作。

2.确定参观的路线。客人参观前，应事先规范好路线图以及介绍的内容。

3.带领参观。陪同外宾参观时，人数不宜过多，如果需要接待人员讲解时，接待人员应站在客人的右侧。

4. 做好安全保卫工作。带领客人参观时，要注意安全保卫工作，既有保证客人的人身安全，同时也要保护好公司的秘密。但也没有必要处处设防。

5. 参观之余可以安排一些文娱活动，文娱活动的安排要考虑外宾来访的性质，照顾外宾的特殊爱好，尊重外宾的风俗习惯。如果时间充裕，可以安排客人到一些景点游览。

五、送别客人

来宾结束了活动，要启程回去，接待人员应做好送别客人的准备。工作主要有：

1. 购妥车、船、机票。负责接待的人员应在客人离开前几天，问清客人所需要的车次航班以及座位类别，如果有些条件无法满足，要说明原因。

2. 话别。在送别前一天或当天到客人住地进行话别，话别活动切忌搞形式主义，要真诚、热情。话别时可以询问客人还有什么事要自己帮助解决，客人如果有行李，帮助捆扎。

3. 送行。接待人员应准备好车辆，并陪同外宾前往车站、机场和码头。临行前，要询问客人是否忘了东西，并代为查看房间。送至目的地后，送别人员要与外宾握手告别，说些“欢迎您再来”、“祝您一路平安”等告别语。

◎ 技能训练

训练一　外事洽谈安排情景训练

一、训练目标

通过实训，掌握外事洽谈安排与组织的方法与要求，掌握外事洽谈工作和外宾的接待工作。

二、训练方案与要求

（一）方案描述

固特公司是一家生产保险柜的公司，产品远销东南亚等国家。五月上旬，在新加坡有一个世界性安全产品展览会，固特公司认为这是一个向其他地区拓展的好机会，决定由负责销售的总经理方聪敏和销售部南亚区销售经理陈强参加。公司要求行政部负责国内的准备工作，布置工作由公司驻新加坡办事处负责。行政部安排李虹负责这次参加海外展览工作，包括办理护照、签证、物品托运等工作。李虹工作开展得很顺利，因为方总与陈经理经常出国，护照早办好。李虹等驻新办传来了新加坡展览公司的邀请函和收费发票后，安排好车辆在本市驻新加坡领事馆办理签证。等安排这一切时，李虹发现方总的护照过期了，要重新申请。李虹只好取消这次去办理签证的工作，协助方总去换新的护照。然后又安排方总与陈经理办理黄皮书。参展前一周，李虹安排车辆把公司新出的一款新产品运到机场，并托运给了公司驻机新办。

固特公司的参展取得很多的成果，除了几份产品销售大单外，中东和南欧有几家公司表示出了合作的意向。有一家伊朗公司明确提出在7月份到公司考察。伊朗这家公司是一个很有实力的连锁销售公司，固特公司也决定与这家公司建立合作关系，借此打开公司在中东的市场。

公司这次又安排李虹来准备这次接待工作。李虹从不同渠道收集了这家公司的情况，得知这家公司将派4名工作人员前来，李虹向这家公司发出了邀请函，并着手安排吃住行等工作，吃住都安排本市一家清真酒店，并由公司张师傅全程提供车辆服务，钟明堂负责整个活动翻译工作。安排好外商的生活后，李虹着手安排外商考察工作，她先安排了洽谈地点与时间，然后安排了参观项目、路线以及陪同人员。7月5日伊朗公司4名考察人员如期到达公司，经过2天的考察与洽谈，伊朗公司对固特的产品与实力给予了很高的评价，并在最后签定了合作意向书。伊朗公司考察团对这次接待也很满意。签定意向书的每二天，这4个客人要到上海去，李虹把他们安全送到机场。到了机场，一名客人发现固特公司送给他的那份礼品落在了酒店，李虹告诉客人，她回去后会用特快寄到他们在上海住的那家酒店。他们在上海住的酒店是李虹帮订的，李虹从机场回来直奔酒店取回这份礼品，然后到邮局寄了出去，客人在第3天回国前就接到了这份礼品，客人很感激。

（二）训练要求

1.熟悉出境工作办理程序。

2.熟悉接等外宾的要求。

3.熟悉洽谈工作的组织。

（三）训练组织

1.分小组，每组4人，制订出境参展与外宾接待的计划。

2.情景模拟：根据计划，选出7～8人模拟外宾接待。

（四）实训指导

1.参加海外展览的难点准备工作是办理签证的工作。办公室人员应协助出境人办理签证。主要是准备好由公司提供的材料，以及协助准备需要个人提供的材料。

2.出国程序为：申请出国、办理护照、办理签证、办理黄皮书、办理出境登记卡接受出国，掌握出席宴会人数及预算经费，了解宾客情况，向酒店订桌及制定菜单，排定位次。

3.接等外宾态度要热情，做到不卑不亢，同时要尊重对方习俗与禁忌。洽谈工作要做好信息的收集与会场的安排。

4.接待工作模拟时扮演外商人员最好使用英语，以增加情景的真实性。

（五）训练作业

1.每个小组提供出境工作计划与接待计划各一份。

2.提供模拟接待的视频或图片。

训练二 案例分析

晶辉公司是一家生产电子产品的公司，公司不算大，只有十多个人。苏玉婷由于英语能力强，性格开朗、形象较好，负责公司的外商接待与洽谈工作，同时还兼任公司行政、公关等工作。4 月 5 日，有一个从加拿大来的外商要到公司来，苏玉婷把他从机场接来后并不急于和他谈生意，只是和他聊些他所在国家的名胜历史，甚至最近几天的天气，客人很惊讶（在外国多是客人一接到就谈生意）。到了宾馆后，苏玉婷就让他倒时差好好休息，而没有大张旗鼓地为他接风。

苏玉婷从宾馆回到公司后，先在公司的走道上贴了外商曾经委托加工过的儿童服装的海报，并且和世界品牌的产品海报贴在一起，目的是让这名外商产生被尊重的感觉；在办公室的墙上，这时也贴上详尽的跟单流程，让客户一看就会为自己的订单放心；在样品间，也陈列好他喜欢的服装款式。第二天这名外商到公司看到这一切后觉得很是惊喜。进入谈判室，客人看到桌子上摆放了他们国家的啤酒，连声说好。谈判开始后，苏玉婷先对自己需要承担的责任向外商交代得十分明确，同时也提出自己的要求。谈判很顺利，不久就结束了。

中午，苏玉婷没有安排外商到大饭店就餐，而是在公司楼下的一个卫生条件很好的餐厅吃了一个商务套餐。外商对苏玉婷的务实精神表示肯定，只是外商不喜欢吃这份中餐，认为菜太油腻。下午苏玉婷又邀请外商逛了本地名胜，品尝本地小吃，在游玩中，苏玉婷还会记下外商的生日，或者结婚日期，甚至蜜月会去的地方……

问题：

1.分析苏玉婷在这次外商接待过程有哪些可取之处？

2.苏玉婷在这次接待中哪些地方需要改进？

◎ 知识拓展

办公室涉外接待规定

××省电力集团有限公司外事接待工作制度

为规范集团公司外事接待工作，加强集团公司和国外及港澳台地区的交流与合作，根据上级有关文件精神，结合集团公司的实际情况，特制定本制度。

一、外事接待的原则

（一）坚决维护国家的主权和利益，维护民族尊严。

（二）遵守内外有别的原则，认真执行党的对外方针政策，严格遵守外事纪律和涉外人员守则，严守国家机密，自觉维护国家荣誉。

（三）参加外事接待人员应做到热情、不卑不亢。

（四）坚持平等、对等原则。出席外事会见的主宾双方的级别、人数应大致相当。

（五）坚持务实原则，重礼仪、讲实效，厉行节约。外事接待的承办单位应该有针对性地安排外事会见及必要的参观、宴请等活动。原则上不接待与集团公司或所属单位业务无关或无实质性内容的外事拜访。

（六）遵守事前请示的原则。未经集团公司批准，各单位（或部门）不得自行接待有关洽谈合作的外事会见。

二、外事接待的审批程序

（一）集团公司综合部为集团外事接待的综合归口管理和协调部门，总部各部门、所属各单位的外事活动必须按规定事先报其审核，并经集团公司领导批准后执行。外事分部为外事接待申请的受理部门。

（二）外国公司及涉外活动承办单位以传真或专人递交等方式报送申请材料。如果需要公司领导出席接洽的外事接待，原则上需要提前10天以上上报审批。

（三）外事分部对所申请的外事接待的重要性、必要性及时间安排等方面进行审核，对不符合要求的申请，将在两个工作日内以书面或电话与申请单位反馈修改或不予受理的意见。

（四）任务受理后，外事分部将在一个工作日内提出拟办意见。

（五）呈送综合部分管领导审核。

（六）呈送集团公司分管领导审批。

（七）申请如获批准，外事分部将落实会见或宴会的时间、地点，并在一个工作日内向与会人员所在单位发出《外事会见通知》或《外事宴请通知》。

（八）相关单位接到通知后，按要求派员参加，并及时将名单报至外事分部。

（九）外事分部跟进会见的准备工作，落实与会人员、车辆安排、会场国旗、座签、礼品、宴请、照相等事宜。

（十）外事分部跟进会见，必要时提供翻译服务。

三、外事接待申请材料要求（包括但不限于以下材料）

（一）传真函。来函主送“集团公司”，标题为“关于某某公司拟拜会（或宴请）某某单位的函”。内容包括：外国公司（组织机构）的名称，单位背景，与集团或所在单位的关系，来宾的名单、职务，希望拜访的集团领导或所在单位领导，拜访的时间、地点，商谈可能涉及的主要内容，并提供要求会见单位的联系人姓名及联系电话、传真电话、手机等信息。

（二）重要外事接待须附上议程及行程计划。

（三）其他相关材料。

四、外事会见或外事宴请的部分礼仪要求

（一）条件允许，男士一般穿西装、扎领带，女士一般穿正装。

（二）遵守会议时间，我方人员一般需提前5分钟到达会场；确定时间的会见原则上不能随意更改，特别是有集团公司领导参与的会见。

（三）按照对方出席人数，准备好需交换的名片及其他物品等。

（四）准备好交谈的话题。一般情况以出席会议的最高领导洽谈的话题为主。

（五）洽谈过程中，不要太拘谨，也不要太随便。要有良好的形象。

（六）洽谈过程中，请与会人员将手机关机或调至振动。重要事情需紧急处理的，要向来宾说明并致歉后才离开会场。

五、外事纪律

（一）外事接待中，要自觉遵守国家的法律法规，洽谈内容需符合有关保密方面的政策规定。

（二）要避免洽谈与主题无关的话题，特别是有关国家政治的敏感话题。

（三）要尊重来宾所在国家的习俗，特别是其宗教信仰、饮食习惯等。

（四）未经集团公司书面通知，不得接受境外媒体的采访。

六、附则

（一）本制度自印发之日起执行。

（二）本制度由集团公司综合部负责解释。

模块五　企业文档资料管理

项目一　企业的文书处理

◎ 学习目标

知识目标

- 熟悉企业文书的种类。
- 掌握文书语言的要求。
- 掌握文书的写作原则。

能力目标

- 掌握各种文书写作技巧并熟练应用。
- 能够按要求处理文书。
- 能够熟练拟写常用企业文书。

◎ 工作任务

- 任务一：文书的起草及制发。
- 任务二：收文与发文管理。

◎ 导入案例

案例一　文书处理：规范、周密

某集团公司是一家专营电子信息产品的大型集团公司，在业内颇有影响。由于电子信息产品更新速度很快，按公司惯例，在每年的新品推出之前总公司都将召开一次重要的市场销售工作会议，要求各分公司主管此项工作的负责人参加，讨论新品营销方案，会期两天。

李秘书是一位新人，由于总公司新品销售会议召开在即，办公室主任将下发会议通知的任务交给了小李。小李接到任务后很快拟好了会议通知，当她准备将文件交班公室主任过目时，不巧主任正好在参加一个谈判会议。考虑这份通知非常紧急，同时秘书小李又认为企业文书的拟写与运转不像行政文书那样程序严谨，她便直接将会议通知送到了文印室进行打印。打印完毕后，小李便盖好章，准备将通知封发。此时，办公室主任回来了，看见小李便问起会议通知的事情。小李便高兴地回答说："已全部弄好，正准备发出。"办公室主任便问："怎么不见文件拿来审核?"小李回答道："刚才拿去给你看时，你正好不在。我想只是份会议通知，为了赶时间，就弄好了准备下发。现在我拿给您看。"主任看完后，指出这份通知上会议时间、地点有遗漏，此外，文件的格式和排版都不够规范，文件还需要进行修改。

思考题：本案例中，小李在文书处理中存在哪些问题?

案例二 文书拟写：真实准确、严谨规范

有网友爆料，中国消防在线网站刊载的河南开封消防支队与漯河消防支队的宣传稿件严重雷同，区别在于漯河稿件中的"政法委书记"，在开封的稿件中是"副市长"。针对开封市副市长讲话中出现"构建和谐平安漯河"，网友戏称之为"开封指导漯河工作"。(2009 年 3 月 24 日《环球时报》)

开封市副市长的讲话中出现了"构建和谐平安漯河"，看来是开封副市长抄袭了漯河政法委书记。这事一经爆出，开封的副市长一定有点难堪。可我以为，最难堪的还是这位副市长的秘书。由于自己抄袭中的不小心，出了大娄子，即使不受处分，怕是政治前途要受些影响的。

"开封指导漯河"，听起来是笑话，可在机关工作的人都知道，这样的抄袭，天天都是"正在进行时"，有时是抄别人的，有时是抄自己的。2008 年 9 月 9 日，四川省巴中市政府发出的关于中秋节放假的通知中，"中秋节"误为"端午节"，只因错了两个字，结果，4 人被问责，3 人丢官。(2008 年 9 月 23 日《人民日报》)"中秋节"误为"端午节"，显然是抄袭自己以前的通知时一时疏忽所致。

提示：文书拟写担负着领会精神、指导工作、展示成绩、交流经验的功能。每个阶段，每个部门，具体情况不同，发展阶段各异，秘书人员必须实事求是，因地制宜，创新发展，不断提高自己的文书起草水平。如果"千文一面"，机械化地拟写撰稿，既不能体现秘书工作的特点，也不能为领导做好相关辅助工作。

◎ 理论导读

企业文书基础

一、企业文书的含义

企业文书是企业在市场经济环境中经营运作、贸易交往、协调公关、开拓发展等一切活动所需要涉及的各种文书的总称。企业文书按照特定的体式、经过一定的处理程序形成,又称公务文书或公务文件。无论从事专业工作,还是从事行政事务,都要学会通过文书来传达政令政策、处理公务,以保证协调各种关系,使工作正确地、高效地进行。

文书有两个基本性质:一是直接效用性,二是体式的规范性。文书的格式、种类、行文规则、办理等都形成了规范化的体式,依照这些文体规范进行写作和阅读,方便快捷而又简练明白。

二、文书的种类

广义的企业文书是指企事业单位在公务活动中形成并使用的具有特定效力和规范格式的各类应用文书。企业秘书制作的文书可划分为两大块:一是企业通用文书,二是企业专用文书。

(一)企业通用文书

企业通用文书有:通知、请示、报告、提案、决定、通报、批复、函、会议纪要等。

(二)企业专用文书

企业专用文书从其作用和写作体例来划分,可分为企业行为规范性文书、企业活动分析性文书、企业活动介说性文书、企业宣传公关性文书等四类。

1.企业行为规范性文书

企业行为规范性文书类由对内行为规范性文书和对外行为规范性文书组成。对内行为规范性文书主要有章程、条例、规定、公司组织章程、企业集团董事会工作条例、股票发行办法、股份有限公司内部细则、财务人员守则等;对外行为规范性文书主要指契约性文书,如意向书、协议书、合同等。例如:中外合资意向书、投资协议书、海外合资经营企业合同。以上各种文书具有两个共同特点:一是就其内容来说,它们都是用以对各种行为进行约束和规范;二是就文书体式来说,它们都采用条式文书体式予以表述。

2.企业活动分析性文书

企业活动分析性文书主要包括市场调研报告、市场预测报告、经济活动分析报告、可行性研究报告、企业咨询诊断报告、事故调查报告、质量检查分析报告等。上述各种文书同样具有两个共同特点:一是就其内容来说都是对商务活动事前或事后进行研讨分析,二是就其文书体式来说,它们都采用议说性文书体式予以表述。

3. 企业活动介说性文书

企业活动介说性文书主要包括产品说明书、商品介绍、计划、方案、总结、述职报告以及各种填制性文书等。上述各种文书也具有两个共同特点：一是就其内容来说都是对商务活动的某一物品、某一事件或某一过程进行介绍和说明；二是就其文书体式来说，它们都采用叙说性文书体式予以表述。

4. 商务宣传公关性文书

商务宣传公关性文书主要包括各种各样的经济新闻，形形色色的广告词，以及五花八门的礼仪性文书。这一类文书使用频率高，使用范围广。这类文书仍然具有两个共同特点：一是就其内容来说，都是为树立企业的良好形象而进行的对外、对内的宣传、联络；二是就其表述形式来说，它们都采用装饰性语体进行描叙，采用描叙性文书体式予以表述。

三、企业文书语言要求

文书写作的语言要准确、规范、简明，要语法规则、合乎逻辑，具体要注意以下四点。

1. 规范的书面语言

文书写作一般不使用口语、方言或俗语，使行文庄重，常适当地使用一些文言词语、成语，文白相济，更显简洁凝练、严肃郑重。文书写作应字斟句酌，用词准确无误，句子成分完整，句子中词语之间的搭配恰当，符合逻辑。

2. 专用的文书语

文书用语中如开端用语、称谓用语、祈请用语、经办用语、征询用语、表态用语、承启用语、结尾用语，都有沿袭下来的一些文言词语。使用这些专用语，增强了文书文体庄重色彩。

3. 常用的介词结构

文书中经常使用介词结构，使表述更为确切，如表目的、原因的，表依据、方式的，表对象、范围的，表时间、处所的，一些介词常在文书中使用而一般文章则较少采用。

4. 独特的修辞手法

文书写作常用对偶、排比、对照、反复等修辞手法，形成整散结合的语体风格，以突出主要精神，强调重要事项，增强行文气势，加强表达效果。

四、企业文书的写作原则

不同类别的文书虽然它的特定对象、目的、条件不一样，格式各异，但它们有明显的共性，写作时必须遵循共同规律及相同的原则。

1. 准确性原则

文书是办事的依据，文书的拟写必须真实准确，实事求是。准确性原则体现在文书内容、文书表述与文书格式等方面，体现了文书的权威性与严肃性。文书内容要实事求是，要全面、准确地反映客观实际，提出的意见、措施要切实可行。文书叙述的情况、列举的材料，提供的数据，引用的人名、地名、时间、数据和引文要确凿可靠，准确无误。文书表述概念要准确，判断要恰当，不能含混与矛盾。文书具有一定的程式性，文书格式要准确规范。

2. 逻辑性原则

文书行文要周严，成篇要有逻辑性。所谓文章，有"章"才能成"文"，"章"指的就是成文的逻辑性问题。一篇合格的文书，要做到结构严谨，层次分明，条理清楚，内容逐级推进，推理合乎逻辑。

3. 针对性原则

文书在拥有完整且简洁结构的同时，还必须主次分明，做到有的放矢。每一篇文书都有它的具体使命，也就是行文的目的，拟写时应针对所要解决的实际问题而命笔行文，突出一个论点，重点明确，有针对性地提出解决问题、指导工作、答复和处理问题的意见、措施。

4. 工具性原则

文书是依法行政和进行公务活动的重要工具，这是文书的本质属性。因此，文书写作要有工具性意识，即文书写作要有明确的意图和目的意识、强烈的政治意识、严谨的程序意识、严格的规范意识和实在的功用意识，充分了解文书写作起着达成决策的重要工具作用。文书的文体要合乎规范，语言要简洁明快，文种要恰如其分，格式要合乎规范。每一种文书适用一定的范围，表达一定的内容，相互之间不能混用，例如需要用批复的，不能用通知。

5. 时效性原则

文书的时间与效用是直接关联的，效用会随着时间的推移而变化。文书一般有一定的时效，特别是有明显时间要求的文书，如果超过时限，就会耽误工作，造成损失。文书的拟写要迅速及时，文书何时交稿，何时行文都有时限要求，只是因任务、情况的不同而时限不一。

6. 创新性原则

无论是何种文书的写作，若只是一味沿袭旧法，提不出新见解、新办法，都不能算一篇成功的文书。所以，文书写作还要注意创造性原则，要能分析新情况，提出新建议，在起到下情上达作用的同时，也能有效辅助相关领导做出正确决策。

任务一　企业文书的起草及制发

一、企业文书起草的特点

文书起草，是指执笔人个人或集体遵照领导人或者领导机关的指示精神，从领命、准备、构思到写就文书初稿的行为过程。文书起草具有鲜明的特点。

1.写作动机的制约性

一般文章的写作是作者个人对生活的观察、感受和体验，通过写作来表情达意。文书的写作动机却不同，文书的起草是完全受命于领导的指令授意，必须忠实地贯彻领导的意图。文书起草是一项重要的辅助决策活动，一个单位做出的决策，即决定、意见、办法、精神、意图、做法，报告上去，传达下去，推行开去，得到法定的批准、颁布、执行、交流，都要借助于文书。秘书工作者通过文书的起草，使领导者的意志这种无形的思想转化为有形的文字，形成文本，从而发挥着辅助决策的作用。

2.写作过程的复杂性

文书起草是一个复杂的脑力劳动过程。要完成好文书起草过程，思维能力是基础，认识能力是前提。文书写作以抽象思维即逻辑思维为主，以抽象的概念、判断、推理来揭示事物的本质，在写作过程中主要运用分析、综合、归纳、演绎等逻辑手段去概述事实，分析事理，从而提出解决实现问题的措施、办法、意见或要求，达到处理公务的目的。秘书人员要完成好文书起草工作，必须要提高写作水平，写作水平提高了，就能把信息传递出去，从而产生效用。

3.写作主体的代言性

一般文章的作者，都是代表自己，以个人的身份在说话，见解是个人化的，情感是个人化的，风格也是个人化的。而文书它不是个体化写作，而是代表一个机关、一个部门、一个团体、一个单位。作为代言人，文秘人员在起草过程中，一方面，要领会领导的意图，弄清文件的性质、行文目的、任务和范围，把领导的意志充分地表达出来。另一方面，不能完全消极的只当一个没有思想的传声筒，文本起草中要发挥主观能动性，对文书主题的正确性、深刻性进行检验，对有关材料的真实性进行斟酌，不断提高文稿质量。

二、企业文书的起草流程

文书起草是文书处理的基础。文书处理大致可分为两大流程，一为“吐”，即发文办理，一为“吞”，即收文办理。文书起草，是发文机关“吐”文件的起始，也是收文机关“吞”文件的源泉。文书的所有流程，校核、会签、签发、印制、装订、用印、分发、收文、登记等等，无不是文书起草的延伸与继续。由此可见，文书起草是文书办理的基石。如果文书起草的质量高，办理落实就容易。因此，从一定意义上讲，文本起草的质量关系到文书办理的效率。

文书起草的工作流程如图 5-1 所示：

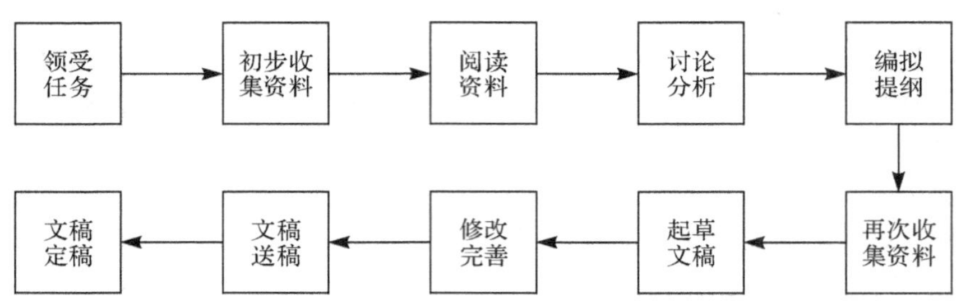

图 5-1 文书起草工作流程示意图

1. 领受任务

起草文书前，秘书人员应全面、准确地领会领导意图并做好记录。在领会领导意图的基础上确定文书的主题、目的和具体要求。同时，根据拟制文书的需要，确定文书的起草方式。比如：指定专人负责起草；确定相关处室或单位联合起草；组成专门起草小组起草等。

2. 初步收集资料

文书起草的目的和主题明确之后，就可以围绕这个主题搜集材料，进行一定的调查研究。文书资料收集的范围主要包括：国家的有关法律法规和政策规定；上级相关文件和领导讲话；本地相关文件和领导讲话；外地工作经验和主要做法；实际相关工作的具体情况；以往工作中积累的相关资料等。收集资料的方式主要有：查阅文件、书刊、报纸、音像制品、互联网等；有关单位提供；通过实地调查研究获取等。

3. 阅读资料

资料收集完成后，就要对资料进行阅读。首先，秘书人员应对资料进行泛读，了解实践的基本内容和主要特点，初步认定其参考价值。其次，对资料进行筛选，将其中与文书主题密切相关，具有代表性、权威性和典型意义的资料挑选出来，根据其参考价值进行分类、记录。最后，对资料精研细读，深化认识和理解，从中提炼观点、汲取精华。

4. 讨论分析

在资料阅读筛选的基础上，秘书人员应该组织相关人员围绕拟制文书的意图和收集的资料进行讨论分析。讨论时重点讨论分析拟制文书的工作背景、相关的政策法规和以往制发的文件，做到相互衔接并贯彻落实。最终，通过讨论分析决定资料的取舍，进一步明确拟制文书的主题和主要观点、基本内容。

5. 编拟提纲

根据资料的筛选，资料的分析结果拟制文书的意图，提炼出主要的观点并确定文书的标题。确定合理布局，拟写出文书的间架结构，明确各部分之间的相互关系。确定文书各部分的主要观点和事实依据。另外，重要文书的起草提纲应征求领导的意见，并按照其要求进行补充和修改完善。

6. 再次收集资料

根据提纲和领导要求再次有针对性地收集资料，进一步掌握情况，使所收集到的资料更加准确、完整、翔实。

7. 起草初稿

根据文书的主题、目的和具体要求选择恰当的文体，分清上行文、下行文、平行文。同一方向行文也要确定合适的文种，如上行文中请示与报告不能混淆。把发文意图条理化，把发文目的具体化，文体规范格式化。

8. 修改完善

初稿形成后，我们还要征求相关人员的意见和建议，反复进行推敲、修改、完善。要在内容上、文字上做到"三查三改"，要在体式上做到"五查五改"。

(1)内容上"三查三改"

查立意：看是否明确、完整、突出，改观点错误、浮泛空洞、文不切题、含混冗杂、不合逻辑之处。

查措施政策：看措施、规定、办法、意见是否符合政策，切实可行；改矛盾抵触之处及不求实效的官话、套话、大话、空话和不力之处。

查材料：看是否具体、真实、典型，改一般化、概念化和不实之处。

(2)文字上"三查三改"

查篇章：看是否明确、紧凑、合理，改杂乱无章、上下脱节、主次详略不当等。

查行文：看是否精炼、合乎语法和逻辑，改用词不当、啰嗦累赘、逻辑错误之处。

查文字：看是否规范，改错别字、生造词语、滥用简称、标点错误和文面款式毛病。

(3)体式上"五查五改"

查文种、标题、主抄送单位、附件、附加标记有否问题，如有即行订正。

9. 文稿送稿

文稿确定后，由秘书按照规定职责权限呈送相关领导阅批，呈送时应同时提供相关资料。送稿办文过程中，必须给领导留足决策和签批时间，如属保密性质，送稿部门必须予以注明，并在交稿时告知。

10. 文稿定稿

文稿审核签发后，秘书人员在终校清样上复核签字后付印。秘书人员在对文件用印前，应对文件的印刷和装订情况进行复核，最终按一定渠道进行发送。

三、企业文书主体格式

文书拟稿一般包括：标题、发文编号、主送机关、正文、机关印章、发文日期、附件、抄送单位、机密等级、缓急程度等，其中标题和正文是写作的重点，部分简单的文书可省略其中一些内容。

1. 标题

文书标题是对文件内容的精确概括，它表明了文件的来源、主要内容及其性质，要准确、简要。标题一般由发文单位、文书事由和文种三部分组成，简称标题三要素。有版头的文件或法规性文件，计划和总结，通知和通报，可省略发文单位，有时也可只标以文件种类，如《通知》。文书标题位于红色反线下空 2 行，用 2 号小标宋体字，可分一行或多行居中排布，同行时要做到词意完整，排列对称，间距恰当。

2. 发文字号

包括机关代号、年号、顺序号。编写发文字号的作用是有利于统计发文数量，便于文书管理，有利备案查找，在引用时，可以作为文书的代号使用。

例如“审办发〔1989〕6 号”，代表审计署（局）办公厅 1989 年第 6 号文件，“审办发”是审计署（局）办公厅的代字，〔1989〕是年号，“6”号是发文顺序号。当文书是几个机关联合发文时，只标明主办机关发文字号即可。

凡有文件版头的，编号的位置放在文头名称的下面；凡无文件版头的，编号的位置放在标题的右侧方。

3. 主送机关

主送机关是指文书的主要受理机关，即要求主办或答复这份文件的对方单位。准确地确定主送机关是文书发出后能否及时得到处理的关键。主送机关的名称应当使用全称或规范化简称、统称。主送机关位于标题下空 1 行，左侧顶格用 3 号仿宋体字识别，回行时仍顶格。一个主送机关名称后标全角冒号。如主送机关名称过多而使文书首页不能显示正文时，应将主送机关名称移至版记中的主题词之下、抄送之上，标识方法同抄送。

所有上行文都必须有主送机关。向上级报告、请示的文书，一般只写一个主送机关，不能多头主送，如需报送另一个上级机关时，可以在文尾版记处“抄送”。用抄报的形式，可以避免责任不明，处理延误。必须同时主送两个上级机关的应在二者之间加“并报”一词。

下行文的主送机关有两种情况。一是针对性强的下行文，应该有主送机关。对下级发出的批复、指示、通知、通报等称为普发文书，可以主送几个以上机关，凡其下属机关都是主送机关。如果下行文的主送机关是一个受双重领导的单位时，应当在文尾抄送另一个领导机关；二是凡收文对象无法限定或无须限定时，可省去主送机关。如：布告、通告、公告等公布性文书，不写主送机关，可以在发表或发送时，另附一个通知或公函给主送机关。

4. 正文

正文是文书的主体，是文书内容陈述的开始，是文书的核心部分。正文位于主送机关名称下一行，每自然段左空 2 字，回行顶格。数字、年份不能回行。除综合性内容的文书主体外，一般正文要求一文一事，不要一文数事。

正文一般分为开头、中段、结尾三个部分，不同文种的正文结构还有些细微的差别。

开头要开篇明意，简要说明发文的根据和理由、发文的目的或结论。如是复文，要引述来文的日期和标题。

中段是文书主体，要根据办文的目的、国家的有关政策，将情况、问题、要求阐述清楚。内容较多的，可依次表述，或分段写或用序数表明项目。

结尾应简洁明晰，向对方提出要求，请求解决某项问题。结尾用语要按照行文关系，写得妥帖得体：上行文，可用“以上报告妥否，请批示”、“以上报告如无不妥，请批转”；平行文，可用“专此函复”、“特此通知”；下行文则常用“希遵照执行”、“此复”、“此令”等语。

5.印章（发文机关名称）

发文机关又称落款，发文机关应写明全称，应写在正文的下面偏右，与正文保留适当的空格，以便盖章。文书除“会议纪要”和以电报形式发出的以外，应当加盖印章，以机关领导人名义行文时，应冠以职务、身份。

盖章是表示发文机关对文书生效负责的凭证，应端正、清晰地盖在成文日期上，应上距正文 2—4mm，做到上不压正文，居中下压成文日期年月日 4～7 个字，俗称“齐年盖月”。领导机关大批印发的文书，因使用了规定格式的文件版头，并由机关交通递送，所以不盖印章也同样生效。

6.签署

签署即由签发文书的正职领导人在正本落款处签署其职务、姓名以证实其法定效力的活动。签署权由正职负责人专有，副职领导不必联署；除特殊情况外，通常不能由副职代为签署，公布性文件尤其如此。签署适用于命令等以领导人名义的发文，合同等文书则既应用印又须签署。签署的位置在正文之后，成文时间之上，即正文下一行右空 4 字标识签发人签名章，签名章左空 2 字标识成文时间。

7.成文日期

成文日期是以文生效的起始时间，一定要用汉字书写，如“二 OO 一年一月一日”，不能阿拉伯数字与汉字混用，而且年月日须完整，年份不得略写。发文日期一般以机关领导人签发日期为准；会议通过文件以会议通过日期为准；一般性例行文书如通知、函等以实际发出日期为准；法规性以文书的批准日期为准，或文书最后专门规定生效、执行日期，如“本条例自发布之日起施行”。发文日期写在文书末尾、发文机关下面，应右空 4 字。

8.附注

文书如有附注（需要说明的其他事项），应当加括号标注。文书标注用 3 号仿宋字体，居左空 2 字加圆括号标识在成文时间下一行。标注一般对文书的发放范围、使用时需注意的事项加以说明等。

9.文件版头

正式文书一般都有统一规格，标明发文机关的专用版头。版头以套红大字印上“××××(机关名称)文件”，下加一条红线。公布性文件，如公告等通常不用版头。版头中包括了文书的密级、缓急程度、阅读范围。

文内容涉及机密时，应根据机密程度，分别注明“绝密”、“机密”、“秘密”等字样。机密文书还要按份数编号，如“编号000××”或“No.000××”，印在文件版头左上方，以便查对，清退。

缓急程度有“急件”、“紧急”、“特急”三种，是文书送达和办理时限的要求。标明缓急程度是为了引起特别注意，保证文书时效和紧急工作的及时处理。缓急程度的书写位置没统一要求，为了醒目，常写在标题或编号的左侧或放在版头的右上角。有时缓急程度不单独标出，而是放在标题中的文书种类前面，如“国务院关于控制各单位上年结余存款的紧急通知”。

上级机关对下级发文，根据工作需要和机密程度，有些文书还要注明发送和阅读范围。阅读范围通常写在发文日期之下，抄报、抄送单位之上偏左的位置，并加括号，如(此件发至县、团级)。行政性、事务性的非机密文书，向上级机关的报请性文书都不必规定阅读范围。

四、版记(文尾)格式

1.主题词

主题词又称关键词，是文件中表达主旨、代表内容特征、最能说明问题的、其关键作用的词。主题词主要供制作文书索引、检索文件的词或词组。一篇文书标注的主题词一般为3～5个词或词组，其间不用标点符号。如：主题词：经济增产节约增收节支决定。

主题词，必须是文书领域中经常出现的、在检索工作中有一定使用频率的最基本的词或词组。主题词的词义必须明确清晰，具有单义性，排除有两歧的概念，以准确鲜明地突显文件的中心思想。具体说来，主题词位于文尾部分第一条间隔线之上，其字号与正文同，“主题词”三字使用粗体，以示醒目。在顶格排印的“主题词”之后，将词或词组依次排开，间隔处空出一个字的位置，主题词之间的排列顺序应根据主题词的涵义，由小到大，从内容到形式。如《国务院关于加强预算外资金管理的通知》主题词为：“预算管理”。

2.抄送机关

抄送机关是指除主送机关以外需要执行或协助承办或需要了解文书内容的有关单位，应该使用全称或规范化简称、统称。上行文列为抄报，平行、下行文列为抄送。抄报、抄送单位名称列于文书末页下端，在主题词下1行，左右各空1字，用3号仿宋体标识“抄送”或“抄报”，后标全角冒号，抄送机关间用逗号隔开，回行时与冒号后的抄送机关对齐。为了整齐美观，文尾的报、送单位，印刷单位，印发时间，一般均用两条线段隔开，文件份数印在最后。为了提高工作效率，节省人力、物力，必须避免滥抄滥报，但也要防止漏抄漏报，以免工作脱节，影响协调。

3. 印发机关和印发日期

印发机关和印发日期位于抄送机关之下占 1 行位置，用 3 号仿宋体字。印发机关左空 1 字，印发日期右空 1 字。印发日期以文书付印的日期为准，用阿拉伯数码标识。

4. 文书附件

文书附件是附属文书正文的材料叫文书附件。它是文书的补充说明或参考材料，是文书的重要组成部分，但并非每份文书都有附件。文书附件应在正文之后，发文机关之前注明附件名称全称和件数，不可略写成“附件如文”或“附件×件”。

5. 版记中的反线和版记的位置

版记中各要素之下均加一条反线，宽度为版心。反线是为了显示各要素之间的区别，最后一个要素下也要加一条反线。版记置于最后一面，版记的最后一个要素置于最后一面的最下面的位置。

任务二　收文与发文管理

文书的收文与发文管理过程就是文书的办理、管理、整理（立卷）、归档等一系列相互关联、衔接有序的工作。秘书的职责之一就是遵照企业规定，做好公司收进、发出的一切以文字为表达工具的有关商务材料，并明确每一种资料的确切存储位置和应被保存期限。秘书人员只有遵循文书处理原则，按照文书处理程序，才能准确周密、及时迅速、安全可靠的完成文书处理。

一、文书处理的基本原则

文书处理工作是秘书工作的一个重要组成部分。此项工作做得好坏，直接体现着秘书工作作风和办事效率，要想充分发挥文书在日常工作中的应有作用，秘书人员就必须遵循“精简高效、准确、及时保密、利用”的基本原则。

1. 精简高效原则

精简高效是文书管理的基本前提。精简是使文书处理活动能够更加准确、便捷、高效的保证，高效率不仅依赖于快节奏、高时效，更取决于文书处理的高质量，只有将每项工作、每个环节都做到准确、细致、严谨、周到，使文书处理这一系统工程、群体行为能够按质完成，所有人员都能各司其职，文书处理的高效才有可能实现。

“繁文缛节”一直是困扰文书处理活动实现高效的突出问题。今天商品经济社会对于文书处理活动的时效性要求更高，质量要求更严，因此必须要化繁为简，使文件流程简捷，管理科学，操作手续简便，最大限度地提高文件管理效率。秘书人员在文书处理过程中必须树立起精简高效的意识，增强时间观念，认识到责任到人的工作安排、规范功用强的方法、工具，才是保证文书处理便捷有效的正确方法。力求精简文书运转处理程序的环节，减少不必要的层次，合并一些环节和手续，减少出现差错的机会。在收发文时确保做到随到随办，不积压、不拖拉、不误事，对有明确办理时限要求的文书，具体承办人员要及时做好催办督办工作，维护文书在特定时间范围内的有效性，使其对公务活动产生更加充分的有利影响。

要确保文书处理工作迅速及时，首先，要健全完善文书处理的工作机制，明确工作职责。第二，要精简文件数量，提高文件质量，制发文件严格履行审批手续。第三，要加强文件运转的催办督办工作，对有明确办理时限的收文，承办人员一定要注意发挥主观能动性，随时掌握文件的运转情况。

2. 准确统一原则

准确统一是确保文书处理工作质量的重要保证。准确包含了文书处理工作在政治上、行文规则上、文字上、运转处理等全面质量要求，统一才能实现文书处理工作的规范化，准确统一是提高时效性的基础。文书处理工作的每个环节都要严格把关，收发文登记不能重复错漏，送阅要对口，拟办、请办、批办等要合理，催办、督办要及时，归档要符合规范。在文书起草、校核、签批、印制、办理和传递、立卷归档、管理和利用等各个环节，都要力求坚持政策，讲求准确，注重质量，精益求精。在文书处理活动中各级各类工作人员要接受集中统一的领导，要遵行统一的文书处理制度，一部分文书处理活动必须由文书处理的专门机构或人员统一进行。

要确保文书处理工作做到准确统一，首先，领导要高度重视，熟悉文书处理工作的基本知识，加强指导和监督，要求公司文件做到统一由秘书人员收发，一个渠道进出。第二，健全秘书文书处理工作机构，建立文书处理工作网络，建立健全文书处理工作责任制，做到文件的分发、拟办、催办、查办、审核把关、缮印用印以至传阅传递等办文的主要环节都由秘书人员负责。第三，严格坚持行文规则。根据隶属关系和职权范围合理确定行文关系，严格坚持一文一事，严禁越级行文、文种混用等现象的发生，做到文件的立卷、归档、销毁所有文书处理工作由秘书人员统一管理。

3. 保密安全原则

保密安全是文书处理工作的重要手段。文书是商业秘密的一种主要存在形式，是商业秘密的载体之一。文书秘密关系着企业的安全和利益，尤其是随着改革开放的不断深入和高新技术的迅猛发展，保密工作的对象和环境都发生了深刻的变化，保密工作的难度明显加大。因此，秘书人员在文书处理活动中，应确立保密安全观念，严格执行保密制度，严格执行保密安全规定，严格保守企业秘密。文书管理中严格控制拟稿过程、印刷过程、处理过程，不管是什么人泄密，都是失职渎职，都要受到法律制裁。

要搞好文件的保密工作，确保文件的安全，秘书人员应积极采取以下对策：第一，要切实加强对保密工作的领导。切实把文件保密管理工作列入重要议事日程，加强督促检查。第二，强化保密意识，加强内部办公设备等载体建设，强化文书处理保密工作的制度建设，完善各项保密规章制度。第三，严格执行国家有关保密法律法规，坚持依法保密、依法定密，使文件从严治密。

二、文书处理的程序

1.收文处理程序

收文处理是指对来自本机关外部的文书所实施的处置与管理活动。收文处理的任务是组织文件按程序运转，达到查阅处理的目的。凡是公司收进的一切以文字作为表达工具的关于商务的材料，都是收文。收文有正式文件、电报、信函、内部刊物、资料以及其他文字材料等，但公开发行的文书就不必作收文处理，比如公开发行的刊物、资料、图书、杂志等。收文处理的一般程序为：签收、登记、审核、拟办、批办、承办、催办与查办、立卷、归档、销毁等。

(1)签收

签收是指履行规定的确认、清点、核对、检查、签注手续之后，分别从发文机关、邮政部门、机要通信部门、文件交换站，或者通过自备的通信设备收取文书。签收是收文处理的第一道程序，由秘书部门的收发室受理。秘书文书签收应做到细致负责，逐件清点，确认数量是否相符，检查有无破损、被拆现象，在确保无误的情况下，方可签收。

(2)登记

登记是指秘书人员对收受的文件，按照一定的形式进行登录。收文登记是收文管理工作的基础，使文件来龙去脉清楚。秘书人员要配置专门的收文登记本，对收到的文件分门别类及时、准确、完整地进行登记，登记的项目是收文日期、来文单位、文件字号、文件标题、密级、缓急时限、收文份数等。登记的形式主要有簿式、活页式(卡片式、联单式)两种。簿式登记簿按时间顺序流水登记便于保管、查阅与统计。活页式登记使用灵活，分类存放。

(3)审核

审核是指收到下级部门上报的需要办理的文书，秘书人员应当进行审核。审核的内容包括是否应由本部门办理，是否符合行文规则，内容是否符合相关规定等。

(4)拟办

拟办是指秘书人员就文件的传达、阅读、分发、贯彻落实等问题逐件提出拟办建议或预案，并认真填写在文件处理单上，然后送领导阅读，供领导审批时参考的过程。实际上拟办是一项辅助决策的活动，目的在于为决策活动提供可供选择的建议、方案，是秘书在办文中的参谋性工作。拟办意见应准确恰当，简明扼要。紧急文书应当明确办理时限，需要两个负责人办理的应当明确主办人等。

(5)批办

批办是领导人参考拟办意见对文件处理做出的批示。批示是一项由法定责任者履行法定事务处置权的决策性活动，它规定了对具体文书的处置方法、程序、具体承办责任、承办原则与要求等，对文书效用的实现具有决定性影响。公司一般性文件可授权秘书人员负责直接批办。重要文件必须由领导者亲自批示办理。批办意见应明确，应指明办理的原则和要求，使办理人明了领导意图，避免失误。

(6)承办与催办

承办是指按照批办意见交由相关部门承接办理来文。文书承办就是形成新的文书，文书只有经过承办才能产生切实的效用，因此，它是文书办理中的中心环节。文书对象是所有需要办理的收文，承办的方式有多种，召集会议、面谈讨论、电话沟通、实地调查指导、现场协调布置、制发文书等均可有效地应用于处置各具特点的事务，使性质、作用各不相同的文书分别得以被阅知、贯彻执行或回复，使文书所涉及的问题得到解决。因此承办又往往是发文办理程序的开始。

催办是指根据承办时限和有关要求对文书承办过程所实施的催促和检查活动。这项活动有利于加速文书的有效运转，防止失控，有助于避免文书的积压延误，对文书效用的迅速有效地实现具有推动作用。催办有两种形式：一种是内催办，一种是外催办。

(7)立卷和归档

对已处理完毕的文件，要及时回收，妥善保管，把对本单位工作有查考价值的上级文件、材料收集齐全，按文书立卷有关规定整理成案卷，并填写案卷目录。对需要归档的文件，要按照归档要求，把文件按不同的分类和序号分别归在相应的文件分类盒内，编制好目录，正确归档以备查考。

(8)销毁

没有存档价值的文件以及其他材料，经鉴定、批准后，可进行销毁，销毁秘密文件，要由专人(两人以上)到指定的造纸厂监销，严禁向废品收购部门或个人出售。

2.发文处理程序

凡本公司发出的一切关于公务的文件、信函、电报及其他文字材料，都属于发文。发文处理工作是秘书工作的主要部分，它的任务是从草拟到成文发出全过程的活动，这一程序具有很强的确定性与不可逆性，具体处理程序是：拟稿、核稿、签发、编号、校对、用印、注办、登记、归档等。

(1)拟稿

拟稿就是草拟文件的初稿，这是发文处理的第一道程序，是关系到文件质量的基础工作。拟稿一般应本着“谁主办、谁拟稿”的原则进行。拟稿应使用统一格式的拟稿纸，并一律用钢笔、毛笔或专用签字笔书写(不得使用红墨水)。重要文件应由领导亲自动手起草、或亲自主持研究，明确提出拟文的主要观点、意见和办法，组织专人拟稿。草拟文稿的文关系、文书种类和文书格式要准确、规范，要按文书的内容、性质，恰当地确定密级和紧急程度。文书要表述准确，结构严谨，条理清楚。

(2)核稿

文书的核稿即对文件草稿进行审核，它是拟稿工作的延续，也是定稿工作的一部分。审核具有全面性，秘书人员在草稿未送领导审批之前，应该依据文书的基本要求，对草稿的体式、内容等进行全面的审核。

(3)签发和会签

签发是公司领导对文稿的最后审批，文件草稿领导签发后，即成为最后定稿，文件据此生效。文稿送批前，涉及其他部门或地区的问题，应严格执行会签制度。凡需会签的文稿，一般应由主办部门与有关单位联系，送请会签。如会签、协调中不能取得一致意见，应将分歧意见如实汇报，并由具体承办处(室)在拟办中提出建议和意见，一并报请上级部门领导审定。会签的文稿，必须由每一会签单位的负责人签署意见并加盖公章。

(4)复核

复核是指领导签发后，正式印制前，应由秘书人员进行复核。复核的重点是审批、签发手续是否完备，附件材料是否齐全，格式是否规范等。

(5)缮印的方式与程序

缮印即缮写、印刷的简称。缮写就是誊录抄写；印刷就是应用专门的印刷技术批量“复制”文字、图形或图像。它们均为制作书面文书的主要方式。一般文件应按规定时间及时印出，急件应在要求的时间内印出，不得延误。

(6)用印

用印即在制成的文书上加盖公司印章，这是文书生效取信的凭证。用印时应注意遵循规定的原则，要做到端正、清晰、位置恰当。

(7)分发

分发就是将已封装完毕的文书以多种方式传递给受文者。发放文件时，必须建立发文登记簿，严格履行收文人签字手续，保证文件发放不出差错，正式文件应由专门的秘书人员统一发送。文书除需直接专门投送给规定的收文机关之外，大多数情况下是通过间接传递通道转投。这些通道主要包括：普通邮寄、机要通信、机要交通、文书交换、电信等。

(8)归档

这是发文处理工作最后一道工序，即将制成的文件连同文稿一起，按正文在上、草稿在下的顺序收集起来，年终按文书档案管理的要求，整理归档。

◎ 技能训练

训练一 做公文处理高手

一、训练目标

通过实训，掌握文书处理的原则，熟悉文书处理的要求和程序，具备文书处理能力。

二、训练方案与要求

（一）案例描述

约翰·卡尔文·柯立芝（John Calvin Coolidge，1872 年 7 月 4 日－1933 年 1 月 5 日），1923 年至 1929 年的美国总统。在其任职期间有一位漂亮的女秘书，人虽长得不错，但工作中却常粗心出错。一天早晨，柯立芝看见秘书走进办公室，便对她说："今天你穿的这身衣服真漂亮，正适合你这样年轻漂亮的小姐。"

这几句话出自柯立芝口中，简直让秘书受宠若惊。柯立芝接着说："但也不要骄傲，我相信你的公文处理也能和你一样漂亮的。"果然从那天起，女秘书在公文上很少出错了。

（二）训练要求

1. 结合案例背景谈谈秘书人员的文书处理原则，作为一位秘书你应该如何有效完成文书处理工作。

2. 要求学生讨论案例，形成一份领导要求秘书做好文书处理工作的书面讲话稿，排版后发邮件到教师指定邮箱，并交打印稿一份。文档要求格式规范，内容正确，条理清晰，表达精确，编辑打印精美。

（三）训练步骤

1. 指导学生认真阅读案例及实训内容和要求。

2. 分析案例主要内容以及本次实训目的。

3. 讲解领导讲话稿拟写要点。

4. 布置实训任务。

（四）训练提示

此案例设置的主要目的是让学生对领导讲话稿的格式、写法有一个具体、清晰的认识。通过实训掌握领导讲话稿拟写的基本要求。

1. 掌握领导讲话稿的格式与写法。

2. 拟定领导讲话稿关键要主题明确，内容充实。

训练二　文件处理工作情景模拟训练

一、训练目标

通过训练,学生能够按照公文工作的要求,合理处理公文,有效进行公文管理。

二、训练方案与要求

(一)案例描述

秘书小李正在进行公司来件的整理,她看见一堆邮寄广告,于是开封后挑选出上司可能感兴趣的,当她看见一封标有"急件"的信件时,断定信件紧急程度较高,开封后将其放在其他文件之上,还有一封上司的现款挂号信,为了确认金额,小李也开封后放在了急件之下,整理好后,小李在收件记录上登记好并把所有文件用别针固定在一起准备交由上司处理。

(二)训练要求

要求学生讨论案例,结合案例背景谈谈秘书人员的文书处理要求,作为一位秘书应该如何有效处理这些公司文件。

(三)训练步骤

1. 指导学生认真阅读案例及实训内容和要求。

2. 讨论文书管理要点。

(四)训练提示

此案例设置的主要目的是让学生对文书管理工作有一个具体、清晰的认识。通过实训掌握文书管理的基本要求。

◎ 知识拓展

工作计划范文

某公司质量管理工作计划

随着市场竞争的加剧,公司外部环境和条件发生了深刻的变化,质量在竞争中的地位也越来越重要。企业管理必须以质量管理为重点,提高产品质量是增强竞争能力,提高经济效益的基本方法,是企业的生命线。2009 年是我公司产品质量升级、品种换代的重要一年,我们必须加强质量管理工作,使产品质量达到国际一流水平。

一、质量管理工作目标

有计划地开展质量管理工作,推动质量方针和质量目标指标的完成,促进质量管理和质量管理体系的持续改进,增强顾客的满意。

二、质量管理工作措施和步骤

1. 质量目标的分解:管理者代表应根据《质量手册》,结合公司组织机构的调整，对各部门的质量管理职责、质量目标指标进行进一步的分解、细化，制订《各部门质量管理职责》，明确各部门的质量管理职责、权限和义务，明确质检员的质量管理职权，明确各部门质量目标的考核指标。并颁发《质检员授权书》，提高质检人员的工作权威。

2. 制订质量目标考核办法：在细化各部门质量职责和质量目标的基础上，企划部在某年2月份对质量目标进行分解、细化，明确、统一质量目标指标的计算方法，确定不同指标的权重系数。并根据各部门的质量目标分解计划，制订《质量目标分解、考核管理办法》下达给各部门，作为公司考核各部门质量管理工作、推进质量管理体系全面贯彻的有力措施。

今年1月份，在汇总各部门上年度质量目标指标完成数据的基础上，对全公司质量目标指标的完成情况进行评估、考核，公布质量目标计划的执行结果数据，评估结果反馈公司领导和各部门，对没有完成的要做出相应的分析，并采取必要的奖惩应对措施。

3. 加快内审员的培训：因质量管理体系标准已经换版、升级为2008版，原内审员资格证书已经作废。因此，计划在今年的7～8月份组织内审培训学习，对原内审员进行一次标准改版的培训，以便取得新版本的内审工作资格。

4. 内部审核和协助外部监督审核：由管理者代表牵头、技术部协助完成管理评审工作，包括制定详细计划、准备报告等，评审完拟写管理评审报告。计划在5月份完成公司内审工作，并在此基础上，6月份组织进行管理评审工作，并力争在6～7月份协助北京方圆认证公司完成外审工作，并督促完成在审核中发现的不合格项的整改工作。

5. 实施持续改进：在6月份完成管理评审工作后，针对管理评审发现的问题，提出整改措施。并结合公司组织机构变化和ISO9001质量管理体系标准换版，对质量管理体系文件进行一次修订、换版，重新修订、编写《质量手册》和《程序文件》，修订和编写第三层《作业文件》，总结好的经验，弥补不足，持续改进。

6. 完善体系文件，加强体系监督：2009年10～12月份将根据工作需要适时完善质量手册和程序文件，同时督促各部门完善第三层次的工作文件，重点在生产部，品质部的第三层次质检文件也要进行简化和完善。具体分工是：

(1)由管理者代表负责新版《质量手册》文件的起草、修改工作；

(2)由管理者代表负责牵头，技术部、品质部参与完成新版《程序文件》的起草和修订工作；

(3)由技术部牵头，制造部、品质部参与完成第三层次《作业文件》的起草、修订工作。

因此各职能部门对负责过程加强监督，收集真实有用的数据，从中发现不符合体系要求环节，做出相应的改善。也希望各部门大力配合质管部的工作，理顺流程，共同把好质量关。

7. 数据的统计分析：数据的统计分析是一项重要的工作，也是一门专业学科。我们要以完善质量目标考核为契机，加强公司的统计信息体系建设，培养、锻炼队伍，规范、完善定期报表制度。为建立统一的反映质量目标完成情况的信息反馈系统，制订公司的《定期报表制度》，通过批准后下达各部门执行。

8. 严格质检程序、把好质量关：品质部要进一步加强质量管理工作，在做好日常的质量检验、计量管理工作的前提下，积极开展以下工作：

(1)在年内组织对所有计量、检验器具送国家质监机关进行一次鉴定、校准；并对公司重要的原材料的质量情况，进行一次供应商调查，必要时组织进行质量验证检验。

(2)在公司质检文件完善后，严格按照规范操作，利用考核机制等加强执行力；采用培训、实践、考核等多种方法提升检验人员的检验技能；

(3)为提高产品质量，发现产品质量方面存在的问题，会同技术部组织对产品进行一次型式试验，将产品样品送客户认可的国家质检部门，进行一次型式试验，取得试验报告，以改进、提高产品质量。

(4)通过培训，在设计人员中大力推行田口设计技术，在质检人员中大力普及QC七大工作方法，提升我们的设计、管理、质检水平，大力弘扬一种敬业爱岗的企业文化，提高员工责任心。

9. 加强培训：培训工作做得好与坏，直接关系员工的质量意识、岗位技能的提升，也直接关系质量好坏。因此在今年要加大管理培训和质量培训，重新组织学习产品标准，学习质量管理体系标准文件，并逐步加大外部培训方面的投入，希望能从外面联系专家给予指导和交流。(详见某年《员工培训计划》)

10. 增强顾客满意：营销部门今年要组织对重点客户进行一次回访，了解、征询客户对我公司产品、服务的意见，考察市场同类产品的趋势、动态，调查主要竞争对手的经营、促销做法。对顾客的意见和反馈，要认真研究，分类排队整理，提出改进的措施，并由制造部牵头，技术部、品质部协助逐项解决落实。

××公司

二〇〇八年十二月八日

项目二 文书与档案管理

◎ 学习目标

知识目标

- 熟悉档案的含义、特点。
- 掌握立卷归档的意义。
- 掌握文书整理归档的对象、步骤、方法。

能力目标

- 能够对文书合理归档。
- 能够按要求保管档案。
- 能够合理利用档案。

◎ 工作任务

- 任务一：文书的立卷与归档。
- 任务二：档案的保管与利用。

◎ 导入案例

案例一 秘书文书管理

秘书一次忘事致百事公司被判罚十多亿美元

2009年9月30日据国外媒体报道，全球第二大汽水制造商百事(PepsiCo)因秘书的一次失职面临12.6亿美元的巨额赔偿。

来自威斯康星州的原告乔伊斯(Joyce)和福格特(Voigt)称，他们于1981年和百事分销商Carolina Canners和Wis-Pak签署了一份保密协议，推出一款名为U.P.的瓶装纯净水，但两家公司违反协议将资料泄露给百事，百事在15年后推出了瓶装水Aquafina。两人于今年4月提出索偿，将百事及两家分销商告上法庭，称百事在销售Aquafina之前就知道窃用了他们的机密资料。法院将起诉书发到北卡罗来纳州(百事注册地)，要求百事出庭，但百事总部对此浑然不知，缺席庭审，威斯康星州法院最终判处百事败诉，赔款12.6亿美元，这个数字相当于百事每年盈利的20%。

百事事后称，在法院对其做出判决后的一周才知道这桩案件的存在，追查原因，原来是百事一名法律部秘书因太忙而忘记处理律师信造成了这一“不幸事件”。

法院将起诉书发到北卡罗来纳州(百事注册地),百事法律部门一名工龄20年的女秘书在接到起诉书后,因“忙于准备董事会会议而将它束之高阁,忘记转交律师”,直到本月5日收到法院判决书后才猛然惊醒。

思考题:本案例中,秘书在文书处理中应注意哪些问题?

◎ 理论导读

文书管理概述

一、档案的涵义

企业档案是企业各项活动的历史记录,是对企业依然具有保存、参考价值的文件。企业档案作为一种信息资源,是在特定企业活动范围内形成的具有凭证、依据等法律证据作用的企业生产、技术、科研和经营等活动的真实记录,是与企业同步发展的无形资产。档案是由各种文件转化而来的,文件是档案的前身,档案是文件的归宿。

二、档案的特点

档案内容反映了各种社会活动,具有如下特征。

1.广泛性

档案记载着企业各种各样的活动内容,档案的广泛性体现在档案内容来源、媒质形式、表达形式的多样性。档案内容包括:内部工作产生文档、对外收集的文档、外部主动发给的文档等。档案媒质形式分为纸质、电子化、数字化等。档案表达形式可以是文字、数据、图表、语言、图像、视频等。

2.复杂性

企业档案的内容构成是复杂的,这是由企业类型的多样性和企业活动内容的复杂性所决定的。企业的档案一般有数据型、信息型、知识型三种,包括财务凭证档案、物品材料变动记录档案等数据型档案,科研报告、工艺文件、企业规划计划报告、部门工作总结等知识型档案,还有会议纪要档案、重要事件记录、文件档案,客户往来账目文件档案,质量陈述文件档案等信息型档案。

3.价值性

档案是第一手的资料,是为完成某项工作自然形成的历史的原始记录,具有保存价值,有很大的凭证作用,这是档案的本质特点。文书归档的最终目的只有一个,利用文书承载的信息内容,了解工作情况,解决工作中的问题。如果没有保存利用价值,人们就没有必要花费如此多的人力、物力和时间来进行文书整理、保管、管理、开发信息等工作。

三、文书立卷归档的意义

文书立卷归档是将已办理完毕、有一定查考利用价值的文件,按文件在形成过程中的内在联系和一定规律组合成案卷，通过对案卷的收集、整理、保管、统计等环节进行科学归档。案卷是文书档案的基本保管单位和统计单位，立卷为档案工作奠定了基础。文书立卷归档能够保持文件之间的历史联系，便于将来文件的查找利用，可以维护文件的完整与安全，便于文件的保管。在现代企业管理中，文书立卷归档可以发挥如下的作用。

1. 决策支持

文书立卷归档可以为领导者提供企业生产、技术、科研和经营等活动的真实记录，便于领导对日常工作的查证，为领导进行决策提供最主要的依据和最有效的方法。文书立卷归档要与领导决策工作结合起来，让可利用资源在领导进行决策时很容易获取，很及时提供，保障决策的科学性、正确性。

2. 员工管理依据

文书立卷归档可以成为企业员工学习掌握岗位工作经验，方法的最主要来源。文书立卷归档可以与员工的实际工作结合起来，让工作信息资源在工作的不同环节、不同程序上很容易获取，很及时提供。同时，要把归档信息资源与员工的入职学习、岗位学习、深入学习结合起来，提供随时随地学习的内容、渠道与空间。

3. 技术研究开发参考

文书立卷归档可以成为每一个新技术、新产品研究中的最主要参考资料，让档案信息成为具有知识产权的企业核心竞争信息。档案可以帮助我们考查既往情况，研究有关事物的发展进程和规律，为现有的技术研究开发提供有参考价值的信息资源，为企业的生产经营活动服务。

四、立卷归档文书的保管期限

立卷归档文书的保管期限有永久、长期、短期三种，永久保存就是无限期地保存下去，长期保存一般须保存 16 年至 50 年左右，短期一般保存 15 年以下。划分方法具体如下。

1. 永久保存

永久保存是指那些反映企业主要职能活动和基本历史面貌的，对企业经营管理和历史研究有长远利用价值的文件材料。永久保存文件主要包括：企业经营活动中形成的重要文件，如指示、命令、决议、决定，处理重要问题形成的文件材料，召开重要会议的主要材料，如重要的请示、报告、总结、综合统计报表以及有关机构演变等文件。

2. 长期保存

长期保存是指那些反映企业一般工作活动，在较长时间内对企业经营管理工作有考查利用价值的文件材料。主要包括上级部门颁发的非本企业主管业务范围内的重要文件和下级部门报送的较重要的文件材料等。如：一般工作问题的文件材料，一般会议的主要文件材料，人事管理工作形成的一般文件材料，下级机关报送的重要总结、报告和统计报表等文件材料。

3.短期保存

短期保存是指那些只在较短时间内对本企业有参考利用价值的文件材料。包括企业的一般事务性材料，与有关部门协商工作的一般往来文书。如月份工作计划，有参考价值的事务性文件材料，下级机关报送的一般工作总结、报告和统计报表等文件材料。

任务一　文书的整理与归档

一、文书整理归档的对象

1.应该收集的文件资料

文书立卷归档的对象是指需要立卷归档的文书类型。文书整理、归档首先要判断哪些文件材料应该作为档案保存，哪些不应该作为档案保存。判断文件材料是否应该归档的唯一标准就是文件材料对日后工作是否具有查考利用价值。

归档对象应当由各职能部门和秘书档案管理人员共同确定。因为各职能部门最清楚本单位的工作职责范围，工作中会形成哪些文件材料，哪些文件材料对日后工作具有查考利用价值。另外，秘书人员可从档案业务管理方面对文件加以合理立卷归档。按照有关规定和实际情况，文书立卷归档的对象是：

(1)企业发文。本企业对外的正式发文，如命令、决定、公告、通告、通知、通报、议案、报告、请示、批复、意见、函、会议纪要等。本企业重要经营活动的相关文件，如重要会议资料；主要业务活动的报告、总结、报表、计划等；与有关企业签订的合同、协议书等；本企业与上、下级单位的请示、批复、报告等；企业高层任免、员工工资、福利调整等；反映企业历史沿革、重要活动的大事记、剪报、录音、录像等；财产、物资等的交接凭证。

(2)企业收文。包括上级部门发来的与本企业主管业务有关的各类文书，如：有关决议、决定、命令、条例、规定、计划等；下级部门报送的各种报告、请示等；同级单位和非隶属单位颁发的非本企业主管业务但需要贯彻执行的文件等。

2.不需要收集和归档的文件

在准确掌握文书立卷归档对象的同时，还要准确把握不归档的文书，这样既有助于保证档案的精确性，又便于档案的有效管理，提高工作效率。按有关规定，不应当立卷归档的文书材料包括：

(1)重份文件。同一份文件，除特别重要的文件可保留多份外，其他的只需保留一份。

(2)无查考利用价值的事务性，临时性文件。如：一般的会议临时通知、洽谈工作的介绍信、节假日的放假通知等。

(3)未成文的草稿、一般性文件的修改稿,定稿之外的各种核对稿。

(4)与本企业业务无关的文件材料。越级和非隶属单位抄送的不需办理的文件材料,外单位征求意见的未定稿文件。

(5)内容被其他文件包括了的文件材料。

(6)无特殊保存价值、无参考价值的会议文件,一般性建议来信,不需贯彻执行的文件材料。

对于不需要立卷的文件资料应及时销毁或移交相关部门。

二、文书整理归档的步骤

文书整理归档是秘书人员对企业文件材料的一种日常管理,就是对文件进行一个分类、组合、编目的过程,我们可以把文书立卷归档的步骤分为准备、立卷、归档三个阶段。

1.整理归档准备

文书整理归档首先要编制归卷类目。归卷类目是方便文书的立卷而设置的一种文件分类目录。归卷类目是由类目和条款两部分组成的。类的设置有按问题分类、按机关内部组织机构分类两种方法。在设立了类目之后,就要设立条款并进行编号,条款是案卷类目的主要组成部分,是案卷要反映的内容。编制归卷类目应注意类目的设置要适当、灵活,要根据本机关的文件多少来设置类目,既不能太粗,又不能太细。案卷类目的名称和概念要清楚准确,不能笼统、含糊。类和类之间、条款和条款之间,不能相互包括、相互交叉、相互重复。类的设置标准要前后一致,不能中途变换。在确定归卷类目时,应考虑到文件的保管价值,要准确地注明每个条款里文件的保管期限。

2.文件收集整理

文件收集整理是指文件办理完毕后,秘书人员按规定把分散的、有保存价值的文书材料有计划地集中统一收集,并按一定的分类标准通过编目进行集中管理的过程。立卷材料的收集工作是档案工作的基础,秘书人员要注意平时对文件的收集,将本企业需要立卷的文件材料及时集中到一起,以免散失。本企业的发文要有专人负责将原稿、印本及附件等收集齐全、完整,以便随时立卷集中。同时,要建立收文制度,将收文及时、完整地移交。文件收集整理的步骤:

(1)平时收集整理。平时收集整理是指秘书人员根据立卷方案将处理完毕的文件随时或定期收集起来,进行初步分类并归入卷宗的工作。秘书人员平时都要准备必要的文件装具,如:文件夹、文件盒、文件柜等,并根据立卷标准将类目名称、卷宗条款、顺序号等分别标写于装具上,随时把文件收集。收集时还要注意文件的完整性,如文件正文与附件、请示与批复、定稿与正本、纸质文件与其他载体文件等,应收集齐全。收集起来的文件要随时或定期归卷。

(2)年终调整定卷。文秘人员在每年工作结束后,对平时归卷的文件要进行全面的检查、调整、排序与编目，最后归档。年终调整定卷要检查文件的完整性，检查有无归类不当、卷类文件数量不符合等现象，并及时进行文件调整。

3. 鉴别与归卷

在对文件进行了收集之后，就要及时进行整理、鉴别和归卷，并进行分类。不同保管期限的文件，要按本机关保管期限表的要求将永久、长期、短期保管的文件初步分开。鉴别与归卷应注意本单位自己在职能活动中形成的文件材料；上下级机关及其他机关针对本单位主管业务有密切联系的文件材料；归档的文件材料必须符合文书处理的基本要求，禁止使用铅笔、圆珠笔、彩笔书写，所有字迹不得超过装订线。

三、文书整理归档的方法

1. 文件归类

文件的归类是指按照分类表的规定将文件归入各个类别，文件归类方法包括：

(1)年度分类法。年度分类法即将归档文件归入分类方案中相应的年度，也就是将文件材料按其形成或处理年度分开。由于各文件在形成、处理的具体过程中有所不同，致使一些文件上存在两个或更多的日期，有的日期还分属于不同的年度。按形成或处理年度分类可按归档文件的签发年度、办结年度及专门年度分类。文件中如决定、通知、通告、通报、计划、预算等一般以签发年度；请示与批复、询问函与复函、工程项目、总结决算等应按办结年度；计划、总结、预算、决算、统计报表等文件，其内容所针对的日期与制发日期属于不同年度的，应归入内容针对的专门年度。

(2)组织机构分类法。组织机构分类法是指按文件制发与承办的部门来划分，即一份文件由哪个部门制发或承办就归入哪个部门。对于发文，以文件上的发文名义为标志分类。对于收文应归入承办部门。一般是全局性、综合性、领导性的文件归入办公室类；业务性文件归入相关部门类别中。

2. 文件立卷

文件立卷是在归类基础上，对各类别文件进行系统化组织。立卷的基本方法就是认真把握文书的特征，对文书进行科学有效的分类、组合、编目。立卷的目的是建立文件之间的关系，让具有内在联系的有次序的文件立卷，使日后的查阅更方便。常用的立卷方法有：问题特征、时间特征、文种特征、作者特征、地区特征和通讯特征。

问题特征立卷就是将有关同一人物、同一事物、同一问题或同一工作性质等形成的文件材料，组合在一起进行立卷的方法。文件材料的内容共同点是指反映的问题、事物、事件、工作等具有的共同性质。按问题特征立卷是一种较为常见的立卷方法，由于企事业单位的工作活动都是围绕贯彻执行有关的方针、政策，解决处理各种问题，完成各项工作任务的，因而在解决问题的过程中会形成许多文件材料，每一个文件的形成都反映了这一问题的处理过程。按问题立卷，对于工作考查、研究问题、总结工作经验教训，了解某一问题的全面情况提供了便利条件，满足了查找方便的要求，从而达到了立卷的目的。按问题立卷的关键是对问题的判断理解要准确，对于同时涉及几个问题的，要根据主要问题立卷，不能拆开立卷。企业管理和业务活动形成的各种业务文件、调研材料、制度、条例、法规等，一般按单一问题组合，同一问题的请示与批复、转发件与原件应组合在一起。

时间特征立卷是指把属于同一时间阶段内的文件组合成案卷。按时间特征立卷，就是将形成于同一时间的文件或内容针对同一时间的文件组合在一起的立卷方法。按时间立卷文件的时间特征指文件的形成时间和内容所指时间两个方面，同一年度的文件集中在一起，便于反映本年度企业工作的全面状况，历年的文件依次排列下去，可以反映企业工作的延续性，便于分阶段地考查企业工作的发展变化。

文种特征立卷是指把相同文种名称的文件组合在一起进行立卷的方法。按文种立卷是把相同的文件组合在一起立卷。通常将命令、决定、通知、报告、函等文件按文件名称立卷。

作者特征立卷就是把同一作者的文件组成案卷，这种立卷方法特征明显，便于查找利用。按作者立卷可以将上级机关、平级机关、下级机关有关文件分别立卷，但同时要注意问题之间的联系，不能由此而导致案卷不全。工作计划、总结等文件，一般可按作者或名称组合。

地区特征立卷又称地理特征立卷，是指文件内容所涉及的地区，又指文件作者所在的地区。按地区特征立卷就是将内容涉及同一地区的文件组合在一起的立卷方法。统计、报表、名册等文件，一般同一种格式、名称或同一地区的立一卷（或数卷）。

通讯特征立卷是指按文件的收发或问答双方进行立卷的方法。按通讯特征立卷，就是将针对一个或几个问题双方机关的问复往来的文件组合在一起进行立卷。

立卷的六个特征的运用，是文件之间联系的具体体现，文件之间的联系是多方面的，不可能只采用一种固定的模式组卷。因此在运用六个特征立卷时，需要运用两个或两个以上的特征组合每一个案卷。

任务二　档案的保管与利用

档案管理作为一项基础性工作，在企业管理等各方面正积极地发挥着应有的重要作用。规范化、科学化的档案管理，可以为企业的生产、经营服务。在企业发展的同时，我们建立起一套适应企业业务特点、体现企业规范化、科学管理水平的档案体系，使得档案管理工作的发展不置后于企业发展的速度。档案管理工作必将为公司各项综合业务、决策活动、研究工作的开展创造必要条件，对规避和抵御各种风险起到一定的必备作用。

一、档案保管

1. 档案保管的内容

档案保管工作是指根据档案的成分和状况，所采取的存放和安全保护措施。主要包括以下三个方面：档案的库房管理，即库房内档案科学管理的日常工作；档案流动中的保护，即档案在各个流动环节中，一般的安全防护；档案保护的专门措施，即为延长档案的寿命而采取的诸如复制和修补等各种专门的技术处理。档案保管工作的基本任务是了解和掌握档案损坏的规律，通过经常性的工作，采取专门的技术措施，最大限度地防止和减少档案的损毁，延长档案的寿命，维护档案的物质安全和政治安全。

案卷的保管是把一年中立成的案卷移交档案室集中保管，以保证机关档案的完整，便于查找利用。在移交之前，所移交的案卷的质量要经过档案部门检查验收。归档工作一般应在次年的 3 月份完成，最迟也不能超过 6 月份。完成了归档工作，文件材料就正式转化为档案。

2. 档案保管工作的要求

保管档案工作中要以防为主，防治结合；相互协调，密切配合；加强重点，照顾一般；立足长远，保证当前。保管档案的基本要求：

(1)建立健全保管制度和档案保管人员的岗位责任制，防止出现人为的损坏事故。

(2)保管条件适宜，档案室建设符合要求，要防热、防潮、防光、防有害气体、防尘、防火、防水、防盗。

(3)对纸张老化、破碎和字迹消退的档案要及时修复和抄录。

(4)档案室管理规范化。柜架应排列一致，进行编号，建立档案存放地点索引。

3. 档案的保管程序

文书保管的程序过程是：档案鉴定、编制立卷类目、排列卷内文书次序并编号、填写卷内文书目录与备考表、拟写案卷题名、年终调整、填写封皮、装订、案卷排列与编目、归档。

(1)档案鉴定

档案鉴定就是检查与调整卷内文件。检查验收的内容包括归档文件是否齐全完整，有无重复；是否遵循文书立卷的原则进行立卷，文件和电报是否保持内容联系，合并整理，统一立卷；是否符合归档范围的要求，是否保持了文件之间的历史联系，与归卷类目是否吻合，运用特征是否准确；卷内文件的保存价值是否一致，卷内文件数量是否过多或过少；绝密文件是否在卷皮上盖有绝密字样专用章；保管期限是否准确，永久、长期、短期保管的文件是否分开立卷等。另外，对归档文件的数量和移交目录也应检查验收。

(2)编制立卷类目

立卷类目也叫案卷类目,是指在一年的实际文书尚未形成以前,根据单位各项活动和文件形成的规律,对一年内可能产生的文书按照立卷要求和方法事先编制成的一个立卷规划,事先拟制出来的归卷条目。立卷类目主要由类名和条款两部分组成:(1)类名。即类别,是综合概括归卷文件材料的类属名称,如工交类、城建类、财贸类、生产类、技术类、销售类、广告类等等。(2)条款。即条目,是类名之下按照立卷要求和方法概括出来的一组文件的总标题。条款顺序排定以后,依次编上顺序号。如第一类第一条为"1—1"、第二类第二条为"2—2"等等。立卷类目的类别和条款的排列呈表格式,是平时文件归卷的"索引表",指导文件"对号入座"、"定点归宿"。

(3)排列卷内文件顺序

卷内文件一般按照时间、问题、作者、地区、名称、重要程度、程序或阶段、文件往来机关顺序排列。排列时要注意按问题特征立卷,不能混排。

(4)编排页码

排列案卷顺序之后,要拆除文件上的金属装订物,以免金属物日久氧化锈蚀文件。同时要对文件进行修补,凡在装订线左侧有文字的文件材料,要在左边加边取齐,右边叠起;尺寸不足规定尺寸的要加纸裱糊衬托;破损的要进行修补。修补完毕要以卷为单位,用阿拉伯数字编写张号,张号应编在文件材料的右上角,一张只编一个号,背面不编。

(5)填写卷内文件目录及备考表

每个案卷都应填写卷内文件目录,用来介绍本卷内文件的内容,便于文件检索查阅。卷内文件目录包括顺序号、文件作者、文件标题、文号、文件日期、所在张号、备注。案卷的备考表是案卷的最后一页,主要用来记述卷内文件的实有张数、立卷日期、立卷人姓名,并留出空白以备说明本卷文件保管使用的有关情况、卷内文件的变动情况。

(6)拟写案卷标题

案卷的标题是对案卷内文件名称的概括,其作用在于准确地揭示案卷的内容,为卷内文件查找提供可资检索的渠道。案卷标题应简明、朴实、概括,具有政治上的严肃性、结构上的完整性、文字上的准确性、逻辑上的合法性。

(7)填写案卷封皮并进行装订

案卷的封皮是案卷的外表,填写好案卷封皮,可使立成的案卷美观整齐,便于编制案卷目录和查找利用。案卷封皮上应填写的项目一般包括:机关名称、机关内部组织机构名称、案卷名、机密等级、卷内文件的起止日期、文件页数、保管期限及全宗号、目录号、案卷号等。为了便于对案卷的保护,要对案卷进行装订或装盒,在对卷内文件进行检查后，用白线将案卷封皮和卷内文件订在一起。

(8)编制案卷目录

把本年度的案卷经过分类、排列，再进行编号、登记、造册，就形成了本年度的案卷目录。案卷目录包括案卷号、案卷标题、卷内文件的起止日期、卷内文件份数和张数、保管期限、备注等。

(9)归档保管

根据历年文件材料形成的情况准备若干卷夹，将收集应归档的文件材料归入相应的卷夹内，妥善保管，最后的立卷归档。

4.档案保管过程中的保密工作

(1)档案库房管理中的保密工作

档案的库房管理是档案保密的重点。从总体上讲，档案库房应按照国家有关规定单独兴建，但是有一些不具备条件的单位，往往将库房附设在机关办公楼内。应注意的是，不是任何一间办公室都可以用作库房的，从档案保密的角度来看，不宜将库房设在办公楼的最底层，库房门窗等应专门加固，以防盗窃。还应尽量做到库房与办公室分开，库房与阅览室分开。档案库房应指定专人负责管理，制定严格的库房管理制度，无关人员一律禁止入内。实践证明，档案库房的科学管理，是做好档案保密、维护档案安全的基本保障。

(2)绝密档案的管理和保密

绝密档案是企业的核心秘密，它关系到企业的发展，关系到企业的经济利益。因此，为确保核心秘密的安全，必须管理好绝密档案。绝密档案应与非绝密档案分别保管。要设保险柜、保险锁、防盗器，从保管条件上确保绝密档案的安全。绝密档案管理人员必须有较强的责任心、事业心和高度的保密意识，不仅要有严谨的工作作风，经手的事情件件有头有尾，手续清楚，而且要防止“无形”储存在头脑中秘密的泄露。绝密档案的调阅、移出、销毁等应严格按规定手续办理，必须经指定领导人审批，认真履行登记、签字手续，任何人无权擅自调阅。绝密档案使用完毕后应及时清对、检查，发现失密、泄密问题，应及时查明原因，进行补救。

二、档案的利用

“利用”是文书处理工作的根本目的，文件的有效利用，说到底是处理“管”和“用”的关系。管理好文件是基础、是手段，利用好文件是主题、是目的。保管工作做不好，就很难确保文件的安全保密，文件得不到有效利用，就失去了文件应有的作用，失去了管的意义。

1.档案利用工作的作用

档案工作的根本目的就是开发档案信息资源，服务经济建设，档案利用工作是达到这一目的的直接途径，所以，档案的利用工作是档案业务工作的中心环节，在整个档案工作中占有极为重要的地位。档案利用工作作用主要表现在：第一，档案利用工作是档案业务工作中最富有活力的环节；第二，做好利用工作是带动整个档案工作发展的关键步骤；第三，搞好利用工作能够促进档案工作由被动变主动，做好做活档案工作；第四，档案利用工作是档案事业为社会主义现代化建设服务的基本措施，是档案工作的中心任务。

2.档案的利用内容

档案利用工作是指通过一定的方式和方法提供档案为利用者利用，为企业各项经营管理活动服务的工作，习惯上亦称档案利用工作。其内容基本上包括两个部分：一是准备档案检索工具，介绍和报道档案室保存档案的内容和成分，为提供利用做好准备。二是通过各种方式和手段提供档案资料为企业服务，这是目前档案利用工作的核心内容。

3.档案的利用方式

档案室向档案利用者提供利用服务的方式、方法是多种多样的，档案的利用途径和方式基本有以下几种：

(1)设置档案室，提供档案原件或复制件，方便借阅或直接阅读。

(2)通过一定的制度和手续，提供档案外借，如借阅证制度、催还续借制度和调离认可制度等。

(3)根据档案原件制发各种复制本，包括制发档案复制品，提供缩微胶卷(片)，出版或印发档案文件汇编，在报刊上公布档案，举办档案展览等，实行档案的有偿交流，提高档案利用率。

(4)利用所藏档案中的有关记载和资料，对申请者提供核实某种事实的书面证据。

(5)以档案为依据，文秘和档案人员对查询者的有关问题进行专业性的解答，提供咨询服务。

(6)将档案目录印制成册，编写档案参考资料，参与编史修志和撰写科研文章等以交流信息。

4.档案利用工作的要求

要保证文件的有效利用，秘书人员应做到以下几个方面：

第一，要确立服务的观念，良好的服务态度。文件利用的本质，在于为各级领导、各级部门传递信息和服务，为企业经营管理服务，这是文书处理工作的出发点和落脚点。在加强文件有效利用的同时，既要有明确的服务方向，还要树立较强的服务意识，努力为利用者着想，提供优质高效的服务和便利的条件。第二，要增强主动意识，发扬主动服务的精神，充分利用现代化办公手段，为利用者提供高效、快捷的检索查询服务，克服文书处理工作就是收收发发、无关紧要的被动的事务性工作的思想。第三，要提高管理手段和利用效率，实现文书处理手段的现代化，充分发挥文件档案的作用。

5. 档案利用过程中的保密工作

(1)做好档案利用中的监督工作

档案利用监督是做好档案利用过程中保密工作的一项重要措施，它能有效地发现并制止纠正档案利用过程中不利于档案保密的各种不良行为，从而做到既能利用档案，又能保证档案的完整与安全。档案利用监督首先应制定各项档案利用规章制度，使提供利用工作有章可循，在大力开展档案利用工作的同时，确保不失密、不泄密及文件的完好无损。其次，提高担负利用服务工作的档案管理人员素质，使其熟悉所保管的档案内容，熟悉档案法规，能独立处理利用中出现的一般问题。

(2)正确处理好档案保密与利用的关系

保守机密是档案管理工作人员的职责。日常工作中，档案管理人员十分重视档案保密，工作尽心尽职，但由于在传统的保密观念影响下，档案工作普遍存在着重保轻用、利用不足的现象。由此产生一些弊端：大批档案得不到充分的利用，甚至有些很有价值的档案长期被束之高阁，变成一文不值的废纸，造成档案浪费。领导不能及时全面地了解情况，有效地利用档案，档案管理人员的管理价值也难以在利用档案的效果中体现出来。

秘书人员应改变传统的观念，在严格做好保密工作的同时，切实完善利用工作职能，为领导正确决策提供有效的服务。机密档案应该保密，但保密的目的之一是为了利用，是有时间、地点、范围限制的利用，保而不用只会失去保的意义，失去档案的价值。当然，利用必须是在保密基础上的利用，无限制的利用会企业利益造成危害。所以，对秘书工作者来说，档案的保密与利用两者都十分重要，决不可偏颇。

◎ 技能训练

训练一　档案的保密工作

一、训练目标

通过实训，掌握档案保管的要求和档案的保密工作与合理利用，熟悉档案保管的程序，明确档案保密工作的要求和重要性。

二、训练方案与要求

(一)案例描述

可口可乐公司泄密案审结被告被判处八年监禁

美国一家法院 2007 年 5 月 23 日，以窃取商业机密的罪名，判处欲以 150 万美元向百事可乐出售一种新产品配方和样品的主犯——可口可乐前女秘书何亚·威廉斯 8 年监禁。这意味着 2006 年发生的可口可乐泄密案有了一个终止。威廉斯当庭对自己的罪行道歉，说自己不是有意蔑视法律。她说："这次惨痛的经历，让我觉悟到更多，这个时刻对我的一生意义非凡。我从来不想出名，现在却臭名远扬。"

检察人员说，百事可乐纽约分公司 2006 年 5 月 19 日向可口可乐公司提供了一封信的复印件，那封信的原件装在可口可乐公司的商业信封中，收件人是百事可乐公司。寄信人在信中自称叫"德克"，是"可口可乐公司高层工作人员"，能向百事可乐提供"特别详细的秘密信息"。

接到百事可乐的通报后，可口可乐公司立即将这一事件报告给联邦调查局，联邦调查局调查后发现并确定威廉斯是秘密信息的来源。41 岁的何亚·威廉斯是可口可乐公司执行秘书，协助一名高级经理工作。监控录像显示，威廉斯在可口可乐总部她所在部门翻阅大量资料找文件并把那些文件装到自己的包中，窃取公司商业机密并伙同其他两人贩卖商业机密。

可口可乐公司在保密方面出名地严谨，公司对商业机密采取严格保密的做法，并对员工背景严格调查，防止泄密，可口可乐配方已保密长达 100 多年，可没想到公司内部出了内贼。

（二）训练要求

1. 结合案例背景谈谈秘书人员的档案保管原则，作为一位秘书你应该如何有效完成档案保管工作。

2. 要求学生讨论案例，形成一份秘书如何做好档案管理工作的书面作业，排版后发邮件到教师指定邮箱，并交打印稿一份。文档要求格式规范，内容正确，条理清晰，表达精确，编辑打印精美。

（三）训练步骤

1. 指导学生认真阅读案例及实训内容和要求。

2. 分析案例主要内容以及本次实训目的。

3. 讲解档案管理要点。

4. 布置实训任务。

（四）训练提示

此案例设置的主要目的是让学生对档案管理程序有一个具体、清晰的认识，对档案管理的重要性有深刻的印象。通过实训掌握档案管理的基本要求。

1. 掌握档案管理的程序与基本要求。

2. 档案保管要有健全的保管制度，要做好档案的保密工作。

训练二　档案管理

一、训练目标

通过实训，掌握档案立卷归档的要求，熟悉档案归档的程序，明确档案归档的要求和重要性。

二、训练方案与要求

（一）案例描述

某公司的档案管理

某贸易公司原先是一家民营小企业，档案由秘书小李全面负责管理，小李根据公司特点选择了“组织机构—年度”分类方法对公司所有归档文件进行管理。近几年随着市场的变化，公司不断调整经营业务，并经常进行部门调整，由最初的三个部门调整到五个部门，后来又调整到四个部门，最近新上任总经理又把部门调整为六个。在公司部门调整阶段，小李依然按照最初的立卷归档方法进行档案的管理。一天，公司总经理要查阅三年前的一次重要公关活动的内容，小李只记得有关活动主题、时间，却无法记得把文档归入了哪个部门，为此逐一对三年前档案进行了查阅，费了九牛二虎之力，终于找到了总经理所需要的文件。

（二）训练要求

结合案例背景谈谈秘书立卷归档的方法，作为一位秘书你应该如何帮助公司进行文件的有效立卷归档。

（三）训练提示

此案例设置的主要目的是让学生掌握立卷归档的方法，有效开展秘书的立卷归档工作。

1. 掌握立卷归档的基本要求。

2. 立卷归档工作应根据公司发展的需要不断地调整。

◎ 知识拓展

档案管理员岗位职责

（一）贯彻执行国家档案局制定的有关规定，认真做好公司档案日常管理工作。

（二）严格按照公司和本档案室制定的规章制度办事，确保公司档案的完整、安全。

（三）认真做好每年的档案归档、整理、立卷和装订工作；认真编制档案目录；根据国家和公司有关规定，做好保管期满后的档案销毁工作。

（四）公司档案应做到科学分类，存放有序，妥善保管，查找方便。

（五）做好档案室的日常清洁工作，保持档案室空气流通，做好防潮、防火、防虫、防盗工作。

（六）严格执行有关档案查阅、调阅制度和手续，填写档案利用记录。同时严格执行国家、公司的有关档案安全和保密制度，严防基建档案毁损、散失和泄密。

（七）热情服务，为查阅档案的有关人员做好服务工作。

模块六 企业员工福利管理

项目一 企业福利制度

◎ 学习目标

知识目标

- 了解员工福利对于企业发展的重要性。
- 掌握员工福利的基本构成。
- 了解员工福利的现状及其发展趋势。

能力目标

- 能够对企业的福利构成进行有效分析。
- 能够结合企业实际设计福利方案。
- 能够对企业的福利进行合理规划。

◎ 工作任务

- 任务一:员工福利与企业活力。
- 任务二:员工福利的内容。

◎ 导入案例

案例一 "贴心"福利换"铁心"忠诚

M设计院是一家国家甲级设计院,从事工业与民用建筑勘探、设计和小区规划等业务。具备国家建设部颁发的甲级工程总承包资质,承担工程投资评估、工程监理、招标、施工、保修和其他咨询业务。

近几年,在人才竞争激烈的建筑工程设计行业,设计院成功地留住了诸如注册建筑师、注册结构工程师、注册监理工程师以及高级工程师等一大批核心员工，增强了企业的核心竞争力。该设计院人力资源部部长透露了其留人秘诀——实施"贴心"福利战略，即在洞察员工心理，揣摩员工内心的个性化有效需求的前提下，为核心员工量身定做福利项目，并采取最佳方式发放，从而赢得核心员工的"铁心"。

什么样的福利算是"贴心"福利？如何运用这种福利达到预期目标？该人力资源部部长举了两个例子：一个是2008年年底公司留意到不少核心员工因为设计院经常会有一些涉外工程和项目而在某大学自费学习英语口语，每天往返需两小时，每课时花费80元。院领导知道此事后，2009年初为他们专门请了一位外籍教师在办公室集体教学并帮他们支付授课费。学习期满后，公司还对成绩突出者给予一定的奖励。如此一来，不仅省去了员工充电的费用，还为员工节省了时间。员工们学习得更起劲了，工作也更认真了。

另一个例子是2008年8月某日是某位注册监理工程师妻子的生日，而此时该工程师在国外的某建筑工地一线。于是人力资源部工作人员就以这位工程师的名义为他的妻子送去了生日蛋糕和鲜花。后来这位因为工作已忘记了自己妻子生日的工程师知道后，对单位此举非常感激，对不少设计院来"挖"都不为所动。

案例分析：

核心员工是企业生存的根本，如何留住核心员工是时下许多企业倍感头痛的问题。而这家设计院巧妙利用"贴心"福利，成功地留住了大批核心人才，大大增强了企业的核心竞争力。其成功的秘诀表现在以下三个方面。

1. 以福利作为留住人才的工具

设计院选择福利作为留住核心员工的重要工具，是非常明智的决定。因为，福利作为激励手段，与货币薪酬相比，有其无法比拟的优势：首先，福利一般可以免税，所以相对于等量的现金支付，福利对员工具有更大的价值和意义；第二，福利具有灵活和多样性的特点，企业可以根据员工的需求和偏好制定出各种各样的福利项目；第三，福利是人文关怀的一种载体，可以体现企业对员工的感情投入；第四，福利的本质与安全感和归属感关系密切，可以通过福利传达这些价值。

2. 设计出"贴心"的福利项目

设计院不是简单地推出福利项目，而是强调"贴心"效果。人力资源部门善于洞察员工心理，根据员工内心的个性化需求，并在权衡成本—收益的前提下设计福利项目，从而恰到好处地击中员工的心理要害，使员工产生发自内心的感激之情，进而转化为对企业的忠诚，企业也因此达到了留人的目的。如在第一个例子中，设计院用"福利充电"这种"贴心"福利为核心员工提供"因需致宜"的待遇，准确地击中了员工的需求"穴位"；在第二个例子中，设计院以善解人意的"人文关怀"，为员工着想，替远在国外的员工为妻子送去生日礼物，自然赢得员工和家属的双重好感，也更增强了员工的忠诚度。

3.讲求福利的发放艺术

光有好的福利产品还不够，还要有好的销售方式。本案例中设计院的福利发放也很不一般，讲究出其不意和审时度势。在第二个案例中，设计院对员工的福利发放选择在员工不在家，但却以该员工本人的名义送出的方式，取得了一举三得的效果：融洽了夫妻感情，获得了家属对公司的好感和对员工的支持，同时还赢得了员工的感激和忠诚。这种给付福利的方式在一定程度上提升了福利的价值，取得了成本虽小，但收益却大的“四两拨千斤”的超值效果。

思考题：本案例中，福利的运用对你有什么启发？

提示：福利制度的设计除了用来满足员工的生活外，企业还将它与激励，留人等联系起来。员工福利是使企业获得人才竞争优势、低成本优势，并且特别能促进知识型企业核心能力的增加。根据美国康奈尔大学 Snell 教授的理论，人力资源管理其实就是对企业核心员工的管理，即对核心能力载体的人的管理。福利管理越人性化，越能增加广大员工的凝聚力，进而就越有利于人力资源管理核心目标的实现。

◎ 理论导读

员工福利概述

知识经济时代，“以人为本”的管理理念已经成为企业管理的共识。员工福利作为现代企业薪酬管理的一个重要组成部分，充分体现了“以人为本”的管理理念和思想。员工福利具有保障员工权益和激励员工的功能，一个合理的、完善的员工福利安排可以为企业营造出强大的竞争优势。

一、员工福利的涵义

员工福利这一概念有广义和狭义之分。广义的员工福利是指用人单位、政府或社会为了满足员工的生活需要，在工资收入以外，向员工本人及其家属提供各种形式补偿的制度或计划。员工福利提供的补偿，可以以货币的形式支付，也可以以非货币的形式支付。例如，用人单位发放给员工的企业年金就是以货币形式支付的；用人单位提供给员工的免费午餐、免费旅游、心理咨询；用人单位向员工及其家属提供的免费服务等，就是非货币形式支付的员工福利。狭义的员工福利是指工资收入以外，由用人单位、政府或社会，有组织、有计划地向员工提供经济、安全保障的制度或计划。

本书介绍的员工福利是广义的员工福利。对于员工福利的概念，可以从以下几个方面理解。

（一）建立劳动关系是员工享受福利待遇的前提条件

用人单位和劳动者在劳动过程中建立的平等社会经济关系是劳动关系。员工只有同用人单位建立了劳动关系，才有资格享受员工福利待遇。建立劳动关系是劳动者享受员工福利待遇的前提条件。我国《劳动合同法》第7条规定，用人单位自用工之日即与劳动者建立劳动关系，建立劳动关系需要签订劳动合同。劳动合同是劳动者和用人单位建立的劳动关系、明确各自权利和义务的协议。从这一角度来看，员工福利可以是劳动合同约定的，也可以是用人单位自愿举办的。尽管用人单位可以自愿举办员工福利计划，但是必须在国家法律、法规的规范内，通过集体协议或者个人协商的方式确定。

（二）员工福利不属于工资的范畴

员工福利是员工劳动报酬的一部分，但是不属于员工工资的范畴。劳动报酬也称薪酬，是指员工从事用人单位的劳动而得到的货币形式和非货币形式的补偿，是用人单位支付给员工的劳动补偿。薪酬是用人单位按照劳动要素的贡献和需求进行分配和补偿的。薪酬主要包括工资报酬和员工福利两部分。工资报酬也称直接薪酬，是指用人单位在一定时期内根据劳动者提供劳动的数量和质量，直接支付给员工的劳动报酬。员工福利也称间接薪酬，是指工资以外，由用人单位向员工本人及其家属提供的各种形式的补偿，是对员工劳动贡献的间接补偿和分配，是员工全部报酬的一部分。

（三）员工福利的受益者可以是员工及其家属

如果说工资报酬直接支付给劳动者本人的话，员工福利则不同。员工福利覆盖的对象，既可以是员工本人，也可以是员工家属。员工家属获得相关的福利待遇，不仅可以增强员工的忠诚感，激发员工努力工作的热情，而且还可以解除员工的后顾之忧。例如，用人单位帮助员工解决子女上学、入托、照顾老人等方面的问题，有助于员工节约时间、安心工作，有助于员工作出更大的贡献。

（四）员工福利是依据员工需求分配的

一般而言，员工福利的分配原则是员工的需求。如果说员工工资报酬是按照员工的劳动、能力或者业绩支付报酬的，不同岗位的员工以及同一岗位不同员工之间均存在着工资的差别，体现着按劳分配的原则。而员工福利则不同，员工福利在很大程度上是依据员工的需求支付的。通常情况下，根据用人单位的工作需要和员工的需求支付，员工福利的差别并不很大。

二、员工福利的特点

（一）员工福利具有均等性

员工只要履行了劳动义务，就有权享受各种福利。由于劳动能力、技能和个人贡献等方面的差异，员工的工资存在着一定的差距。如果工资差距过大，就会对员工工作的积极性、用人单位的凝聚力产生一定的影响。员工福利在一定程度上平衡了员工之间的工资收入差距。例如,对于高工资者使用较低的养老金替代率,对于低工资者使用较高的养老金替代率,就会缩小员工享受退休金的差距。值得注意的是,员工福利的均等性是对一般性员工福利而言的,对于一些较高层次的员工福利,也可以采取差别对待的方式。例如,用人单位对有特殊贡献的员工提供住宅、专车、旅游、度假等高消费福利待遇,可以留住人才,激发员工工作的积极性。

(二)员工福利具有较强的稳定性

员工福利是按照国家法律、法规或者用人单位规章制度确定的。员工福利一旦确定下来,不能随意改变,具有稳定性,这也体现了国家法律、法规和用人单位规章制度的特点。员工福利与奖金的区别在于,奖金大多是一次性给付的,是工资的一部分,是不享受税收优惠的;而员工福利则不同,员工福利大多是长期性给付的,是可以享受税收优惠的,具有较强的稳定性。例如,企业年金的建立虽然是用人单位自主确定的,但是一旦建立,不能随意终止,这就体现了员工福利的稳定性。

(三)员工福利具有集体性

员工福利是针对用人单位全体员工建立的福利项目,具有集体性。一般来说,员工福利同员工的工作时间无关,同员工人数有关。员工工作的时间越长,其工资收入就越高,而员工福利计划则同员工的工作时间无关,同用人单位员工的人数有关。用人单位雇用的员工越多,员工福利的总给付就越多;反之,员工福利的总给付就越少。

(四)员工福利具有补偿性

工资是用人单位直接支付给员工的劳动报酬,而员工福利则是工资以外,用人单位对员工提供劳动的补偿,具有补偿性。一些劳动报酬不以货币的形式支付,可以以非货币的形式支付;不宜以个体的形式支付,可以以集体的形式支付。员工福利作为工资报酬的补充,一方面增加了员工的收入,另一方面又避免了税收。

(五)员工福利具有保障性

员工福利提供的福利待遇,可以补偿员工现在或者未来可能面临的各种风险,具有保障性。例如,法定员工福利就是为员工现在或者未来可能面临的年老、疾病、工伤、生育、失业等风险提供安全保障。又如,人身保险中的人寿保险、人身意外伤害保险、健康保险是以被保险人的死亡、伤残、疾病、年老等事故或者生存至保险期满给付保险金的保险业务,人身保险不仅为用人单位提供了解决员工不安全问题的风险管理方式,而且也为家庭提供了安全保障的方式。

三、员工福利的类别

划分员工福利的标准不同,员工福利的类型也不同。根据目前比较流行的状况,员工福利的类型主要有以下几个方面的划分。

(一)当期支付的员工福利和延期支付的员工福利

依据福利待遇支付的方式划分,员工福利可以分为当期支付的员工福利和延期支付的员工福利。

1. 当期支付的员工福利。当期支付的员工福利是指当前承诺支付的福利待遇当前就兑现，通常以周、月和年为周期支付。例如，用人单位提供的免费午餐、降温费、培训费等。一般来说，当期支付的员工福利具有以下特点：

(1)当期兑现。用人单位当期承诺支付的福利待遇，当前就兑现。在用人单位承诺福利待遇的同时，员工就获得了一定的补偿或者权益。

(2)等价交易。当期支付的员工福利是劳动合同的一部分，是用人单位和员工讨价还价的结果，是用人单位和员工之间按照等价交换的原则确定的。当期支付的员工福利，既满足了用人单位吸引人才、经营发展的需要，又满足了员工个人发展的需要。

(3)直接补偿。当期支付的员工福利是对员工贡献的直接补偿，补偿方式可以是货币形式支付，也可以是非货币形式提供的。

2. 延期支付的员工福利。延期支付的员工福利是指按照预先承诺的时间或者条件支付的福利待遇。例如，期股期权、企业年金等，就属于延期支付的员工福利。一般来说，延期支付的员工福利具有以下特点：

(1)延期支付。用人单位当期承诺的福利待遇，当期并不兑现，而是经过一段较长的时间以后，才会兑现当初承诺的福利待遇。

(2)员工福利的兑现是有条件的。只有达到规定的条件后，当初承诺的福利待遇才能兑现。一般来说，法律、法规明确规定的条件、劳动合同约定的条件、用人单位制订员工福利计划规定的条件出现时，当初承诺的福利待遇才能够兑现。显然，员工要达到法定的条件、劳动合同约定的条件等是有风险的，需要员工积极努力地工作，争取达到兑现员工福利的条件，因此，延期支付的员工福利也是用人单位激励员工、约束员工的重要方式之一。

(3)延期支付的员工。福利是对员工及其家属未来面临风险的补偿，主要满足员工不确定的保障需求和未来的保障需求。例如，企业年金就具有满足员工未来养老需求的作用。又如，健康保险就具有保障员工面临疾病风险的作用。

(二)法定员工福利和用人单位自定员工福利

依据员工福利的法律强制性划分，员工福利可以分为法定员工福利和用人单位自定员工福利。

1. 法定员工福利。法定员工福利也称强制性员工福利，是指根据国家法律、法规的要求，所有在国内注册的用人单位，都必须向员工提供的福利。法定员工福利主要包括养老保险、医疗保险、死亡抚恤、遗属抚恤、失业保险、工伤和职业伤害保险等强制性的社会保险和劳动保护，法定员工福利的特点主要有以下几个方面：

(1)强制实施。法定员工福利是依照国家有关法律、法规强制用人单位必须提供的员工福利，用人单位和员工个人没有选择的权利。

(2)强调公平性。法定员工福利覆盖所有劳动者,员工只要工作的年限或者缴费达到规定的受益资格条件,就可以获得相应的保障,法定员工福利强调制度的统一性和给付的公平性。

(3)法定员工福利提供基本保障需求。一般来说,法定员工福利保障的水平不高,主要保障面临风险的员工,并提供满足基本生活需要的保障。

2.用人单位自定员工福利。用人单位自定员工福利是指用人单位根据自身特点自主决定的有目的、有针对性地向员工设置的一些符合实际需求的福利项目。一般来说,政府对于用人单位自定员工福利并没有明确的规定,也没有强制性的要求。用人单位自定员工福利是用人单位自愿举办的,主要包括企业年金计划、公共年金计划、企业补充医疗保险、员工认股、员工持股、员工持股信托、员工福利信托、上班时非生产时间的给付、不必工作的请假或固定假日的福利、员工子女费辅助、购买商品折扣、福利住房等福利项目,用人单位自定员工福利的特点主要有以下几个方面:

(1)自愿实施。用人单位是否愿意举办员工福利,取决于用人单位的经营效益和财务状况,取决于用人单位的决策,用人单位可以自主决定是否举办员工福利。

(2)强调效率。如果说,法定员工福利比较强调员工获得保障的公平性,企业自定员工福利则比较注重效率,注重同员工的工作绩效挂钩,注重对员工的激励。

(3)用人单位自定员工福利提供较高水平的保障。如果说,法定员工福利旨在保障员工基本生活需要,用人单位自定员工福利则提供较高层次的保障,保障员工提高生活水平的需要,是对法定员工福利的补充。

(三)全员性员工福利和特殊性员工福利

依据员工福利提供的对象划分,可以分为全员性员工福利和特殊性员工福利。

1.全员性员工福利。全员性员工福利是指为用人单位所有员工提供的福利。一般来说,全员性员工福利在用人单位员工中普遍实施,强调员工获得福利的公平性,而不强调福利的差异性。

2.特殊性员工福利。特殊性员工福利是指为用人单位高层次人才或者生活困难员工设计的福利。一般来说,特殊性员工福利在特殊员工中实施,员工福利实施的群体比较特殊,强调员工福利的差异性,而不强调员工福利的公平性。

(四)固定性员工福利和弹性员工福利

依据员工福利的选择性划分,可以分为固定性员工福利和弹性员工福利。

1.固定性员工福利。固定性员工福利是指由用人单位设定的、员工只能被动地接受的福利项目。一般来说,固定性员工福利不考虑不同文化层次、不同收入层次的员工对于福利待遇的需求。固定性员工福利具有相对的固定性,不强调福利待遇的多样化和个性化。

2.弹性员工福利。弹性员工福利又称自助餐式的员工福利,是指由用人单位设定、允许员工按照自己的意愿选择的福利项目。这种福利可以划分为三种类型：全部自选、部分自选和小范围自选。一般来说，弹性员工福利不仅考虑不同文化、不同收入层次的员工对于福利的需求，而且还考虑未来员工福利的变化，可以根据员工需求和生活方式的变化不断地进行调整，具有可变性。可变性的员工福利，可以满足员工个性化的需求，具有可选择的特征。员工在用人单位规定的时间和金额范围内，可以按照自己的意愿选择合适的福利项目组合。

（五）集体员工福利和个人员工福利

依据员工福利提供的项目划分，可以分为集体员工福利和个人员工福利。

1.集体员工福利。集体员工福利是指用人单位举办或者社会服务机构举办，供员工集体享受的福利性设施和服务，是员工福利的主要形式。例如，俱乐部、健身房、食堂、免费午餐等，这些福利项目就属于集体员工福利。

2.个人员工福利。个人员工福利是指由用人单位或者福利基金支付的，以货币形式支付给员工的福利补贴，是员工福利的主要形式之一。例如，员工两地分居的探亲假期、上下班交通补贴、冬季生活取暖补贴、生活困难补贴等，这些福利项目就属于个人员工福利。

（六）实物型员工福利和货币型员工福利

依据用人单位提供员工福利的形式划分，可以分为实物型员工福利和货币型员工福利。

1.实物型员工福利。实物型员工福利是指用人单位直接以发放实物的形式或者直接提供服务的方式提供的员工福利。用人单位为员工发放实物或者提供服务，会造成用人单位对物品和服务的需求量相对比较大，用人单位可以采取团体采购的方式集中购买，这样，在价格上就比员工个人购买具有优势。在同样的预算支出下，员工就可以享受更多的福利待遇，用人单位就可以支付更少的福利成本。实物型员工福利的缺点是主要满足员工较低层次的需求，很难满足员工较高层次的需求；用人单位提供的福利不一定适合所有的员工。实物型员工福利需要用人单位采购和发放大量的物品，增加了用人单位的工作量，提高了员工福利的管理成本。

2.货币型员工福利。货币型员工福利是指用人单位向员工提供的福利主要以货币或者准货币的形式出现。例如，用人单位提供的股权激励，就是以准货币形式提供的员工福利。货币型员工福利由于不再直接向员工发放各种物品或者各种服务，也就失去了用人单位集中、统一采购的价格优势。同时，以货币形式发放的员工福利，在一定程度上改变了福利原有的形式，从而削弱了福利在凝聚员工队伍、建立融洽的员工关系方面的作用。这种员工福利的优点是：不需要用人单位直接发放物品或者提供服务，大大降低了员工福利的管理成本；福利以货币的形式提供给员工，员工可以根据自身的实际情况购买自己最需要的物品和服务，满足了员工不同层次的需求；用人单位提供的期股、期权福利待遇，是对员工工作成绩的肯定，满足了员工自我实现的需求。

任务一　员工福利与企业活力

2003年年底，中国美世咨询公司公布了对上海40家跨国公司的薪酬调查报告。被调查的用人单位中有微软、英特尔、摩托罗拉、杜邦、可口可乐等在同行业中处于领先地位的跨国企业。调查结果显示，用人单位除了向员工提供具有吸引力的薪酬待遇之外，还提供种类繁多的员工福利。其中，提供团体及额外保险的用人单位占被调查单位的78%，提供辅助教育资助的用人单位占被调查单位的60%，提供住房福利计划的用人单位占被调查单位的56%，提供股权及期权计划的用人单位占被调查单位的40%，提供企业年金的用人单位占被调查单位的28%。从以上结果可以看出，除了为员工提供较高的薪酬待遇外，还要非常重视员工的培训与发展以及员工的福利等。正是这些因素的共同作用，这40家跨国公司保持了相比上海整体市场低4%～5%的较低员工流失率，从而使企业保持了一定的活力。

一、员工福利对企业的作用

（一）员工福利对于企业的积极作用

员工福利对用人单位的积极作用主要表现在以下几个方面。

1.员工福利可以降低用人单位的劳动成本。由于所得税采取累进税制的原因，一些用人单位为了控制成本，不能提供很高的工资；一些用人单位为了减少用人单位和员工的税负，将年度奖金的一部分纳入员工福利计划延期支付，员工达到规定的时间或者退休后才能获得这笔收入，这时员工的个人应税收入减少了，税率降低了，个人所需要缴纳的所得税税额也相应地减少了。

例如，根据法律规定，用人单位缴纳社会保险缴费是以工资为基数的，工资数额增加，用人单位向社会保险的缴费随之增加。假设员工增加工资100元，给用人单位带来的成本不仅仅增加100元。假设社会保险缴费率是20%，则用人单位的社会保险缴费是20元，增加员工工资给用人单位带来的劳动成本的增加额则是120元。又如，用人单位、员工向各类基本社会保险以及政府规定的补充性保障计划所缴纳的费用都属于税前列支项目，免缴所得税。虽然有些项目在领取最终的收益额时需要纳税，如企业年金，在员工退休后领取退休金时，仍需要缴纳个人所得税。但是，由于员工退休后的收入要低于在职时的收入，由于个人所得税具有累进的性质，且具有免征额，在很大程度上起到了延税和减税的作用。

2.员工福利具有吸引人才、保留人才的作用。用人单位建立员工福利的目的是吸引人才，保留人才，增进员工的生活福利和经济安全。在现代经济时代，人才是公司最宝贵的财富。但是，人才也具有很大的流动性。特别是具有特殊能力的人力资本，是对用人单位业绩产生重大影响的人才，这类人不容易在劳动力市场上被挑选出来，所以，用人单位往往会通过出高价或者更加优厚的待遇，吸引一些人才到自己的单位来。一般来说，高薪只是短期内人才资源供求的体现，一些用人单位往往在人才过剩时，首先解雇高薪人才，以降低用人单位的生产成本。而员工福利则不同，员工福利反映了用人单位对员工的长期承诺。用人单位要想长期、稳定地吸引人才，必须提供优厚的员工福利，员工福利待遇是用人单位进行人力资源投资的重要方面。

3.员工福利具有激励员工的作用。员工福利以丰富灵活的形式，发挥着对员工的激励作用。员工福利不仅可以提供安全保障，而且可以使员工分享用人单位的经营成果，提高员工的实际收入水平。丰厚的员工福利待遇是员工实现自我价值、产生归属感的体现，也可以激发员工努力工作、尽心尽职，提高劳动生产率，增强员工对用人单位的忠诚感。

4.员工福利具有改善和优化劳动条件的作用。员工工作的环境对员工的工作效率具有很大的影响。员工福利提供的集体生活设施和服务，如浴室、健身房、育儿室等，具有改善劳动环境、优化劳动条件、增强员工凝聚力的作用。

（二）员工福利对于企业的消极作用

员工福利的消极作用主要表现在以下几个方面：

1.加重用人单位的经济负担。一般来说，员工福利的成本是用人单位承担的，当用人单位承担的福利项目比较多时，就会消耗用人单位大量的时间和资金，就会影响用人单位经济效益的发挥，最终成为用人单位沉重的经济负担。例如，目前我国企业承担的社会保险缴费率就比较高，我国用人单位承担的法定员工福利负担比较重，养老保险缴费率约为职工工资总额的20％，基本医疗保险缴费率约为职工工资总额的10％，失业保险缴费率约为职工工资总额的2％，工伤保险缴费率约为职工工资总额的0.1％～1.5％，失业保险缴费率约为职工工资总额的1％，五项社会保险缴费率之和约为职工工资总额的30％以上，这已经严重影响了用人单位的经济效益，影响了企业的发展和竞争力的提升。

2.员工福利可能提高员工的缺勤率。如果员工福利分配不公、分配不合理，就会带来消极的负面影响，就会促使员工产生怠工的心理，提高员工的缺勤率，使用人单位的总工时降低，间接增加了用人单位的产品成本。

二、员工福利对员工个人的作用

（一）员工福利对员工个人的积极作用

员工福利对员工个人的积极作用主要表现在以下几个方面：

1.员工福利可以消除劳动者的忧虑和恐惧。对于生老病死的恐惧使人们常常处于无所依靠的忧虑和恐惧之中，这种忧虑和恐惧来自于生命的风险。当人类面临这些风险时，往往感到个人的力量是无能为力的。例如，随着老年的到来和收入的减少甚至中断,人们就会害怕年老、害怕生病,害怕生活没有保障,员工福利为劳动者提供了规避这些风险的保障机制,可以解除劳动者对于各种风险和伤害的忧虑,缓解劳动者的心理负担,可以使劳动者在年老、生病后依然能够体面地生活。

2.员工福利可以减轻家庭其他成员的负担。家庭成员承担其他成员的人身风险是以一定的血缘关系为基础的,血缘关系是维系家庭成员互济互助的基础。然而,随着家庭结构的逐步缩小,随着传统宗法观念的淡薄,维系家庭成员互济互助的基础越来越薄弱,个人面临的人身风险不断地增加。员工福利的建立和发展,使面临风险的家庭成员有了安全保障,适应了家庭结构的变化,同时也减轻了家庭其他成员的经济负担。

3.员工福利可以缓解工作的压力。员工福利有释放压力,缓解紧张情绪的功能。一般来说,员工的工作压力越大,紧张程度越高,对于员工福利保障的需求越大,员工福利的作用也就越明显;相反,福利的作用就不十分明显。在快节奏的工作、生活压力下,员工更需要生活和保健等方面的服务,更关注生活质量的提高,更需要释放工作的压力,员工福利提供的生活、娱乐服务等,发挥着缓解员工工作压力的作用。

(二)员工福利对员工个人的消极作用

1.员工福利容易助长员工的依赖心理。如果员工福利提供的待遇水平过高,容易使员工产生依赖的心理,会导致部分员工宁愿在家休息,也不参加工作。例如,病假工资提供员工生病时过高的保障,会使员工宁愿在家里休病假,也不愿意工作。又如,如果失业保险给付的保险金过高,会导致劳动者宁愿失业也不愿意找工作。

2.员工福利会使员工失去对部分报酬的处置权。在其他条件相同的情况下,如果不存在税收优惠,人们更愿意得到即期的现金收入,而不愿意得到实物或者延期支付,因为拥有现金,就可以随心所欲地购买各种商品,满足员工的消费需求,实现个人效用组合的最大化;相反,如果员工达不到员工福利的受益资格条件,是不能够领取员工福利的,这会使员工失去对部分报酬的处置权,这也是员工无奈的选择。

3.员工福利影响员工的流动。员工福利的延期支付是用人单位约束员工流动的重要方式之一。例如,某企业年金计划规定,参加企业年金 5 年的员工可以获得既得受益权,即员工只有为企业工作 5 年,企业为员工缴纳的养老保险费才能够属于员工个人所有。但是,在现实生活中,存在着员工 4 年 6 个月死亡的情形,也存在着员工 4 年 6 个月跳槽的情形,还存在着员工 4 年 6 个月被解雇的情形,这会使员工丧失企业年金计划的受益资格。从这个角度来看,员工福利约束了员工的任意流动和跳槽,也严重侵害了员工的权益,导致员工对企业年金计划受益权的丧失。

◎ 案例分析

花旗集团的员工福利

美国花旗集团将员工视为最大的财富，并给予多方面的关注。在提供员工福利方面，花旗集团有着多种有效的措施，并以特殊的员工福利享誉全球，成为世界500强中的佼佼者。花旗集团的员工福利主要有以下几个方面：

1.儿童看护计划。花旗集团有多种专门和备用的儿童看护计划提供给员工的子女，分布在马里兰、内华达等5个地点的看护中心，每天为1500名儿童提供看护服务。看护中心设置了儿童医疗、智力、社会和情绪康乐等方面的课程。

2.毕生事业计划。毕生事业计划帮助员工及其家属更好地管理每一天的生活，计划通过免费的电话或者网络提供，诸如养育、照顾小孩、管理老年人等方面的服务。员工及其家属还可以进入到"毕生事业"网站参加网上的讨论。

3.员工援助计划。花旗集团通过免费电话为员工提供心理咨询服务，呼叫者可以得到短时间的心理咨询服务。如果员工需要长时间的指导，经过专业训练的顾问会为员工提供更长时间的服务，员工咨询的内容涉及私人生活、家庭和工作等方面的内容。例如，为员工提供酒精、化学药物依赖等问题的指导。

4.关注健康计划。花旗集团位于美国、爱尔兰、伦敦等地的医疗设施每年为数以万计的员工提供医疗服务，并有85%以上的员工能够当天重返工作岗位。例如，2003年"非典"流行时，工会不仅发放了口罩、药皂、体温计，而且还发放了中药配制的香袋。采取措施、保护员工的健康是花旗集团员工福利的重要方面。此外，花旗集团还在美国、都柏林、伦敦等国家和地区设置了专门的哺乳设施，方便了哺乳期妇女的生活。（根据中国CEO网《花旗集团如何进行人性化管理》（2007年2月7日）修改而成）

思考：根据任务一理论内容，结合案例谈谈员工福利与企业活力的关系。

任务二　员工福利的内容

一、员工福利的内容及构成

（一）员工福利的内容

员工福利的内容主要包含有以下几项。

1.经济性员工福利项目

经济性员工福利项目是指除了工资和奖金以外，由用人单位向员工提供的经济性补助的福利项目，如养老保险、医疗保险、住房补贴、结婚礼金等。经济性员工福利项目可以保障员工基本生活需要，可以减轻员工的负担，可以增加员工的额外收入，进而提高员工工作的效率。经济性员工福利项目是员工福利的主要方面。

2.设施性员工福利项目

设施性员工福利项目是指用人单位从员工的日常生活需要出发，向员工提供设施性服务的福利项目，如员工免费宿舍、阅览室、健身房、浴室等。设施性员工福利项目是从关怀员工的日常生活需要出发，提供相应的硬件服务设施。

3.娱乐性员工福利项目

娱乐性员工福利项目是指为了增进员工社交和娱乐的需要，促进员工身心健康和增进员工的合作意识，用人单位会提供一些娱乐性的福利项目，如免费旅行、免费电影、舞会等。此类员工福利项目的设计是基于服务员工的管理理念，以满足员工参与感、被接纳、被认同的社会性需求而设立的。

4.服务性员工福利项目

服务性员工福利项目是指为员工提供各种各样生活、职业发展等方面的服务性员工福利项目，如员工的身体健康检查、外派进修、企业培训等，可以满足员工自我实现和进一步发展的需要。

5.其他员工福利项目

其他员工福利项目是指以上所列福利项目中未包含的其他福利项目，如以用人单位员工的名义向大学捐助专用奖学金等荣誉性员工福利项目。

（二）员工福利的构成

员工福利的构成是指构成员工福利的各个项目。我国员工福利主要包括法定员工福利和用人单位自定员工福利两大项。其中，法定员工福利主要是各种社会保险，包括基本养老保险、基本医疗保险、失业保险、工伤保险、生育保险和其他法定员工权益等，用人单位自定员工福利主要包括补充养老保险、补充医疗保险、员工股权激励、员工培训和带薪假期等项目。

二、社会保险

社会保险是国家对劳动者履行的社会责任，它具有强制性、保障性、福利性和普遍性，对于保障广大劳动者的合法权益，维护社会安定，促进社会经济发展具有重要作用。用人单位应根据《劳动法》的规定，为每位正式聘用的员工办理养老保险、医疗保险、工伤保险和失业保险等社会保险，按国家的规定执行各种社会保险的保险费率。

社会保险适应了社会化大生产的客观要求，对于推进社会主义市场经济的确立与发展有着重要的作用。社会保险有利于促进劳动力的再生产和优化配置。社会保险在维护社会的安定，更好地发挥社会主义的优越性方面也有重要作用。社会保险为我国人口发展战略目标的最终实现创造了极其重要的条件。发展和改善我国失业保险制度，逐步培育失业保险基金与失业人员统一管理的良性运行机制，完善与就业服务工作相结合的工作体系，从宏观政策上适当控制企业分流富余人员的规模与速度，使之与社会消化能力适应。

(一)社会保险的涵义

社会保险是国家通过立法强制建立的，通过向参保对象征收社会保险费的统筹方式，建立庞大的社会保险基金，使劳动者(参保人)在年老、患病、因工致残、生育、失业或者死亡时，其本人或家属能够从社会获得物质帮助，保障基本生活，从而达到解除劳动者后顾之忧，促进经济发展和保持社会稳定的一种社会保障制度。

社会保险包括养老保险、工伤保险、失业保险、医疗保险、生育保险等五个险种。

(二)养老保险

1. 养老保险的概念

养老保险是社会保障制度的重要组成部分，是社会保险五大险种中最重要的险种之一。所谓养老保险(或养老保险制度)是国家和社会根据一定的法律和法规，为解决劳动者在达到国家规定的解除劳动义务的劳动年龄界限，或因年老丧失劳动能力退出劳动岗位后的基本生活而建立的一种社会保险制度。

这一概念主要包含以下三层含义：

(1)养老保险是在法定范围内的老年人完全或基本退出社会劳动生活后才自动发生作用的。这里所说的"完全"，是以劳动者与生产资料的脱离为特征的；所谓"基本"，指的是参加生产活动已不成为主要社会生活内容。需强调说明的是，法定的年龄界限(各国有不同的标准)才是切实可行的衡量标准。

(2)养老保险的目的是为保障老年人的基本生活需求，为其提供稳定可靠的生活来源。

(3)养老保险是以社会保险为手段来达到保障的目的。养老保险是世界各国较普遍实行的一种社会保障制度。

目前，世界各国实行养老保险制度有三种模式，可概括为投保资助型(也叫传统型)养老保险、强制储蓄型养老保险(也称公积金模式)和国家统筹型养老保险。

(1)传统型养老保险制度

传统型的养老保险制度又称为与雇佣相关性模式(employment-related programs)或自保公助模式，最早为德国俾斯麦政府于 1889 年颁布养老保险法所创设，后被美国、日本等国家所采纳。个人领取养老金的工资替代率，然后再以支出来确定总缴费率。个人领取养老金的权利与缴费义务联系在一起，即个人缴费是领取养老金的前提，养老金水平与个人收入挂钩，基本养老金按退休前雇员历年指数化月平均工资和不同档次的替代率来计算，并定期自动调整。除基本养老金外，国家还通过税收、利息等方面的优惠政策，鼓励企业实行补充养老保险，基本上也实行多层次的养老保险制度。

(2)国家统筹型养老保险制度

国家统筹型(universal programs)分为两种类型:

①福利国家所在地普遍采取的,又称为福利型养老保险,最早为英国创设,目前适用该类型的国家还包括瑞典、挪威、澳大利亚、加拿大等。

该制度的特点是实行完全的"现收现付"制度,并按"支付确定"的方式来确定养老金水平。养老保险费全部来源于政府税收,个人不需缴费。享受养老金的对象不仅仅为劳动者,还包括社会全体成员。养老金保障水平相对较低,通常只能保障最低生活水平而不是基本生活水平,如澳大利亚养老金待遇水平只相当于平均工资的25%。为了解决基本养老金水平较低的问题,一般大力提倡企业实行职业年金制度,以弥补基本养老金的不足。

该制度的优点在于运作简单易行,通过收入再分配的方式,对老年人提供基本生活保障,以抵消市场经济带来的负面影响。但该制度也有明显的缺陷,其直接的后果就是政府的负担过重。由于政府财政收入的相当部分都用于了社会保障支出,而且维持如此庞大的社会保障支出,政府必须采取高税收政策,这样加重了企业和纳税人的负担。同时,社会成员普遍享受养老保险待遇,缺乏对个人的激励机制,只强调公平而忽视效率。

②国家统筹型的另一种类型是苏联所创设的,其理论基础为列宁的国家保险理论,后为东欧各国、蒙古、朝鲜以及我国改革以前所采用。

该类型与福利国家的养老保险制度一样,都是由国家来包揽养老保险活动和筹集资金,实行统一的保险待遇水平,劳动者个人无须缴费,退休后可享受退休金。但与前一种所不同的是,适用的对象并非全体社会成员,而是在职劳动者,养老金也只有一个层次,未建立多层次的养老保险,一般也不定期调整养老金水平。

随着苏联和东欧国家的解体以及我国进行经济体制改革,采用这种模式的国家也越来越少。

(3)强制储蓄型

强制储蓄型主要有新加坡模式和智利模式两种。

①新加坡模式是一种公积金模式。该模式的主要特点是强调自我保障,建立个人公积金账户,由劳动者于在职期间与其雇主共同缴纳养老保险费,劳动者在退休后完全从个人账户领取养老金,国家不再以任何形式支付养老金。个人账户的基金在劳动者退休后可以一次性连本带息领取,也可以分期分批领取。国家对个人账户的基金通过中央公积金局统一进行管理和运营投资,是一种完全积细小的筹资模式。除新加坡外,东南亚、非洲等一些发展中国家也采取了该模式。

②智利模式作为另一种强制储蓄类型,也强调自我保障,也采取了个人账户的模式,但与新加坡模式不同的是,个人账户的管理完全实行私有化,即将个人账户交由自负盈亏的私营养老保险公司,规定了最大化回报率,同时实行养老金最低保

险制度。该模式于20世纪80年代在智利推出后，也被拉美一些国家所效仿。强制储蓄型的养老保险模式最大的特点是强调效率，但忽视公平，难以体现社会保险的保障功能。

2.我国养老保险的构成

我国是一个发展中国家，经济还不发达，为了使养老保险既能发挥保障生活和安定社会的作用，又能适应不同经济条件的需要，以利于劳动生产率的提高。为此，我国的养老保险由三个部分（或层次）组成。

（1）基本养老保险

基本养老保险是按国家统一的法规政策强制建立和实施的社会保险制度。企业和职工依法缴纳养老保险费，在职工达到国家规定的退休年龄或因其他原因而退出劳动岗位并办理退休手续后，社会保险经办机构向退休职工支付基本养老保险金（也称“退休金”）。

基本养老金由基础养老金和个人账户养老金组成。

目前，按照国家对基本养老保险制度的总体思路，未来基本养老保险目标替代率确定为58.5％。

基本养老金主要目的在于保障广大退休人员的晚年基本生活。

（2）企业补充养老保险

企业补充养老保险是指由企业根据自身经济实力，在国家规定的实施政策和实施条件下为本企业职工所建立的一种辅助性的养老保险。它居于多层次的养老保险体系中的第二层次，由国家宏观指导、企业内部决策执行。企业补充养老保险与基本养老保险既有区别又有联系。

其区别主要体现在两种养老保险的层次和功能上的不同，其联系主要体现在两种养老保险的政策和水平相互联系、密不可分。企业补充养老保险由劳动保障部门管理，单位实行补充养老保险，应选择经劳动保障行政部门认定的机构经办。企业补充养老保险的资金筹集方式有现收现付制、部分积累制和完全积累制三种。企业补充养老保险费可由企业完全承担，或由企业和员工双方共同承担，承担比例由劳资双方协议确定。企业内部一般都设有由劳资双方组成的董事会，负责企业补充养老保险事宜。

（3）个人储蓄性养老保险

职工个人储蓄性养老保险是我国多层次养老保险体系的一个组成部分，是由职工自愿参加、自愿选择经办机构的一种补充保险形式。由社会保险机构经办的职工个人储蓄性养老保险，由社会保险主管部门制定具体办法，职工个人根据自己的工资收入情况，按规定缴纳个人储蓄性养老保险费，记入当地社会保险机构在有关银行开设的养老保险个人账户，并应按不低于或高于同期城乡居民储蓄存款利率计息，以提倡和鼓励职工个人参加储蓄性养老保险，所得利息记入个人账户，本息一并归职工个人所有。

职工达到法定退休年龄经批准退休后，凭个人账户将储蓄性养老保险金一次总付或分次支付给本人。职工跨地区流动，个人账户的储蓄性养老保险金应随之转移。职工未到退休年龄而死亡，记入个人账户的储蓄性养老保险金应由其指定人或法定继承人继承。

3.养老保险的参保及缴费方法

(1)养老保险参加办法

根据《社会保险费征缴暂行条例》规定，用人单位应当在成立之日起30日内，持营业执照或者登记证书等有关证件，到当地社会保险经办机构申请办理社会保险登记。社会保险经办机构审核后，发给社会保险登记证件。用人单位的社会保险登记事项发生变更或者用人单位依法终止的，应当自变更或者终止之日起30日内，到社会保险经办机构办理变更或者注销社会保险登记手续。

用人单位必须按月向社会保险经办机构申报应缴纳的社会保险费数额，经社会保险经办机构审核后，在规定的期限内缴纳社会保险费。职工个人应当缴纳的社会保险费，由所在单位从其本人工资中代扣代缴。社会保险经办机构应当按规定建立和记录个人账户。

(2)养老保险的缴费计算方法

①企业缴费额＝核定的企业职工工资总额×20％；职工个人缴费额＝核定缴费基数×8％(目前为8％)。

②个体劳动者(包括个体工商户和自由职业者)缴费额＝核定缴费基数×18％。例如：2003年4月份河北省公布的2002年度省社平工资为每月747元，因此缴费基数可以在747～2241元自主选择(即省社平工资每月747元得100％～300％之间选择缴费)。全年缴费金额最少为：747×18％×12＝1613.5元，最多为：2241×18％×12＝4840.6元。

③基本养老保险缴费的比例

缴费比例分以企业参保和以个体劳动者参保两类：

第一，各类企业按职工缴费工资总额的20％缴费，职工按个人缴费基数的7％缴费(2003年为7％，两年提高一个百分点，最终到8％)。职工应缴部分由企业代扣代缴。

第二，个体劳动者包括个体工商户和自由职业者按缴费基数的18％缴费，全部由自己负担。

④养老保险缴费基数的确定

核定缴费基数以河北省上年度职工社会平均工资(简称省社平工资)为基准。

企业职工凡工资收入低于省社平工资60％的，按60％核定缴费基数；高于省社平工资60％的，按实际工资收入核定缴费基数，但是最高不得高于省社平工资的300%。

个体劳动者可以在省社平工资以上至300%的范围内，自主确定缴费基数。

（三）工伤保险

1.工伤保险的概念

工伤保险，是指劳动者在工作中或在规定的特殊情况下，遭受意外伤害或患职业病导致暂时或永久丧失劳动能力以及死亡时，劳动者或其遗属从国家和社会获得物质帮助的一种社会保险制度。

这一概念主要包含以下两层含义：

（1）工伤发生时劳动者本人可获得物质帮助；

（2）劳动者因工伤死亡时其遗嘱可获得物质帮助。

2.工伤保险的特点

（1）工伤保险对象的范围是在生产劳动过程中的劳动者。由于职业危害无所不在，无时不在，任何人都不能完全避免职业伤害。因此工伤保险作为抗御职业危害的保险制度适用于所有职工，任何职工发生工伤事故或遭受职业疾病，都应毫无例外地获得工伤保险待遇。

（2）工伤保险的责任具有赔偿性。工伤即职业伤害所造成的直接后果是伤害到职工生命健康，并由此造成职工及家庭成员的精神痛苦和经济损失，也就是说劳动者的生命健康权、生存权和劳动权受到影响、损害甚至被剥夺了。因此工伤保险是基于对工伤职工的赔偿责任而设立的一种社会保险制度，其他社会保险是基于对职工生活困难的帮助和补偿责任而设立的。

（3）工伤保险实行无过错责任原则。无论工伤事故的责任归于用人单位还是职工个人或第三者，用人单位均应承担保险责任。

（4）工伤保险不同于养老保险等险种，劳动者不缴纳保险费，全部费用由用人单位负担。即工伤保险的投保人为用人单位。

（5）工伤保险待遇相对优厚，标准较高，但因工伤事故的不同而有所差别。

3.工伤保险的办理程序

（1）工伤保险的适用范围

根据《工伤保险条例》的规定，工伤保险的适用范围包括中国境内各类企业、有雇工的个体工商户以及这些用人单位的全部职工或者雇工。各类企业包括国有企业、私营企业、乡镇企业、中外合资、合作企业、外商独资企业等。有雇工的个体工商户，是指在工商部门登记注册，雇佣劳动者为其从事个体生产经营的个体经济组织。有雇工的个体工商户参加工伤保险的具体步骤和实施办法，由省、自治区、直辖市人民政府规定。国家机关和依照或者参照国家公务员制度进行人事管理的事业单位、社会团体的工作人员因工作遭受事故伤害或者患职业病的，由所在单位支付费用。具体办法由国务院劳动保障行政部门会同国务院人事行政部门、财政部门规定。其他事业单位、社会团体以及各类民办非企业单位的工伤保险等办法，由国务院劳动保障行政部门会同国务院人事行政部门、民政部门、财政部门等部门参照本条例另行规定，报国务院批准后施行。

(2)工伤保险的办理程序

①职工伤残鉴定结论或工亡批复下达后，用人单位应及时指派专人与工伤保险经办机构联系办理待遇申报拨付手续。

②申报时，用人单位应填写《职工工伤(亡)保险待遇申报审批表》和《工伤医疗费核销验收单》连同医疗费原始发票、《工伤认可证》或《职业病诊断证明书》、《因工残废证》、劳动行政部门对工伤职工因工死亡批复、工伤(亡)之前 12 个月的工资发放表、供养直系亲属证明、职工本人身份证和缴费证明等一并上报。

③属交通事故的，须上报交警部门对事故的责任分析和处理意见。

④属因公外出期间失踪的须上报当地公安部门出具的失踪证明和人民法院宣告死亡的宣判书。

工伤(亡)兼有民事赔偿的应积极寻求民事赔偿，在民事赔偿完后，填写《职工工伤(亡)民事赔偿情况表》连同民事赔偿调解书等有关文书复印件一并上报。

(四)失业保险

1.失业保险的概念

失业保险是指国家通过立法强制实行的，由社会集中建立基金，对因失业而暂时中断生活来源的劳动者提供物质帮助的制度。它是社会保障体系的重要组成部分，是社会保险的主要项目之一。

2.失业保险的特点

(1)普遍性。它主要是为了保障有工资收入的劳动者失业后的基本生活而建立的，其覆盖范围包括劳动力队伍中的大部分成员。因此，在确定适用范围时，参保单位应不分部门和行业，不分所有制性质，其职工应不分用工形式，不分家居城镇、农村，解除或终止劳动关系后，只要本人符合条件，都有享受失业保险待遇的权利。分析我国失业保险适用范围的变化情况，呈逐步扩大的趋势，从国营企业的四种人到国有企业的七类九种人和企业化管理的事业单位职工，再到《失业保险条例》规定的城镇所有企业事业单位及其职工，充分体现了普遍性原则。

(2)强制性。它是通过国家制定法律、法规来强制实施的。按照规定，在失业保险制度覆盖范围内的单位及其职工必须参加失业保险并履行缴费义务。根据有关规定，不履行缴费义务的单位和个人都应当承担相应的法律责任。

(3)互济性。失业保险基金主要来源于社会筹集，由单位、个人和国家三方共同负担，缴费比例、缴费方式相对稳定，筹集的失业保险费，不分来源渠道，不分缴费单位的性质，全部并入失业保险基金，在统筹地区内统一调度使用以发挥互济功能。

3.失业保险金的构成

《失业保险条例》规定：失业保险基金由下列各项构成：

(1)城镇企业事业单位、城镇企业事业单位职工缴纳的失业保险费；

(2)失业保险基金的利息；

(3)财政补贴；

(4)依法纳入失业保险基金的其他资金。

建立失业保险基金是失业保险制度的重要内容。其他国家一般采取五种方式筹集失业保险所需资金：一是由雇主和雇员双方负担；二是由雇主和国家双方负担；三是由雇员和国家双方负担；四是由国家、雇员和雇主三方负担；五是全部由雇主负担。全部由雇主负担失业保险所需资金的国家，主要采取征收保险税的办法，目前只有个别国家采用。各国主要采取的是征缴费用、建立基金的方式。我国失业保险制度建立以来，一直实行基金制，在基金来源上采取用人单位缴费和财政补贴的方式。实践证明，基金制与我国经济发展水平是相适应的，可以为失业保险提供稳定的资金来源。但由于只限于用人单位缴费，职工个人不缴费，造成收缴数额有限，基金承受能力弱。若大幅度提高征缴比例，势必增加用人单位负担。在目前国家财力尚不充足和一些企业经营状况较为困难的情况下，适当提高用人单位缴费比例，并实行个人缴费较为可行，也有利于增强职工个人的保险意识。

失业保险费是失业保险基金的主要来源。因此，城镇企事业单位及其职工应当按照规定，及时、足额缴纳失业保险费，以保证基金的支付能力，切实保障失业人员基本生活和促进再就业所需资金支出。发展失业保险事业是国家的一项重要职责，一方面政府要组织好失业保险费的征缴和管理工作，另一方面在失业保险费不能满足需要时，也有责任通过财政补贴的形式保证基金支出的需要。征缴的失业保险费按规定存入银行或购买国债，取得的利息收入并入基金，这是保证基金不贬值的重要措施。其他资金是指按规定加收的滞纳金及应当纳入失业保险基金的其他资金。罚款不在此列。

4.申请失业保险金的程序

劳动者遭受单位退工后，凭退工单、劳动手册等证明，由本人到户籍所在地的街道社会保障事务所进行失业登记，符合领取条件并要求现在就领取失业保险金的，填写《失业保险登记表》，然后根据街道通知的时间、地点到区县职业介绍所办理核定待遇和申领失业保险金手续。

(五)医疗保险

1.医疗保险的概念

医疗保险是为补偿疾病所带来的医疗费用的一种保险。职工因疾病、负伤、生育时，由社会或企业提供必要的医疗服务或物质帮助的社会保险。如中国的公费医疗、劳保医疗。中国职工的医疗费用由国家、单位和个人共同负担，以减轻企业负担，避免浪费。

2. 医疗保险的职能

医疗保险同其他类型的保险一样，也是以合同的方式预先向受疾病威胁的人收取医疗保险费，建立医疗保险基金；当被保险人患病并去医疗机构就诊而发生医疗费用后，由医疗保险机构给予一定的经济补偿。

因此，医疗保险也具有保险的两大职能：风险转移和补偿转移。即把个体身上的由疾病风险所致的经济损失分摊给所有受同样风险威胁的成员，用集中起来的医疗保险基金来补偿由疾病所带来的经济损失。

3. 我国的医疗保险制度

1988 年，中国政府开始对机关事业单位的公费医疗制度和国有企业的劳保医疗制度进行改革。1998 年，中国政府颁布了《关于建立城镇职工基本医疗保险制度的决定》，开始在全国建立城镇职工基本医疗保险制度。

中国的基本医疗保险制度实行社会统筹与个人账户相结合的模式。基本医疗保险基金原则上实行地市级统筹。基本医疗保险覆盖城镇所有用人单位及其职工；所有企业、国家行政机关、事业单位和其他单位及其职工必须履行缴纳基本医疗保险费的义务。目前，用人单位的缴费比例为工资总额的 6%左右，个人缴费比例为本人工资的 2%。单位缴纳的基本医疗保险费一部分用于建立统筹基金，一部分划入个人账户；个人缴纳的基本医疗保险费计入个人账户。统筹基金和个人账户分别承担不同的医疗费用支付责任。统筹基金主要用于支付住院和部分慢性病门诊治疗的费用，统筹基金设有起付标准、最高支付限额；个人账户主要用于支付一般门诊费用。

为保障参保职工享有基本的医疗服务并有效控制医疗费用的过快增长，中国政府加强了对医疗服务的管理，制定了基本医疗保险药品目录、诊疗项目和医疗服务设施标准，对提供基本医疗保险服务的医疗机构、药店进行资格认定并允许参保职工进行选择。为配合基本医疗保险制度改革，国家同时推动医疗机构和药品生产流通体制的改革。通过建立医疗机构之间的竞争机制和药品生产流通的市场运行机制，努力实现“用比较低廉的费用提供比较优质的医疗服务”的目标。

在基本医疗保险之外，各地还普遍建立了大额医疗费用互助制度，以解决社会统筹基金最高支付限额之上的医疗费用。国家为公务员建立了医疗补助制度。有条件的企业可以为职工建立企业补充医疗保险。国家还将逐步建立社会医疗救助制度，为贫困人口提供基本医疗保障。

中国的基本医疗保险制度改革正稳步推进，基本医疗保险的覆盖范围不断扩大。到 2001 年底，全国 97%的地市启动了基本医疗保险改革，参加基本医疗保险的职工达 7629 万人。此外，公费医疗和其他形式的医疗保障制度还覆盖了一亿多的城镇人口，中国政府正在将这些人口逐步纳入到基本医疗保险制度中。

（六）生育保险

1.生育保险的概念

生育保险（maternity insurance）是国家通过立法，在怀孕和分娩的妇女劳动者暂时中断劳动时，由国家和社会提供医疗服务、生育津贴和产假的一种社会保险制度，国家或社会对生育的职工给予必要的经济补偿和医疗保健的社会保险制度。

生育保险是国家通过社会保险立法，对生育职工给予经济、物质等方面帮助的一项社会政策。其宗旨在于通过向生育女职工提供生育津贴、产假以及医疗服务等方面的待遇，保障她们因生育而暂时丧失劳动能力时的基本经济收入和医疗保健，帮助生育女职工恢复劳动能力，重返工作岗位，从而体现国家和社会对妇女在这一特殊时期给予的支持和爱护。

2.我国目前的生育保险现状

目前，我国生育保险的现状是实行两种制度并存：

第一种是由女职工所在单位负担生育女职工的产假工资和生育医疗费。根据国务院《女职工劳动保护规定》以及劳动部《关于女职工生育待遇若干问题的通知》，女职工怀孕期间的检查费、接生费、手术费、住院费和药费由所在单位负担。产假期间工资照发。

第二种是生育社会保险。根据劳动部《企业职工生育保险试行办法》规定，参加生育保险社会统筹的用人单位，应向当地社会保险经办机构缴纳生育保险费；生育保险费的缴费比例由当地人民政府根据计划内生育女职工的生育津贴、生育医疗费支出情况等确定，最高不得超过工资总额的1%，职工个人不缴费。参保单位女职工生育或流产后，其生育津贴和生育医疗费由生育保险基金支付。生育津贴按照本企业上年度职工月平均工资计发；生育医疗费包括女职工生育或流产的检查费、接生费、手术费、住院费和药费（超出规定的医疗服务费和药费由职工个人负担）以及女职工生育出院后，因生育引起疾病的医疗费。

3.生育保险主要待遇

（1）产假

是指国家法律、法规规定，给予员工在生育过程中休息的期限。具体解释为女员工在分娩前和分娩后的一定时间内所享有的假期。产假主要作用是使女员工在生育时期得到适当的休息，使其逐步恢复体力，并使婴儿得到母亲的精心照顾和哺育。我国在20世纪80年代以前，把怀孕、生育和产后照料婴儿的假期规定为56天。1988年公布《女员工劳动保护规定》后，对原规定作了很大的修改。现法定正常产假为90天，其中产前假期为15天，产后假期为75天。难产的，增加产假15天。若是多胞胎生育，每多生育一个婴儿增加产假15天。流产产假以4个月划界，其中不满4个月流产的，根据医务部门的证明给予15～30天的产假；满4个月以上流产的，产假为42天。很多地区还采取了对晚婚、晚育的员工给予奖励政策，假期延长到 180 天。

(2)生育津贴

国家法律、法规规定对职业妇女因生育而离开工作岗位期间，给予的生活费用。有的国家又叫生育现金补助。我国生育津贴的支付方式和支付标准分两种情况：

①在实行生育保险社会统筹的地区，支付标准按本企业上年度员工月平均工资的标准支付，期限不少于 90 天。

②在没有开展生育保险社会统筹的地区，生育津贴由本企业或单位支付，标准为女员工生育之前的基本工资和物价补贴，期限一般为 90 天。部分地区对晚婚、晚育的职业妇女实行适当延长生育津贴支付期限的鼓励政策。还有的地区对参加生育保险的企业中男员工的配偶，给予一次性津贴补助。

(3)医疗服务

生育医疗服务是由医院、开业医生或合格的助产士向职业妇女和男员工之妻提供的妊娠、分娩和产后的医疗照顾以及必需的住院治疗。生育医疗服务是生育保险待遇之一。各国的生育保险提供给怀孕妇女的医疗服务的项目不同，一般是根据本国的经济实力和社会保险基金的承受能力，制定相应的服务范围。大多数国家为女员工提供从怀孕到产后的医疗保健及治疗费用。我国生育保险医疗服务项目主要包括检查、接生、手术、住院、药品和计划生育手术费用等。

4. 生育保险办理程序

(1)女职工怀孕后、流产或计划生育手术前，由用人单位或街道、镇劳动保障服务站工作人员携带申报材料到区社会劳动保险处生育保险窗口；

(2)工作人员受理核准后，签发医疗证；

(3)生育女职工产假满 30 天内，由用人单位或街道、镇劳动保障服务站工作人员携带申报材料到区社会劳动保险处生育保险窗口办理待遇结算；

(4)工作人员受理核准后，支付生育医疗费和生育津贴。

三、企业补充保险计划

(一)企业补充养老保险

企业补充养老保险在国外又称企业年金计划，私人养老金计划，公司年金计划等。它是由企业雇主为其雇员建立的，雇主承担其费用的全部或大部分，它是对国家基本养老保险的补充。在西方发达国家，早在一百多年前就出现了针对特殊职业的职业年金计划，那时甚至还没有国家的基本养老保险计划。职业年金计划的迅速发展是二次世界大战以后，并且职业年金计划开始与国家基本养老保险计划发生关系，成为基本保险的补充。目前，西方发达国家的职业年金计划较为发达和成熟，覆盖面也较为普遍，经济合作与发展组织国家有 1/3 的职工被覆盖。其中，英国的覆盖面为 50%，美国为 48%，加拿大为 43%。而实施强制性职业年金计划的法国、瑞士、丹麦等国则覆盖率达到100%。相比之下，发展中国家的职业年金计划则覆盖面较小，只是在一些大公司和经济实力较强的部门中才存在。

在我国，企业补充养老保险于20世纪80年代开始试行。1991年国务院在总结各地经验的基础上，发布了《关于企业职工养老保险制度改革的决定》，做出了逐步建立基本养老保险与企业补充养老保险和职工个人储蓄性养老保险相结合的养老保险体系的决定，从而确立了我国养老保险制度改革的目标，即建立基本保险、企业补充保险和个人储蓄性保险相结合的三支柱体系。自此，建立企业补充养老保险成为我国养老保险制度改革的重要内容之一。1995年，国务院发布的《关于进一步深化企业职工养老保险制度改革的通知》及主管部门关于养老保险制度改革的政策和法规中，都提及企业补充养老保险，提倡和鼓励企业举办补充养老保险。1997年7月，国务院出台了《关于建立统一的企业职工基本养老保险制度的决定》。《决定》出台，意味着我国基本养老保险制度改革的讨论、试点和争议业已结束，制度设计业已完成。在统一了国家基本养老保险制度之后，研究制定企业补充养老保险的有关政策、法规和具体实施办法，进一步推动企业养老补充保险的发展，将成为我国养老保险制度改革的重点。

（二）集体人寿保险计划

人寿保险是市场经济国家的一些企业所提供的一种最常见福利。大多数企业都要为其员工提供团体人寿保险（group life insurance）。这是因为一个适用于团体的寿险方案对企业和员工都有好处。作为一个群体的员工相对个人而言，可以较低的费率购买到相同的保险。而且团体方案通常适用于所有的员工（包括新进员工）而不论他们的健康或身体状况如何。多数情况下，企业会支付全部的基本保险费，承保金额相当于员工两年的薪酬收入。而附加的人寿保险则由员工自己承担。个别情况下，即使是基本保险费率也按一定的比率在企业和员工之间分摊，比如50：50或20：80，我国也已经有不少企业开始为员工办理集体人寿保险。

（三）健康医疗保险计划

健康医疗保险的目的是减少当员工生病或遭受事故时本人或其家庭所遭受的损失。这种企业补充保险形式主要是在美国等一些经济发达国家使用。这种情况下，企业通常以两种方式提供这方面的福利：集体投保或者加入健康维护组织（Health Maintenance Organization）。

集体投保是指企业向保险公司支付一笔费用，作为保险费，当员工生病或其家庭发生某些事故时，保险公司可以部分或全部地赔偿其损失。从长期来说，企业所交的保费应该等于保险公司向员工支付的赔偿金与保险公司的管理费用之和。但是保险项目必须界定清楚保险的范围以及赔偿金的比率。有些时候，有些企业还采取了自保的形式，也就是说，企业自己划出一部分资金作为员工的保险金，而不再向保险公司投保。这是一种控制健康保险成本的方式，但是，这种做法会将原来转嫁到保险公司的风险重新移回自己的头上。

此外，企业还可以采取加入健康维护组织(HMO)的方式来为员工提供健康医疗保险服务，健康维护组织在美国比较普遍，它是一种保险公司和健康服务提供者的结合。它提供完善的健康服务，包括对住院病人和未住院病人提供照顾等等。同时，和其他保险计划一样，它也有固定的缴费率，但是这种做法通常有助于降低企业的保险成本。

四、法定休假

(一)公休假日

公休假日是劳动者工作满一个工作周之后的休息时间。我国实行的是周40小时工作制，劳动者的公休假日为每周两天。我国《劳动法》第38条规定：用人单位应当保证劳动者每周至少休息一天。

(二)法定休假日

法定休假日即法定节日休假。我国法定的节假日包括元旦、春节、国际劳动节、国庆节和法律法规规定的其他休假节日。

《劳动法》规定，法定休假日安排劳动者工作的，支付不低于工资的百分之三百的劳动报酬。除劳动法规定的节假日以外，企业可以根据实际情况，在和员工协商的基础上，决定放假与否以及加班工资。

(三)带薪年休假

我国《劳动法》第44条规定，国家实行带薪休假制度。劳动者连续工作一年以上的，享受带薪休假。国家事业单位和公务员带薪休假制度也早已存在，工作人员有10年、20年和20年以上工龄分别休息7天、10天和15天，但这一政策在各单位可根据实际工作进行调整，并非硬性规定。

休假的目的在于使员工有一段时间可以离开繁重的工作，获得身心的双重休息，以便更好地投入工作中去。带薪休假政策的一个关键问题在于，假期是否可以累计和转换，也就是说，如果组织给予员工每年10天的带薪休假福利，某一员工第一年没有使用这一权利，10天的假期是否可以顺延到第二年。如果组织规定带薪休假可以顺延，但是由于某些原因，到第二年，该员工的工作很忙也很重要，组织不能安排其休假，那么组织是否要对这个员工进行赔偿，如果赔偿，需要赔多少？允许员工建立这种类似“假日银行”(假日可以存储和累计)的做法一方面会给组织带来潜在的高额成本，另一方面也无法达到休假的根本目的。所以，大多数企业对员工可以累计的休假天数会做出上限的规定，超过某一天数之后，未休假的时间将不再累计。

五、员工服务福利

(一)员工援助计划

员工援助计划是企业针对诸如酗酒、吸毒、赌博或压力问题等向员工提供咨询或治疗的正式计划。基本模式有四种：

1.在内部模式中，由公司自行雇佣全部援助人员。

2.在外部模式中，公司与第三方签订合同，由第三方提供员工援助服务所需的工作人员和服务内容，提供服务地可以是第三方的上班地点、本公司的上班地点或者是二者的结合。

3.在合作模式中，多个公司集中他们的资源共同制定一个员工援助计划。

4.在加盟模式中，第三方已经与公司签订了合同，但第三方将合同转包给一个地方性的专业机构，而不是利用自己的员工来执行合同。

如果实施员工援助计划的第三方在客户公司所在地没有办公地点，就通常采用加盟模式向客户公司的员工提供服务。

（二）咨询服务

企业可以向员工提供广泛的咨询服务。咨询服务包括财务咨询。例如，怎样克服现存的债务问题；家庭咨询（包括婚姻问题等）、职业生涯咨询（分析个人能力倾向并选择相应职业）、重新谋职咨询（帮助被解雇者寻找新工作）以及退休咨询等等。

在条件允许的情况下，企业还可以向员工提供法律咨询。

（三）教育援助计划

教育援助计划是针对那些想接受继续教育或完成教育的员工实施的一种很普遍的福利计划。教育援助计划分为内部援助计划和外部援助计划两种。内部援助计划主要是指企业内部的培训。例如，一些企业尝试在企业内开设自己的大学课程，如MBA课程，并聘请大学教师来企业讲课等。外部援助计划主要指的是学费报销计划。学费的报销可以采取全额报销、部分报销的方式，也可以采取每年给予固定金额的补助等不同的方式。

（四）儿童看护帮助

在美国，越来越多的公司向员工提供儿童看护帮助。这种帮助可以根据公司介入程度的不同划分为多种形式。企业参与程度最低的一种儿童看护帮助是，企业向员工提供或帮助员工查找儿童看护服务的成本和质量方面的一些信息。在儿童看护帮助方面，较高参与程度的企业对于那些已经购买了儿童看护服务的员工提供补贴。在最高的企业参与层次上，企业直接向员工提供工作场所中的儿童看护服务。多项调查都显示，提供儿童看护帮助的企业，员工的缺勤现象大大减少，生产率也有一定程度的上升。

（五）老人护理服务

随着人口平均年龄的提高，企业和个人都越来越多地关心老年人的护理问题。与儿童照顾有些类似，老年护理计划的目的是帮助员工照顾不能充分自理的年迈父母。从企业的角度说，老年护理福利之所以如此重要，其原因与儿童照顾福利一样：帮助员工照顾他们年迈的家人会提高员工的工作绩效。组织提供的老年护理福利主要包括：弹性工作时间、长期保健保险项目以及公司资助的老年人照顾中心等等。

（六）饮食服务

很多企业为员工提供某种形式的饮食服务，他们让员工以较低的价格购买膳食、快餐或饮料。在公司内部，这些饮食设施通常是非盈利性质的，有的企业甚至以低于成本的价格提供饮食服务。这种做法对员工的好处是显而易见的，对企业来讲，则意味着员工不需要花费很长的就餐时间。即使不提供全部就餐设施的企业，往往也会提供饮水或自动售货机服务以方便员工，那些不提供饮食服务的组织可能就要为其不完善的工作设施付出补偿性的差别工资，或者提供饮食补助。

（七）健康服务

健康服务是员工福利中被使用最多的福利项目，也是最受重视的福利项目之一。员工日常需要的健康服务通常是法律规定的退休、生命、工伤保险所不能提供的。大多数情况下，健康服务包括为员工提供健身的场所和器械以及为员工举办健康讲座等等。

◎ 技能训练

训练一　福利体系设计案例分析

一、训练目标

通过实训，掌握福利的内容及构成，理解福利对于企业和个人的作用，了解常见的福利种类以及当前企业在员工福利方面存在的主要问题和福利的发展趋势。

二、训练方案与要求

（一）案例内容

上海贝尔始终把员工看成公司的宝贵资产、公司未来的生命线，并以拥有一支高素质的员工队伍而自豪。公司每年召开的董事会，都有相当多的时间用于专题讨论与员工切身相关的问题，如员工培训计划、奖金分配方案、工资调整和其他福利政策等，而且每年董事会用于讨论此类事项的时间不断增加。

上海贝尔的决策者日益深刻地认识到，人正日益成为高科技企业在市场竞争中的胜负手。只有抓住员工这条主线，其他战略部署才成为有纲之目。因此，企业的福利政策应该与其总体的竞争策略保持一致。随着企业竞争策略的变化，相应的福利政策也应该随之调整。

当然，意识到人在企业经营中的重要性并不困难。难的是如何在企业的日常经营中贯彻以人为本的经营方略。上海贝尔在这方面做了一些卓有成效的探索，自然也体现在公司的福利政策上。公司管理层为了塑造以人为本的理念，在实际中致力于以下几项工作：

创造国际化发展空间

上海贝尔在经营初期，为当时的外部环境所限，公司福利更多地承袭了计划经济体系下的大锅饭形式。随着公司的发展和中国市场体系日益和国际接轨，上海贝尔在企业福利管理方面日趋成熟。其中重要的一条就是真正做到了福利跟随战略，使上海贝尔的福利管理摆脱了原先企业不得已而为之的被动窘境，公司主动设计出别具特色的福利政策，来营建自身的竞争优势。

为了让员工真正融入国际化的社会、把握国际企业的运作方式，上海贝尔的各类技术开发人员、营销人员都有机会前往上海贝尔设在欧洲的培训基地和开发中心接受多种培训，也有相当人数的员工能获机会在海外的研发中心工作，少数有管理潜质的员工还被公司派往海外的名牌大学深造。如果一个企业能提供各种条件，使员工的知识技能始终保持在国际前沿水平，还有什么比这更能打动员工的心？

力推自我完善

公司的福利政策应该是公司整体竞争战略的一个有机组成部分。吸引人才，激励人才，为员工提供一个自我发展、自我实现的优良环境，是公司福利的目的。同时，各类人才，尤其是高科技领域的人才，在专业和管理的知识和技能方面，自我更新和自我提升的需求日涨月高，这也是很自然的事。

从企业长期发展的远景规划，以及对员工的长期承诺出发，上海贝尔形成了一整套完善的员工培训体系。上海贝尔尽管不时从外部招聘一些企业急需的人才，但主要的人才来源是高等院校毕业的本科生和研究生。他们进入上海贝尔后，必须经历为期一个月的入职培训，随后紧接着是为期数月的上岗培训；转为正式员工后，根据不同的工作需要，对员工还会进行在职培训，包括专业技能和管理专项培训。

此外，上海贝尔还鼓励员工接受继续教育，如MBA教育和博士、硕士学历教育，并为员工负担学习费用。各种各样的培训项目，不但提高了公司对各类专业人士的吸引力，也极大地提高了在职员工的工作满意度和对公司的忠诚度。新近成立的上海贝尔大学，堪称是公司培训员工方面的点睛之笔。

强调日常绩效

福利作为一种长期投资，管理上难就难在如何客观衡量其效果。在根据企业的经营策略制定福利政策的同时，必须使福利政策能促使员工去争取更好的业绩。否则，福利就会演变成平均主义的大锅饭，不但起不到激励员工的作用，反而会助长不思进取、坐享其成的消极工作习惯。

在上海贝尔，员工所享有的福利和工作业绩密切相连。不同部门有不同的业绩评估体系，员工定期的绩效评估结果决定他所得奖金的多少。为了鼓励团队合作精神，员工个人的奖金还和其所在的团队业绩挂钩。在其他福利待遇方面，上海贝尔也是在兼顾公平的前提下，以员工所做出的业绩贡献为主，尽力拉大档次差距。其意在激励广大员工力争上游，从体制上杜绝在中国为害甚烈的福利平均主义的弊端。

培育融洽关系

卓有成效的企业福利需要和员工达成良性的沟通。要真正获得员工的心，公司首先要了解员工的所思所想、他们内心的需求。员工的需求也随着人力资源市场情况的涨落和自身条件的改变在不断变化。所以，公司在探求员工的内心需求时，切忌采用静态的观点和手段，必须依从一种动态的观念。

上海贝尔的福利政策始终设法去贴切反应员工变动的需求。上海贝尔公司员工队伍的年龄结构平均仅为 28 岁。大部分员工正值成家立业之年，购房置业是他们生活中的首选事项。在上海房价高企的情况下，上海贝尔及时推出了无息购房贷款的福利项目，给员工们在购房时助一臂之力。而且在员工工作满规定期限后，此项贷款可以减半偿还。当公司了解到部分员工通过其他手段已经解决了住房，有意于消费升级，购置私家轿车时，上海贝尔又为这部分员工推出购车的无息专项贷款。

很多中国企业在福利方面只做不说。只有当员工触及具体问题时，他才可能从同事或人事部门获得一些支离破碎的有关公司福利方面的信息。如此在福利方面缺乏沟通，首先使在职员工对公司福利政策含糊不清，枉有体贴入微的政策在位，员工对公司的忠诚度也会大成问题；其次是内部员工况且如此，局外人肯定更是如坠雾中，公司对外部人才的吸引力将大受影响。

在上海贝尔，和员工的沟通是公司福利工作的一个重要组成部分，详尽的文字资料和各种活动使员工对公司的各项福利耳熟能详，同时公司也鼓励员工在亲朋好友间宣传上海贝尔良好的福利待遇。公司在各类场合也是尽力详尽地介绍公司的福利计划，使各界人士对上海贝尔优厚的福利待遇有一个充分的了解，以增强公司对外部人才的吸引力。

与此同时，上海贝尔还计划在员工福利的设立方面加以创新，改变以前员工无权决定自己福利的状况，给员工一定选择的余地，参与到自身福利的设计中来，如将购房和购车专项贷款额度累加合一，员工可以自由选择是用于购车还是购房；在交通方面，员工可以自由选择领取津贴，自己解决上下班交通问题；也可以不领津贴，搭乘公司安排的交通车辆。一旦员工在某种程度上拥有对自己福利形式的发言权，则工作满意度和对公司的忠诚度都会得到提升。

上海贝尔的“福利菜单”

和上海贝尔的员工谈及公司福利，他们会众口一词地夸耀自己享有的优厚福利。当上海贝尔的人事总监陈伟栋先生介绍公司主要的福利项目时，展现在眼前的确实是一笺令人心动的清单：

奖金：各种与业绩挂钩的奖金，包括公司利润指标完成后和员工分享的红利。

法定福利：国家规定的各类福利。如养老金、公积金、医疗保险、失业保险和各类法定有薪假期。

衣食住行津贴：每年发服装费，免费提供工作餐，丰厚的住房津贴，公司免费提供上下班交通工具。管理骨干提供商务专车。

员工培训：完备的培训内容，包括入职培训、上岗培训、在职培训、各类技术培训、管理技能培训、工作态度培训、海外培训、海外派驻、由公司支付费用的学历教育。公司每年用于培训的现金支出在千万元以上。

专项无息贷款：主要有购房贷款和购车贷款。

补充性保险福利：主要是商业补充养老保险。按员工在公司工作年限，在退休时可一次性领取相当于数年工资额的商业养老金。

有薪假期：除法定有薪假外，员工享受每年长达 14 天的休假。

特殊福利：对有专长的人才，公司提供住房，其配偶在上海落实工作、子女解决就学问题。

员工业余活动：上海贝尔有 30 多个员工俱乐部，如棋牌、网球、登山、旅游等。由公司出资定期举行各类活动。

以上所列不一而足，仅是上海贝尔公司众多福利项目的主要部分。就是凭借优厚的福利，上海贝尔吸引了大批人才，培养了大批人才，留住了大批人才，建立了一支一流的员工队伍，造就了一个内部富有良性竞争的上海贝尔大家庭。

（来源：上海贝尔福利新策：激励第一 http://www.jobcn.com/HR/News_Content.jsp? ID=20183）

（二）训练要求

阅读案例，回答下列问题：

1. 上海贝尔的福利设计的特点是什么？

2. 上海贝尔的福利体系与传统福利体系的区别是什么？它是如何避免福利陷入平均主义，导致积极性不足的问题的？

（三）训练步骤

1. 指导学生认真阅读案例及实训内容和要求。

2. 分析案例主要内容以及本次实训目的。

3. 讲解福利的特点和福利的发展趋势。

4. 布置实训任务。

（四）训练提示

此案例设置的主要目的是让学生对福利对于企业的重要意义和福利的种类有一个较为清晰的认识。通过案例分析来掌握福利设计应注意的要点。

◎ 知识拓展

链接资料一 福利的偏好性调研

美国曾有两位学者通过调查问卷的形式，深入探讨过不同员工对于不同福利措施的偏好程度。在问卷中安排了可供选择的福利措施，这份问卷寄给了美国中西部一家公用事业单位中的400名员工，共收回149份，占调查总数的38%。这一研究分别按年龄、婚姻状况、性别、受抚养人数、服务年限和职业因素，对调查结果进行了统计，统计结果如下：

员工对各种福利计划的偏好程度统计表

福利计划	年龄			婚姻状况		性别	
	18～35 (N=52)	36～49 (N=58)	50～56 (N=39)	单身 (N=52)	已婚 (N=97)	男性 (N=114)	女性 (N=35)
特别假期	5.00	4.67	5.21	4.86	4.88	4.90	4.07
增加薪资	4.70	4.71	4.09	4.68	4.34	4.56	4.03
增加退休金	3.00	4.08	4.59	3.56	4.23	4.08	4.63
家庭医疗	4.35	3.69	1.71	2.78	3.91	3.75	2.30
提早退休	2.81	3.48	3.65	3.20	3.32	3.38	3.41
每周工作4天	3.63	2.67	2.26	3.06	2.73	2.92	2.56
缩短每天工作时数	1.23	1.42	1.47	1.54	1.19	1.28	1.74
每年10个星期五假日	3.19	2.67	3.48	3.20	3.04	3.02	3.44

表A:年龄、婚姻状况、性别因素所导致的平均偏好状况(1表示低偏好,5表示高偏好)

福利计划	受抚养人数			服务时间			职业	
	0 (N=33)	1～3 (N=60)	4以上 (N=56)	0～10 (N=48)	11～20 (N=63)	21以上 (N=38)	文书 (N=48)	作业 (N=101)
特别假期	4.72	4.93	4.97	4.77	4.86	4.87	5.00	4.81
增加薪资	4.79	4.40	4.44	4.56	4.30	4.76	4.70	4.37
增加退休金	4.67	4.42	3.32	3.41	3.70	5.47	4.15	3.97
家庭医疗	1.79	3.03	4.93	4.47	3.53	2.07	2.70	3.86
提早退休	3.46	3.30	3.07	2.52	3.51	3.89	3.09	3.38
每年10个星期五假日	3.48	2.97	3.05	3.37	2.97	3.03	3.48	2.93
每周工作4天	2.67	2.60	3.30	3.40	3.24	1.63	2.48	3.03
缩短每天工作时数	1.94	1.28	0.96	0.97	1.33	1.68	1.63	1.17

表B:受抚养人数、服务时间、职业因素所导致的平均偏好状况(1表示低偏好,5表示高偏好)

从上述调查统计结果可以看出，年龄、婚姻状况、性别、家庭抚养人数、职务等都会影响员工对于不同福利项目的偏好，而偏好是与效价相联系的，偏好系数越高，说明对于员工的效价越高，依据激励理论，效价高，才能产生较高的激励作用。因此，只有充分考虑到不同员工的需求差异，增强员工福利计划的针对性和灵活性，如采取自助式的福利方案，才能使福利计划更好地发挥激励效用。

项目二　企业员工福利计划与开发

◎ 学习目标

知识目标

- 了解员工福利计划的概念。
- 理解员工福利计划的设计原则。
- 掌握员工福利计划规划的步骤。
- 了解员工福利计划的影响因素。
- 掌握企业自主福利开发的条件及方法。

能力目标

- 能够拟定企业福利计划。
- 能够对员工福利计划进行成本收益分析。
- 能够设计开发企业自主福利项目。

◎ 工作任务

- 任务一：规划员工福利计划。
- 任务二：开发企业自主福利项目。

◎ 导入案例

ICLL 的弹性福利计划

ICLL 是一家大型信息技术公司，坐落在美国。“除非你是自营职业者，否则你或许就要重视公司福利的价值”，ICLL 的就业指导凯瑟琳·特纳(Catherine Turner)在解释 ICLL 最近采用的弹性福利方案的原因时说，“我们最初的目标是双重的。一方面，我们想找到一种用于向个人通告有哪些福利的工具，另一方面我们想给人们机会去选择他们所想要的福利。”

在各种中心小组帮助识别一揽子福利计划应该包括哪些福利之后，该方案于

1997 年展开。ICCL 的方案允许员工选择较高的薪金加较低的一揽子福利计划，或者选择较低的薪金加较高的一揽子福利计划。该方案包括的福利有养老金计划、免费午餐、公司产品打折、汽车保险、节假日时间的买卖、牙科保险、危重疾病计划以及托儿津贴等。对享有的所有福利权利的计算，公司是依据员工本应获得的薪金进行的，弹性方案没有改变总收入在福利上的支出比例。

除此以外，公司还为每个员工开立了灵活支出账户。所谓灵活支出账户是指员工在付税之前，可将一部分收入转入用于支撑某些福利的账户。这些灵活的支出账户容许员工将税前的货币收入用来购买额外的福利。举例来说，假定某一个员工月收入为 5000 元，其中的 500 元被扣除并放入一个灵活支出账户。从税收的角度来看，这 500 元不能算作总收入，从而需要纳税的收入就相应地降低了，但是这 500 元必须用于购买额外的福利，法律规定灵活支出账户中的资金只能用于购买以下福利：1. 额外医疗保险；2. 家庭医疗保险；3. 人寿保险等。此外，税收法规还规定，如果到年底员工未将这些灵活支出账户的钱用完，那么他们将丧失剩余的部分。因此，对员工来说，在向灵活支出账户划拨款项的时候，必须尽可能准确地估计自己今后到底需要享用哪些和多少各种额外福利。

公司给试点小组两个月的时间去做出选择，然后要求试点小组签约。“最普遍的选择”，特纳说，“是提高了养老金的积累率，滥用节假日的人不太多。实际上更多的员工是出售节假日而不是购买——大多数人的问题是寻找时间去休假。”公司在 4 月份对其英国的所有员工推出弹性福利计划，在最早的试点小组中，超过 90% 的员工签署了弹性方案。这种福利措施出台的实质是公司真正从员工角度出发而提出的，公司的员工在一个相当宽泛的范围内自主决策，满足自己的最大需求。虽然这一项目的推出增加了公司的管理难度，但成本的降低和员工满意度的提升却为公司带来了更大的收益。

思考题：弹性福利制度为什么成为 21 世纪员工福利制度的发展方向？它体现了怎样的管理理念？

提示：作为一种有别于传统单一式福利的新员工福利制度——弹性福利计划，近年来也越来越受到我国企业的关注和推行。与传统的固定式福利计划相比，自助式福利计划的优势更为突出——传递企业的战略目标、文化和价值观，增强员工的参与度，增加员工忠诚度，提升企业的外在形象，吸引和保留人才，降低成本等。它是一种“基于员工业绩和能力的动态福利计划”。现代企业越来越倾向于将自助式福利计划作为对核心人才和优秀员工的一种奖励手段或方法。

◎ 理论导读

任务一　员工福利计划

目前，员工福利在用人单位已经发展成为了一种普遍的制度安排，但是在实践中，各单位员工福利的规划却是不相同的。员工福利计划直接关系到员工的切身利益，直接影响着员工工作积极性和创造性的发挥。员工福利计划设计得是否科学、合理，直接影响用人单位经济效益能否正常地发挥。员工福利计划已经引起用人单位人力资源管理部门的高度重视。

一、员工福利计划的概念

员工福利计划是指用人单位为员工提供非工资收入福利的"一揽子"计划和安排，主要包括员工福利项目、员工福利项目的构成、员工福利的成本和收益、员工福利资金使用的规划和安排。一般来说，员工福利计划由以下几个部分组成：

(1)国家强制实施的社会保险计划；

(2)用人单位出资的企业年金(公共年金在国外，行政事业单位实施的补偿性养老保险计划就是公共年金)、补充医疗保险、人寿保险、意外及伤残等商业保险计划；

(3)股权、期权等员工福利计划；

(4)住房、交通、教育、培训、带薪假期等其他员工福利计划。

对于员工福利计划的概念可以从以下几方面理解。

(一)员工福利计划目标是员工福利计划的首要问题

员工福利计划的目标是用人单位设计员工福利计划需要首先考虑的问题。目的决定手段，用人单位向员工提供福利的目标不同，会导致用人单位对员工福利计划的决策也不同。员工福利计划的目标可以来自政府，由国家法律、法规强制确定；也可以来自用人单位的动机，由用人单位自愿确定。例如，如果用人单位提供员工福利计划的目标是为了保障员工基本生活需要，则可以按照国家法律、法规的规定，参加社会保险计划。如果用人单位提供员工福利计划的目标是提高员工的生活水平、增强用人单位的吸引力，那么，用人单位提供的员工福利水平就要依据当地生活水平，就要参考其他用人单位提供员工福利计划的情况。

(二)员工福利计划是长期规划

员工福利计划是长期的规划。员工福利给付的长期性，要求用人单位在规划员工福利时，必须审慎地考虑员工福利的成本，审慎地考虑用人单位的业务收入、利润的状况、员工的年龄、工作年限、用人单位能够承担员工福利的限度，这样才能有计划地实施和运营员工福利。一般来说，用人单位利润的提取，可以采取固定比例制和累进比例制。固定比例制通常应用于税前利润,也可以税后利润为基数。累进比例制下,利润越高,员工福利计划提取资金的比例就越高。有些用人单位在设计员工福利计划的初期,没有考虑到用人单位未来可能面临的风险,就有可能导致用人单位未来不堪重负,也有可能导致员工福利计划资金的不足。例如,当企业利润不能超过一定的量或者企业亏损时,员工福利计划就有可能缺乏稳定的资金来源。

(三)员工福利计划是动态的计划

员工福利计划是动态的计划,是发展的计划。员工福利计划是伴随着用人单位的成长和发展、生存环境和竞争力的变化而变化的福利计划。一般来说,员工福利计划的制订需要依据用人单位的发展战略,并随着用人单位发展战略的变化,进行相应的调整。

(四)不同的员工福利计划产生不同的结果

员工福利计划可以是具有物质激励性的计划,可以是风险保障性的计划,还可以是成本利用性的计划,不同的员工福利计划会产生不同的结果。一般来说,物质激励性的员工福利计划主要强调员工福利计划产生的激励作用,以激发员工努力工作。风险保障性的员工福利计划主要强调计划的规避风险和经济补偿的功能,为员工提供规避风险的保障,可以促使员工安心地工作,可以解除员工的后顾之忧。成本利用性的员工福利计划主要强调员工福利计划的避税作用,以降低用人单位的成本,用减少的成本使用人单位和员工获得更大的收益。员工福利计划的内容,直接影响员工福利计划实施的效果,直接影响员工对福利的满意度。在用人单位制定员工福利计划的过程中,有些单位对这个问题并没有给予足够的重视,往往费力不讨好。例如,用人单位投入了大量的财力、物力,实施员工福利计划,但是,员工并不感到满意或者感到不公平,就无法充分发挥员工福利的功能。

(五)员工福利计划是工资待遇的补充计划

一般来说,员工对福利的满意程度与对工作的满意程度是直接相关的。如果员工对工作的满意度比较差,对员工福利的满意度也就不会很高;如果员工对工作的满意度比较高,对员工福利的满意度也会很高,员工对工作的满意度直接影响其对员工福利的满意度。只有在用人单位工资支付制度比较合理的情况下设计的员工福利计划,才能得到员工的普遍认同,员工福利计划是工资待遇的补充计划。

二、员工福利计划的设计原则

用人单位在规划员工福利计划的过程中,一般应该遵循以下几个方面的原则。

(一)合理性原则

在规划员工福利的过程中,用人单位应该提取与筹集一定比例的资金,用于员工福利的发放和员工福利设施的建设上。但是,这一比例的提取应该有一定的限度,应该控制在用人单位具有支付能力的限度内。在用人单位支付能力以内,还应该满足用人单位增强竞争力的需要。随着人民生活水平的不断提高，随着居民消费结构和方式的变化，用人单位应该合理地设计、调整员工福利方案，争取以较低的成本获得最大的福利效用。

（二）统筹规划原则

员工福利设施的建设和员工福利计划的设计，应该从用人单位长远发展的角度进行规划，认真地做好员工福利的预算和决算工作，要讲求经济效益，避免福利设施的重复建设，避免各种形式的资源浪费。

（三）公平性原则

员工福利的设计应该以全体员工为对象，应该遵循公平性原则，使员工产生公平的感觉，增强员工对用人单位的忠诚感，激发员工工作的积极性。另一方面，对于绩效好的员工，也可以通过员工福利设计方案的差别，体现员工的劳动贡献，以达到公平性的原则。例如，采取股权激励计划的方式，奖励具有突出贡献的员工。

（四）合法性原则

用人单位在设计员工福利计划时，必须参照国家的各项法律、法规，使员工福利计划具有合法性。员工福利计划的一项重要功能是使用人单位具有竞争优势，能够吸引人才、留住人才，使他们为用人单位做出更大的贡献，对此，需要员工福利方案的设计遵循合法性原则，避免运用员工福利计划逃税。

三、规划员工福利计划的步骤

规划员工福利计划，需要遵循一定的步骤。一般来说，规划员工福利计划需要采取以下几个步骤。

（一）调查员工福利的需求

不同层次、不同收入的员工，会有不同的福利需求和期望；不同的员工福利计划，对于不同层次、不同收入员工的满足也是不同的。因此，用人单位在规划员工福利计划时，首要的步骤是，调查员工的福利需求。对于员工需求比较普遍、比较迫切的福利项目，可以考虑优先举办；对于员工需求比较少、不感兴趣的福利项目，可以暂不举办。

（二）设计员工福利计划

在调查员工福利需求的基础上，员工福利计划的管理者需要用较多的时间和精力进行员工福利计划的成本核算，其成本核算的过程是，通过销售量或者利润计算出用人单位可供支配的福利费用。在充分考虑行业、用人单位竞争对手提供福利和法律、法规的基础上，进行主要福利项目的成本核算，确定每种员工福利项目的成本，确定每名员工可以获得的满足。在此基础上，制订相应的员工福利项目成本计划，争取在满足员工福利目标的前提下降低成本。

（三）论证员工福利计划的可行性

员工福利计划确定以后，需要论证员工福利项目的可行性，尤其是长期性给付的员工福利计划，需要在充分论证其可行性的基础上，才能实施。这是因为，一些国家的法律、法规要求，员工福利计划一旦实施，不能随意终止。例如，美国政府规定，建立企业年金计划的单位，不得随意终止计划的实施。如果要终止企业年金计划，必须证明用人单位的财务状况确实比较差，必须经过政府监管部门的审批。只有在充分论证福利项目可行、用人单位具备充分财力的情况下，才能实施长期性员工福利计划；否则，不仅不能够享受税收优惠，而且还要接受惩罚性的税收。

（四）实施员工福利计划

员工福利计划在论证为可行的情况下，就可以组织实施。在员工福利计划实施的过程中，应该根据员工福利的目标去实施，要落实预算，要按照各个福利项目的计划有步骤地实施，要定期检查员工福利的实施情况。员工福利方案在执行的过程中，要具有一定的灵活性，防止损害员工的积极性，防止漏洞的产生。例如，高成本的福利项目覆盖范围不宜过大，否则，就会引起较大的负效应。

（五）反馈对员工福利计划的意见

员工福利计划实施以后，其实施效果如何，需要进行员工福利计划实施效果的反馈调查。这是员工福利计划最大限度地满足职工需要的过程。反馈员工福利计划的意见，需要调查员工对某一福利项目的满意程度，是否需要取消某些福利项目，是否需要进一步改进某些福利项目，可以反馈员工意见的方式有以下几种：

(1)用录像带介绍有关的福利项目；

(2)找一些员工谈话，了解某一层次或者某一类型员工的福利需求；

(3)公布一些福利项目让员工自己挑选；

(4)利用各种内部刊物或其他场合介绍有关福利项目；

(5)搜集员工对各种福利项目的反馈意见；

(6)让员工填写有关福利项目的调查表。

四、影响员工福利计划的因素

规划员工福利需要考虑影响福利待遇水平的因素。一般来说，规划员工福利需要综合考虑影响用人单位发展的内部因素和外部因素，需要考虑员工的特点和人数，这样才能保证员工福利计划的持续性和有效性。

（一）影响员工福利计划的外部因素

1. 国家法律、法规的规定。国家法律、法规要求用人单位为员工的健康和安全提供保障，同时还要提供各种各样的福利以弥补员工生病、工伤、失业、退休的收入损失。对于国家立法要求用人单位必须举办的员工福利，无论用人单位是否愿意提供，无论员工是否迫切需要，用人单位都必须提供。一般来说，国家法律、法规的规定影响着员工福利的保障水平和福利待遇的内容。

2. 消费物价指数。消费物价指数也会影响员工福利的水平，影响用人单位的福利支出。用人单位以货币的形式向员工提供福利待遇时，实际福利等于名义福利(货币福利)与消费物价指数的比率。

实际福利=名义福利消费物价指数

从上式可知,消费物价指数越高,实际福利待遇水平则越低;反之,实际福利待遇水平则越高。在消费物价指数不断上涨的过程中,用人单位为了保持原有的福利水平,需要不断地增加福利费用开支;否则,就会影响到员工的福利待遇的水平。

3.劳动力市场状况。劳动力市场状况也会影响员工福利的水平。员工福利同工资一样,属于员工的薪酬。员工的薪酬即劳动力获得的劳动报酬,是受劳动力市场供求关系影响的。在其他条件不变的情况下,当劳动力的供给大于需求时,劳动者在较低的劳动报酬下依然愿意就业,员工福利水平就会降低;反之,员工福利水平就会提高。

4.竞争对手的员工福利水平。用人单位要吸引、留住员工,保持在劳动力市场的竞争力,就必须考虑同行业其他用人单位提供的员工福利水平,这是员工进行横向比较的重要参照依据。如果竞争对手的福利水平提高,用人单位也要进行必要的调整;否则,就会造成人才的流失,就会影响员工工作的情绪。

5.工会的态度和力量。工会在员工福利的发展中起着积极的推动作用。工会代表和用人单位通过集体谈判的方式决定着员工的工资水平,也决定着员工的福利待遇水平。在集体谈判的过程中,员工福利待遇水平的提高往往是谈判的关键目标,工会往往能够成功地实现员工在福利待遇方面希望达到的目标,这样可以提高工会的吸引力和凝聚力。一般来说,工会对员工福利的态度和力量决定着员工福利待遇的水平。工会的态度越强硬、力量越强大,工会在推动员工福利待遇水平提高方面的作用就越强;相反,工会在推动员工福利待遇水平提高方面的作用就越弱。

(二)影响员工福利计划的内部因素

1.用人单位的支付能力。用人单位处于不同的发展阶段,其经营的目标不同,提供的员工福利待遇也是不同的。一般来说,支付能力强的用人单位,员工福利待遇水平也比较高;支付能力差的用人单位,员工福利待遇水平也就比较低。

2.员工工资水平。员工的工资水平,决定着员工对福利待遇的认可程度和对福利待遇的接受程度。一般来说,员工的工资水平越高,对福利待遇认可的程度就越低;相反,员工的工资水平越低,对福利待遇认可的程度就越高,由此,用人单位在设计福利计划时,必须注意不同收入的员工对福利待遇的需求,用人单位提供的福利待遇,应该同员工的收入水平相匹配。从这个角度来看,用人单位在职职工月平均工资水平,是确定福利待遇水平的重要参考依据。

3.员工的年龄和受教育程度构成。员工的年龄和受教育程度的不同,也会导致员工福利需求的差异。一般来说,年轻员工比较偏好高工资、低福利的组合;中老年员工对福利的接受程度相对较高;有家庭的员工对员工福利的需求更多。例如，员工对照料孩子、子女上学等福利需求；年龄比较大的员工更加注重稳定的生活，倾向于获得更高的福利。因此，用人单位在设计员工福利时，应该考虑员工的年龄和受教育程度的构成。

五、员工福利规划的成本和收益

员工福利计划的成本可以由用人单位全部承担，也可以由用人单位和员工共同承担。如果员工承担部分资金，则要考虑员工对于缴费的承担能力。如果员工承担过重的负担，就会影响员工福利计划的吸引力。员工福利的实施，会增加用人单位的成本，用人单位常常会考虑其经营的边际收益及竞争条件等因素。

（一）员工福利规划的成本

员工福利规划的成本核算主要包括以下几个方面的内容：

1.员工福利支出的总费用。规划员工福利，需要考虑用人单位可能支付的资金。一般来说，通过分析销售额或者利润，可以计算出用人单位可能支出的最高福利费用。例如，我国政府规定，允许企业税前扣除14%的资金，发展员工福利计划；允许税前扣除2%的工会经费；允许税前扣除1.5%的员工教育经费。这也就是说，用人单位可以税前扣除的福利经费为税前利润的17.5%。如果用人单位发展企业年金计划，允许占员工工资总额4%的费用计入成本。根据用人单位上一年的利润或销售额，就可以计算出用人单位员工福利计划可以支出的总预算费用。

2.做出员工福利项目支出预算。用人单位的员工福利计划到底需要多少资金，需要做出员工福利项目支出的预算。员工福利项目支出的预算规划大致需要经过以下几个步骤：

(1)确定每一个员工福利项目的平均成本；

(2)确定享受福利待遇员工的数量；

(3)确定该福利项目费用的预算，即确定相应的员工福利计划的成本；

(4)在计算每一个员工福利项目的成本预算以后，需要确定所有员工福利项目的总成本。

3.在满足福利目标的前提下，尽可能地降低成本。为了降低员工福利计划的成本，用人单位不必向所有职工都提供一样的福利，可以根据具体情况区别对待，用人单位可以考虑以下一些区别对待的标准。

(1)以工龄为标准。以工龄为标准是指员工福利待遇水平与员工的工龄挂钩。随着员工工龄的增加，员工获得的福利待遇会逐步地提高；也可以要求员工向用人单位提供一定年限的服务之后，才能享受某些福利待遇。

(2)以员工在用人单位的贡献为标准。如果员工对用人单位的贡献比较大，就可以享受比较高的福利待遇。在实行这项措施时，需要注意的问题是，员工福利的差别和工资差别一样，会引起待遇较低职工的不满，会影响员工的工作积极性，因而不宜使这种福利待遇的差距过大。

(3)以在职和不在职为标准。在职职工享受的某些福利，退休人员或者由于经济不景气而临时解雇、下岗的职工，可以不必享受。

(4)以某周工作时间为标准。全日制职工享受的福利待遇，非全日制工作的员工可以不享受。

(二)员工福利规划的收益

一般来说，员工福利规划的收益是比较难衡量的，因为员工福利带给人的满足和安全是一种心里的感觉，这种感觉很难具体地体现出来，因此，要使员工福利项目最大限度地满足员工的需要，福利沟通十分重要，这可以让员工福利计划能够得到自上而下的普遍承认和统一。福利沟通可以采取问卷调查的方法。要了解员工对福利的满意程度，可以采取发放问卷的办法，通过分析员工对问卷的回答，可以分析出员工对已经实施的员工福利计划的满足程度，以获得有关员工福利规划收益方面的信息。

任务二　开发企业自主福利项目

一、传统福利项目与企业自主福利项目在目标和效果上的差距

传统的福利项目与企业自主经营情况下福利工作要达到的标准和效果之间是有差距的。通常来讲，社会统筹保障类福利项目只是所有福利工作里面最基础的、最低级的标准，对于经营效益不错、经营规模比较大的企业，它为员工提供的工作条件和生活保障要远远超出国家要求的社会统筹保障。这主要是由于以下原因。

(一)企业体制带来的差异

外资企业和国有企业的工资标准差异以及福利标准的不统一，带来了一些不协调。比如某地区平均工资可能是2000元，很多社会统筹保险的福利标准相应地也会以此为基础来做。但实际上有的企业是高科技企业，给员工提供的工资待遇平均可能有6000元，如果按2000元钱的基础来进行计算，那么企业提供的福利保障与工资相比是很少的。

也就是说，工资水平相对较高的企业如果仅仅按照政府要求的福利保障来操作的话，与一些企业的总体经营水平和总体社会形象会有比较大的反差。比如一家高新企业，如果只提供员工住房公积金，由于企业本身年轻人比较多，企业的历史也不长，因而员工申请住房贷款的时候能够得到的金额也是很有限的。针对这样的情况企业可以给员工发放房租补助，这样一来就为员工解决了当下的住房问题。

(二)人才流动、异地人才使用与传统福利的户籍限制

如果企业的规模比较大，在全国范围内经营，聘请的人才可能全国各地都有，但是那些传统的福利项目通常只为户籍在当地的员工提供福利保障。对异地员

工，没有办法提供工伤保险、商业化人身意外伤害保险，在这种情况下，企业可以做一些补充的福利保险，比如医疗保险。

(三)企业的行业特点、自身优势与独特的业务需求

有时企业会有自己的一些行业优势，根据这些行业优势，可以做有自身特点的一些福利项目，这样既激励了员工，又为大家的日常工作提供了一个保障。

【案例】

某家杂志社的每个记者都配备有一辆车，这是杂志社提供无息贷款资助员工买的，当然记者自己也要付一部分钱。这是很不错的一项福利，而且也解决了实际问题，因为记者天天在外面跑，打的要花钱，坐公共汽车很不方便，经济上、时间上的限制太多，如果自己有车的话就会特别方便。这个福利项目就是针对自己的行业特点和经济水平选择设计的。所以企业如果想经营的有效，经营的到位，就要把福利项目与自己的行业特点相结合。对员工这是一种待遇，对企业是保留人才的一种手段，所以像这样的福利项目都值得企业去开发。

二、企业选择开发自主福利项目的条件

如何针对企业的不同情况，选择适合自身业务经营状况的福利项目？在此提供几个参考条件，如果企业满足了这些条件，就可以相应地去开发一些福利项目。

(一)企业的经营状况较好

如果企业没有足够多的资金来源，或者经济效益支持不了一些基本的福利运作，要想在同行里面做比较领先的自主福利项目就困难了，甚至做了以后也不见得会有效益。

1.所谓企业的经营状况较好，不见得一定要赚很多钱，或者在本行业里最领先。通常只要在自己的行业、地区、所在城市中效益水平能达到中等以上，不属于效益比较差的企业就可以了。

2.企业的发展势头比较好。可能最近一两年盈利不多，但是每年的发展都很快，而且从业务经营上、从市场上来讲很有发展前途，有一个长远的战略目标，而这个战略目标是需要员工努力才能实现的，需要有个前期的投入，当然这个投入的一部分可以花在企业的福利开发上面。

3.企业的规模比较大，发展状况一般，此时就需要有足够多的凝聚力，大而散的企业是没有竞争力的。凝聚力的一个手段和措施，就是要提供比较好的、有企业自己特色的福利项目或者福利体系，这个体系中很重要的内容要靠自己针对企业的情况去开发。

4.在另一种情况下，企业经营状况不是很好，也一样需要去开发自己的福利项目。在那些竞争非常激烈的行业，福利待遇已经成为保留人才的一种手段，在这样的行业里也要想方设法去做自己有竞争力的福利项目。比如在高科技企业里，贷

款供楼或房租补助计划已经成为吸引和保留优秀员工或关键岗位员工的一种手段，即使经营状况不是很好，也得坚持做下去，否则那些优秀人才就流失了。

（二）有良好的人力资源管理基础

企业的人力资源管理基础比较好，至少要有一定的基础。例如人员配置、薪资和激励、绩效管理体系都已经基本到位的企业。因为福利工作的一个目的就是为了保障员工安心工作，薪资福利的作用就是激励员工，如果人员配置不合理，员工没有工作积极性，人力资源的基本管理工作没有做好，即使福利再多效果也未必理想。

（三）确保所有基础的社会统筹福利和福利制度政策已经建立实施

要做企业自主的福利项目，必须确保最基础的福利项目已经建立起来，至少国家规定的住房公积金、社会统筹保障福利这些已经到位。

（四）有开发实施的合适的人手和技术条件、资金条件

做福利项目首先必须要有福利经理来开展这一工作，很多福利项目都是专业性的，比如贷款供楼、医疗保险，在开发实施的过程中有很多的技术要求，如果做不到位，就会变成一种浪费，所以一定要有基本的条件。

（五）有比较好的业务契机

比较好的业务契机也非常重要，比如经营层刚刚换班或者新的经营层上任，企业正在改制，薪资福利预算刚开始实施等，在这样的背景下或大的契机下来做一些企业自主的福利项目往往会比较容易实现，会得到领导们的支持。

三、企业自主福利项目设计方法

（一）企业自主福利设计的指导思想

1. 选择的福利项目要最能反应员工的需要；

2. 选择的福利项目在市场上已经有企业在做，而且证实效果不错；

3. 选择的福利项目资金的投入和福利效益与企业的效益水平相当，企业能够有足够的承受力。

【案例】

人身意外伤害保险是传统的福利项目所没有的，传统的福利项目只有工伤保险，而且操作起来也非常有限。因为它本身是针对生产型企业来做的，在行政办公室或者在商业化的企业里，适用的范围很小；另外，通常它覆盖的范围就是工伤保险，所谓工伤保险就是在工作场合发生的意外伤害，如果在办公室上班，就很可能在上班的时间之外发生一些意外伤害，怎么办？可能员工受的伤害对以后的工作能力、对个人和家庭都会有很大的影响，这几乎是所有的现代企业都在为员工考虑的一个事情。

现在市场上比较成熟的具体做法，就是为员工做人身意外伤害保险，而且是通过团体人寿保险的形式来做。这个保险要给员工什么样的保障呢？就是

当员工受到意外伤害的时候，会有一定的赔偿金额给员工本人或其家属。企业以一定月份的工资作为一个保险额，一般来讲最少提供24个月，多的达到五六年，就是当员工发生意外伤亡的时候，最多(死亡的情况下)可以得到多少个月工资的赔偿，按一定的比例投保。

这个福利项目就基本上符合上面所说的指导思想：

1. 最能反映员工需要——生老病死。

2. 市场上已经证实比较受欢迎——现代企业普遍做法。

3. 资金投入和福利效益与本企业经营效益水平相当——以员工的工资收入为基数。

(二)企业自主福利设计的主要内容及实施办法

由于企业自主福利项目设计的内容较多，本书仅以人身意外伤害保险为例来说明其设计内容及方法。其主要内容如表6-1所示：

表6-1　员工人身意外伤害保险设计内容

享受员工的资格	所有员工
伤害的定义与技术鉴定	遵循保险公司的标准操作
具体的操作办法	新员工入职即生效；员工名单更新，保险理赔程序与手续，填写规定的申请表

一般来说，企业自主福利项目的落实办法包括以下几个环节：物色合适的保险公司，谈判保险费的比例，布告通知员工等。福利项目设计前后均要和员工交流、沟通，让员工清楚地知道可以享受的福利内容。其中有一个小技巧就是咨询同行业其他公司采用的保险公司和费用比例，以做参考。

◎ 技能训练

训练一　制订企业福利项目开发方案

一、训练目标

通过实训，掌握企业自主福利项目的设计思想及实施方法。

二、训练方案与要求

(一)训练要求

1. 了解企业自主福利项目与传统福利项目在目标及效果上的差异。

2. 理解企业自主福利项目开发应具备的条件。

3. 掌握企业自主福利开发的基本思想及实施方法。

(二)训练组织

选择一家熟悉的企业进行实地调研，通过了解企业的福利状况，对其进行分析。用下表(表6-2:企业自主福利项目开发可行性自查表)的标准检查该企业是否具备选择开发自主的福利项目的条件,并且为企业制订一个自主福利项目开发方案。

表6-2　企业自主福利项目开发可行性自查表

	开发自主福利项目的条件	企业状况
步骤一:前期准备工作	◆企业的经营状况较好; ◆同行业同地区,效益水平平均以上; ◆企业发展势头比较好,有长远的发展前景; ◆企业规模较大,需要有较强的凝聚力; ◆企业的经营状况不好,但本行业本地区人才竞争激烈,福利待遇的竞争已成为保留人才的手段。	
	人力资源管理基础较好:薪资管理、人才配置激励、员工绩效管理基本到位。	
	所有基础的社会统筹福利和福利制度政策已经建立实施。	
	有开发实施的合适的人手和技术条件,资金条件。	
	有比较好的业务契机:薪资福利预算刚启动、企业改制、新的经营层上任。	
步骤二:方案设计	指导思想: (1)最能反应员工的需要; (2)市场上已被证实受欢迎——现代企业的普遍做法; (3)资金投入和福利效益与本企业经营效益水平相当。	

(三)实训指导

1. 选择一家熟悉的企业,进行前期调研。

2. 根据收集到的信息资料,对企业开发自主福利项目的可行性进行分析。

3. 结合企业实际情况,提出福利项目开发的合理化建议。

(四)训练作业

1. 以小组为单位,完成一份企业自主福利开发方案设计可行性分析。

2. 为企业提出自主福利开发的合理化建议。

◎ 知识拓展

弹性福利计划

在人才竞争日益激烈、竞争手段日益人性化、知识化和多样化的今天,公司引才、用才、留才的机制也在不断地创新和发展。员工福利作为现代全面薪酬体系的一个重要组成部分,是公司人力资源战略中不可忽视的重要因素。公司在追求利润最大化的过程中对人工成本控制的要求和员工在追求自身价值最大化的过程中对福利水平提高的要求始终是一对尖锐的矛盾。而在这对矛盾之间找到一个适合自己公司战略运行和发展的平衡点，通过管理和创新在公司最恰当的人工成本支出下为员工提供最适合的福利计划，则是公司福利管理的核心目标所在。

不同的公司根据各自公司战略、发展阶段和经营情况为员工设置的福利项目可能各不一样，但在传统上，单个公司向员工提供的福利大多都是固定的，即向所有的员工提供同样的福利内容。这种模式的好处在于，因为所有员工都享受一样的福利项目，因此公司制订的福利计划的复杂程度就大大降低了，减少了福利计划制定的成本。同时因为福利项目统一的规模效应，特别是以实物和服务形式向员工提供福利时，成本会大大降低。但是除了强制实施的法定福利之外员工对非法定福利项目的偏好往往各不一样，众口难调。而统一型的福利计划模式往往无法考虑到员工多样化的需求，从而削弱了福利实施的效果。这从另一角度讲反而增加了公司无谓的成本。从 20 世纪 70 年代起，在西方发达国家的部分公司中，进行针对员工不同的需求提供不同的福利内容，弹性福利模式逐渐兴起并成了福利管理发展的一个趋势。

弹性福利制就是由员工自行选择福利项目的福利管理模式。它还有几种不同的名称，如“自助餐式福利计划”、“菜单式福利模式”等。在实践中一般是由公司提供一份列有各种福利项目的“菜单”，然后由员工依照自己的需求从中选择其需要的项目，组合成属于自己的一套福利“套餐”。这种制度非常强调“员工参与”的过程。当然员工的选择不是完全自由的，有部分项目，例如法定福利就是每位员工的必选择。此外公司一般都会根据员工的薪水、年资或家庭背景等因素来设定每一个员工所拥有的福利限额，同时福利清单的每项福利项目都会附一个金额，员工只能在自己的限额内购买喜欢的福利。

弹性福利计划的实施，具有显著的优点：

起初，因为每个员工个人的情况是不同的，因此他们的需求可能也是不同的，例如，年轻的员工可能更喜欢以货币的方式支付福利，有孩子的员工可能期望公司提供儿童照顾的津贴，而年龄大的员工又可能特别关注养老保险和医疗保险。而弹性福利计划的实施，则充分考虑了员工个人的需求，使他们能够根据自己的需求来选择福利项目，这样就满足了员工不同的需求，从而提高了福利计划的适应性，这是弹性福利计划最大的优点。

其次，由员工自行选择所需要的福利项目，公司就能够不再提供那些员工不需要的福利，这有助于节约福利成本。

再次，这种模式的实施一般会给出每个员工的福利限额和每项福利的金额，这样就会促使员工更加注意自己的选择，从而有助于进行福利成本控制，同时还会使员工真实地觉得公司给自己提供了福利。

弹性福利计划既有效控制了公司福利成本，又照顾到了员工对福利项目的个性化需求，能够说这是一个双赢的管理模式。也正是因此，弹性福利制正在被越来越多的公司关注和采纳。

但是，弹性福利计划也是存在部分问题的。

起初，它造成了管理的复杂。因为员工的需求是不同的，因此自由选择大大增加了公司具体实施福利的种类，从而增加了统计、核算和管理的工作量，这会增加福利的管理成本。

其次，这种模式的实施可能存在"逆向选择"的倾向，员工可能为了享受的金额最大化而选择了自己并不最需要的福利项目。

再次，由员工自己选择可能还会出现非理性的情况，员工可能只照顾眼前利益也许考虑不周，从而过早地用完了自己的限额，这样当他再需要其他的福利项目时，就可能无法购买也许需要透支。

最后，允许员工自由进行选择，可能会造成福利项目实施的不统一，这样就会减少统一性模式所具有的规模效应。

虽然弹性福利计划实施起来可能存在上述一系列的问题，但是只要设计合理、管理科学、运用得当，弹性福利模式的优势还是相当明显的。所以，如何去规划和实施一套好的弹性福利制度呢？

一般认为，一套好的弹性福利制度必须符合以下几个要求：①恰当。即公司的福利水平对外要有竞争力，不落后于同行业或同类型的其他公司；对内要符合本公司的战略、规模和经济实力，不要使福利成为公司的财务负担。②可管理。即要求公司设计的福利项目是切合实际，能够实施的；同时还需要有一套完善的运行体制用以实施和监督。③简单理解。即要求各个福利项目的设计和表述能够很简单地为每个员工理解，在选择和享受福利项目时，不会产生歧义。④有能够衡量的标准。即要求公司为员工提供的每项福利项目都是能够衡量价值的，这样才能使每个员工在自己的限额内选择福利项目。⑤员工参与度高。即要求制度的设计包含公司和员工互动的渠道和规则。⑥灵活。即要求福利制度不但尽可能地满足不同员工的个性化要求，还能够根据公司的经营和财务情况进行有效的自我调整。

在这样一个基本的要求指导下，我们能够进行设计公司的弹性福利制度了。

第一步，我们需要充分理解公司的战略，不同的公司战略需要用不同的人力资源师策略来支持。只要充分理解本公司的战略，才有可能设计出适合本公司需要的恰当的福利制度。

第二步，理解国家的相关法规。弹性福利制度当中包含了作为必选择的法定福利项目，无论公司是否愿意、员工是否迫切需要，法律强制实施的福利项目是必须提供的。

第三步，理解公司的经营和财务情况。再完美的福利计划没有资金的支持就等于零。所以公司的财务情况也是设计福利制度的一个重要前提。

第四步，盘点公司现有的福利项目并进行财务分析。有些项目因为实施得相当普遍往往被人们忽视，有些项目因为真正需要和实际受益的人数比较少也简单，容易被忽略。只有把这些项目都进行统一的列举、盘点和测算，才能较为精确地测算出现有的福利成本。

第五步，调查员工对福利项目的需求。年老的、年轻的，已婚的、未婚的，男性、女性，身体健康的、体弱多病的，家境好的、差的，上班路途远的、近的，不同的员工会对公司的福利项目有不同的需求，要设计出能够尽可能满足各类员工需求的福利项目，需要对员工的需求有充分的理解。当然，员工的需求可能有很多，甚至还会有些怪异的需求，这些需求可能无法衡量价值。所以在设计调查问卷时应尽量让员工排除那些比较怪异的要求。

第六步，确定每位员工的福利限额。一般我们用点数来标志这一限额。它能够通过资历、绩效、工资、家庭情况等一系列因素综合地进行评定。在确定了每位员工的福利点数之后，需要进一步确定这些点数的现金价值，即福利点的单价，它等于公司福利计划成本总额与全体员工获得的总福利点数之比。这样能够保证弹性福利支出的总额与预算基本一致。

第七步，根据上述第一至五步的分析和综合，确定公司提供给员工的所有福利项目的清单，并根据这些福利项目的市场定价和福利点的单价折算成对应的福利点数作为福利项目的点数价格。

第八步，员工选择福利项目。在每位员工都有了各自的福利点数，同时福利项目又都一一按点数定价后，员工就能够进行选择自己需要的福利项目了。这一过程中将不可避免地出现员工购买力不足和“储蓄”的情况。这需要预先根据公司情况设定规则进行管理。

第九步，协调、管理和沟通。公司需要针对交易中的纠纷以及员工的意见反馈采取处理措施，并根据情况的不断调整合理调整和不断优化其福利制度。

这样，一套自助式的弹性福利制度就基本设计搞定。当然，公司还可根据自身情况的不同在上述环节的基础上略做调整来进行设计。例如，期望简化实施操作、减少管理成本的公司能够采用标准组件式福利方案。即由公司根据员工情况的不同，推出多种固定的“福利组合”，员工则在这些组合中进行选择，如同餐厅推出的套餐服务。当然这种技巧在简化管理的同时也降低了员工选择的自由度。再如，已经形成相对比较合理和科学的福利体系的公司，能够采用核心外加式福利方案。即员工福利由核心福利和弹性福利共同组成，将已确定的每位员工都比較需要的福利项目作为核心项目固定下来，员工在弹性福利项目中进行选择，然后组成各自最终享受的福利项目。但总的来讲，上述几种类型的弹性福利计划在设计思路上没有大的区别，主要还是能够根据公司的情况和需要进行选择。

总之，弹性福利制度在中国公司中的运用是一种趋势，设计出一套科学合理的弹性福利计划，而且对其进行有效的管理和运用，不但能够使公司既定的福利成本得到最合理的使用，同时它也将受到大多数员工的认同和欢迎。我们需要因地制宜、因公司情况而异地运用这种的福利管理办法，来服务于我们人力资源师管理工作的需要，服务于公司和员工共同发展的需要。运用得当，这将会成为公司人力资源师管理的制胜法宝！

（资料来源：http://www.chinahrd.net/zhi_sk/jt_page.asp?articleid=124489）

模块七　办公室通讯与电话管理

项目一　收发通讯工作

◎ 学习目标

知识目标

- 熟悉办公室通讯工作的内容。
- 掌握邮件收发的程序和方法。
- 掌握工作日志的管理方法。

能力目标

- 能够承担收发室的日常管理工作。
- 能够正确收发报纸、杂志、信件等。
- 能够正确撰写工作日志。
- 能够按要求管理工作日志。

◎ 工作任务

- 任务一:收发室的设立与管理。
- 任务二:收发工作程序和方法。
- 任务三:管理工作日志。

◎ 导入案例

案例一　邮件收进的程序

【职业情景】

高小姐是宏远公司总经理秘书,一清早进入办公楼,就到公司信箱中把邮件取了出来,用专用信袋装好,提着走进了自己的办公室。略微整理了一下,就坐在自己的办公桌前开始工作了。

高小姐数了下信件的数量,一共21件。她先把公函和私人信函分开,把有密级要求的、标有"某某"亲启的信件分开。然后她根据收件部门的名称分类:有5封信是人事科的;7封信是销售科的;1封是财务科的;1封写着教育科的,但公司没有这个部门,她把这封信归到培训部去了;1封信上写总经理亲启;另2封是总经理办公室的;剩下的4份是报纸杂志。

高小姐拿出邮件登记簿,边登记边分拣。所有的来函和邮件都登记在册了,也按部门分拣归类了。接着高小姐把总经理亲启的那封信放在总经理的办公桌上,把其他信放在各个部门的专用信格里,留下了2份报纸,2封总经理办公室的信。

在拆信前,她先把信拿到光亮地方照了下,一封信的信纸折得几乎与信封一样大小,高小姐只好把信在桌上磕了十几下,尽可能使信纸沉落下去,然后取出剪刀,小心翼翼地剪开了信口。把信封内的信纸一一展开,盖上日戳,再用回形针把信纸和信封一一别住。一封信写明有三份附件,但高小姐仔细检查,只找到两份附件,她用红笔在信纸上写下:"缺少一份附件",然后签上了自己的姓名。她想,这封信让总经理来处理吧。

另一封是对本公司提出业务方面意见的客户来信,按照惯例,高小姐决定立即复信。她写到:

王晓明先生:

非常感谢您对我公司的关心。您所提到的服务质量和态度问题,我们正在研究改进,希望在不久之后,您看到的将是新的面貌。希望我们继续合作。再次向您致谢。敬请安好。

宏远公司敬上

2010年5月6日

拟写复信稿,本已坐到电脑前的高小姐想了一下,还是拿出了钢笔,手写誊抄了一遍,并写好了信封,填好了发函登记。

思考题:

1. 高小姐的收件程序是否正确?每一个细节是否都符合秘书的要求?

2. "缺少一份附件"的那封信为什么要由总经理自己处理?

3. 高小姐最后为什么不用电脑打信,而要手写发出?

案例二 误拆信笺的处理

【职业情景】

高叶是某外资公司秘书。一次,她不小心误拆了外籍总经理的私人信件。而且信里写的是总经理极其不愿他人知晓的隐私,这可如何是好呢?

高叶当时想，事情既然已经发生了，就要勇于面对，不可藏匿不交，更不可私自折毁。误拆信件只是工作事故，而藏匿或折毁则是道德甚至是法律问题了。当务之急是先解决问题，然后再分析原因。于是她紧急采取了如下步骤：

发现误拆，当即停止阅读，并保证不把已看到的内容告诉任何人。把信纸按原样折叠好，放回信封。取一张便士贴，上面写上：Sorry，opened by mistake，并签上自己的姓名。然后将这张便士粘贴在信封上。在每天规定的呈送邮件的时间里，把这封错误拆开的信放在其他的邮件中间，一并送入总经理室，如办公室无人，当面向总经理道歉。若办公室有其他人在，则过后道歉。

通过这一方式，高叶虽然受到了总经理的严厉批评，但最后也得到了总经理的谅解。事后，高叶及时总结经验教训。高叶承认，发生误拆信笺的事情，主观上是自己工作不认真、太大意所致，今后要增强工作的责任心，以避免类似事情的发生。客观上，是来信人没有按照一定的规范表明私人信件。这需要学习识别哪些是没有表明性质的私人信件。高叶得出如下经验：一是留意哪些人经常给总经理写私信，那么这些人的来信即便没有标明信件的性质，也不会贸然误拆。二是学会辨别公务信件和私人信件的差别。一般，公务信件是打印的，而私人信件是手写的，公务信件的信封是白色的，私人信件的信封是多种颜色的，公务信封往往印有单位的名称和地址，而私人信封往往是公开出售的。三是当拿不准是公务信件还是私人信件的时候，请领导来定夺。

思考题：

1. 高叶秘书的做法是否值得我们借鉴呢？为什么？

2. 请总结一下秘书该如何细致高效地处理邮件？

◎ 理论导读

办公室通讯工作，包括电话接打、邮件收发、电报传真往来以及计算机网络通讯等。这些也是秘书人员几乎每天都少不了的事务，需要秘书人员准确、优质、高效地做好。

任务一　收发室的设立与管理

一、收发、通信工作的特点

收发工作是指在机关、单位收发室内接收、分拣收进送出的文件（包括机要文件）、信函、报刊等（统称为信件），一般称为外收发；通信工作指上门送取信件。收发工作与通信工作是密切地联系在一起的。它有两个突出的特点。

1. 总进出口

它是机关、单位文书、信件往来的总进出口，从外面进来的所有信件都要经过收发室转送到本机关、单位的各部门，本机关、单位的所有信件，都要经过这里向外发出。

2.外、内收发的区别

外收发与内收发有所不同。外收发只担负着收信、发信的任务，信件只是在这里经办手续，工作人员只是根据信件的外部标志接收、发送信件，而一般不能拆阅、处理信件。而内收发则负责拆阅信件，并根据信件的内容处理。

收发、通信工作是秘书工作的一个重要环节。收发通信工作做得好不好，直接影响着文件、信函处理的工作效率，甚至还会影响到整个机关、单位正常的工作秩序。

二、收发室的设立

一般说来，较大的机关或企事业单位都设有独立的收发室，一些较小的基层行政机关或企事业单位，则在办公室内设专职或兼职的文书人员进行收发工作。

1.收发室的设立地点

机关、单位的收发室，一般设在机关或单位的大门口或靠近大门口。但是，如果一个机关、单位院内或一座楼内有两个或两个以上的机关或单位，可以视不同情况而设立收发室。如只有两个机关或单位，那么，既可设置一个联合收发室，也可以在大门口各自设置收发室。若有两个以上的机关或单位，则最好设置一个联合收发室，统管这几个机关或单位的收发工作，以便于外单位向本庭院内或楼内的几个机关、单位投递信件。

2.收发室的人员配备

收发室一般要配备收发员和通信员。收发员一般只是在收发室内负责接收、分拣、登记收进送出的信件，通信员则要走出去到外单位投递或取回信件。收发室所配备的收发员和通信员的数量，应根据机关或单位的大小及收进送出的信件的多少、投递信件路程的远近等各种情况确定。比如，在高级领导机关中发送机密、绝密信件，要求双人投递，为此，通信员的人数就要相应地增加。

3.一般收发室的设备配置

收发室一般必备的设施有：办公桌椅、带分拣格的卷柜、一般卷柜、信报箱、登记簿册、电话和电话号码簿、各有关部门的电话号码表等。此外，还可以根据投送信件数量的多少、投送距离的远近，配备适当的交通工具。其中一般卷柜用来临时存放收进发出的信件。带分拣的卷柜用来按不同方向分拣信件。也可以在卷柜的上半部分设置分拣格以分拣信件，下半部分用来临时存放收进发出的信件。信报箱的形式有两种。一种是在收发室设置一个大型信报箱，分成若干小格，并按各个部门的顺序统一编号。另一种是各部门在适当位置各设一个小型信报箱。信报箱的钥匙一般由各部门指定的专人掌管。对于那些不需要登记签收的一般信件和报刊，收发员可将其直接投入信报箱里，由各部门自取。登记簿册是用来登记收进发出的信件的。这种登记簿的格式包括：日期、来件单位、封皮编号、数量、发往单位、签收等项目。

4.兼有传达任务的收发室的设施配备

兼有传达任务的收发室，还应配备有电话、电话号码簿、有关部门的电话号码表及会客登记簿等。有条件的单位可以备有传呼设备。兼有门卫职能的收发室，还应备有报警器，要把匪警、火警电话，当地派出所及保卫部门、负责保卫工作的人员的电话号码写在明显的位置，以备急用。兼有作息报时责任的收发室还要备有作息时间表、时钟和电铃。

对收发室的设施要加强管理，信报箱的钥匙要由专人保管，登记簿册要妥善保管。对电铃、电话等通讯设备和电气设备要经常进行检查维修，以保证安全可靠。

三、收发室的职责

收发室的职责范围，因不同机关或单位的不同情况和要求而确定。一般说来，收发室的主要职责有：

1.负责接收、分拣、登记并分发送达本机关或单位的文件、公私信函、普通电报以及其他邮件。

2.负责为本机关或单位的各部门或个人订阅并分发报纸杂志。

3.负责接受并邮寄、投送本机关、单位发出的公文、公函、公用电报或其他公务信件。

有些规模较小的企事业单位和基层行政机关，设立职能较多的综合性收发室。除了上述三个职能外，还担负起门卫、传达、作息报时等职能，负责来客登记、找人、报时打铃、传呼电话等任务。

四、收发、通信工作基本原则和要求

收发、通信工作在整个机关、单位工作中起着传送带的作用，是文书、信件往来的吞吐口和咽喉，同时，它又是机关、单位的门面。因而，收发、通信人员应该具备秘书工作人员的素质，对自己承担的工作有正确的认识，热爱本职工作，忠于职守，工作要认真、细致，待人处事要有礼貌。收发、通信人员在工作中必须严格遵守以下基本原则和要求：

1.收发、通信员在接收、投递信件时，必须严格地执行责任制度，仔细谨慎地检查、清点信件，收的手续要清楚明白，防止出现漏洞。

2.收发、通信员必须及时、准确地完成信件的收发、投递任务，不能延误、遗忘、压误信件。

3.收发、通信员在任何情况下都必须保证机要信件的机密安全，不许私自拆阅和透视经手转递的任何公私信件，更不能泄漏和遗失机密信件的内容。

4.通信员在执行任务时，不准喝酒，不准办理私事，不能携带信件去公共场所，并要做到信件不离身。

5. 收发人员不能擅离职守、弃门不管，要坚守岗位。

6. 收发员对待外来人员要热情、谦虚、诚恳，要助人为乐，不能无理拒收信件。

7. 通信员在外出执行任务时，对人要有礼貌，不能与人争吵，还应遵守交通规则。

任务二　收发工作程序和方法

邮件收发内容包括报纸、杂志、信件、印刷品、包裹、电子邮件等。这里除了需要秘书人员细心与熟练之外，也需要掌握一定的程序和方法。

一、收信工作

收信工作是指接收从外面寄来或送来给本机关、单位的一切公私信件，包括文件、信函、普通电报、报刊以及其他邮件。这些信件大体上有三个来源：一是邮电局送来的公私信函、普通电报、报刊及其他邮件；二是外部机关或单位通信员直接送来的信件；三是机要通信局送来的机要信件。收发员应该认真、细致、有条不紊地处理这些信件。为达到这个要求，必须制定出科学的收信工作程序和方法。

收信工作程序一般包括签收、分拣、登记、拆封、转交等环节。

1. 签收

收信工作中的环节之一，就是对于外面送来的信件进行清点验收。为了使信件运转迅速、准确、安全，必须在各个环节建立起严格的交接手续，以分清责任，并便于查考。签收必须在信件送达的当时进行，并应有送件人在场。签收时，应该注意查验以下几个方面内容：

(1)检查收信单位的名称是否与本机关或单位及有关人员的名称相符，在确认来件投递无误后再签收。

(2)检查信件的封口和包装是否完好、正常，有无破损、启封或散包等现象。

(3)检查信件外附件是否够数。

(4)检查收件封皮编号与登记是否相符。

(5)清查信件缓急的性质。

(6)查明收件登记件数与实有的件数是否相符。

经上述查验无误后，收发员便可以在收件人的投递回执单上或登记簿(如表7-1所示)上签收盖章，以示负责。签收之后，再进行总登记，然后才分拣。接收报纸和刊物，应清点数量，对照报刊分发登记表上的总数量，查看是否够数。

表 7-1 邮件接收登记簿

年 月 日

收件编号	收件日期	邮件种类	发件对象	邮件名称	收件对象	收件人签名	备注

重要的公务文书，有的需要由收件人亲收。一般说来，封皮上写明“亲收”字样的信件，应该由收件人亲自签收，收发室不能代收；封皮上写明“亲启”字样的信件，收发室可以代替收件人签收，但是必须交收件人亲自启封，不能够交别人启封。

签收信件时，可以在对方的发信本上签名或盖章；或者在对方的回执单上签名、盖章；或为对方开具收据、收条。签收信件时，要签署全名，注明收到的时间，对特急件应注明几时几分收到，签名时要用钢笔或毛笔，要求字迹工整，易于辨认。对于机密性极高或内容特别重要的文件，除了要有收文者个人的签名外，还应加盖单位的公章，用以表示负责。

2. 分拣

收发室每天会收到大量的信件，需要对这些信件进行分拣，将信件按收件人或部门分开，以便转交。分拣要在签收之后及时进行，以免造成积压误事。可以将信件分拣成四种类型，即平信，报刊；自取件；急件；机密要件。要先将急件和机密要件拣出，进行登记后，随时递交给收件人或部门。对于一般信件和报刊，也要随到随拣，按部门或收件人将信件分别存放在固定的柜格里，通知收件人在每天的限定时间里自取或送件上门。

为了方便邮件呈送和处理。分拣邮件可按不同的标准进行。

第一，按照收件人姓名分拣。此方法只适合人数较少的部位或部门。

第二，按照收件部门分拣。`根据邮件上标注的部门分开，如果邮件上写的部门本单位没有设置，可把它归入相近的部门。

第三，按照收件的重要性分拣。判断邮件的重要程度可以从两方面入手。一是来信人的姓名或重要来信单位的名称；二是邮件上出现有挂号、保价、快递、机要和带回执等特殊的邮寄标识。此外，电报、电传和传真等邮件也都是比较重要的。当然，各个单位可根据自己的情况设置重要性分类标准。

3. 登记

信件在分拣之后，收发员要对重要的信件进行分户登记，为收件人或收件部门签收做好准备。登记的目的是为了便于交接签收，使各项手续更严密，便于统计和查找。登记的范围，一般说来，收进的信件凡办理了签收手续都应进行登记，其中包括邮电局送来的公私挂号邮件、包裹单、汇款单；机要通信局送来的机要信件；专人送来的信件，有的虽未进行签收，但也须登记。登记的方法，应该根据机关或单位的规模大小、收取信件数量的多少以及各部门的设置情况而定。规模较大的机关或单位，收进的信件数量多，下设部门也多，可以采用按信件主向分设"收入件登记簿"，即每个收件部门分别使用一本"收入件登记簿"，进行登记，这样，收件部门签收时也很方便。规模较小的机关或单位，收进的信件数量也不大，下设的部门相对也少，可以采用综合性的"收入件登记簿"，即只用一本"收入件登记簿"，按收件部门的顺序进行登记，一个部门的信件登记在一起，以便于转交时签收。

登记的项目应简单明了，一般包括：收到时间（如果是急件应注明具体时、分）、登记人姓名、发件单位、收件单位、封皮编号、文件号、件数、附件、办理情况、收件人签名、备注等。收发室只是信件的收转部门，因此，登记时按来件的外部标志登记即可，不需另行编号或加注其他标记。

登记时要逐项认真填写，力求字迹清楚、工整、易于辨认。

4.拆封

拆封就是秘书人员将封好的公函拆开来，以便了解邮件的内容。许多秘书认为邮件拆封是非常简单的事情。可是如果在拆封时没有注意邮件拆封的权限，或是没有注意到邮件的安全可能会引起不必要的麻烦和问题。

不是所有的邮件都由秘书人员拆封。如明确写了部门名称或领导人亲启的邮件，秘书是不得拆封的，除非上司授予秘书这样的权力。

拆封邮件时应注意：一是拆封前在桌子上磕几下，使里面的信纸等等集中到信封的一端，然后用小剪刀小心地从另一端裁开，确保不损坏信封上的文字、邮戳、其他标识及信封里面的内容。二是邮件上注明了有附件，必须核对清楚。如果缺少附件，应该在邮件上注明。三是用回形针把信封和信纸等附在一起（信纸在上，信封在下），以供以后查阅、佐证之用，办理完毕后一并归档。

5.转交

转交是指信件在登记之后分别转送给本机关或本单位的各个部门及有关人员，或者由各部门派人到收发室领取。收发室在接收信件的当天即应将信件转交有关部门，以防积压误事。对于急件应该立即转交，平件应分批转交。

收发室对于一般平信及报刊，经计数、分拣后，投放于信报箱中，由有关部门及个人自行取走。未设信报箱的，也可以采取分送或通知自取的方法，及时地将信件转交给各部门及有关人员手中。对于私人挂号信、包裹单、汇款单等，可以随同公务信件一起登记，转交给收件人所在部门，也可以通知收信人到收发室签收领取。收发室向各部门转交信件时，要求收件人进行清点，并在"收入件登记簿"上签字，以防止出现差错，明确责任，便于以后查对。

对于拆封后的邮件，秘书阅读之后，重要的都应送呈领导。如果同时有多份邮件需送呈领导时，秘书应根据重要程度进行整理，将最重要的放在最上面，依次放进文件夹，并赶在领导进办公室前准备好，或在领导上班不久就准备好。如果邮件要给多位领导阅看时，秘书应将传阅顺序列成表格。如表7-2所示。

表7-2　邮件传阅顺序单

年　月　日

序号	传阅人	阅信人签名	阅信日期
1	胡总经理		
2	丁副总经理		
3	行政办公室王经理		
4	财务部戴经理		
5	人事部王经理		
请前一位阅后签上姓名、日期，由秘书取回，然后由秘书再传给另一名领导。			

二、发信工作

发信工作是指通过收发室向外发送本机关或单位的公务信件。这些信件一般有三个去向：一是通过邮局，主要是一般的挂号信和平信；二是机要通信局，主要是发往外埠的机要信件；三是派通信员直接送达，或由公交交换站交换的发往本埠的机要信件。

发信工作的基本环节是：检查、分拣、登记、投送。

1.检查

收发室在接收本机关或单位办公室和各部门送来外发的信件时，要进行检查、验收。检查的主要方面有：

(1)投送地点、收件人是否书写清楚。

(2)信件封口是否牢固，密件是否有密封。

(3)信件的缓急和机密程度。

(4)包装是否牢固、结实，是否合乎要求，体积是否超标。

(5)封皮编号与登记是否相符。

(6)信件登记件数与实有件数是否相符。通过上述检查，对不清楚的地方应立即弄清楚，不合格的地方应立即纠正，在检查妥善后，收发员应在送件簿上签字，以示负责，然后再进行分拣。

2.分拣

分拣就是将向外发出的信件按投送方向分开，把每一个收件部门的信件归在一起，为投送做好准备。具体的方法是：

(1)将发往本埠的信件按收件部门的投送路线排队。

(2)将发往外埠的信件按邮电局、机要通信局等去向分开，将一般挂号信及平信归送到邮电局一类，将机要信件归送到机要通信局一类。

(3)当区分开几个投送方向后，在每个投送方向里，要将同一个收件部门的信件放在一起。

3.登记

外发信件在分拣后，要进行登记。根据不同的要求，可以采用联单式登记和簿式登记两种方法进行登记。

通过邮电局、机要通信局外发的信件，可以采用统一印制的交寄三联单进行登记，其中一联在通信员签收后由发文部门存查；一联由机要通信局或邮局留存；一联在邮电局或机要通信局签收后由通信员带回，交收发室存查。

由专人投送的信件，可采用簿式登记，即使用“发出件登记簿”进行登记(如表7-3所示)。如果是由一个人投送，则应按投送路线上各个收件部门先后顺序排队，先到的登在前面，后到的登在后面，依次排列，并将同一个收件部门的信件放在一起登记，以免影响投递速度。如果是由几个人分送，则应按各个分送路线上的先后顺序依次排队登记，其要求也与前述相同。

表7-3　发出件登记簿

年　　月　　日

编号	发件日期	发件对象	邮件名称	收件对象	发件人签名	备注

4.投送

收发、通信部门将本机关或单位外发的公务信件投送到收件单位或个人。投送的方式一般有四种：普通邮寄、专人投送、机要通信和组织公文交换站。以下分别对这四种方式进行说明。

(1)普通邮寄

普通邮寄即通过邮局，按普通邮件进行寄发。它可以根据轻重缓急等不同情况，以平信、挂号、特挂、航空四种类别寄发。比较重要的信件为防止丢失，可以寄挂号信；邮寄实物或票证时可以用特挂；邮寄急件时可用航空信。通过邮局寄发的信件，必须是不涉及国家机密的普通文书和资料。凡是涉及国家机密的文件，都不能通过普通邮寄的方式寄送。

通过邮局寄发信件，必须向邮局支付邮资。为避免不必要的工作，许多大机关或大型企事业单位，信件数量多，且邮寄面广，可以采取邮资总付的办法，由邮局按大宗邮件统一结算。较小的企事业单位基层机关，由于发信量少，邮局一般不办理邮资总付业务，但也可以个别办理，并须索要收据，以备以后查询。

由于现在物流业的快速发展，快递公司的服务网点也几乎遍及全国，邮件也可以通过各快递公司进行投递。快递公司一般都有上门取件的服务，只需拨打服务电话便可有快递员上门服务，较为便利。但是也有一些快递不能到达的地区，可选用中国邮政的邮寄业务。

(2)专人投送

专人投送一般说来，只有发往本埠各机关或单位的信件须由通信员专程直接投送。但在必要时，发往外埠的重要、紧急的公文，也派通信员直接送达。有时，对于重要、紧急的信件也请下级机关或单位派人来取回。

通信员在投送信件时应该注意以下事项：

①应严格履行交接时签收手续。要检查信件是否应投送到这个机关或单位。还应注意收件人是不是这个机关或单位规定的收件人，如果是别人代收，还应弄清代收人是否属于该机关或单位，是什么部门，做什么工作。

②要事先将自己投送的信件按照路线的先后到达顺序排列好，先到达的机关或单位的信件放在前面，后到达的放在后面。若不事先安排好次序，等到一个机关或单位时，才临时翻找该机关或单位的信件，这样，不仅浪费时间，而且会翻乱所有的信件，容易造成遗漏或错投的现象。

③通信员在完成投送任务后，应该向派遣人员交代投送的情况及投送的凭证。

对于下级机关或单位派来领取信件的人员，应仔细地查验他的证件，确定他是否是下级机关或单位派来的，然后再将信件交给来人清点签收后取走。

(3)机要通信传递

通过机要通信传递机密文书，必须经有关部门的批准，才能办理具体传递手续。寄发机密信件的要求有：

①封皮要加盖机密等级印章。

②使用统一印刷的交寄三联单进行逐件登记，并办理签收手续。

③信件要封口严密、包装牢固。

(4)组织公文交换站

各省、市级机关文书处理部门在有的机关单位内成立公文交换站，负责党和政府机关以及大型企事业单位的公文传递和交换，以节省人力、物力，加快文书的传递，提高办事效率。交换站一般只设一两名领导负责对日常的管理及组织工作。交换站可以由所在城市的最高领导机关的文书处理部门领导，也可以由参加交换的单位组成联合管理委员会，以负责解决交换站的重大问题及有关事项。

交换站的主要任务有：经办参加交换的机关或单位之间互相往来的机要信件的交换业务；向机要通信局交寄发往外埠的机要文件；接收机要通信局转寄给各参加交换的机关或单位的机要文件，交换站一般不办理公开发行的报刊、私人信函及物品等。

交换站的工作以简化手续、快速传递、安全保密为原则，应注意以下事项：

①参加交换的文件，要求封口包装都牢固完好，不能敞口或用订书器钉装封口。

②凡经交换的机要信件，都应当面办好交接手续，由收件机关或单位签字或盖章。

③参加交换的通信员，应该在政治上忠诚可靠，工作上积极，需经本机关或单位人事部门进行审查，再报交换站核准备案。若批准参加交换，则可印刷“交换证”等证件，配发给通信员。在参加交换时，通信员须携带交换站发给的“交换证”等证件，否则不能进入交换场地。

④各参加交换机关或单位的通信员，必须严格遵守交换时间，不能无故缺席或迟到、早退。若通信员因故不能参加交换，该机关或单位应指派专人持介绍信和本人证件前去交换，经查验核对后才能进入交换场地进行文书的交换工作。

三、现代通讯事务

现代通讯事务，指传真、电传、电脑网络通讯等现代通讯手段，它具有快速、准确、简便等待点。近年来已逐渐在我国大中城市尤其是外资、合资企业广泛使用。但如果需要作为政策法律依据的、需要存入档案的，这种形式的材料多数还不被认可，而只能通过传统邮寄或人工送达。因为它可无限制复制，印章也不是原色（彩色打印同样不行），其真实性无法鉴定。因而它只适宜发送一般通知、传递一般信息、传输一般资料等。

秘书每天上班要做的第一件事就是检查计算机里的电子邮件和传真机等设备，看有无最新信息，如电子邮件的信息需要转达给领导，秘书可将信息全部或部分打印出来，然后与其他信件一并交给领导，并做好登记工作。

1. 电子邮件

它是一种以计算机为基础的信息传递形式，信息被编成程序并且可以在任何时候传递给任何一个有接受计算机的人，信息可以同时传送到好几个目的地。回复邮件只须点击回复键，收件人的地址便自动生成。发件人只需按提示操作即可。邮件上的“主题”一栏必须一目了然，吸引对方打开邮件。称呼对方的姓名、身份，但方法一定要得当，注意邮件的语气。回复来信，可摘录部分来信原文，说明附件内容。收到电子邮件，应立即回信，最迟不超过 24 小时。最后签上秘书姓名、身份，或上司姓名、身份，并附上公司的名称和电子邮件地址。发送电子邮件时要注意保密。

2. 传真

传真是文件被转换成信息，通过电话线传送到一个接收终端，在目的地，又把信号转换成一种与原件一致的可读形式。无论是什么样的文本和图表几乎都能通过传真发送，对传送手工制作的图表和手工签名的文本尤其有优势。

发送传真首先要准备好传真稿。传真稿在格式上分为正式和非正式的两种。作为单位间彼此传送的公文,传真稿须采用正式格式,一般是由办公室备好打印的标准表格,发传真时填上相关的内容即可。传真机可传送手稿。因此,非正式的传真资料没有一定的格式要求,较为随意。

另外,传真机是安装在电话线路上的,其电信信号极易为电子窃密技术窃取。秘书在使用时要增强保密意识,不用普通电话线路的传真机传送机密文件;凡传送机密文件的传真机,必须安装保密装置。

任务三 管理工作日志

工作日志对于秘书人员来说非常重要,它监督和提醒秘书的活动、时间管理及任务达成。作为一名秘书,一项重要职责就是对上司的一些活动(会客、会务等)进行安排管理,以节省上司的时间,保证上司高效率地工作。然而在工作中,秘书又不可能全部记住办公室日常工作所需要做的大量细节工作,包括上司要参加的活动和约会及其他工作。这时,秘书必须利用工作日志。

工作日志是秘书协助上司与各方协调后,对其一天活动及自己的工作做出合理安排,并予以实施的辅助工具。在工作中,秘书通常需要坚持同时填写两本日志,一本是上司的,另一本是自己的。应该把有关上司的所有事项都记载在上司的日志上,同时也记在自己的日志上。

一、工作日志的类型及内容

工作日志有手工日志和电子日志两种。

1. 手工日志

手工日志是指用手写的方式将一些相关信息内容填入事先已按一定规范印制好的空白记录本。日志有多种形式,大小也不同。有时要求一天一页,有时也可一个星期的记录在一页上等。日志本一般是一年更换一次。

(1)手工日志的内容

上司工作日志内容通常包括:

①上司在单位内部参加的会议、活动情况,要记录清楚时间、地点、内容。

②上司在单位内部接待的来访者,要记录清楚来访者的姓名、单位详情、约会时间。

③上司在单位外部参加的会议、活动、约会等情况,要记录清楚时间、地点的确切细节以及对方的联络办法等。

④上司个人的安排,如去医院看病等,以保证秘书不会在这段时间安排其他事宜。

⑤上司私人的信息,如亲属的生日等,以提醒上司购买生日卡或礼物。

秘书的工作日志内容除了包含上司的日志内容外，还需要包括：

①上司的各项活动需要秘书协助准备的事宜，例如，为上司的某个会议准备发言稿、制定会议议程、订机票，为上司的某个会谈草拟合同和订餐等。

②上司交办自己的工作，例如为签字仪式联系地点、媒体等准备工作。

③自己职责中应做的工作、活动，例如撰写半年工作总结，参加值班等。

一般常见的工作日志表如表 7-4 所示。

表 7-4　工作日志表

<table>
<tr><td>姓名</td><td colspan="2"></td><td>部门</td><td></td><td>日期</td><td colspan="2"></td><td>星期</td><td></td></tr>
<tr><td colspan="3" rowspan="2">记录
分类</td><td colspan="2" rowspan="2">工作项目记录</td><td colspan="3">工作权重</td><td rowspan="2">工作时间量（小时）</td><td rowspan="2">工作完成度（%）</td></tr>
<tr><td>重要</td><td>一般</td><td>低</td></tr>
<tr><td rowspan="10">工作内容</td><td rowspan="8">日常工作</td><td rowspan="4">上午</td><td>1</td><td></td><td></td><td></td><td></td><td></td><td></td></tr>
<tr><td>2</td><td></td><td></td><td></td><td></td><td></td><td></td></tr>
<tr><td>3</td><td></td><td></td><td></td><td></td><td></td><td></td></tr>
<tr><td>4</td><td></td><td></td><td></td><td></td><td></td><td></td></tr>
<tr><td rowspan="4">下午</td><td>1</td><td></td><td></td><td></td><td></td><td></td><td></td></tr>
<tr><td>2</td><td></td><td></td><td></td><td></td><td></td><td></td></tr>
<tr><td>3</td><td></td><td></td><td></td><td></td><td></td><td></td></tr>
<tr><td>4</td><td></td><td></td><td></td><td></td><td></td><td></td></tr>
<tr><td colspan="2">项目计划工作</td><td colspan="2">问题描述</td><td colspan="3">解决方法</td><td colspan="2"></td></tr>
<tr><td colspan="2">临时交办事项</td><td colspan="2">问题描述</td><td colspan="3">解决方法</td><td colspan="2"></td></tr>
<tr><td colspan="3">建议或说明事项</td><td colspan="7"></td></tr>
<tr><td colspan="3">填表人签字</td><td colspan="2"></td><td colspan="3">部门主管审核</td><td colspan="2"></td></tr>
</table>

备注：1. 本表可手写也可以是电子版，内容较多时请自行增列。

2. 请于每日下班前 20 分钟填写，并于每天下午四点前将日志表送交至总办。

（2）手工日志的使用方法

①提前了解上司工作和活动的信息，并在两份日志上填入，并于当日一早再次确定和补充。

②提前在自己的日志上清楚标出自己当日应完成的工作。

③填写的信息要清楚、方便阅读，保持日志整洁，最好先用铅笔填写，确认后再用墨水笔正式标明，还可以使用不同色彩。

④填写的信息要完整，标明各项活动的时间、地点、姓名、联络等必要信息。

⑤填写的信息要准确，当日出现情况变化，应当立即更新日志，并告知上司出现的变化。

⑥在上司日志变化的同时，应更改自己的日志，并做好变更的善后工作。

⑦在自己的日志上要清楚标出为上司的有关活动所做的准备，并逐项予以落实。

⑧协助或提醒上司执行日志计划，在需要时能帮助上司排除干扰。

(3)使用手工日志的注意事项

①记载时间、联系人姓名、地点以及其相关内容，要做到简洁而全面。

②记载社会活动，要注明招待会或酒会的时间，以及穿着方面的任何应特别注意的事项。

③一天的活动安排，应按时间先后记载。

④每天开始，要先为当天的所有活动做好必要的准备工作。

⑤每天工作结束，要仔细检查每个日志，看所有项目是否都已处理，所有约会是否都已赴约。

2.电子日志

电子日志是利用计算机技术来记录领导约会和其他工作事项的一种工具。目前，主要有三种电子日志系统。

(1)掌中宝型电子日志

这种小型的电子日志可以被设计成包含日志日期和其他有用信息，比如联系细节的电子日志系统。它可以独立使用，或者可以连到计算机上成为较大系统的一部分。它们还有其他的附属功能，比如它们可以被连到电话系统上以收发电子邮件、传真等。它们具有小巧便于携带的特点。

(2)便携式计算机日志

这种日志管理软件、联系信息和标准程序，比如电子制表软件和文字处理程序都可以被存储到一个小型便携式计算机上。这种计算机的优势在于可以将它带到约会地点，并且可以在约会来回的路上完成工作。在约会中讨论的问题也可以存储在计算机上，比如可以将讨论中的问题也可存储在计算机上，比如要以将讨论中的关于预算的电子数据表存储在上面。

(3)台式计算机日志

可以输入计算机，需要时，通过显示器和打印出的材料阅读日志内容。用键盘输入每项活动的日期、时间和简要活动内容，若是某项约会取消或更改日期，可以将储入的“记忆”擦去，需要的话，可以重新将其输入另一日期。假如上司不愿在某天或某天中的某个时间有活动，可以编制程序让计算机拒绝为该天全天或某段时间内安排活动。若某一约见在一年中安排有几次，且间隔时间相同，那么，可以一次将有关日期输入计算机，计算机自动地把该约会分别储存你输入以后的年度里。

每日的活动项目，可以安排在一天工作开始时间查看，而且，为方便计划以后的活动安排，查看一个月的活动项目也是可能的。所有近期的活动安排、提示以及“不便安排活动”的日期，最多到30天以内的，都可以显示出来。

二、处理工作日志的变化与调整

在实际工作中，有时会因一些未可预测的原因，导致上司日程安排必须做出调整。而这种调整有时会影响企业的信誉和和信赖关系。因此，应尽可能地将日程安排的变更限制在最小的范围。一般变更包括：

1. 原定结束时间延长超时。
2. 追加紧急的或新添的项目。
3. 项目的时间调整、变更。
4. 项目终止或取消。

调整时要注意：

1. 安排的活动之间要留有10分钟左右的间隔或适当的空隙，以备活动时间的拖延或新添临时的、紧急的情况。
2. 进行项目的时间调整、变更，仍然要遵循轻重缓急的原则，并将变更的情况报告上司，慎重处理。
3. 确定变更后，应立即做好有关善后工作，例如通知对方，说明理由，防止误解等。
4. 再次检查工作日志是否已经将变更后的信息记录上，防止漏记、错记。

此外，秘书还应注意：

1. 秘书应确保上司日志信息的保密，只给上司授权的人查阅。
2. 要保持两本工作日志信息一致和准确，若上司有了新安排，应立即补充，并且每天要进行检查和更新。
3. 秘书应熟悉上司工作的习惯和约会时间的长短，每天最早和最晚可安排约会的时间，以便安排的约会符合要求。
4. 秘书应熟悉上司用餐和休息的时间，以便安排约会避开上司的休息时间。

◎ 技能训练

训练一　邮件收发服务

一、训练目标

通过邮寄物品的训练，使学生能够掌握相关的手续、流程，在今后工作中遇到这类问题时可以有条不紊地完成，同时训练学生的办事能力以及和同事、客户沟通的能力。

二、训练方案与要求

(一)情景描述

某天早晨刚上班,你便接到经理的通知,要求你在今天上午将改良后的货样邮寄给宏远公司,保证对方在一周内收到货样,由于时间比较紧,你放下手头的其他工作,马上开始准备邮寄货样。

(二)训练要求

任务1:确认对方公司详细地址后,到邮局邮寄货样。

任务2:电话联系对方公司,告知寄送的物品类别、数量、邮寄单号及大概的收件时间。

任务3:在预计的收件时间内向对方公司确认货样是否收到。

(三)训练步骤

任务1:

1. 任务:完成邮寄货样的工作。

2. 要求:

(1)查找对方公司详细地址。

(2)在模拟条件下完成到邮局邮寄货样的过程。

(3)所有任务应在20~25分钟之内完成。

3. 设备:计算机、电话机和能够登录互联网的局域网。

4. 步骤:

步骤1:查找宏远公司的详细信地址。

你的电脑中已存有电子版客户通迅录。你首先打开计算机,并在指定位置打开客户通迅录。按照客户通迅录的排列顺序,迅速查找“宏远公司”。

请你罗列客户通迅录中应包含的信息:

____

____

步骤2:填写邮件收发登记表,记录通信地址。

在摆放于固定位置上的邮件收发登记表上(见表7-5),按照要求逐条填写,尤其要注意填写清楚详细通信地址、邮政编码、发货时间、货物名称、货物编号、货物数量等。

表7-5 宏远公司邮件收发登记表

时间	公司名称	联系人	详细通信地址	邮政编码	发货时间	货物名称	货物编号	货物数量	经办人

步骤 3:核对信息是否正确,并尽可能通过其他有效方式核实宏远公司的详细通信地址等信息,以免误投造成货样寄送的延误。

步骤 4:到邮局邮寄货样。(教师可向学生展示真实的邮局邮寄物品单。)

写出邮寄货样操作过程:

____

____

5. 参考评分标准

任务 1 总分 40 分:

(1)查找信息准确、迅速。(10 分)

(2)收发登记表填写正确。(15 分)

(3)邮寄操作正确、熟练。(15 分)

任务 2:

1. 任务:告知对方公司寄送物品特征及大概的收件时间。

2. 要求:

(1)在模拟条件下通过电话联系对方公司,告知寄送的物品类别、数量、邮寄单号及大概的收件时间。

(2)所有任务应在 3～5 分钟之内完成。

3. 设备:电话机、传真机。

4. 步骤:

步骤 1:查找联系人及电话号码。

步骤 2:拨号。

步骤 3:介绍自己:______________________________

步骤 4:称呼对方:______________________________

步骤 5:说明意图:______________________________

步骤 6:对方答复:______________________________

步骤 7:结束谈话:______________________________

步骤 8:根据通话结果向经理汇报。

5. 参考评分标准

任务 2 总分 35 分:

(1)沟通策划完整、流畅。(10 分)

(2)礼貌用语使用恰当。(15 分)

(3)语言简洁、清楚。(10 分)

任务 3:

1. 任务:向对方公司确认是否收到货样。

2. 要求：

(1)在模拟条件下通过电话联系对方公司，确认是否收到货样。

(2)3～5分钟内完成任务。

3. 设备：电话机、传真机。

4. 步骤：

步骤1：查找联系人及电话号码。

步骤2：拨号。

步骤3：介绍自己：____________________

____

步骤4：称呼对方：____________________

步骤5：说明意图：____________________

____

步骤6：对方答复：____________________

____

步骤7：结束谈话：____________________

____

步骤8：根据通话结果向经理汇报。

5. 参考评分标准

任务3总分25分：

(1)沟通过程完整、流畅。(10分)

(2)礼貌用语使用恰当。(10分)

(3)语言简洁、清楚。(5分)

任务完成情况评价：

表7-6　学生训练成果评价表

训练项目	训练项目　邮件收发服务	
任务序号	任务得分	任务完成情况评价
1		
2		
3		
总分		

学生签字：　　　　　　指导老师：　　　　　　年　　月　　日

◎ 知识拓展

企业报刊、邮件、函电收发制度

第一条　全厂公私报刊、外来邮件、外发公函、函电等由厂收发室负责收发。

第二条　外发函电要求

1.各部门因公需外发函、电，经办人员应于每天下午××点以前将函件、电报底稿送到收发室，另填写挂号、平信、电报外发登记表。

2.每天下午××点以前，厂收发室应将当日外发函、电清点，累计送交邮局寄发。

第三条　外来邮件管理

1.外来邮件一律经厂收发室签收分发。

2.凡挂号、纸包、包裹单、汇款单、货运单等由收发室通知收件人到收发室当面签收。

3.一般公启函、电和厂内员工私人信件，由收发室开具清单分放到各单位信报箱内。

4.私人不明平信一律放到信架(信袋)内，由个人自取。

5.不论公私邮件，收发室应随到随清，及时分发，不得丢失损坏，搁置延误；对国外来函应检查封口、邮戳，如发现被拆封或邮票被撕应拒绝签收，并向邮局反映，查明原由。

6.凡挂号信、汇款单、包裹单、货运单等的收件人，在收发室通知发出后，应随即到收发室领取邮单，并及时去邮局取款取件。超期罚款，收发室概不负责。

第四条　报刊订购与收发

1.报刊订购

(1)订购时间：上半年；下半年。

(2)订购手续：不论单位和个人，均需先到收发室查阅报刊目录，再将需要订购的报刊代号、名称、出版日期、单价、订购份数、期数填写清楚交收发员核对算价，确认无误后，当面缴款开票。公费订购报刊由收发员持订单到财务部门办理付款托收手续。归口管理报刊公费订购的单位除按上述要求填写预订单外，还须填写报刊分发清单，详细写明各种报刊分发到哪些单位或个人。

2.报刊收发

(1)收发员每天对邮局送来的报刊应对照邮局分送清单分类清点，发现有差错应及时登记并要求补缺退余。

(2)收发员收到邮局送来的报刊后应及时分发，不得耽搁延误。收发员清点分发报刊时间为××小时，任何人不得进入收发室。

(3)每天分发到各单位信报箱的报刊应随附分发清单。

(4)各单位应固定专人按时领取报刊和公启函电。领取时,要对照分发清单清点检实签名,发现差错,应当向收发员提出增补退换要求,并进行差错登记。当面未提出,则视为分发无差错。

第五条　收发员应坚守工作岗位,节假日、休息日应有人值班,休息日应采取轮休形式。

第六条　收发室内外应经常保持整齐清洁。

第七条　收发室由××部门负责管理,其工作质量由××部门进行检查、考核,并承担责任。

项目二　电话事务管理

◎ 学习目标

知识目标

- 电话接听、拨打的基本方法和技巧。
- 电话记录表的基本内容。
- 电话交往的常规礼节。
- 电话抱怨的应对技巧。

能力目标

- 能够正确接听、拨打电话。
- 能够设计、填写电话记录表。
- 能够正确处理电话抱怨。
- 能够掌握并运用电话礼节进行正确交往。

◎ 工作任务

- 任务一:电话接听的方法与技巧。
- 任务二:电话拨打的方法与技巧。
- 任务三:电话交往的特殊情况及其处理。

◎ 导入案例

案例一　电话挡驾的艺术

宏远公司的高秘书正埋头起草一份文件,电话铃响了,拿起电话,高秘书听着对方的声音，辨别出又是那位推销员王刚打来的电话。第一次他来电时，高秘书听着王刚的自我介绍，判断这电话不是经理正在等的电话，也不是紧急要事。于是她说："很抱歉，经理不在。请你留下姓名、地址、回电号码，我会转达给经理的。"可对方非要找经理不可。挂断电话，高秘书就此事汇报了经理。经理听后，告诉她，曾在一次交易会上见过此人，印象不佳，不想和他有生意上的来往。十天前，王刚又来电话，高秘书说："对不起，经理仍然不在。我已将你的情况和要求转告给经理，目前他非常繁忙，尚未考虑与你联系。"随即主动挂断了电话。

现在，王刚第三次来电，高秘书应该怎么办？

思考题：

1.假如你是高秘书，你怎样做？

2.秘书接听电话时，首先应做些什么？

3.秘书怎样审查来电？秘书在电话中应怎样既做到为领导"挡驾"，又不得在言语行动上失礼，冒犯对方？

案例二　受理电话的技巧

小高是某机关办公室的一位秘书。有一次他正在办公，突然电话铃声响了。此时高秘书正在整理文件，停了一会才拿起话筒问道："请问您找谁？"对方回答说找老刘，高秘书随即将话筒递给邻桌的刘秘书说："刘秘书，你的电话。"没想到，刘秘书接到电话没讲几句，就和对方争吵起来，最后刘秘书大声说道："你今后要账时，先找对人再发火。这是办公室，没有你要找的那个刘天亮！"说罢就挂断了电话。原来，这个电话是打给宣传科刘天亮的，结果错打到了办公室，而对方只是含糊地说找老刘，小高误以为要找刘秘书，结果造成了这场误会。

思考题：高秘书受理电话时错在哪里呢？

◎ 理论导读

任务一　电话接听的方法与技巧

电话作为现代通讯工具，广泛地应用于我们的工作、学习、生活当中。秘书使用电话内外联络，沟通信息。许多客户有时就是通过电话最先接触和了解一个人以及他所服务的企业，如果秘书在接打电话时比较随意或是违反了一些规则，它影响到的不仅仅是个人，对其所服务的单位也会造成不良影响，严重的会造成公司利益的损害。因此，对每一位秘书来说，了解接打电话的原则要求，学会处理不同情况下的电话应对技巧都非常必要。

一、电话接听的基本方法

由于电话的应用在商业活动中越来越广泛，因此，秘书人员非常有必要掌握正确的电话接听程序。如图 7-1 所示。

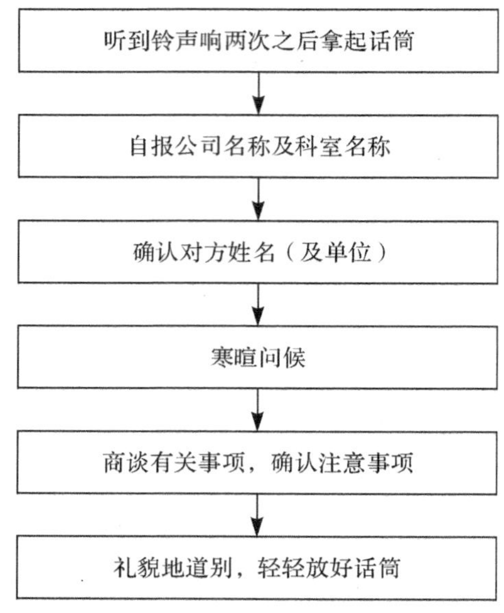

图 7-1　电话接听的程序

在接听电话时,还应注意以下事项。

1. 电话铃响两次后,取下听筒

电话铃声响 1 秒,停 2 秒。如果过了 10 秒钟,仍无人接电话,一般情况下人们就会感到急躁。因此,铃响 3 次之内,应接听电话。那么,是否铃声一响,就应立刻接听,而且越快越好呢？也不是,那样反而会让对方感到惊慌。较理想的是,电话铃响完第二次时,取下听筒。

2. 自报姓名的技巧

如果第一声优美动听,会令打或接电话的对方感到身心愉快,从而放心地讲话,因此电话中的第一声印象十分重要,切莫忽视。接电话时,第一声应说:"你好。这是××公司。"打电话时则首先要说:"我是××公司××处的×××。"双方都应将第一句话的声调、措词调整到最佳状态。

3. 电话机旁准备好记录本和笔

在电话机旁放置好记录本、铅笔,当他人打来电话时,就可立刻记录主要事项。如果没有预先备妥纸笔,到时候措手不及、东抓西找,不仅耽误时间,而且会搞得自己狼狈不堪。

在这里,可以依照"3W"原则对重要的电话内容应做好记录,即"When(什么时间)"、"Who(对象是谁)"、"What(什么事)"。电话记录简洁完备。通话时,对对方的谈话有时要作必要的重复和附和,以表示你在认真听对方的电话。电话记录表如表 7-7 所示。

表 7-7　电话记录表

<table>
<tr><td>时间</td><td>年　　月　　日　　时　　分</td><td>来电单位名称</td><td colspan="2"></td></tr>
<tr><td>来电人</td><td></td><td>来电号码</td><td colspan="2"></td></tr>
<tr><td colspan="5">来电内容：
1.
2.</td></tr>
<tr><td colspan="5">领导批示</td></tr>
<tr><td colspan="3">处理情况：</td><td>记录人</td><td></td></tr>
</table>

4.轻轻挂断电话

通常是打电话一方先放电话，但对于职员来说，如果对方是领导或顾客，就应让对方先放电话。待对方说完“再见”后，等待 2～3 秒钟才轻轻挂断电话。

无论通话多么完美得体，如果最后毛毛躁躁“咔嚓”一声挂断电话，则会功亏一篑，令对方很不愉快。因此，结束通话时，应慢慢地、轻轻地挂断电话。

二、电话接听的技巧

1.左手持听筒、右手拿笔

大多数人习惯用右手拿起电话听筒，但是，在与客户进行电话沟通过程中往往需要做必要的文字记录。在写字的时候一般会将话筒夹在肩膀上面，这样，电话很容易夹不住而掉下来发出刺耳的声音，从而给客户带来不适。

为了消除这种不良现象，应提倡用左手拿听筒，右手写字或操纵电脑，这样就可以轻松自如的达到与客户沟通的目的。

2.确定来电者身份姓氏

接下来还需要确定来电者的身份。电话是沟通的命脉，很多规模较大的公司的电话都是通过前台转接到内线的，如果接听者没有问清楚来电者的身份，在转接过程中遇到问询时就难以回答清楚，从而浪费了宝贵的工作时间。在确定来电者身份的过程中，尤其要注意给予对方亲切随和的问候，避免对方不耐烦。

3.听清楚来电目的

了解清楚来电的目的，有利于对该电话采取合适的处理方式。电话的接听者应该弄清楚以下一些问题：本次来电的目的是什么？是否可以代为转告？是否一定要指名者亲自接听？是一般性的电话行销还是电话来往？公司的每个员工都应该积极承担责任，不要因为不是自己的电话就心不在焉。

4. 注意声音和表情

沟通过程中表现出来的礼貌最能体现一个人的基本素养，养成礼貌用语随时挂在嘴边的习惯，可以让客户感到轻松和舒适。因此，接听电话时要注意声音和表情。声音好听，并且待人亲切，会让客户产生亲自来公司拜访的冲动。不要在接听电话的过程中暴露出自己的不良心情，也不要因为自己的声音而把公司的金字招牌践踏在脚底下。

5. 保持正确姿势

接听电话过程中应该始终保持正确的姿势。一般情况下，当人的身体稍微下沉，丹田受到压迫时容易导致丹田的声音无法发出；大部分人讲话所使用的是胸腔，这样容易口干舌燥，如果运用丹田的声音，不但可以使声音具有磁性，而且不会伤害喉咙。因此，保持端坐的姿势，尤其不要趴在桌面边缘，这样可以使声音自然、流畅和动听。此外，保持笑脸也能够使客户感受到你的愉悦。

6. 复诵来电要点

电话接听完毕之前，不要忘记复诵一遍来电的要点，防止记录错误或者偏差而带来的误会，使整个工作的效率更高。例如，应该对会面时间、地点、联系电话、区域号码等各方面的信息进行核查校对，尽可能地避免错误。

7. 最后道谢

最后的道谢也是基本的礼仪。来者是客，以客为尊，千万不要因为电话客户不直接面对而认为可以不用搭理他们。实际上，客户是公司的衣食父母，公司的成长和盈利的增加都与客户的来往密切相关。因此，公司员工对客户应该心存感激，向他们道谢和祝福。

8. 让客户先收线

不管是制造行业，还是服务行业，在打电话和接电话过程中都应该牢记让客户先收线。因为一旦先挂上电话，对方一定会听到“咔嗒”的声音，这会让客户感到很不舒服。因此，在电话即将结束时，应该礼貌地请客户先收线，这时整个电话才算圆满结束。

三、特殊情况的处理技巧

1. 代接、代转电话

首先要确认同事是否在办公室，并说：“请稍等”。如同事不在，应先向对方说明情况，再询问对方名字，在没有授权的情况下，不能随便说出对方所要找的人的行踪、私人手机号码。如果对方要求留言的话，要将来电者要求转达的具体内容准确记录在留言单上。并放在对方所要找的人一回来就能看到的地方。如表 7-8 所示。

表 7-8　留言单

来电记录单	□紧急
接收人姓名：	
留言人姓名：	
留言人单位：	
留言人电话：	
□将不再来电	□请你回电
□将来访	□已来访
留言内容：	
记录人：	日期：　　月　　日　　时　　分

2. 在与人谈话而电话铃响时，应适时中断话题，并尽快接听。拿起电话第一句话就应该说："对不起，让您久等了。"

3. 遇到帮对方查阅资料，无论时间多短，都应该说一声："让您久等了。"

4. 接打电话时碰上客人来访，如果电话内容并不太重要，应尽快礼貌地中断谈话。如果电话内容比较重要，由应告知来访的客人稍等，然后继续通话。

5. 谈话没有结束，对方意外中断通话，可由自己重拨。

6. 如果知道对方打的是长途，可体贴地先询问一下对方"要不要我给你打过去?"

7. 遇到对方打错电话也要礼貌地应对，比较好的回答："这里是××公司，您好像打错电话了。"

8. 接到顾客抱怨的电话。不管什么情况都要耐心倾听，以消除对方的不满。

9. 一般不要在对方的话没有讲完时就打断对方。如实在有必要打断时，则应该说："对不起，打断一下。"

10. 当无法接听电话时，可利用答录机记载信息。

任务二　电话拨打的方法与技巧

一、电话拨打的基本方法

电话拨打的程序一般如图 7-2 所示。

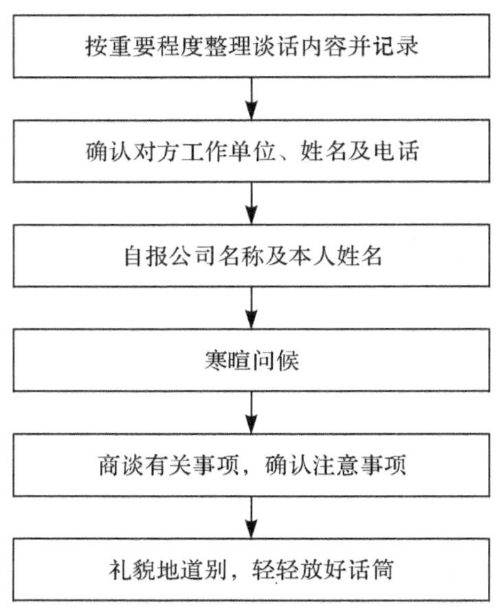

图 7-2　电话拨打的程序

在拨打电话时，还应注意以下事项。

1. 了解时间限制

打电话应该以客为尊，让客户产生宾至如归的亲切感觉，那么就应该注意在恰当的时段内打电话。通常，早上10:00—11:30、下午2:00—4:00是所有公司的“黄金”时段，打电话的时段应该尽量选择在这些最有绩效的时段。

最佳的通话时间主要有两个：一是双方预先约定的时间，二是对方方便的时间。通话应当尽量选择上述的最佳通话时间而避开不适当的时段。例如，某个公司最近发生了重大事情，这时候就不要打电话骚扰对方，否则对方心情会变得浮躁。

2. 控制通话长度

对通话长度控制的基本要求是：以短为佳，宁短勿长。有些公司的通话系统只有一条外线，如果占线时间太久，很可能造成对方所有的对外通讯被迫中断，甚至耽误其他重要事情的联络工作。因此，打电话时要遵守“3分钟原则”，牢记长话短说。

3. 斟酌通话内容

为了节省通话时间并获得良好的沟通效果，打电话之前和之中都需要认真斟酌通话的内容，做到“事先准备、简明扼要、适可而止”。

在通话之前，就应该做好充分的准备。最好把对方的姓名、电话号码、通话要点等通话内容整理好并列出一张电话拨出记录表(如表7-9所示)。这样做可以有效地避免“现说现想、缺少条理、丢三落四”等问题的发生，收到良好的通话效果。

表 7-9　电话拨出记录表

<table>
<tr><td>通话人</td><td></td><td>通话时间</td><td colspan="3"></td></tr>
<tr><td>去电单位</td><td></td><td>去电号码</td><td colspan="2"></td><td>接听人</td></tr>
<tr><td>去电内容</td><td colspan="5"></td></tr>
<tr><td>通话结果</td><td colspan="5"></td></tr>
<tr><td>处理意见</td><td colspan="5"></td></tr>
<tr><td>告知部门</td><td colspan="2"></td><td>告知人</td><td colspan="2"></td></tr>
<tr><td>告知建议</td><td colspan="5"></td></tr>
<tr><td>备注</td><td colspan="5"></td></tr>
</table>

通话内容一定要简明扼要。通话时，最忌讳吞吞吐吐，含糊不清，东拉西扯。经过简短的寒暄之后，就应当直奔主题，力戒讲空话、说废话、无话找话和短话长说。

一旦要传达的信息已经说完，就应当果断地终止通话。按照电话礼节，应该由打电话的人终止通话。因此，不要话已讲完，依旧反复铺陈，再三絮叨。否则，会让人觉得做事拖拖拉拉，缺少素养。

4. 控制通话过程

通话过程自始至终都应做到待人以礼和文明大度，尊重自己的通话对象，尤其在通话中要注意语言文明、态度文明和举止文明，绝对不能用粗陋庸俗的语言攻击对方，损害公司的形象。

语言文明体现为牢记电话基本文明用语。在通话之初，要向对方恭恭敬敬地问一声“您好”；问候对方后，应自报家门，否则对方连通电话的对象是谁都不清楚，交流就无法达到预期效果；终止通话时，必须先说一声“再见”。

文明的态度有益无害。当电话需要通过总机接转时，要对总机话务员问好和道谢，从而使他们感到受尊重；如果要找的人不在，需要接听电话的人代找或代为转告、留言时，态度更要礼貌；通话时电话忽然中断，应立即再拨，并说明通话中断是由于线路故障所致，不要等对方打来电话；如果拨错电话号码，应对接听者表示歉意。

通话过程中虽然不直接见面，但也应该注意举止文明。例如，打电话时不要把话筒夹在脖子下，也不要趴着、仰着、坐在桌角上，更不要把双腿高架在桌子上；不要以笔代手去拨号；通话时的嗓门不要过高，免得令对方深感“震耳欲聋”；话筒和嘴的最佳距离保持 3 公分左右；挂电话时应轻放话筒；不要骂骂咧咧，更不要采用粗暴的举动拿电话机撒气。

5.注重通话细节

在通话过程中,尤其需要注意以下一些细节。

(1)确认通话对象

电话接通之后,确认通话对象是必不可少的步骤,避免由于通话对象不对而闹出笑话或尴尬。很多家庭成员之间的声音非常相似,如果在电话中冒冒失失地将其他人当做通话对象,对方会觉得打电话者缺少修养。

(2)征询通话者是否方便接听电话

电话接通后,不要忘记先征询通话的人现在是否方便接听电话。如果通话对象正在开会、接待外宾或者有急事正要出门,则应该晚一点儿再打过去。

否则,对方在繁忙之中也很难心平气和地接电话。

(3)勿存调皮性,勿玩猜谜游戏

在商务电话接听过程中,千万不要心存调皮,尤其不要和对方玩猜谜性的游戏。很多通话对象一时无法想起打电话者的声音和名字,如果非要让他猜出你的名字来,对方一般会非常尴尬,甚至产生强烈的反感。

(4)不要忘记最后祝福和感谢

最后的祝福和感谢是电话即将结束时必须有的步骤,用轻柔的声音给予对方简单的祝福,能够给对方留下美好的印象。中国号称礼仪之邦,历来注重文明礼貌,因此在电话最后不要忘记祝福和感谢。

二、电话拨打的技巧

秘书人员在拨打电话的过程中还有需掌握以下技巧。

1.先整理电话内容,后拨电话

给别人打电话时,如果想到什么就讲什么,往往会丢三落四,忘却了主要事项还毫无觉察,等对方挂断了电话才恍然大悟。因此,应事先把想讲的事逐条逐项地整理记录下来,然后再拨电话,边讲边看记录,随时检查是否有遗漏。另外,还要尽可能在3分钟之内结束。实际上,3分钟可讲1000个字,相当于两页半稿纸上的内容,按理是完全能行的。如果一次电话用了5分钟甚至10分钟,那么一定是措辞不当,未抓住纲领、突出重点。

2.勿因人而改变通话语气

不要因为对方身份的改变而改变通话语气,应该自始至终使用亲切平和的声音平等地对待客人。如果客人听到声音发生明显转变,心里很容易产生反感,从而认为打电话的人非常势利、没有教养。

3.说话速度恰当、抑扬顿挫、流畅

通话过程中要始终注意言谈举止,三思而后言。说话时速度要适当,不可太快,这样不但可以让对方听清楚所说的每一句话,还可以帮助说话人自我警醒,避免出现说错话而没及时发现的情况。另外,说话的语调尽量做到抑扬顿挫和流畅,给人舒服的感觉。

4.私下与人交谈需按保留键

在通话过程中，如果需要私下和其他人交谈时，注意按保留健，不要直接对着话筒跟其他人说话。否则，有些私下的交谈甚至对人的批评语言在不经意间就让客户听到了，对方很可能因此而不高兴。

5.断线应马上重拨并致歉

如果在通话过程中突然发生意外情况而导致通话中断，那么就应该按照对方的电话号码迅速重新拨打过去，不要让客户以为是你故意挂断了电话。

电话重新接通之后，应该立即向客户致歉，并说明断线的原因，从而赢得客户的理解。

6.帮助留言应记录重点

帮助同事留言时，要注意记录电话内容的重点，应该包括：来电者公司、部门、姓名、职称、电话、区域号码、事由、时间等内容。此外，还应该记录留言者的部门和姓名，以方便问题的了解。

三、特殊情况的处理技巧

电话拨打时，如果遇到一些特殊情况，可以按照下述技巧处理。

1.如果要找的人不在，可以过后再打，也可礼貌地请对方代为转达。

2.拨错了电话，切记要表示歉意，说“对不起，我打错了”、“打扰您了”等。

3.听不清楚对方说话内容时，应及时告诉对方。如“听筒好像有问题，听不太清楚，可不可以大声点?”

4.白天一般宜在上午8点以后，节假日应在上午9点以后。晚上应在22点以前。在无特殊情况下，不宜在中午休息时间和就餐时间打电话，这表示尊重对方的生活习惯和家人。在挂国际长途时，要注意各地的时间差。

5.代上司拨打电话。这时秘书往往只是替领导接通电话，然后将电话转给领导，由领导自己陈述电话内容。代上司拨打电话时，要做到以下几点：

(1)如果直接打电话给上司要找的人，秘书要简要自报家门，说明谁要找他，请他稍等。

(2)如果接电话的是对方的秘书，如果对方上司的地位要比自己的上司低，要等对方秘书找到他们的领导后，再将话筒转给自己的上司；如果对方上司地位要比自己的上司高，电话接通后就转给领导比较好。

6.在对方电话答录机上留言。

当你有重要的信息转达给对方，而对方又无法接听电话时，你可采用在对方电话答录机上留言的方式。但要注意留言的程序。

(1)等到对方预先录制的请留言信息结束，在听到特殊的提示音后开始留言。

(2)先把自己的姓名和单位的名字说出。

(3)然后清楚地说明要给谁留言。

(4)准确简洁地说明留言的内容。

(5)对于姓名的地址等重要词汇,可运用拼写再次确定。如"我是章伟,立早章,伟大的伟。"

(6)若信息中要留言数字,尽量慢点说,并进行必要的重要。

(7)然后说出留言的日期。

(8)挂断之前,要说"谢谢"或其他礼貌用语。

任务三　电话交往的特殊情况及其处理

一、电话抱怨的处理技巧

人们一提到电话抱怨,大多数都胆战心惊。因为不但要忍受客户的满腹埋怨甚至破口大骂,而且稍不小心就会得罪客户,还会遭到主管领导的怪罪。如何安抚客户的心?怎样将烫手山芋变为绕指柔?这都是需要进行认真研究的。

1.以客为尊,放下身价

在接到客户抱怨电话的时候,秘书人员应该努力放下身价,尽心为客户服务。处理电话抱怨应该牢记以客户为尊,千万不要在言语上与客户产生争执。因为一旦客户因此而向上举报的话,必将影响到秘书人员在本公司的工作环境。

2.找出抱怨事由

为了有效地处理埋怨电话,从而让客户感到满意,首先必须清楚地了解客户产生抱怨的根源。有些客户在电话里洋洋洒洒地发了一大堆牢骚,却始终无法讲清楚事情的缘由。在这种情况下,秘书人员依旧应该客气地询问客户生气的真正原因,并承诺为客户解决任何问题。不要因为客户的电话抱怨是烫手山芋就人人避开,而应该勇于负责任。

3.寻求解决之道

在处理抱怨电话的过程中,要发自内心、真心实意地去为顾客服务,寻求从根本上解决问题的方法,而不能抱着要从客户身上获得一些回扣的心态。

一般情况下,如果客户反映的问题在自己的职权范围内能够解决,那么就立刻为客户解决;如果在自身的职权范围内无法解决问题,则应该往上反映,直至问题得到妥善解决。

4.请教同事或主管

个人的职权范围和能力终归是有限的,当个人无法立刻为客户解决问题而让客户感到满意时,与其自己头痛,不如集思广益,请教资历深的同事或上级主管。通过和同事们共同协商,努力向客户交出满意的答案。

5.征询客户意见

由于对公司的产品或服务不满意而产生的抱怨如何处理，客户的意见非常重要。在处理电话抱怨的过程中，应该诚恳地询问客户对问题处理的意见。这时候，客户可能出现两种表现：一是滔滔不绝地说了很多东西；二是情绪发泄完毕后干脆收线。不管是哪一种结果，都可以让自己从中学到东西。

二、电话方位指引的要点

随着贸易的迅速发展，各个公司之间的商务活动往来急剧增多。业务人员前往一家公司拜访的过程中，常常由于人生地不熟而迷失路途。这时候，秘书人员通过电话给对方正确指引方位使其能够顺利到达目的地，就越来越显得重要了。通常说来，用电话指引方位过程中应该注意以下要点。

1.确认对方所在区域位置

一旦接到请求指引方向的电话，首先应该确定来电者目前所处的区域位置。如果连对方的位置都不清楚就开始盲目指点，那只会使对方更加糊涂。在指引的时候，应该避免告诉对方方位、角度或者很难发现的小目标。

2.乘坐何种车辆

了解了来电者的区域位置之后，还应该礼貌地询问对方乘坐的是什么交通工具，因为对于不同的交通工具，指引的方式是完全不同的。例如，开车的人应该告诉他大的目标，搭车的人则应该告诉他详细的公共交通工具的乘坐方法。

3.开车族大目标指引

对于开车而来的客户，他在打电话询问的时候是一心二用的。如果告诉他方位、角度或完全看不到的小目标，他是根本来不及顾及这些的，甚至还可能危及到他开车时候的人身安全。正确的指引方式应该是告诉他沿途可能经过的大目标，如医院、学校、百货公司、大型超市以及加油站等。

4.搭车族如何使用公共交通工具

对于搭车族而言，在电话中进行方位指引主要是要交待清楚如何选用便捷、快速的公共交通工具。这时候，应该告诉他公司附近的公共交通工具站名以及车次。如果对方是对公司非常重要的客户，则应该派车前去迎接，这时候要交待清楚所派出的车子的车牌号码、颜色和车型等。

5.车程距离时间

当客户的位置、行车方式和路线都确认之后，还应该让对方自己估测一下车程和时间。例如，到达某个路口后，让开车前来的客户自己估测路程，如果随后的行程超出了估测的路程，那么说明方向是错误的，应该重新寻找方向。

6.电子工具的利用

在前往公司的路途中，通过电话的方式询问方位是迫不得已的做法。实际上，还可以利用先进的电子工具事先做好准备。例如，在客户来之前用传真或电子邮件的方式，将简单的路线图发给客户，那么客户就可以按照路线图的指引轻松地到达目的地。需要注意的是，在路线图中应该将单行道、拐弯等清晰地标示出来，以免危及客户的人身安全。

三、电话中应对突发事件的技巧

秘书人员在接听或者拨打电话的过程中，可能会有一些突发的情况出现。这个时候秘书人员应保持冷静，并且采用合适有效的方法来应对。一般来讲，常见的突发事件有以下几种情况。

1. 听不清对方的话语

当对方讲话听不清楚时，进行反问并不失礼，但必须方法得当。如果惊奇地反问："咦？"或怀疑地回答："哦？"对方定会觉得无端地招人怀疑、不被信任，从而非常愤怒，连带对你印象不佳。但如果客客气气地反问："对不起，刚才没有听清楚，请再说一遍好吗？"对方定会耐心地重复一遍，丝毫不会责怪。

2. 接到打错了的电话

有一些秘书接到打错了的电话时，常常冷冰冰地说："打错了。"最好能这样告诉对方："这是××公司，你找哪儿？"如果自己知道对方所找公司的电话号码，不妨告诉他，也许对方正是本公司潜在的顾客。即使不是，你热情友好地处理打错的电话，也可使对方对公司抱有初步好感，说不定就会成为本公司的客户，甚至成为公司的忠诚支持者。

3. 遇到自己不知道的事

有时候，对方在电话中一个劲儿地谈自己不知道的事，而且像竹筒倒豆子一样，没完没了。秘书碰到这种情况，常常会感到很恐慌，虽然一心企盼着有人能尽快来接电话，将自己救出困境，但往往迷失在对方喋喋不休的陈述中，好长时间都不知对方到底找谁，待电话讲到最后才醒悟过来："关于××事呀！很抱歉，我不清楚，负责人才知道，请稍等，我让他来接电话。"碰到这种情况，应尽快理清头绪，了解对方真实意图，避免被动。

4. 接到领导亲友的电话

领导对部下的评价常常会受到其亲友印象的影响。打到公司来的电话，并不局限于工作关系。领导及先辈的亲朋好友，常打来与工作无直接关系的电话。他们对接电话的你的印象，会在很大的程度上左右领导对你的评价。

例如：当接到领导夫人找领导的电话时，由于秘书忙着赶制文件，时间十分紧迫，根本顾不上寒暄问候，而是直接将电话转给领导就完了。当晚，领导夫人就会对领导说："今天接电话的人，不懂礼貌，真差劲。"简单一句话，便会使领导对你的印象一落千丈。可见，领导及先辈的亲朋好友对下属职员的一言一行非常敏感，期望值很高，请切记时刻严格要求自己。

5. 接到顾客的索赔电话

索赔的客户也许会牢骚满腹，甚至暴跳如雷，如果作为被索赔方的你缺少理智，像对方一样感情用事，以唇枪舌剑回击客户，不但于事无补，反而会使矛盾升级。正确的做法是：处之泰然，洗耳恭听，让客户诉说不满，并耐心等待客户心静气消。其间切勿说："但是"、"话虽如此，不过……"之类的话进行申辩，应一边肯定顾客话中的合理成分，一边认真琢磨对方发火的根由，找到正确的解决方法，用肺腑之言感动顾客。从而，化干戈为玉帛，取得顾客谅解。

面对顾客提出的索赔事宜，自己不能解决时，应将索赔内容准确及时地告诉负责人，请他出面处理。闻听索赔事宜，绝不是件愉快的事，而要求索赔的一方，心情同样不舒畅。也许要求索赔的顾客还会在电话中说出过激难听的话，但即使这样，到最后道别时，秘书人员仍应加上一句："谢谢您打电话来。今后一定加倍注意，那样的事绝不会再发生。"这样，不仅能稳定对方情绪，而且还能让其对公司产生好感。正所谓："精诚所至，金石为开。"对待索赔客户一定要诚恳，用一颗诚挚的心感动客户，以化解怨恨，使之从这次处理得当、令人满意的索赔活动中，理解与支持本公司，甚至成为公司产品的支持者。通过对索赔事件的处理，也能了解公司的不足之处，并以此为突破口进行攻关。当经过不懈努力，终于排除障碍、解决问题，甚至使产品质量更上一层楼，使企业走出困境，不断繁荣昌盛。这时，谁又能说索赔不是一件好事呢？

◎ 技能训练

训练一　前台电话转接服务

一、训练目标

通过电话转接训练服务，培养学生良好的沟通能力、应变能力以及概括能力。

二、训练方案与要求

（一）情景描述

你是宏远公司的前台服务人员，主要的工作职责之一是电话转接服务，一天公司负责人来电，需要前台转接。

（二）训练任务

任务 1：接电话，对相关人员来电进行询问。

任务 2：电话转接。

任务 3：电话未通的情况下作记录。

（三）实训步骤

任务 1：

1. 任务：接电话，对相关人员来电进行询问。

2. 要求：

(1)在模拟条件下礼貌接通电话，并说明公司名称。

(2)询问对方信息。

3. 设备：

计算机、网络打印机或非网络打印机、电话机、传真机、能够登录互联网的局域网。

4. 步骤：

步骤1：在模拟条件下礼貌地接通电话，并说明公司名称。

任务2：

1. 任务：电话转接。

2. 要求：

(1)正确判断不定来访者需要转接的部门。

(2)模拟条件下，练习处理可能遇到的情况：无人接听、占线、接通。

(3)向公司人员简单介绍来电事宜。

3. 设备：

计算机、网络打印机或非网络打印机、电话机、传真机、能够登陆互联网的局域网。

4. 步骤：

步骤：正确判断来访者需要的部门。

任务3：

1. 任务：电话未通的情况下作记录。

2. 要求：

(1)判断电话接通情况。

(2)准确记录来电者情况。

3. 设备：计算机、能够登录互联网的局域网。

4. 步骤：

步骤1. 判断电话接通情况。

电话接通状态：无人接听、占线、接通。

步骤2. 电话不能接通时，准确记录来电者情况。

(四)参考评分标准

每个任务总分30分：

(1)沟通过程完整流畅。(10分)

(2)正确判断接通状态。(10分)

(3)信息正确、清楚、完整。(10分)

（五）任务完成情况评价

学生训练成果评价表

训练项目	前台电话转接服务	
任务序号	任务得分	任务完成情况评价
1		
2		
3		
总分		

学生签字：　　　　　　　　　指导老师：　　　　　　　　　　　　年　　月　　日

训练二　接打电话的基本礼仪

一、实训目标

通过本实训项目掌握接打电话的基本礼仪。

二、实训背景

今天是高叶第一天正式到宏远公司上班。由于总经理今天上午在自己的办公室开个小型销售工作会议，所以，作为总经理秘书，总经理只安排她帮助接打电话。在十点钟左右，有4个电话来找总经理，一个是上海的经销商打来的，一个是总经理太太打来的，一个是公司董事长从香港打来的，还有一个是投诉电话。

三、实训内容

按照打电话的基本礼议接听各种电话。

四、实训要求

1. 本实训可选择在模拟的办公室或教室进行，最好能配置真实的电话机。

2. 实训应分组进行，可以3人一组，其中1人扮演高叶，1人扮演打电话来的客人，1人进行监督和评价。每个人都要轮演高叶和打电话来的客人。

3. 每个同学在演练过程中一定要严肃认真，言行符合规范。

4. 每个同学最好都能按照实训内容设计演练的脚本（包括情节和台词），并给本小组成员分派角色。

5. 老师可以临场发挥，比如增设模拟角色和任务；在同学们演练时，组织其他的同学对表演进行评论。

五、实训提示

接打电话时应注意以下事项：

1. 注意口齿清楚。

2. 不要随便岔开对方所说的话题，但也不要有什么问题就直截了当地问对方；一定要在听对方讲完之后，自己才能开始发表意见。

3. 自己说话时，如果说得太长，就要不时停顿一会，听听对方的反映，总之要替对方考虑考虑；不要只顾着自己说话，也要给对方提问的机会；

4. 不管什么人打电话过来，都要认真接听；即使客户的投诉电话打到你这里，也应冷静而尊重的态度与人家说话。

5. 一般来说，谁拨电话谁先挂机，但是，如果对方比自己的地位高，那就应该等对方挂机后自己才能放下电话。

6. 注意自称。

六、实训总结

学生自我总结	
老师评价	

训练三　撰写电话记录

一、实训目标

通过本实训掌握撰写电话记录的一般方法。

二、实训背景

这天上午公司总经理刘明外出办事，忘了带手机。集团公司董事长找不着他，便给他的秘书高叶打电话："关于某工程招标的事，我要尽快听取刘明的汇报，刘明回来后，让他给我来个电话。"高叶说一定转达。

三、实训内容

按照实际要求练习做各种形式的电话记录。

四、实训要求

1. 本实训可选择在模拟的办公室或教室进行，最好能配置真实的电话机。

2. 实训应分组进行，可以 3 人一组，其中 1 人扮演高叶，1 人扮演集团公司董事长，1 人进行监督和评价。每个人都要轮演高叶和集团公司董事长。

3. 每个同学在演练过程中一定要严肃认真，言行符合规范。

4. 每个同学最好都能按照实训内容设计演练的脚本（包括情节和台词），并给本小组成员分派角色。

5. 老师可以临场发挥，比如增设模拟角色和任务；在同学们演练时，组织其他的同学对表演进行评论。

五、实训提示

电话记录应包括以下几项内容：

1. 什么时间(接电话的时间)。

2. 由谁打来的。

3. 打给谁的。

4. 电话的内容。

5. 接电话人的姓名(当然是本人)。

6. 处理结果,如替他人传达、让对方再来一个电话或者给对方回个电话等。

7. 挂断电话之前,要将对方的电话号码重复一遍。

六、实训总结

学生自我总结	
老师评价	

◎ 知识链接

办公室电话应用工作规范

秘书每天都在与电话打交道,很多外公司的人对本公司的认识都是从你的一声问候"您好,××"开始的,你的声音就是公司的形象;对内也是如此,良好的电话礼仪会给沟通工作带来事半功倍的效果。

一、电话接听礼仪

1. 电话接听的基本应答礼仪规定

接听速度:在振铃三次内接听电话(注意:铃声一响就接起,也容易造成断线)。

基本问候语:您好,××(驻外秘书);您好,××部(公司总部秘书)。

基本要求:注意保持音调适中,表达清晰,彬彬有礼,让对方能从你的言语中感觉到你的微笑和热情;同时注意语言精练,无论接听或打出,务必理清思路,长话短说,提高办公效率和电话使用率,切忌在电话里聊天;预计离开办公室超过30分钟时需要将电话转移;或委托其他人员代接电话;通话结束后应视具体情况用一些礼貌用语来结束本次通话,如"谢谢,再见,以后再联系"等,然后等对方挂断后再轻轻放下话筒。

2. 各种语境下的电话接听礼仪

因故接听电话较迟:应主动说明原因并致歉,向对方说"对不起,让您久等"。

通话时对方声音不清晰:不应大声叫喊"喂喂"或"大声点"等等,应该有礼貌地告诉对方"对不起,声音很小,请您重复一遍好吗?"。

来电指明找人:应先说"请稍候",然后在按转接号码前告知来话方要转接的分机号码,防止因转接失误使电话意外中断。

正在处理事情或正在接听电话时,有电话打来:应及时接听(或请同事代为接听），告诉对方“请稍候”；如果较长时间无法及时接听对方电话应该向对方简单说明情况后，记下对方回电电话号码，并告知“很抱歉，暂时无法与您通话，稍后回话”；如果接到电话要求传达相关信息时，应用“电话记录表”做好相应记录（见7-10表）。

接到转错的电话：不要简单地说转错了而将电话挂断，应主动帮对方查出准确的号码后再将电话转过去或直接告知对方正确的号码。

电话接听语境很多，如果在日常工作中能本着“礼貌应答”和“准确传递信息”的原则，相信无论是何种语境下的接听电话，都可以应付自如。

表 7-10　电话记录表

来电方姓名：

来电号码：

要求回电		紧急电话
要求面谈		会再次来电

来电信息：

日　　期：　　　　　　　　时间：

电话代接者姓名：

二、电话打出礼仪

拨打电话前要预先检查要拨打的号码及对方的姓名是否正确，对于长途及重要电话可预先写出要讨论的重点内容，打出电话后，主动报出自己的公司名称、姓名及所属部门，说清致电的原因；在通话过程中要注意给对方提供发问的机会，切不可只顾自己讲述；如自己要找的人不在，应礼貌致谢并视情况决定是否留下口信；如估计通话时间较长，应事先打电话预约；通话完毕应礼貌告别，静候对方挂断电话；如对方出于尊重，让自己先挂电话，则在一二秒内轻轻将电话挂上。

模块八　信息收集与整理分析

项目一　企业信息收集

◎ 学习目标

知识目标

- 了解企业信息的含义。
- 了解企业信息收集的基本内容。
- 了解企业信息收集工作的基本要求。
- 掌握企业信息收集的基本方法与程序。

能力目标

- 能够做好企业信息调研的前期准备工作。
- 能够根据现实情况,选择合适的调研方法。

◎ 工作任务

- 任务一:信息调研的前期准备。
- 任务二:调研方法的确定。

◎ 导入案例

案例一　铱星:无可奈何的陨落

提起铱星,现在很多人可能都把它淡忘了。但上个世纪末,它曾是全球通信尖端技术的排头兵,被一些科学家誉为是科技领域的一个奇迹。由于多方面失误,2000 年的 3 月 18 日,铱星陨落了。

1987 年,铱星公司开始了一项通信史上前所未有的浩大工程:"铱星系统"计划。整个工程预计11年完成，累计耗资50多亿美元。铱星公司的目标是利用66颗卫星，组成一个包围地球的“卫星圈”，从而使无线通信网络覆盖全世界的每个角落，包括两极与各大海域。11年后，它的梦想得以实现，这是世界上第一个大型低轨卫星通信系统，也是全球最大的无线通信网络。铱星系统的诞生，可以说是移动通信领域的一个里程碑。人类第一次实现了不依赖于地面网而直接通信，对于科技、军事、远洋等方面也有着非凡的意义。当年，它被美国的《大众科学》列为年度百项最佳科技成果之一，某些权威机构甚至将它评为1998年世界十大科技成就之一。在稍后的科索沃战争和台湾大地震中，铱星系统都发挥了积极的意义。

但铱星的失败，最大的原因在于其缺乏市场基础。由于没有进行深入的市场调研，使铱星系统成为一件华而不实的摆设。

首先，铱星定位远离了市场需求。鉴于自己高昂的建设与维护成本，铱星公司给高科技与“贵族科技”划上了等号。铱星手机每部售价高达3000美元，通话费亦贵出普通手机数倍。过高的费用吓跑了许多崇尚高科技的手机消费者。按市场经验推算，铱星公司要达到盈利水平，至少要发展65万用户，而实际情况是开业前两个季度，它仅吸引了1万个用户，亏损则达到10亿美元。尽管铱星后来调低了收费标准，可惜为时已晚。

其次，铱星的决策也存在严重缺陷。铱星系统通过卫星之间星际链路直接传送信息，先进性自不必言，但如此一来，也使系统风险太大、成本过高，最终导致它在与其他通信商竞争时处于劣势。还有，系统投入商用时，技术条件尚不十分完善，糟糕的通话服务让用户怨言四起，潜在客户更是敬而远之。

第三，铱星除了负责整个系统建造及终端产品生产的投资，并不直接参与运营，铱星系统这样一个全球性的个人卫星通信系统，基本处于分散经营状态，不能充分发挥其全球优势。结果，系统投入商用时，零售商们居然还未得到铱星手机；另外，一些客户虽然对铱星手机很感兴趣，却不知道到哪里购买。铱星公司的低效率传递了如此的负面信息：铱星手机不是面向普通百姓的东西——这样一来，就失去了很多顾客。

种种问题纠缠在一起，铱星的经营状况每况愈下。而后，各种到期的债务更使它举步维艰，公司股东在多次注资无效的情况下，最终放弃了对铱星的支持。2000年3月，铱星公司向法院申请破产保护。一位专家评论说，铱星是在“错误的时间，错误的地点，发动了一场错误的战争”。尽管它技术超前，但由于没有深入地做好市场调研，缺乏坚实的市场基础，最终也免不了陨落的命运。（摘自《中国企业报》）

思考题：本案例中，铱星的调研为何没有起到应有的作用？

案例二　失败的新可口可乐市场调研案例

曾经在朋友处听到这样一个美国式的幽默，假若你在酒吧向侍者要杯可乐，不用猜，十次他会有九次给你端出可口可乐，还有一次呢？对不起，可口可乐卖完了。可口可乐的魅力由此可见一斑。在美国人眼里，可口可乐就是传统美国精神的象征。但就是这样一个大品牌，20世纪80年代中期却出现了一次几乎致命的失误。

百事以口味取胜：20世纪70年代中期以前，可口可乐一直是美国饮料市场的霸主，市场占有率一度达到80%。然而，70年代中后期，它的老对手百事可乐迅速崛起，1975年，可口可乐的市场份额仅比百事可乐多7%；9年后，这个差距更缩小到3%，微乎其微。

百事可乐的营销策略是：一、针对饮料市场的最大消费群体——年轻人，以"百事新一代"为主题推出一系列青春、时尚、激情的广告，让百事可乐成为"年轻人的可乐"；二、进行口味对比。请毫不知情的消费者分别品尝没有贴任何标志的可口可乐与百事可乐，同时百事可乐公司将这一对比实况进行现场直播。结果是，有八成的消费者回答百事可乐的口感优于可口可乐，此举马上使百事可乐的销量激增。

对手的步步紧逼让可口可乐感到了极大的威胁，它试图尽快摆脱这种尴尬的境地。1982年，为找出可口可乐衰退的真正原因，可口可乐决定在全国10个主要城市进行一次深入的消费者调查。

可口可乐公司设计了"你认为可口可乐的口味如何？""你想试一试新饮料吗？""可口可乐的口味变得更柔和一些，您是否满意？"等问题，希望了解消费者对可口可乐口味的评价并征询对新可乐口味的意见。调查结果显示，大多数消费者愿意尝试新口味可乐。

可口可乐的决策层以此为依据，决定结束可口可乐传统配方的历史使命，同时开发新口味可乐。没过多久，比老可乐口感更柔和、口味更甜的新可口可乐样品便出现在世人面前。

为确保万无一失，在新可口可乐正式推向市场之前，可口可乐公司又花费数百万美元在13个城市中进行了口味测试，邀请了近20万人品尝无标签的新/老可口可乐。结果让决策者们更加放心，六成的消费者回答说新可口可乐味道比老可口可乐要好，认为新可口可乐味道胜过百事可乐的也超过半数。至此，推出新可乐似乎是顺理成章的事了。

可口可乐不惜血本协助瓶装商改造了生产线，而且，为配合新可乐上市，可口可乐还进行了大量的广告宣传。1985年4月，可口可乐在纽约举办了一次盛大的新闻发布会，邀请200多家新闻媒体参加，依靠传媒的巨大影响力，新可乐一举成名。

看起来一切顺利，刚上市一段时间，有一半以上的美国人品尝了新可乐。但让可口可乐的决策者们始料未及的是，噩梦正向他们逼近——很快，越来越多的老可口可乐的忠实消费者开始抵制新可乐。对于这些消费者来说，传统配方的可口可乐意味着一种传统的美国精神，放弃传统配方就等于背叛美国精神，"只有老可口可乐才是真正的可乐”。有的顾客甚至扬言将再也不买可口可乐。每天，可口可乐公司都会收到来自愤怒的消费者的成袋信件和上千个批评电话。尽管可口可乐竭尽全力平息消费者的不满，但他们的愤怒情绪犹如火山爆发般难以控制。

迫于巨大的压力，决策者们不得不做出让步，在保留新可乐生产线的同时，再次启用近100年历史的传统配方，生产让美国人视为骄傲的“老可口可乐”。仅仅3个月的时间，可口可乐的新可乐计划就以失败告终。尽管公司前期花费了2年时间、数百万美元进行市场调研，但可口可乐忽略了最重要的一点——对于可口可乐的消费者而言，口味并不是最主要的购买动机。

思考题：

从此案例，你可以得到什么启示？

提示：信息工作对企业的决策工作分外重要。市场调研是信息工作的重要方法，做好市场调研，是企业信息工作的重要构成部分。

◎ 理论导读

企业信息工作概述

一、企业信息工作概念

现代社会是信息化社会，在这样的信息环境中，对信息的更多掌握可以让企业在激烈的市场竞争中占据更用利的位置。由此，企业信息工作越来越突显出其重要性。

就概念上来说，企业信息工作是指对企业生产经营活动所需资料数据的收集、处理、传递、贮存等管理工作。做好企业信息工作，可以服务决策，也可以推动工作更快更好地向前发展。

二、企业信息收集的内容对象

信息收集是做好信息工作的前提。信息收集得是否完善、高效、准确，直接影响到信息工作的成效。要做好企业信息收集工作，首先须了解企业信息收集的内容对象：

1. 市场信息：与产品或行业市场相关的信息，如产品价格、产品规格性能、行业市场需求情况等。

2. 客户信息：企业相关客户的背景信息，包括客户信用状况、客户需求特点等。

3. 行业信息：行业最新发展情况信息，包括最新产品的研发信息，行业前沿技术开发信息等。

4. 金融及法律政策信息：与企业发展相关的金融借贷、相关法律政策信息。

5. 企业日常运营信息：与企业运营过程中所需的日常管理信息，包括产品生产信息、库存信息、人力资源信息等。

三、企业信息来源

1. 通过网络或其他媒体渠道获得信息

社会电子信息网络的普及及多种媒体信息传播的便利，使得企业获知信息的渠道大大拓宽。在“Internet”已成为人们谈论得最多的话题的时代里，互联网络无疑在众多信息获取手段中以速度快、信息量大、付费少的特点而受到青睐。目前，在世界范围内现存3500多个数据库可资利用。要从数据库获取商业信息，只需付出较少的费用。这种数据库中通常有统计资料、研究报告等，一般来说，自1970年以来出版的专业资料在其中都可以找到。而且，电子商务发展迅速，许多商品都可以在网上交易和结算。利用互联网进行市场调研也是MR(Market research)业的新的发展方向。

2. 通过调研获得信息

调研是企业获知信息的一种重要方法。专项调研的目的在于从零散的市场信息中收集、整理和提炼出有价值的信息和数据，并通过系统的论证全面阐述市场特性，为企业决策的正确性制定提供依据。

3. 通过内部及外部关系获得信息

通过企业间的业务往来、人员往来及纵向管理从属关系中获得信息。

(1)企业可以充分利用自己内部积累起来的各方面资料获知信息。这些资料包括：财务会计资料，特别是资金动用信息、未付账款信息和应收账款信息；企业统计资料，如生产数据、销售数据、营业额数据、广告数据、存货数据、成本信息和财务信息等；企业成本资料，如企业的成本预算情况、成本决算情况和成本核算结果；短期经营信息，如每月经营核算结果、每月上缴企业员工社会保险费用等。

(2)可从政府统计资料中获知相关信息。如国家统计局发布的国民经济运行情况数据，如统计年鉴、人口和收入统计等；政府发表的行业统计资料，如商业企业名录；政府发表的税赋报告，以及物价水平统计等。地方政府的统计和报告，如各省政府统计报告。这种统计报告大体有这么几类：人口与就业情况报告；制成品物价水平与价格指数统计；消费水平报告，如对居民收入和水平的抽样调查，说明平均居民户的收入来源、水平、开支水平与开支结构等。

(3)从行业统计资料中获知信息。各行业协会会定期出版一些刊物，从这刊物上获取信息是企业对行业了解的一个有效途径。

任务一　调研的前期准备

一、确定调研目标

调研的目的在于帮助企业准确地做出经营决策，在市场调研之前，须先针对企业所面临的市场现状和亟待解决的问题，如产品销量、产品寿命、广告效果等，确定市场调研的目标和范围。

二、确定所需信息资料

市场信息浩若烟海，企业进行市场调研必须根据已确定目标和范围收集与之密切相关的资料，而没有必要面面俱到。纵使资料堆积如山，如果没有确定的目标，也只会事倍功半。

三、确定资料搜集方式

企业在进行市场调研时，收集资料必不可少。而收集资料的方法极其多样，企业必须根据所需资料的性质选择合适的方法，如实验法、观察法、调查法等。

四、搜集现成资料

为有效地利用企业内外现有资料和信息，首先应该利用室内调研方法，集中搜集与既定目标有关的信息，这包括对企业内部经营资料、各级政府统计数据，行业调查报告和学术研究成果的搜集和整理。

五、设计调查方案

在尽可能充分地占有现成资料和信息的基础上，再根据既定目标的要求，采用实地调查方法，以获取有针对性的市场情报。市场调查几乎都是抽样调查，抽样调查最核心的问题是抽样对象的选取和问卷的设计。如何抽样，须视调查目的和准确性要求而定。而问卷的设计，更需要有的放矢，完全依据要了解的内容拟定问卷。

六、组织实地调查

实地调查需要调研人员直接参与，调研人员的素质影响着调查结果的正确性，因而首先必须对调研人员进行适当的技术和理论训练，其次还应该加强对调查活动的规划和监控，针对调查中出现的问题及时调整和补救。

任务二　调研方法的确定

市场调研的方法很多，并且仍在不断更新完善中，主要分为定量研究和定性研究两种。传统的方法有深度访谈、焦点小组座谈会、二手资料收集、调查问卷、实地观察法等。而随着计算机和网络技术的高速发展，网络调研以其操作简便和成本低的特点也成为调查研究的重要方法，得到越来越多广泛的应用。上述每种方法具有不同的特点，适用于调研的不同阶段，对所需资源的要求也不同。什么情况下采用什么方法，是采用定量研究还是定性研究，将对研究结果产生重大甚至决定性的影响。市场调研人员只有理解各种方法的关键特性和适用环境，才能合理运用这些方法，达到调研的目的。

一、深度访谈

深度访谈可以采用正式或者非正式的方式。它主要应用于市场调研的开始阶段，目的是初步了解市场行为和模式，从而确定下一步的调研主题。顾名思义，访谈要做到深入和全面地了解被访谈对象，这需要访谈人努力营造相互信任的气氛，掌握提问的技巧、注意倾听。

二、焦点小组座谈会

经验表明，座谈会人数控制在8～12人为最佳，并且要求具有一定的特征共性，比如都是大学生。调研人员在座谈会前要适当备课，包括参会人员的档案分析、深度访谈等。

主持人是座谈会成功的关键因素，需要对现场有良好的驾驭能力。提前设计合适的问题，以引导消费者对焦点问题的关注。还可以融入游戏的方式，如请消费者小组一起来虚拟设计一个新品牌等。座谈会的主要成果是对消费者谈话内容客观全面地收集整理资料。

三、二手资料收集

二手资料收集是对已发表的信息的搜集和提炼。它的优点是经济快捷，因特网的普及使得这一优点更加突出。二手资料的主要缺陷是针对性不强，即这些资料是根据他人的调查需求而制定的，也许并不适合本公司的特殊情况。尽管可以加工提炼，但是数据的准确性和针对性还是大打折扣。因此，调研人员可以把二手资料收集作为调研的开端，用来帮助做进一步分析，以明确今后的调研主题和方向。

以上三种方法都是定性研究方法，适用于调研前期。

四、调查问卷

调查问卷是一种定量研究方法，它主要用来验证根据定性研究形成的假设意见。

设计合理的问卷是关键成功因素之一。调研人员在运用此方法前要做充分准备，借助深度访谈和焦点小组等方法，分析结果和提出消费行为的假设意见。编制问卷要结合假设意见，设计问题要以验证假设意见为主要目的。

问卷调查的另一个关键因素是样本容量。样本容量一般理解是越大越好，但是这就意味着成本的增加。其实，合理的样本容量足以起到准确有效的作用，还能够大幅降低成本。当然，如果出于费用考虑而导致样本容量明显不足，那就不能采用这种方法。时间成本的限制可以考虑将该任务外包。有效的调查问卷能够取得一手的市场数据资料，是企业决策的重要参考资料。

五、实地观察

消费者很容易表现出言行不一致，也就是说在接受调查时和实际消费时表现出不同的特征。如果调研人员对消费者调查的结果心存疑虑，甚至发现明显不合常理，实地观察消费行为将是最直接和最有效的校验方法。有时经过调研和讨论分析，调研组成员之间对消费行为模式还存在分歧，也可以借助这种方法决策。例如我们在对皮鞋消费者调研过程中，项目组内部对于男性消费者关注要素的排序看法不一致，就补充采用了这种方法，通过对消费者实际购买行为的观察统一了思想。

六、网络调研

网络调研得益于网络技术的高速发展。如前所述，网络调研具有操作简便和成本低的特点，很容易获得更大的样本容量。它实际上不是对传统调研方法的革新，而只是把它放在网络上完成。但是，作为特例，刷卡消费、网上购物、电子商务等一系列革新带动产生了庞大的电子消费数据库。通过分析日积月累的消费记录，厂商发现，宝贵而且真实的市场数据资料唾手可得。电子消费数据库是真正意义上对传统市场调研方法的革新。如前所述，网络调研要求企业对客户消费信息实现电子化，并且需要长时间的积累，才能构造有指导意义的数据库。

◎ 技能训练

训练一　调查问卷的编制

一、训练目标

通过实训，掌握调查问卷编制的基本方法及原则。

二、训练方案与要求

（一）案例描述

中华旅行社是一家全国性的旅行服务公司，它有十多年的历史。公司的宗旨是发展越野旅行服务，包括爬山、溯溪、徒步旅行、野营等。公司有专业训练的指导人员以及各种旅游设施。其分公司遍布全国各省市。

越野旅行活动跟一般的风光旅游完全不同，它是锻炼参加者意志的独特活动。这项活动由专业人员带领，适合大约10～15人的小组。主要的旅行活动有野营、爬山、游泳、徒步行走等。预计这项活动的参加者能为企事业单位带来下面的好处：发展内在和外在的业务联系和领导才能；培养员工之间合作的关系和解决冲突的能力；加强体力和精神上的磨炼；并使参加员工有一难忘的经历。

越野旅行服务的市场包括两个方面：一是一些专业运动人员，他们把越野旅行作为职业训练的一个过程；另一市场则是待开发的各类事业单位的员工。目前越野旅行公司对事业单位这个市场尚不熟悉，因此有必要进行初步的行销研究，以了解这个事业市场的区隔及市场大小、性质、需求等。

从广义上讲，目前越野旅行的竞争对手是观光旅游活动（到名胜地点或休闲地点游览）。但现在还没有任何一家公司向企业提供越野旅行服务。目前，企业为其员工举办的户外旅游活动已愈来愈普遍。中华旅行社希望通过此次调查，能发掘越野旅行服务市场的潜在需求，把公司的旅行项目办得更符合企业机构的特定需求。

基于上述分析，中华旅行社决定开发此市场。决策的制定将以市场调研所获得的资料为基础。

（二）训练要求

1. 阅读以上案例，然后根据调研需要设计包含20个左右问题的问卷一份。

2. 要求学生在电脑上完成问卷编制，排版后发邮件到教师指定邮箱，并交打印稿一份。

（三）训练步骤

1. 指导学生认真阅读案例及实训内容和要求。

2. 分析案例主要内容以及本次实训目的。

3. 讲解问卷编制的要点。

4. 布置实训任务。

（四）训练提示

问卷编制目标设定：

1. 总体目标：判断企业对越野旅行的需求程度和性质。

2. 具体目标之一：研究这种需求如何随企业的类型（行业、地理位置、规模等）而变化。

（1）有些事业机构常举办一些创新的活动，以提高企业员工的生产力和满意度。这类企业对越野旅行活动会更容易接受。

（2）大的事业机构比小机构是否更容易接受越野旅行能够服务。

（3）对越野旅行活动参加的可能性是否与企业对这些活动所预见的危险性程度有关。

3. 具体目标之二：辨别事业机构选择哪类职员参加这样的越野旅行活动。

问卷调查对象设定：

（1）中高级管理人员、绩效佳的职员。

（2）参加包括不同部门的职员。

（3）企业是否会让参加者家人同行。

（4）企业是否可能让企业外的人参加（购买者、供应商、银行等）。

4. 具体目标之三：调查企业从这样一种越野旅行活动寻求何种效用，且这种效用是否会随企业类型不同而改变。

5. 具体目标之四：了解企业单位希望越野旅行服务提供何种服务，且服务项目取决于旅行的时间和所寻求的效用。

6. 具体目标之五：收集对越野旅行服务的一般看法。

◎ 知识拓展

调查问卷设计

问卷设计是一项十分细致的工作，一份好的问卷应做到：内容简明扼要，信息包含要全；问卷问题安排合理，合乎逻辑，通俗易懂；便于对资料分析处理。

一、问卷总体结构

一份问卷通常由三部分组成：前言、主体内容和结束语。前言主要是对调查目的、意义及填表要求等的说明，包括问卷标题、调查说明及填表要求。前言部分文字须简明易懂，能激发被调查者的兴趣。问卷主体是市场调查所要收集的主要信息，它由一个个问题及相应的选择项目组成。通过主体部分问题的设计和被调查者的答复，市场调查者可以对被调查者的个人基本情况和对某一特定事物的态度、意见倾向以及行为有较充分的了解。问卷结束语主要表示对被调查者合作的感谢，记录下调查人员姓名、调查时间、调查地点等。结束语要简短明了，有的问卷也可以省略。

二、问卷设计必须注意的问题

调查问卷中问题提问合理、排列科学可以提高问卷回收率和信息的质量。

首先，问卷中文字要表达准确，不应使填卷人有模糊认识。如调查商品消费情况，使用"您通常喜欢选购什么样的鞋?"就是用词不准确，因为"通常""什么样"的含义不同的人有不同的理解，回答各异，不能取得准确的信息。如改为具体的问题："您外出旅游时，会选购什么牌号的旅游鞋?"这样表达就很准确，不会产生歧义。

其次，问卷要避免使用引导性的语句。如设计问卷时，问"××牌号的旅游鞋质优价廉，您是否准备选购?"这样的问题容易使填卷人由引导得出肯定性的结论或对问题反感，简单得出结论，这样不能反映消费者对商品的真实态度和真正的购买意愿，所以产生的结论也缺乏客观性，结果可信度低。

再次，问卷问句设计要有艺术性，避免对填卷人产生刺激而不能很好地合作。

最后，问卷不要提不易回答的问题。这里可能有两种情况：一种是涉及填卷人的心理、习惯和个人生活隐私而不愿回答的问题，即使将其列入问卷也不易得到真实结果。遇有这类问题，如果实在回避不了，可列出档次区间或用间接的方法提问。如调查个人收入，如果直接询问，不易得到准确结果，而划分出不同的档次区间供其选择，效果就比较好。另一种是时间久、回忆不起来或回忆不准确的问题。

此外，还有一个要注意的问题是：问卷总的措辞要注意，即将已定类型和内容转化为标准提问的依据以及被调查者能够理解并根据其回答的问题。措辞不当往往会使被调查者误解题意或拒绝回答，引起计量误差，从而直接影响数据质量，事后弥补非常困难，而且成本太高。

三、问卷问题设计典型案例分析

典型案例1：

客户对某产品的价格和服务质量感兴趣，询问消费者“您对它的价格和服务质量满意还是不满意？”

分析：该问题实际上包括价格和服务质量两个方面的问题，结果“对价格不满意”、“对服务不满意”或“对价格和服务不满意”的被调查者可能回答“不满意”，该结果显然得不到客户想了解的信息。因而，该问题应分为两个问题询问：

“您对它的价格满意还是不满意？”“您对它的服务质量满意还是不满意？”这样，客户可以分别得到某产品的价格和服务质量方面的信息。

典型案例2：

某公司想把某电视节目制作成VCD盘，并调查其潜在市场，所设计的问卷中标题和说明部分均表明调查是关于该电视节目的。问卷首先要求被调查者列举最喜欢的三个电视节目（开放题），结果该节目名列榜首，98％的被调查者声称最喜欢该节目。

分析：显然问题结果是有偏差的，原因是标题和说明部分给出了该节目的名称，使得被调查者先对该节目产生或加深了印象，从而诱导被调查者在回答自己喜爱的节目时，有意无意地给出这一节目名称，导致结果再现偏差。

典型案例3：

问题：A：您至今未买电脑的原因是什么？

(a)买不起　(b)没有用　(c)不懂　(d)软件少

B：您至今未购买电脑的主要原因是什么？

(a)价格高　(b)用途较少　(c)性能不了解　(d)其他

分析：显然B组问句更有艺术性，能使被调查者愉快地合作。而A组问句较易引起填卷人反感、不愿合作或导致调查结果不准确。

项目二　信息整理分析

◎ 学习目标

知识目标

- 了解信息统计整理的基本原则。

- 了解调研分析归纳的基本方法。
- 了解秘书的决策参谋方法。

能力目标

- 能够进行信息的统计与整理工作。
- 能够进行调研的分析与归纳。

◎ 工作任务

- 任务一：信息的统计整理。
- 任务二：调研的分析归纳。
- 任务三：秘书的决策参谋。

◎ 导入案例

通海酒店顾客满意度评估分析

以下是通海酒店通过对800名顾客抽样调查(问卷调查)，获得如下汇总数据，你可以通过这些数据得出什么结论？

项目	很满意	较满意	一般	不满意	很不满意
1. 进店接待	170	180	250	150	50
2. 手续办理	178	188	260	138	36
3. 大堂布置	180	230	260	90	40
4. 大堂设施	180	230	260	90	40
5. 大堂卫生	180	190	248	142	42
6. 客房布置	188	192	256	144	40
7. 客房设施	150	160	240	150	100
8. 客房卫生	148	162	250	140	100
9. 客房服务	180	195	258	97	70
10. 客房用品	148	160	252	148	92
11. 水电供应	200	260	278	50	12
12. 通信	200	250	288	40	22
13. 电视	200	250	288	40	22
14. 服务态度	150	160	250	140	100
15. 投诉处理	140	170	250	130	110
16. 餐厅布置	156	200	300	84	60
17. 餐厅设施	156	200	300	84	60
18. 餐厅卫生	160	200	300	130	110

项目	很满意	较满意	一般	不满意	很不满意
19. 餐厅服务	150	180	240	130	100
20. 饭菜品种	150	160	250	140	100
21. 饭菜卫生	140	170	250	130	110
22. 饭菜分量	150	180	250	120	100
23. 饭菜档次	150	160	250	130	110
24. 饭菜价格	150	160	250	130	110
25. 饭菜色香味	140	150	230	160	120
26. 碗筷餐巾	150	180	250	120	100
27. 等候时间	200	250	288	40	22
28. 酒水饮料	200	260	270	48	22
29. 酒店外观	200	250	288	40	22
30. 酒店装修	210	260	298	20	10
31. 酒店绿化	210	260	298	20	12
32. 娱乐设施	140	160	220	160	120
33. 酒店交通	210	250	300	30	10
34. 宣传用品	130	160	200	198	112
35. 酒店安全	200	250	288	40	12

其他调查资料：

1. 顾客来住店之前，知道本酒店的 320 人，不知道的 680 人。

2. 顾客来本店的次数分布：1 次的 300 人，2 次的 200 人，3 次的 120 人，4 次的 100 人，4 次以上的 80 人。

4. 本店近三年来营业收入增长率分别为 8.6%、9.8%和 7.2%.

5. 本店近三年投入的广告费用增长率分别为 5.3%、4.2%和 2.8%。

6. 据本店员工满意度调查，有关项目的满意度为：用人机制 75.8%，物质激励 80.1%，精神激励 71.3%，人际关系 70.2%，劳资关系 73.2%，技术培训 70.2%，发展期望 68.8%，企业管理 70.5%，愉快感 70.1%，信任感 70.2%，员工安心率 68.3%。

提示：信息数据分析是形成调研报告、评估报告的基础，也是秘书作为辅助人员在为上司作辅助决策时的思考及判断基础。

◎ 理论导读

任务一　信息的统计整理

信息是人们按照预先的目的，通过从各种不同的渠道、不同的角度观察记录来反映客观事物状态和特征的某种概念或经过加工后的数据。信息的统计是根据预定和研究目的和任务，确定具体的调查项目、调查对象和调查范围和抽样所采用的调查方法，有计划、有组织地进行原始资料的调查搜集、审核整理、汇总处理，应用统计分析技术对汇总数据加工成统计信息，包括数据表、简要的分析、研究报告等，然后提供有关方面和社会公众使用或进一步开发利用。

一、信息统计与整理的基本原则

调查信息资料统计与整理的基本原则是：真、准、整、统、简、新。

(1)“真”指调查信息资料必须真实，不能弄虚作假，主观杜撰。对收集到的调查数据资料要根据实践经验和常识进行辨别，看其是否真实可靠地反映了调查对象的客观情况。一旦发现有疑问，就要再次根据事实进行核实，排除其中的虚假成分，保证调查数据资料的真实性。如果整理出来的调查数据资料不真实，那么，比没有调查数据资料还更危险。因为没有调查数据资料，顶多做不出结论，而资料不真实，就会做出错误的结论，这比做不出结论更有害。因此，“真”是整理资料时应遵循的首要标准。

(2)“准”指调查信息资料必须准确，不能模棱两可，含混不清，更不能自相矛盾。如果某位被调查者在年龄栏内填写的是30岁，而在工作年限栏内填写的是21年，这显然是不合乎逻辑的，对类似的调查数据资料都应认真审核处理。同时，对搜集来的各种统计图表应重新计算复核。对利用历史资料更要注意审查文献的可靠性程度。

(3)“整”指调查信息资料必须完整，不能残缺不全，更不能以偏概全。检查调查数据资料是否按照调查提纲或统计表格的要求收集齐全或填报清楚，应该查询的问题和事项是否都已经查询无漏。如果调查数据资料残缺不全，就会降低甚至失去研究的价值。

(4)“统”指调查信息资料必须统一。主要指调查指标解释、计量单位、计算公式的统一。检查各项调查资料是否按规定要求收集的，是否能够说明问题，对所研究的问题是否起应有的作用。在较大规模的调查中，对于需要相互比较的材料更要审查其所涉及的事实是不是具有可比性。如果调查数据资料没有统一标准，就无法进行比较研究。

(5)“简”指调查信息资料必须简明，不能庞杂无序。经过整理所得的调查信息资料，要尽可能简单、明确，并使之系统化、条理化，以集中的方式反映调查对象总的情况。如果整理后的调查信息资料仍然臃肿、庞杂，使人难以形成完整的概念，那么，就会给以后的研究工作增加许多困难。

(6)“新”指调查信息资料应尽可能的新颖。在调查信息整理资料时，要尽可能从新的角度来审视调查数据资料、组合调查数据资料，尽量避免按照陈旧的思路考虑问题，更不能简单重复别人的老路。只有从调查数据资料的新组合中发现新情况、新问题，才能为创造性研究打下良好基础。

需要强调的是：在整理信息资料时要首先做到真实、准确、完整、统一、简明，而后才是新颖。

二、统计调查方法

目前，我国采用的统计调查方法主要有以下几种：

(1)按搜集调查资料的组织方式，可分为统计报表制度和专门调查。前者是以原始记录为基础，按一定的表格形式和时间程序，自下而上系统地向各级领导部门提供基本统计资料；后者是对某些现象专门组织的登记和调查，包括普查、典型调查、重点调查、抽样调查。

(2)按被调查对象包括的范围，可分为全面调查和非全面调查。前者是对所有被调查的单位都进行调查，包括普查和全面报表制度；后者是对被调查对象的部分单位进行调查，包括典型调查、重点调查、抽样调查。

(3)按调查时间的连续性，可分为经常性调查和一次性调查。前者是对研究对象的发展变化进行连续不断的登记；后者是对研究对象在一定时点上的状况进行登记。

(4)按取得调查资料的具体方式，可分为报告法、直接调查法、询问法、自填法、通讯法五种方法。报告法，是由被调查单位定期或不定期向有关单位报送调查统计资料；直接调查法，是由调查人员到现场对被调查对象进行实地调查；询问法，是由调查人员对被调查对象进行采访、询问或通过调查会、座谈会的方式口问手写，取得调查资料；自填法，是由调查人员事先设计调查问卷或调查表，交给被调查对象自己填写，取得调查资料；通讯法，是通过邮寄的方式，将事先设计的调查问卷或调查表交给被调查对象填写并寄送回来，从而取得调查资料。

任务二　调研的分析归纳

当调研统计分析研究和现场直接调查完成后，市场调研人员拥有大量的一手资料后，便进入到对这些信息的分析与归纳阶段。对这些资料首先要编辑，选取一切有关的、重要的资料，剔除没有参考价值的资料。然后对这些资料进行编组或分类，使之成为某种可供备用的形式。最后把有关资料用适当的表格形式展示出来，以便说明问题或从中发现某种典型的模式。

一、常见的调研数据分析方法

（一）联合分析

联合分析（又叫结合分析）是进行市场研究时常用的一种方法。20 世纪 70 年代初联合分析方法在市场营销研究中产生，主要用于了解消费者的购买偏好。联合分析中，产品被认为是由一些属性（特征）构成的，这些属性的每个组合构成联合分析的对象。联合分析法主要由三步骤构成：

1. 确定产品的属性。

2. 数据收集，通过调查收集数据，进行数据分析。

3. 数据分析。

通过联合分析，可以了解到以下内容：

首先，对消费者而言，构成产品的每个属性的重要性如何？

其次，通过计算特征水平的效用，得出消费者最偏好的产品的属性组合是什么？

再次，通过联合分析可对每种产品的属性组合进行市场占有率模拟。

（二）对应分析

对应分析是进行市场研究时常用的一种方法。主要目的是确定变量之间的相关性。对应分析可以将结果通过散点图很好地表示出变量之间的相关性。

（三）多维尺度分析

多维尺度分析通常用于分析商品相似性的，通过分析消费者对商品的相似性评分，产生这些商品相关性的图形，通过图形可直观地找出相似性产品（存在竞争可能性的产品）。

二、调研归纳阶段（即提出调查报告阶段）

经过对调查材料的综合分析整理，便可根据调查目的写出一份调查报告，得出调查结论。值得注意的是，调查人员不应当把调查报告看做是市场调查的结束，而应继续注意市场情况变化，以检验调查结果的准确程度，并发现市场新的趋势，为改进以后的调查打好基础。

任务三　秘书的决策参谋

调查研究工作是成事之基、谋事之道，更是各级秘书发挥参谋助手作用的重要手段。各级秘书要把深入开展调查研究作为工作的要务来抓，在大量较高水平的调研成果基础上，更好地为领导科学决策提供优质高效服务。

一、创新调研思路，增强参谋服务意识

思路决定出路。秘书部门要把辅助决策工作的思路，放在如何使调查研究与领导决策紧密结合上，坚持用创新的理念、开放的思维、前瞻的视野、预见的眼光，紧紧围绕领导工作思路，将工作中领导关注的重大问题及热点难点问题作为主攻方向，努力拓宽调查研究与领导决策相结合的途径，增强研究的针对性、实效性。

1. 树立大局意识。秘书部门在发挥参谋助手作用中，要增强主动性、预见性，紧跟形势发展变化，及时领会领导工作意图，始终保持鲜活的思想、前瞻的思维、创新的思路，参在点子上，谋在关键处。

2. 强化效率意识。秘书部门作为领导的“参谋部”，必须主动适应形势的需要和工作的新要求，进一步强化效率意识，对领导的中心工作，要见微知著，兵马未动，调研先行，及早了解情况，推出对策建议，力求把工作做在前头，当好事前诸葛亮。要按照“走一步，看两步，想三步”的要求，做到知之在先，思之在先，谋之在先，研究新问题，把握发展趋势，看准发展动态，提出新思路、新见解，真正成为领导的“智囊团”。

3. 是增强精品意识。当决策参谋，很重要的一个形式就是以文辅政。秘书工作人员要怀着高度负责的工作态度，力求形成的每一个调研成果都是精品力作。在调查研究中，真正迈出步子，沉下身子，深入基层，深入到生产和工作第一线，做到“打破沙锅问到底”，掌握丰富而真实的第一手材料。要在全面了解“下情”的基础上，准确地理解领导意图，加强综合分析，反复思考推敲，形成言之有物、言之有据，有深度、有分量的调研成果，为领导科学决策提供确凿依据。

二、突出调研重点，把握参谋服务核心

参谋工作要围绕为领导决策服务这一核心，坚持突出重点、重点突破的办法，将调查研究的触角伸向各个部门，最大限度地发挥调查研究在工作协调中的基础性作用。秘书人员要根据领导中心任务和工作重点，提出若干项重点调研课题，并组织、协调有关力量开展调研，提出科学决策的建议或预案，为领导出好主意、出大主意。其次是紧跟社会关注热点，开展对策性调研。在调查研究中不仅要关注近期的现实问题，同时要注意对某些重大问题的发展趋势进行预测性研究，注意选取和捕捉那些尚未引起人们注意，但发展下去可能成为热点、难点的重大问题，进行超前思考。主动研究，提出相应的对策思路。

再次是紧抓实际工作亮点，开展经验性调研。调查研究工作要善于捕捉新的“调研点”和“醒目点”。对一些新的典型、新的经验。

三、强化调研质量，提升参谋服务水平

秘书要发挥决策参谋作用，提高服务水平，关键在于创新工作方法，提升秘书人员的业务本领。

1. 改进调研方式方法。秘书部门要发挥牵头作用，积极加强与各部门的调研协作，有效整合各方面调研力量，形成多层次、广渠道、开放性调研工作格局。除了继续采用一些传统调查研究方法外，还要积极探索一些适应新形势新要求的方法，比如采用市场调查、电话采访、网络调查、暗访等方式方法，使调研工作的方式更灵活，充分发挥现代化办公手段的作用，提高调研工作的质效。

2. 切实抓好文稿起草。文稿起草是调研人员当好决策参谋的重要形式和渠道。一定意义上讲，领导工作报告、领导讲话是一种决策行为。因此，在深入调查研究的基础上，组织起草好重要文稿，把调研成果转化为决策依据，是每个调研人员义不容辞的责任。要把起草重要文稿作为做好参谋服务的关键环节，着力加强文稿起草前的调研、文稿起草中的讨论和文稿起草后的评议，进一步增强文稿的思想性和针对性，不断提高决策服务水平。

◎ 技能训练

产品销售数据分析及情况预测

一、训练目标

通过实训，了解调研数据的基本分析方法。

二、案例陈述

某企业在制订年度营销计划时，营销副总经理召集销售部和市场部经理对产品销售情况进行了预测。根据该企业以往内部管理情况，营销副总经理个人的判断对营销计划的确定有主导作用，且营销副总经理认为销售经理比市场部经理的判断更准确，他们的意见权重分别是50%、30%、20%。下表说明他们对市场销售判断的情况。

单位：百万元

预测人员	销售副总经理	销售经理	市场部经理	发生的可能性
最高销售额	210	200	220	0.3
最可能销售额	160	180	170	0.5
最低销售额	120	150	80	0.2
意见权重	50%	30%	20%	

请根据以上情况进行单项选择判断。

1. 营销副总经理预测年度市场销售可以达到(　　)百万元。

A. 167　　B. 156　　C. 171　　D. 149

2. 综合营销副总经理、销售经理和市场部经理的判断，预测该企业年度市场销售可以达到(　　)百万元。

A. 167.7　　B. 165.4　　C. 170.9　　D. 172.8

◎ 阅读与思考

市场调研范例一 市场总体调研

2007 中国手机市场调查报告:同质化时代的竞争

历经两个月,全国十几个主要城市,100 多个大型"迪信通"卖场的现场问卷调查,中国质量万里行手机市场调查终在 2007 年 4 月 30 日结束。本次调查针对 18 个主流手机品牌的质量和售后服务展开,以现场访问、网络、手机短信的方式进行。共发放 1 万份调查问卷,回收有效问卷 6716 份。

以下是本次调查所获得数据分析。

1. 手机性价比分析

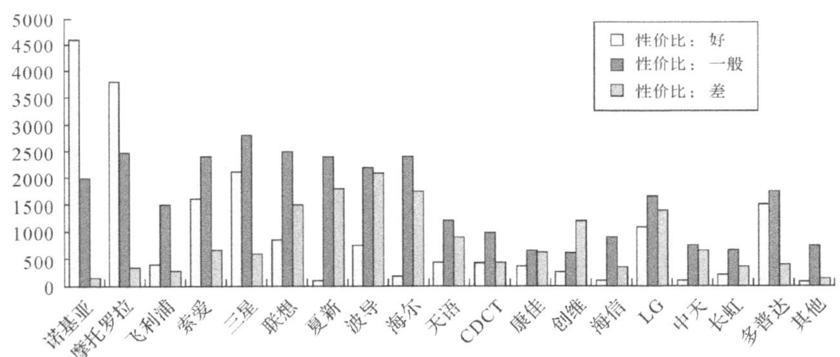

从以上图表来看,消费者认为大部分手机的性价比一般,但诺基亚和摩托罗拉两个品牌表现突出,性价比排在前两位,分别约为 67.86%和 58.25%。而消费者认为性价比最不好的是创维手机,好评率只占 5%,而差评的占 64.25%。另外,波导、LG 的性价比也较低。

2. 维修次数分析

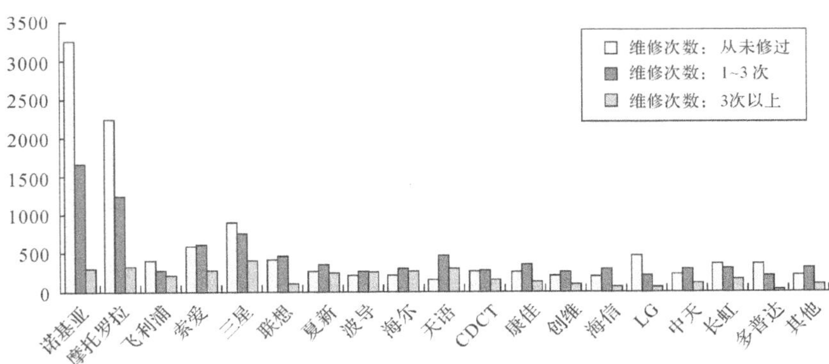

返修率是考核一部手机优劣的重要凭证。从以上图表分析，绝大多数品牌手机维修过的数量超过未维修的数量，出人意料的是，LG 手机从未修过的比例最多，是 64.19%。其次是多普达、诺基亚，分别占 62.72%和 62.57%。摩托罗拉并未进入前 3 名。天语手机是返修优率最高的品牌，在 80%以上。其次是波导和海尔，在 70%以上。其中，维修 3 次以上最多的是波导手机，占 37.3%，天语和海尔手机紧跟其后，都在 30%以上。

3. 维修周期调查分析

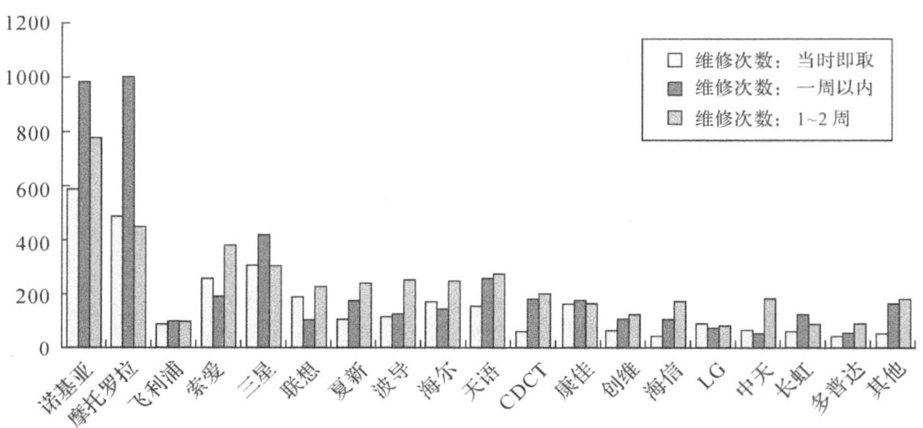

维修周期的长短直接反映企业的售后服务状况，也是消费者在购买手机时关注点之一。从上图分析，“当时即取”表现最好的企业是联想，占整个维修比例 34.24%。其次是索尼爱立信和飞利浦，都在 30%以上。在一周之内维修好的情况占绝大多数，但需要维修 1～2 周的也不算少数，表现最差的是中天手机，占 58.25%，其次是波导和天语手机。

4. 售后服务电话满意度分析

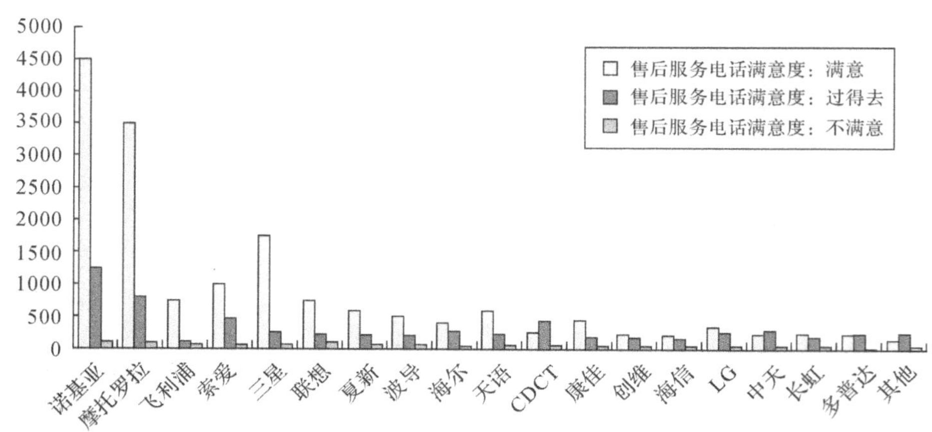

售后服务电话是企业最快、最直接解决消费者问题的方式。从上表分析来看，消费者满意度最高的是三星，占 89.17%，其次是飞利浦和摩托罗拉，都在 80%以上。而不满意的比较少，整体情况良好。

5. 售后服务现场满意度分析

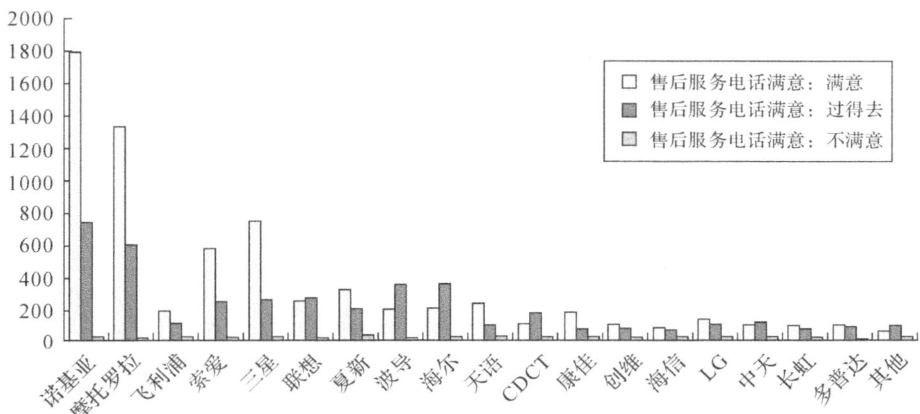

售后服务现场是体现人性化服务的重要方面。从图表来看，大部分消费者对售后服务现场是满意的。不满意的是在 18 个主流品牌之外的其他品牌，占 20.57%。从数据分析来看，对现场满意度最好的是天语手机，占 74.53%，其次是联想、诺基亚，均在 70%以上。

6. 手机配件价格接受度分析

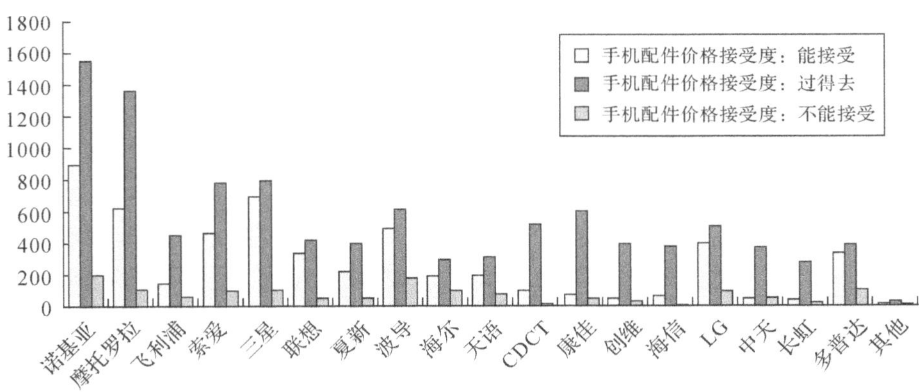

手机配件的接受度，大部分消费者总体认为过得去，不能接受的占少数。再从具体数值看，三星手机的配件价格最能接受，消费者认可比例占 42.93%，LG、多普达紧跟其后。而最不能接受比例最高的是波导，占 12.67%。

综合以上图表分析，可以看出：

1. 从调查数据绝对值来看，诺基亚、摩托罗拉占有较大市场份额，由于规模经营，使得手机质量在性价比、售后服务软硬件配套方面都略显优势，但都不是表现最佳的，令人遗憾。

2. 比较可喜的是，在这次调查的国产品牌中，多普达手机的综合表现最好，甚至有的方面优于洋品牌。是高端智能手机的佼佼者，因为多普达的质量与售后服务都比较有保证。缺点是市场份额较少。

3. 国产手机中的另一颗明星是联想。联想手机是国内手机中所占市场份额较大，且在性价比、售后服务方面有先导作用。

4. 有些品牌的质量与售后服务是有待提高的，如飞利浦、波导、天语等几个品牌的手机返修率较高，且维修周期较长，有待加强对售后服务体系的管理。

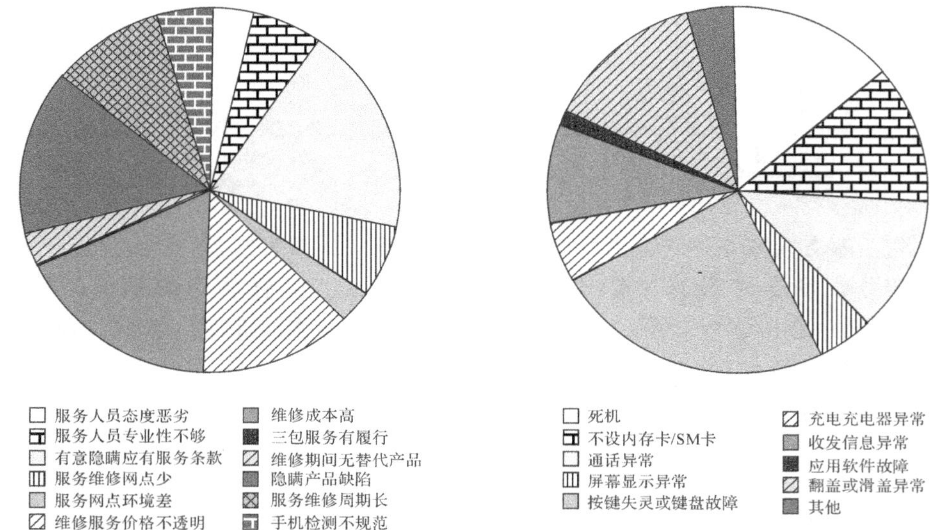

左图表显示，售后服务存在的主要问题是：有意隐瞒应有的服务条款 19％、维修成本高 17.2％、隐瞒产品缺陷 14.5％，以及服务价格不透明 13％等问题。这也与目前消费者投诉的主要问题接近。希望手机厂商在这几点加强服务体系建设。

右图表显示，首先按键失灵或键盘故障 24％是手机故障中最多的问题。其次是死机 13.8％、通话异常 13.67％、翻盖或滑盖异常 13.2％、不识内存卡/SIM 卡 11.45％这几大问题也占有绝大比例。

市场调研范例二　社会问题调研

新一代大学生：新思想脉动与社会共振

高校学生始终是备受社会关注的群体，他们正在接受高等教育，他们的未来职业地位将居于社会中上层，他们的意识世界和思想动态将会在一定程度上引领未来社会的发展潮流。虽然处在相对封闭状态的校园生活中，但当代大学生普遍敏锐地关注社会的发展、社会的问题以及个人在社会中成长的未来空间，只是近些年来，大学生如何关注社会这个问题，缺少一些调查和分析。在这样的背景下，《半月谈内部版》编辑部在五四青年节前后在全国五所著名大学进行的“五高校大学生看社会”问卷调查，清楚地显示了新一代学生的思想脉络和社会意识图景。

2002 年下半年到 2003 年上半年，我国的政治生活出现新的变化，执政党和政府先后实现了新老交替，新的社会发展战略也已经制定出来。这为未来 10 年乃至以后更长一段时期中国的发展前景确定了不可动摇的框架。对此，高校学生如何评价呢？本调查以“您对未来 10 年我国改革发展稳定的前景如何看”来进行信心测度，结果表明，绝大多数高校学生对社会前景有很高的预期：表示“有信心”者占 85.89％。这种积极预期说明，高校学生总体上接受了去年下半年以来中央领导集体的新老交替、政府换届和关于国家发展的宏观战略。这是高校学生群体关于政治现实认识倾向的最基本部分。全面建设小康社会成为执政 50 多年的中国共产党的现实执政目标，既是对过去 20 多年改革开放的所有成果的继承，又是对未来社会发展形态和前景的准确表述。本调查表明，高校学生对小康社会目标的认同程度很高。在确定“未来 10 年，中国全面建设小康社会的五大有利条件”时，他们首选是“中国入世”（79.96％），这是对中央领导集体果断加入 WTO 行为的很高评价。全面建设小康社会的首要条件被设置在与国际惯例和世界发展大趋势接轨方面，清楚地表明了新世纪高校学生的开放视野。同时，他们也意识到中国在特定发展阶段上的一些成就和因素，是实现小康目标的有利条件，比如“中国市场潜力巨大”、“民主与法治进程正在推进”、“中国国际地位上升”和“改革开放以来积累了宝贵经验”。高校学生对有利条件的确认不但涉及了国家的经济因素、政治因素，也涉及了中国的国际地位以及历史经验，这是一个比较系统的、理性的认识。

一、“未来 10 年，中国全面建设小康社会的五大关键”问题调查结果显示，“加快民主与法治建设”与“整顿好公务员、执法人员队伍，清除腐败”位列被选择率之首，两个答项表明的是全面建设小康社会的基本内容和实现目标的主要途径，高校学生的理解与执政党所阐述的基本方针之间，有高度的一致性。在关于小康社会的官方表述中，格外引人注目的就是经济指标之外的其他社会性指标，其中又以民主、法治为核心。这个年轻群体对这些指标的高度认同，预示着民主、法治以及纪律等现代社会要素在人们的观念中占有更多的空间。另外，高校学生对“加大科教兴国方针的实施力度”、“推进政治体制改革”和“注意各社会阶层之间的利益平衡”也给予了高度的关注，尤其是后两点，正成为政府、学者实践与讨论的热点。

二、对国计民生重大现实问题投以强烈关注，认识焦点与现实社会变化节奏合拍。高校学生也清楚地意识到目前中国社会面临的巨大问题和困难，其中有些问题和困难已经成为中国社会发展的严重障碍。在对这些问题的严重性程度的排序方面，本调查的结果依次是：“腐败现象”、“失业问题”、“贫困问题”、“收入差距扩大”、

“环境污染严重”。在所有被列举的5个重要问题中，有3个与整个社会的阶层分化有关。

这样的认识顺序说明，和十多年前的高校学生思维焦点相比，现在的高校学生对社会变化的认识在不断深化，他们所聚焦的不仅仅是抽象的理论问题概念问题，更多的是现实的社会变化问题。腐败现象在近些年来的各类民意调查结果中几乎都被列为严重问题之首。环境污染问题被高校学生提到比较重要的位置，说明他们的环境保护意识在不断增强，因为对环境污染严重程度的判断，除了对现状的认定之外，还与主观意识的强弱程度有很大的关系。也正因为这样，在回答“近10年中国经济社会发展面临五大制约”问题时，高校学生把他们认定的最严重的社会经济问题看成是未来国家和社会发展的制约。在所列的各个选项中，重合程度很高。“腐败现象耗费大量社会成本”还是位列首位；失业问题也再次被提及；“社会保障制度不健全”、“生态环境与资源状况恶化”也是如此。

特别要指出的是，高校学生在确认全面建设小康社会的关键问题时提到的政治体制改革问题，这里再次被提出来，他们意识到在这方面的进展是不尽如人意的。正因为政治体制改革进展相对不快，影响到社会各个层面的发展，它才成为突破旧框架、实现小康社会的关键。农业、农村和农民问题一直是中国经济社会发展的重大问题，近些年来社会各界对此投以强烈关注，高校学生也是这样。把这个问题放在全面实现小康的大背景下，高校学生认为解决的思路，首先为“加大农村教育投入”，这就是很多专家一直提出的以加快农村社会发展的步伐来推进农村的现代化的主张。这是一个“釜底抽薪”之举。

另外，农村基层政府机构的弊端也很严重，高校学生受访者中有22.5%的人主张对之进行彻底的改革。而“完善农村税费改革”被列在第三位，高校学生的预期与中央的有关部署合拍。主张“给农民以全面国民待遇”的受访者有17.8%，这主要源于高校学生对城乡社会经济体制性差别悬殊的切身认识。近些年来，大学校园的“学术腐败”现象引起广泛的关注，因为校园为社会清净之地，学术为社会公器，腐败的侵入将毁坏科学伦理和社会文化脉络。对此，本调查收集学生的判断倾向，结果显示，有52.1%的学生表示校园里有严重的学术腐败，认为不严重的有42%，只有6.1%的受访者认为不存在学术腐败。作为社会上接受高等教育的年轻人群，高校学生对改革的关注焦点，一定与他们对国家和社会发展的大趋势的把握有关，也与对自身的使命、职责的认识有关。

本调查结果显示，在未来的近五年内，高校学生最关注的改革，首先是在劳动就业领域。这样的认识与他们对实现小康社会面临的主要障碍(失业问题)的清醒了解有直接的关系，更重要的是他们十分关注自己在学业完成以后，如何走向社会，找到符合自己特长和志愿的工作岗位。我国劳动就业市场的雏形正在出现，在新的竞争环境下，一些陈旧的体制性因素还在严重束缚各类人才的自由流动，已经造成了重大的社会性损失。故而,受访者中有68.7%的人表示最关注劳动就业体制改革。在关于小康社会目标实现过程中的关键问题、制约因素的认识中,政治体制改革进展被认为是相对滞后的。和10多年前的高校学生的看法相比,在这一方面,现在的学生表现得更加沉稳。总之,调查表明,高校学生对社会的基本状况和趋势的认识是比较理性的,与其他社会人群的认识相比更具有系统性。一些认识焦点的形成或转移,与现实社会变化的节奏是合拍的。

三、对未来个人成长的设想与选择已经明显多样化。本调查还涉及一些与学习环境和未来个人成长预期直接相关的问题,意在把握高校学生在形成对社会经济现状与趋势总体认识后,会如何做出一些现实的和个人化的选择。调查表明,和25年以来其他时期的高校学生相比,现在的学生的设想和选择已经显现出明显的多样化特点。这首先反映在学生对加入中国共产党的意愿分布方面。本调查的结果是:在受访者中,表示"希望加入"者超过了半数,达到62.1%,其中,表示"强烈希望加入"的,超过全体受访者的1/4,有26.6%。同时,有34.4%的学生表示"无所谓",超过全体受访者的1/3。入党问题一直是表明高校学生个人政治意愿的晴雨表。在20世纪90年代的某几年,学生的入党意愿和行为有明显的下降。近些年来,随着中国共产党自身改革的不断深化和其作为一个执政党的执政业绩的大幅度提升,党对高校学生的号召力在逐渐回升。也应该看到,选择成为一个执政党成员需要有相当政治觉悟和严格程序,有部分学生暂时或长期地没有这种意愿,亦属正常。在一个不断多样化的社会里,高校学生入党作为一种政治晴雨表,正在发生变化。

关于就业去向选择的新变化,也反映了学生在个人成长方面选择的多样化。调查显示,超过60%的学生表示毕业以后选择去私企或外企就业,而选择政府公务员或体制内企业就业的学生占19.7%,接近总数的1/5,另有类似比例的学生表示自己创业。这种选择格局很明显地反映了近些年来中国社会经济组织和其他组织在社会格局中的数量变化,更重要的是,引领择业行为的一些规则在发生变化。可以说,中国高校学生面临着的是几十年来从未有过的就业压力,但另一方面,社会组织格局的变化也给学生的就业选择提供了前所未有的空间,特别是一些外企、私企的快速发展,提供的不仅是就业岗位,也有实现自身理想、施展才干的机会。选择在新兴经济组织中就业的学生比例远高于在传统组织的比例,这表明在高校学生群体中蕴含着就业观念的大突破。和五六年前学生的择业意愿相比,现在的学生显示出更多样的选择去向,而对不进入传统体制就业,也少有过去那样严重的损失感。这是一种很重要的变化。在出国留学问题上,和过去的出国潮相比,现在的学生在这一方面的选择冷静得多,也现实得多。表示"不一定,看条件是否允许"的受访者占73.1%,而表示除了出国留学不做其他选择的受访者有12.1%,类似比例的受访者表示"不会出国"。各种选择意愿的并存,真实地反映了高校学生在这个问题上的多样选择。学生对出国留学的意愿正在逐步地归为一种常态性选择，那种不顾各种条件的单一性选择方式，正在逐步淡出。

社会的开放也带来了学生个人生活领域中的一些新现象，性和性道德的变化是近来高校学生观念变化显著的领域之一。近些年来高校学生在校期间的未婚同居现象日盛，对此，本调查受访者中，表示“可以接受”的占 47.6%；表示“无所谓”的有 30.4%，表示“不接受”者只有总数的 1/5。如果考虑到持“无所谓”立场很大程度上涵盖了“可以接受”的立场，现在的高校学生对未婚同居现象的接受程度大大超过过去。在校园求学时，除了业务学习之外，80.3%的学生每天有 10 分钟或半小时的时间关心社会新闻或社会问题，有 19.8%的受访者的关注时间在“一小时或更长”，表示完全不关注而只读“圣贤书”者，是极少数，占 3.9%。在相关信息的传播方面，越来越多的学生所依赖的是近年逐渐普及的互联网，曾经发挥很大影响力的电视在传播路径方面的重要性降到了第三。校园的互联网显然使学生成为整个社会中享受最快捷信息获取和交流手段的人群之一，他们在互联网论坛上的活跃言论也充分表明，他们真正是一群身在校园而关怀天下的青年。这种对时政和社会问题的关注度，无时不在显示他们与社会共振的敏锐的思想脉动。

市场调研范例三　市场决策调研

某市家用汽车消费情况调查分析案例

随着居民生活水平的提高，私车消费人群的职业层次正在从中高层管理人员和私营企业主向中层管理人员和一般职员转移，汽车正从少数人拥有的奢侈品转变为能够被更多普通家庭所接受的交通工具。了解该市家用汽车消费者的构成、消费者购买时对汽车的关注因素、消费者对汽车市场的满意程度等对汽车产业的发展具有重要意义。

本次调研活动中共发放问卷 400 份，回收有效问卷 368 份，根据整理资料分析如下。

一、消费者构成分析

1. 有车用户家庭月收入分析

表 1　有车用户家庭月收入

家庭收入	比重(%)	累积(%)
2000 元以下	28.26	28.26
2000～3000 元	33.70	61.96
3000～4000 元	10.87	72.83
4000～5000 元	18.48	91.31
5000 元以上	8.69	100.00

目前该市有车用户家庭月收入在2000～3000元的最多；有车用户平均月收入为2914.55元，与该市民平均月收入相比，有车用户普遍属于收入较高人群。61.96%的有车用户月收入在3000元以下，属于高收入人群中的中低收入档次。因此，目前该市用户的需求一般是每辆10万～15万元的经济车型。

2. 有车用户家庭结构分析

表2 有车用户家庭结构

家庭结构	比重(%)	累积(%)
夫妻	36.96	36.96
与子女同住	34.78	71.74
与父母同住	8.70	80.44
单身	17.39	97.83
其他	2.17	100.00

Dink家庭(double income no kid)，即夫妻二人无小孩的家庭，占有车家庭的比重大，为36.96%。其家庭收入较高，负担较轻、支付能力较强，文化层次高、观念前卫，因此Dink家庭成为有车族中最为重要的家庭结构模式。核心家庭，即夫妻二人加上小孩的家庭，比重为34.78%。核心家庭是当前社会中最普遍的家庭结构模式，因此比重较高不足为奇。联合家庭，即与父母同住的家庭，仅有8.70%。单身族占17.39%，这部分人个人收入高，且时尚前卫，在有车用户中占据一定比重。另外已婚用户比重达到了81.5%，而未婚用户仅为18.5%。

3. 有车用户职业分析

调查显示有29%的消费者在企业工作，20%的消费者是公务员，另外还有自由职业者、机关工作人员和教师等。目前企业单位的从业人员，包括私营业主、高级主管、白领阶层仍是最主要的汽车使用者。而自由职业者由于收入较高及其工作性质，也在有车族中占据了较高比重。详见图1。

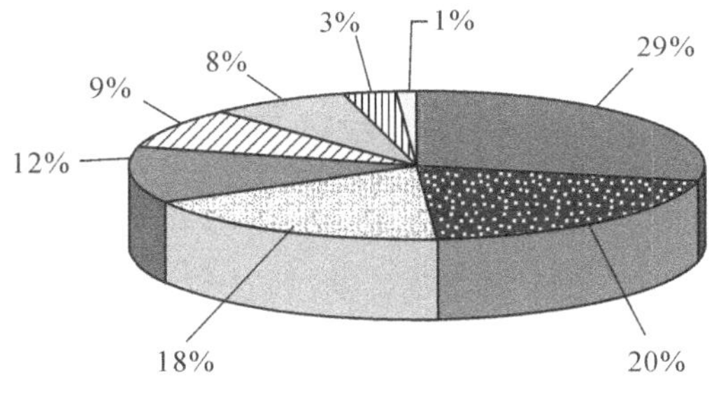

图1 消费者职业构成

4. 有车用户年龄及驾龄分析

在我们所调查的消费者中，年龄大多在30～40岁或是30岁以下，所占比重分别为43%和28%，也有23%的消费者年龄在40～50岁，仅有6%的消费者年龄在50岁以上。可见，现在有车一族年轻化的趋势越来越明显，这是因为大多数年轻人没有太多的家庭负担，正处于购买力和消费需求同样旺盛的时候，而越来越低的购车门槛，也给了他们足够的购车理由。

该市有车用户的驾龄平均为5.294年，而在本次接受调查的消费者中，有61.94%的用户驾龄在3年以上，由此可见，本次调查的有车用户驾龄普遍较长，因而对汽车也比较熟悉，对汽车相关信息掌握的也相对全面，这就使得我们对有车用户青睐的品牌的调查有了较高的可信度，而他们在汽车使用方面的经验，也能够为今后该市家用汽车市场营销策略的制定提供一定的帮助。

二、消费者购买汽车时关注的因素分析

调查显示，消费者在购车时最关注的因素首先还是汽车的价格和性能，所占比例分别达到了19%和16%，因此，性价比越高的汽车越能受到消费者的青睐。其次在消费者对汽车的关注因素中排在前列的还有油耗、品牌和售后服务等几项，所占比重分别为14%、13%和13%，由此可见，汽车自身的品质与经销商所提供的售后服务保证是同等重要的。因此，在对消费者最终选购汽车起主导作用的因素中，油耗经济性好、性价比高、售后服务好这三项占据了前三名，所占比重分别为22%、21%和15%。影响消费者购车的因素见图2。

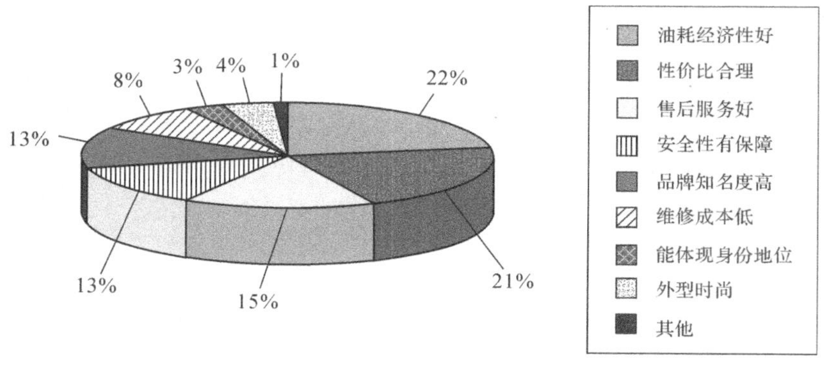

图2 影响消费者购车的因素

消费者在购车前获取信息的渠道主要有哪些呢？通过汽车报纸杂志获取信息的消费者占总数的27%，还有23%的消费者是通过电视、广播获取信息的，此外，上网查询和广告等也都是消费者获取信息的主要渠道。由此可见，在传媒业越来越发达的今天，任何媒介都能够加以利用，成为推动营销的帮手。消费者获取信息的渠道请见图3。

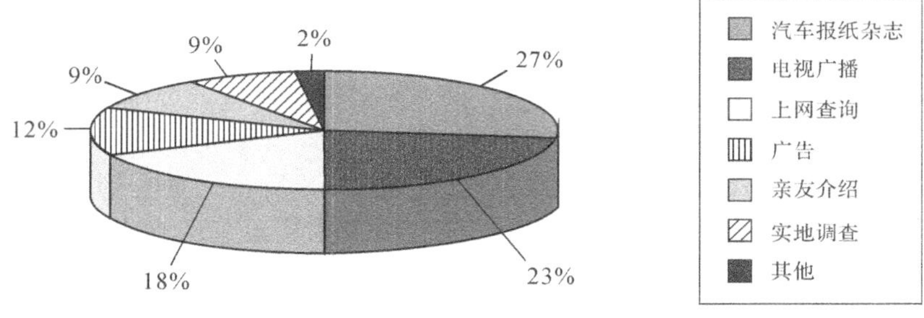

图 3　消费者获取信息的渠道

在大型汽车市场、品牌专卖店、综合销售点和其他销售点这几种汽车销售点中，目前消费者最为信赖的还是品牌专卖店，选择在品牌专卖店购买汽车的消费者比重竟高达 74%，相信这与品牌专卖店舒适的购车环境、良好的信誉、有保障的售后服务都是分不开的。而目前消费者在支付方式的选择上大多还是选择一次付清，也有 33%的消费者选择分期付款，但选择向银行贷款买车的消费者仅为 7%，这一方面反映出大部分消费者的购车计划是在对自身收入合理估算后的可行选择；另一方面也说明了目前我国信贷业的不发达与不完善。消费者最信赖的购车场所请见图 4。

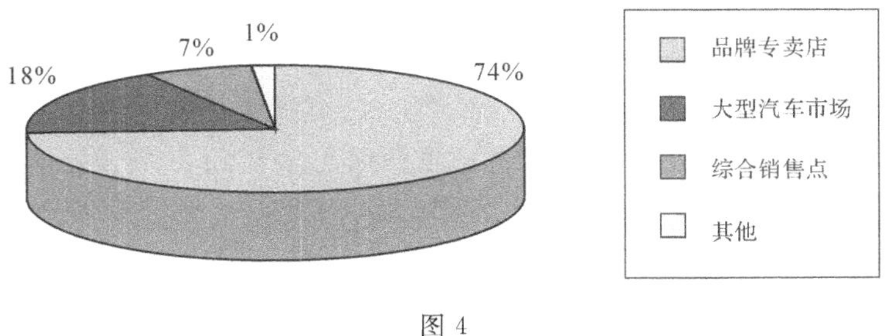

图 4

消费者最满意的支付方式如下图：

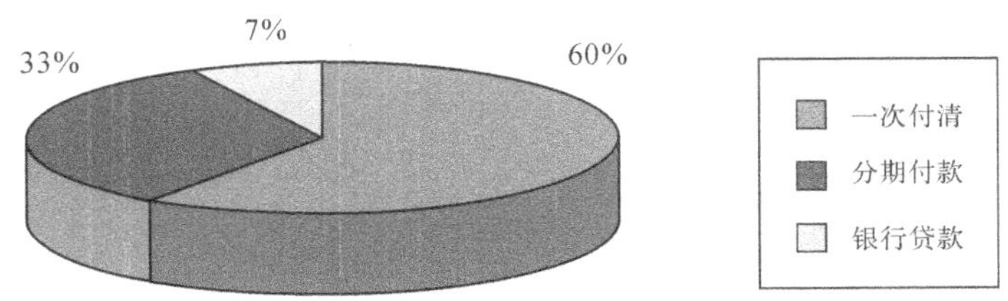

图 5　消费者满意的支付方式

三、用户使用情况特点分析

本次调查中男性用户的汽车品牌排名前三位的分别是：捷达、宝来、本田，所占比例分别为37%、14%和11%；女性用户的汽车品牌前三位的分别是：宝来、本田、捷达，所占比例分别为44%、13%和13%。由此可见，该市家用汽车市场上消费者使用的品牌的前三位毫无疑问的是捷达、宝来和本田，所占比重分别是33%、20%和11%。而消费者所认为的该市家用汽车市场上数量最多的汽车品牌前四位也分别是：捷达、宝来、本田和丰田，这与实际情况也较为相符。由此可见，目前最受有车一族青睐的无疑是经济车型。

本次调查从购车用途来看，仅有1%的消费者是为了家用方便，98%的消费者买车是为了上下班方便或作为商业用途。

对车主保险情况调查来看，有81%的人都会给爱车投保，以减少用车风险，但也有4%的消费者认为给爱车投保没有必要。

目前，油价的不断上涨，已成为车族关心的问题，在他们用车的过程中也产生一定影响，有46%的消费者已经考虑更换小排量、低油耗的车，还有18%的消费者选择减少用车频率，但也有36%的消费者认为基本没有影响。可见，未来的几年内，低油耗的车型仍会成为消费者青睐的对象。此外，还有交通设施不足、塞车现象严重和停车难问题占据日常行车困扰的榜首，这表明我国交通设施建设仍需进一步提高。

四、用户满意度分析

目前该市家用汽车消费者使用最多的三种品牌分别是捷达、宝来、本田，这三种品牌的汽车到底具有哪些优势呢？通过比较发现：捷达车用户对本车最满意的地方在于车的性能和燃油经济性，所占比重分别是53%和30%。捷达车的动力性和品牌知名度也是比较令他们满意的因素；宝来车的用户对本车最满意的地方在于车的舒适性、品牌知名度和燃油经济性，所占比重分别是34%、24%和24%，该车的动力性和整体性也较出色；而本田车最令用户满意的地方除了舒适性、品牌知名度、性能外，还有车的外观，这几项所占比重分别是30%、20%、20%和20%。由此可以看出，消费者较为满意的车型除了经济舒适外，还必须具有较高的品牌知名度。三种车的优势见图6。

捷达车优势分析

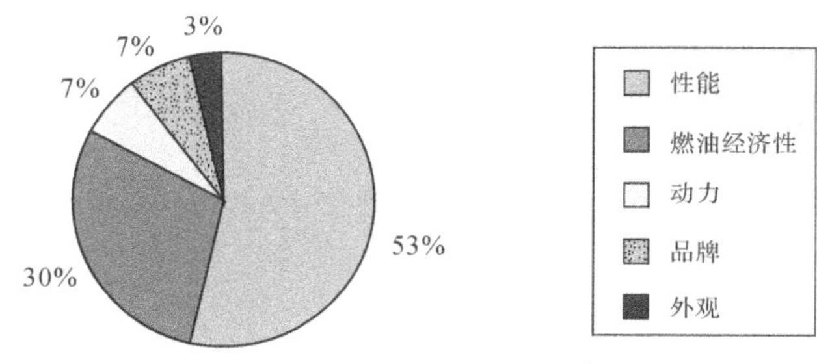

宝来车优势分析

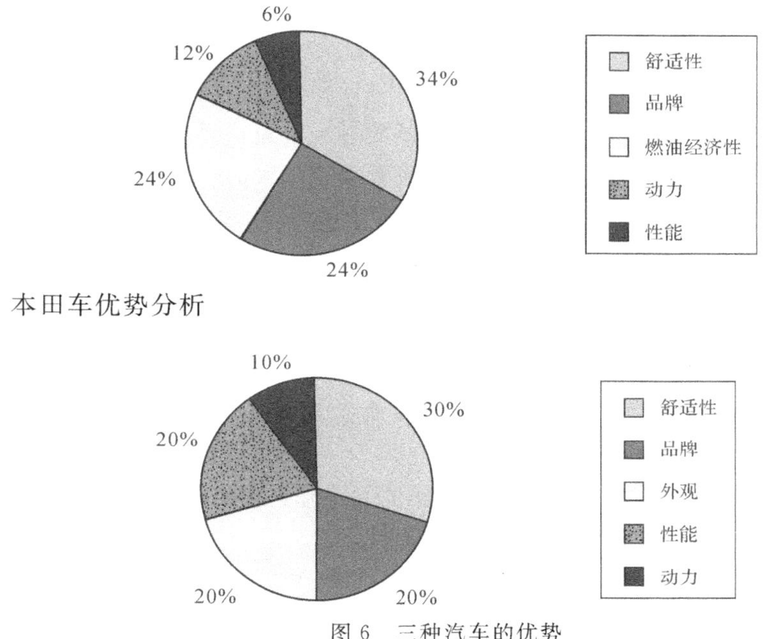

图 6　三种汽车的优势

在上面的分析中，我们曾提到售后服务也是消费者选车时较为关注的因素之一，那么对消费者使用最多的几款车型来说，他们的售后服务情况如何呢？通过比较，捷达车有 13%的用户非常满意，44%的用户表示较为满意；宝来车有 6%的用户表示非常满意，50%的用户表示较为满意，还有 44%的用户认为一般；本田车有 30%的用户非常满意，40%的用户表示较为满意。总体来说，这几种品牌汽车的售后服务都比较令用户满意。而在售后服务过程中，用户最为看中的服务指标就是技术等级，占到 43%，接下来依次是收费标准、返修率和服务态度，分别占 22%、20%和 15%，这反映了大多数用户心目中质量和价格仍是衡量服务好坏的根本标准。

近几年来关于汽车投诉比例在逐年上升，其中汽车质量、安全隐患及维修保障等问题突出。在解决纠纷的过程中，有 28%的消费者认为最令他们头痛的是缺乏硬性的检测标准，27%的消费者认为是找不到相关的投诉机构，22%的消费者认为检测程序太过复杂，还有 15%的消费者认为检测费用过高，另外 8%的消费者则认为还存在其他方面的问题。这表明我国政府职能机构还需要进一步改进工作，相关程序需要进一步简化，相关检测设施需要进一步完善，使其更好地为大众服务。在遇到问题需要解决时，消费者最希望得到哪些维护消费者权益的援助呢？46%的消费者希望能设立相关部门以方便检查质量问题，28%的消费者希望能够专设部门判定是非，18%的消费者则希望媒体能对问题车辆进行曝光，还有7%的消费者希望能有专业的律师提供法律咨询。这一方面反映了我国公民维权意识的提高，也反映了相关职能部门的服务不到位。

五、建议

通过对本次调查结果的分析，就反映出的问题和现象特提出以下建议：

1.在家用汽车消费群体中，女性消费者中还具有很大的市场潜力，汽车生产商可以在汽车的整体设计中加入一些符合女性需求的细节设计，使汽车设计更富人性化，也更能受到女性消费者的青睐。

2.从目前家用汽车市场的实际情况来看，经济实用型汽车最受欢迎，但消费者在选购实用汽车的同时，也会考虑到汽车的外观能否体现其身份、地位，因此生产商应加强对经济实用型汽车在外观、内饰上的提高，以争取更多消费者。

3.在购车地点的选择上，大部分消费者选择了品牌专卖店，因为那里的环境、服务等都比别处更胜一筹，但综合销售点实际上更有利于消费者进行实地考察，从而客观地对汽车品牌进行对比。但目前该市的几个综合销售点的经营状况都远不如品牌专卖店，综合经销商应考虑如何采取对策。

4.目前通过银行贷款的方式买车的消费者还是少之又少，这与中国人的消费观念有关，但就目前中国的形势来看，通过贷款的方式买房、买车都是非常合适的选择，虽然我国仅在北京等少数大城市提供了不超过货物本身的14.3%的低息贷款，但经销商若能做足这方面的“文章”，也可促进家用汽车消费市场的长足发展。

5.消费者在维权方面达成的共识就是希望国家能够设立专门的部门，制定出硬性的指标以判定汽车质量问题，维护汽车消费者的合法权益，有待国家相关政策的出台。

模块九　企业保密与安全管理

项目一　企业保密事务

◎ 学习目标

知识目标

- 了解企业秘密的构成、企业保密工作的意义、保密纪律。
- 掌握办公室保密工作范围。
- 掌握办公室泄密的主要渠道。
- 熟悉办公室泄密的原因和泄密的防范、查处。
- 掌握办公室保密工作的具体事务处理。

能力目标

- 能够自觉遵守保密纪律。
- 能够确定企业的保密事项、期限和知密范围。
- 能够对办公室泄密的进行防范和查处。
- 能够制定企业保密工作各项制度。
- 熟练运用各类办公室保密技巧。

◎ 工作任务

- 任务一：泄密的防范与查处。
- 任务二：保密工作的具体事务处理。

◎ 导入案例

案例一　力拓案促内地企业加强保密工作[①]

力拓案凸显中国的“国家机密”和商业机密的界线模糊不清。在这种背景下，又一个秘密大白于天下：许多大陆公司未能保护好重大商业信息。两周前，全球矿业巨头力拓矿业集团驻中国大陆的4名雇员因被控侵犯商业机密正式被捕。欧文·恙（音）说，他所从事的产业仍因这起商业机密案件受到重创。

欧文在上海一家企业犯罪调查公司工作.该公司的客户不乏跨国公司和本国企业。他说，受力拓的影响，他的国外客户正忙于调整收集信息的做法。他说：但更有意思的是，中国公司——特别是国有企业——多年来首次对加强机密规范管理表现出极大兴趣。

一些分析人士和律师表示，中国企业在保护与其核心能力有关的商业机密方面缺少经验。他们说，力拓集团被控从事以金钱换信息的欺诈行为，这样的做法在中国商界很普遍，而不是什么特例，且通常不会受到法律惩处。据称，涉案的力拓集团4名员工为获取生产和销售方面的重要数据向中国企业高管行贿。通过这种不正当手段，这家矿业巨头得以在进行旷日持久的铁矿石供应谈判时取得优势。

当前，中国正掀起一场显然是由政府发起的运动，目的是堵住漏洞，并将为谋取私利向跨国公司泄密者绳之以法。中国现代国际关系研究院经济安全问题研究员江涌说：“就商业竞争而言，大多数中国国有及私人控股企业的保密工作做得都很差。这反映出企业管理普遍不合标准。”

江涌说，只有极少数经营具有重大战略性业物——如能源部门——大型国企制定了严格的保密规定，规定旨在确保企业对业务信息流动情况握有控制权。然而，中国其他企业的保密工作仍处于“石器时代”的水平。

江涌说：“当然，我们也有一些与这种状况形成鲜明反差的例子，中国规模最大的远程通讯设备制造商华为技术有限公司便是一例。但令人遗憾的是，这些纪律严明的企业可谓凤毛麟角，他们能这样做更多地与企业高管的个人素质有关，而非出于对良好的企业管理制度的信仰。”

具有讽刺意味的是，据曾在某大型海运公司工作过的欧文说，与跨国企业相比，中国国有企业更乐于将各种文件标注上“机密”字样。他说：“但他们并未设专门的办公室来管理这些文件。由此就有了这种商界怪现状：标有机密字样的文件通常在办公室里乱丢乱放，那里俨然就是商业间谍的天堂。”

许多中国企业并未在雇用合同中明确写明保密规定。而那些写明保密规定的

① 本文来自参考消息，原文地址：http://www.badingjie.cn.

企业也未具体说明侵犯商业机密将导致何种后果。这种漏洞给了缺乏职业道德的员工可乘之机。在北京经营商业咨询公司的李素说："我们经手的有关中外企业谈判的泄密案不胜枚举，有的是不经意泄密的，有的则是为了获得好处故意为之。"李素说，有些好处的表现形式是为中国企业高管和官员的子女安排出国留学并为其支付费用。还有将报酬支付给指定的第三方公司，并以咨询费做幌子。

很显然，北京有关当局已决定介入此问题。中国媒体上月报道说，负责信息安全的政府机构已从今年早些时候开始进行一场大规模行动，以确定目前存在的系统性漏洞，并增强国企高管的企业信息安全意识。江涌说，国家相关部门加大介入力度将有助于中国大型企业更有效地防止发生损害企业利益的泄密事件。他说："但这终归要取决于国企高管。他们中大多数人仍远未掌握最基本的现代企业管理技能，而在信息安全方面的经验就更无从谈起了。"

熟悉侵犯商业秘密案件的上海律师于杰对国家有关部门的介入表示欢迎，但他也对这种严厉举措的可持续性表示怀疑。于杰说："解决此问题最终还要靠司法系统，而不是国家行政机构。实际上，由于中国企业都爱面子，很少有案子会闹到法院。在这种背景下，力拓案或能成为一件好事，因为该案给了所有人一个教训，即漏洞百出的信息安全机制将造成严重损失。"

思考题：本案例反映出我国企业当前保密工作存在哪些问题？

案例二　富士康诉比亚迪窃取商业秘密案[①]

2006年6月，富士康集团(以下简称富士康)的两家子公司——深圳富泰宏精密工业有限公司与鸿富锦精密工业(深圳)有限公司，一纸诉状把比亚迪股份有限公司(以下简称比亚迪)告上深圳市中级法院，以侵犯商业秘密为由索赔500万元。深圳市中级法院在比亚迪办公地点查扣复制的该公司高管柳湘军和司少青(二人曾是富士康员工，后相继到比亚迪工作)的电脑硬盘内容。在查扣的电脑硬盘中大约存有八九千份文件，包括写有富士康文头的WORD文件，有的文件上有富士康公司的标志，下有富士康相关主管人的签字。

思考题：本案例对我们做好企业保密工作有什么启示？

提示：企业要保守商业秘密并非一件易事，商业秘密往往在管理疏忽中有意或无意泄漏。广义的保密措施包括公司的保密政策、保密管理制度，以及具体采取的保密措施。在案例中，完整、严密、可操作的系统文件不仅涉及企业的经营模式、管理制度，而且涉及与这些文件相关的保密政策、相关主管人签字等保密管理制度，以及富士康文头、公司标识等具体的保密措施。

---

① 本文引自《保密工作》2009年第3期。

◎ 理论导读

企业保密工作概述

当今社会，保密工作作为社会发展的一个重要环节，已经越来越受到重视，不论是在早期的社会，还是在现代化的今天，如何做好保密工作，已是每个社会、团体、个人都要面临的重要问题。企业作为一个社会团体，企业的运营体制、核心技术、发展方向等，都是企业的机密问题。在充满挑战和竞争的时代，科学技术的快速发展，使企业间的竞争变得更加激烈，企业内部核心信息、技术的竞争成为企业竞争的重要筹码。以信息和技术为主构成的企业秘密，是企业重要的无形资产，包含极高的市场价值和潜在利润，维系着企业的竞争优势，其失密往往会使企业在商战中遭受巨大经济损失，丧失竞争优势，甚至直接关系到企业的生存。随着企业中信息、技术数量增加，其保护问题已受到企业界的高度关注。如何做好开放条件、信息化条件下的企业保密工作，保证企业安全生产经营，维护企业经济利益是当前企业保密工作的重大问题。

一、企业秘密的构成

企业秘密包括商业秘密和工作秘密，同时企业也会产生少量的国家秘密，也需要企业保护。其中商业秘密在企业的竞争中占有重要的地位。我国现行的《民事诉讼法》把商业秘密定义为："技术秘密、商业情报及信息等，如生产工艺、配方、贸易联系、购销渠道等当事人不愿公开的工商秘密。"《中华人民共和国反不正当竞争法》对商业秘密的定义为："商业秘密是指不为公众所知悉，能为权利人带来经济利益，具有实用性并经权利人采取保密措施的技术信息和经营信息。"这一法律定义概括了商业秘密的内涵和外延，规定了商业秘密包括技术信息和经营信息两类。

所谓技术信息，是指权利人采取了保密措施不为公众所知晓(未取得工业产权保护)的，具有经济价值的技术知识(包括制造某种产品或者应用某项工艺以及产品设计、工艺流程、配方、质量控制和管理等方面的技术知识)。技术秘密持有人一般是出于独占的考虑而不申请专利(使其公开)。技术秘密通常包括制造技术、设计方法、生产方案、产品配方、研究手段、工艺流程、技术规范、操作技巧、测试方法等。技术秘密的载体，可以是文件、设计图纸等；也可以是实物性载体，如样品、动植物新品种等。

经营信息，是指权利人采取了保密措施不为公众所知晓的，具有经济价值的有关商业、管理等方面的方法、经验或其他信息。包括企业的发展规划和计划、营销方式、货源、财务会计报表、客户名单、谈判地盘、招投标中的标底及标书内容等信息。

二、企业保密工作的意义

依法保护企业秘密，有效遏制和打击侵犯商业秘密的不正当竞争行为，是维护企业的合法权益，倡导诚信商业规范，建立公平竞争秩序，保障经济运行安全的重要措施。企业要不断适应形势和任务变化的需要，增强商业秘密保护意识，完善商业秘密管理机制，有效提高商业秘密保护水平。在管好国家秘密的基础上，要把本行业、本单位的商业秘密以及传统工艺秘诀管住管好，防止国有无形资产的流失，增强市场竞争能力。

三、办公室保密纪律

办公室工作人员由于工作的特殊性，要接触大量的文件、接触领导，掌握一些机密情况，所以对他们要有严格的纪律要求。办公室的保密纪律主要是：

不该说的话，绝对不说；

不该问的机密，绝对不问，不打听；

不该看的机密文件，绝对不看；

不该记录的机密，绝对不记录；

不在非保密本上记录机密；

不在私人通信中涉及机密；

不在公用电话、明码电报和普通邮信中办理机要事项；

不在公共场所谈论机密；

不在不利于保密的地方存放机密文件和机密资料；

不携带机密材料游览、参观、探亲访友和出入公共场所。

任务一　泄密的防范与查处

一、办公室保密工作范围

（一）文件保密

文件保密包括秘密文件、资料、图表等的保密和传真的保密。这是办公室保密工作的重要内容。

（二）会议保密

召开内部重要会议，会前就要布置保密工作，进行必要的保密安排。会议期间和会后，对会议是否公开、何时公开，都应由企业高层决定。但在未正式公开之前，办公室人员不得泄漏相关会议信息。对会议上企业重要领导讲话和重要内容都不得随意扩散。会后，办公室工作人员应在会场和会议宾馆进行检查，看有无会议重要文件遗失。会议上发放的文件，需要清退的，应办好退还手续，规定让与会者带回的文件，也要求回去后交部门保管，私人不应留存。

（三）新闻报道和出版物的保密

我国报纸、刊物和其他出版物的数量很大，注意新闻报道和出版物的保密十分重要。在与新闻单位交往中，特别是在对企业进行宣传报道活动中，对有可能涉及本公司某些机密的，应对报道内容进行适当处理，或请示上司确定报道范围。

（四）科技和涉外保密

对发明创造或是特殊工艺技术，企业应有很强的保密观念。在与其他企业的交往活动中，特别是涉外接待中，要加强这方面的保密观念。遇到问题时，要主动及时向主管领导请示，要防止各种以参观访问、学习进修、交流活动为名，窃取科技情报的事件发生。

（五）电子计算机及通讯保密

现代化办公设备和办公技术已广泛应用于企业的生产经营管理活动。在使用这些设备时，应注意掌握相关设备的保密技术，防止被监听、窃听，被盗取企业机密。

二、办公室泄密的主要渠道

从上述办公室所涉及的保密工作的范围来看，办公室出现泄密的渠道有如下四种。

（一）办公室人员泄密

办公室人员在工作中掌握和接触的企业秘密事项较多。这些秘密事项在一定时间内只限于一定范围的人员知晓。但是如果办公室人员缺少保密意识，特别是年轻人保密观念差，就很容易在私人交往活动中泄露秘密，比如在电话里和他人闲聊企业的人事关系、人事调动，在短信或是邮件中透露自己和上司的行踪等等。也有一些办公室人员，喜欢在参加社交活动或是朋友聚会中，在公共场所大谈特谈企业秘密，以此卖弄和炫耀自己。这些行为不仅扩大了知密范围，更重要的是说者无心，听者有意，很容易被别有用心的人所利用。

同时，办公室工作人员在会议组织和文件处理上的违规操作也十分容易导致泄密现象产生。比如没有合理制定文件密级、拟稿时没有在规定的地点进行、没有明确的发放范围、缺乏严格的收发文管理制度等，这些行为都容易造成泄密。在组织会议时，也必须考虑会议的保密因素：一是与会人选问题；二是通知方式和内容问题；三是与会文件保密问题；四是会址保密问题以及相应的安全保卫问题等。在会议进行过程中，对于有保密要求的，应做到到会人员不得随意变换，未经批准不得随意记录、录音、录像。任何一项操作违规，均可导致会议泄密。

离职或在职员工也会受不当利益驱使而导致泄密。离职员工可能带走商业秘密，提供给竞争对手或利用带走的商业秘密开展生产经营活动；也有少数在职涉密人员禁不住金钱诱惑，向他人提供所在企业的商业秘密；有的在职涉密人员在竞争对手的企业中担任兼职，将本企业的秘密泄露。近几年，国内一些大型企业也出现了不少类似的案例。如原深圳华为技术公司高管李某带走公司核心技术另立门户，给华为公司造成了巨大损失。

（二）办公设备泄密

现代化办公设备和办公技术已广泛应用于企业的生产经营管理活动。这些高技术性能计算机及网络设备和多功能办公自动化设备等新产品普遍使用，方便了工作，有效提高企业组织管理效率，但同时也带来严重的泄密隐患。常见办公设备泄密主要有以下一些。

1. 计算机泄密：计算机的泄密隐患很多。除了大家熟悉的系统漏洞、黑客攻击、病毒等，还有电磁泄漏发射（屏幕上显示出的信息，在一定距离内用相应的设备可以直接接下来）；磁介质残留信息复现（国外已掌握了从抹除的磁盘上读出信息的技术，即便磁盘已经改写了 12 次，仍可以将抹去的信息复现）；易于复制（计算机中存有的大量信息，很容易被复制、拷贝，速度快，不留痕迹）。

2. 手机泄密：手机信号通过发射无线电波在空中传递，其信道是开放型的，易被截获。只要利用侦察监视技术就能发现目标、识别目标、监视跟踪目标，并且能给目标进行定位。某些牌号的手机还具有隐蔽通话功能。即可以在不震铃甚至不开机的情况下，由待机转为通话状态，从而将周围的声音发射出去，使手机变成了窃听器。

3. 电话机泄密：电话机在工作过程中，会产生电磁泄漏发射。长途有线通信的电磁场更强。依靠微波和卫星接转的，信号在空中传递。通话内容随时可能被别人接收。通信的距离越长，泄密的危险性越大。

4. 传真机泄密：传真机是利用扫描技术以仿真形式、通过有线或者无线信道传递图像、文字的。只要掌握用户传真机的号码，用相应的接收设备就可以截获用户所传递的文件、资料。

5. 软件泄密：在办公自动化设备中，大部分要通过安装在计算机上的软件来控制，这有可能成为泄密源。如，有的打印机安装了捆绑式软件，在连接互联网后将会自动定期地将打印内容和计算机处理的文件内容传输到该厂商在境外的数字信息中心；有的软件功能说明简单化，用户难以了解设备使用中应注意的安全问题。如，扫描仪在使用中，一些过程文件会随机存在计算机硬盘中，扫描后的正式文档即便用加密方式保存，过程文件仍会以明文方式存在计算机中。

6. 设备维修泄密：办公设备在工作中，会将有关信息暂存在内部存储器中，当设备进行维护、保修、报废时，他人可通过联机测试等设备非法获取有关信息。

（三）传媒泄密

《中华人民共和国保密法》中对有关军事、商业、科技等部门的行动、方位、资料公开宣传报道都有明确而严密的规定，这使得相应的传媒的新闻泄密不易发生。但是，近年来随着公开出版、发行的出版物急剧增多，信息爆炸使得公开传播的各种信息迅猛增长。在迅猛增长的信息背后,通过对各种琐碎、零散的传媒信息进行分析、处理、整合,使得传媒泄密的可能性被迅速扩大。虽然有些传媒对某些事情并未具体报道,只是浅层、粗线条的报道,任何单篇报道都不会造成什么严重后果,但是如果将某一企业或某一主题的报道整合之后,就会暴露很多问题。50 年前,美国中央情报局长史密斯作了一个实验,他把当时美国公开发行的报刊、论文集、政府公报分发给军事、政治、经济等方面的情报专家,并出了这样一个题目:苏联将从这些材料中如何评定美国的国防力量。答案很快送到史密斯手里:假如苏联得到这些材料并进行分析,美国的国防力量情况将一目了然。杜鲁门总统得到这个报告后惊呼:我国的秘密 90%被公开发表了。当前,由于互联网的普及和发达,更使传媒泄密有了便利通道。只要能上网,万千信息瞬息之间便唾手可得,这使保密工作更面临巨大挑战。

企业应注重对传媒泄密的防范。办公室工作人员在从事这项工作时,一定要遵循有关新闻保密的规定,凡是在报道中可能涉及本企业的某些机密时,应当对报道内容进行适当处理,严防从传媒中泄密。也要防止为了宣传企业形象,用一些过于具体的数据、事件等事实性特强材料用于媒体报道。

(四)合作交往泄密

企业在接待外来人员参观、访问时容易泄密。企业人员保密观念不强,在不合适的场所随意公开内部秘密。在接待外来人员的参观、访问、贸易洽谈之时,违反保密制度,轻易地将宝贵的内部秘密泄露出去。众所周知,宣纸生产技术是我国一项传统工艺,某外商参观我某造纸厂时,详细地了解了原料种类、配比、选择和处理以及原料所用碱水浓度等,对生产的全过程进行录像,还要走了生产宣纸的原料,并以帮助化验为名装走了造纸用的井水。结果,我国具有悠久传统的宣纸生产技术秘密顷刻间被轻易窃走。

(五)商业间谍泄密

有些公司认为,研究开发最有效的捷径莫过于获取竞争对手的商业秘密。这种观念使得越来越多的公司,甚至包括具有良好国际信誉的公司,利用商业间谍非法获取竞争对手的商业秘密。例如,美国 SCO 公司在国际投标中屡屡被某外国公司以微弱价格优势击败。原因是后者的情报部门在该公司的电话和传真机上连线,事先获知了该公司的投标价格。

三、办公室泄密的原因

(一)保密观念淡薄,保密纪律松弛

目前,依然还有众多的企业对保密工作缺乏正确的分析、判断,意识不到企业商业秘密保护的重要性。既不能认识到保护国家秘密的意义,也不能正视企业保密工作。保密观念的淡薄,势必带来企业保密工作的重大问题,执行保密法规、纪律,马马虎虎,极不严肃,致使发生泄密问题。

(二)缺乏保密知识,保密观念陈旧

中国的保密教育主要是针对国家机关和国有企业的,对于民营企业的保密教育几乎是空白。这直接造成绝大多数企业员工缺乏系统的保密知识,不熟悉有关保密法规和保密纪律规定,不掌握基本的保密常识。有的企业保密观念十分陈旧,认为保密工作只要管好文件,锁好保险柜,就万事大吉。凡此种种,都会导致泄密问题的发生。

(三)保密防范和保密检查技术落后

在科学技术迅猛发展的今天,保密工作仅靠人的努力是不够的,必须采用一定的技术手段。但是,目前由于种种原因,技术开发、设备研制都未形成规模;已有的保密检查技术和保密防范技术,也未能很好地装备和应用。由于防范泄密和检查泄密隐患技术能力不强,使得一些泄密问题和漏洞难以及时发现,给保密工作留下极大的隐患。

(四)对泄密问题查处不力

近年来,重大泄密案件时有发生,屡禁不止,有的企业对泄密持无所谓的态度,有的隐瞒不报,或大事化小,小事化了,有的该处理不作处理,该重处的从轻发落。对泄密事件不能严格执法,严肃处理,在客观上对强化保密观念、防止泄密问题的发生极为不利。

四、办公室泄密的防范

企业办公室泄密的防范主要包括两个方面:一是管人;二是管事。只有管住了人,管好了事,才能有效地管住企业秘密不被泄露。

(一)管人

对人员的管理,重点是要管住涉密人员。对能接触企业秘密的各类工作人员,要严格把关,按照要求对人员进行严格审查。并且要经常进行教育和观察,提高企业员工保密的觉悟、知识和能力,增强保密自觉性。

在人员管理上,企业一定要加强对具体承办、使用、管理企业秘密事项的在岗人员的涉密行为的管理和监督,明确规定他们的保密义务和责任,使他们在处理涉及企业秘密工作过程中严格按照保密规范办事。对于离岗人员或是辞职人员也应进行保密管理,主要是通过签订保密协议的方式,规范保密行为。

对违反保密规定造成泄密的人员,依纪依法严肃处理,这同样是防止泄露企业秘密的一项重要措施。严肃查处泄密事件及其责任人,不仅可以教育本人,也对企业其他员工具有教育警示意义。

(二)管事

企业加强对涉密事项的保密管理,严格区分“事”是否属于企业秘密,准确划分秘密与非秘密的界限,做好确定密级和保密期限及知悉范围的工作。企业秘密一经确定,应立即告知相关人员。只有这样,接触该事项的人员才能有目标地去做好保密工作。管事要建立制度。保密制度是处理涉密事项的规则。只有做到有健全完善的制度,并严格按制度办事,才能保证企业秘密的安全。要对涉密事项进行跟踪管理,把保密管理措施落实在办理涉密事项的各个具体环节上。涉密事项的产生、使用、保存是一个过程,要保证在全过程中保密管理措施到位。企业要防止秘密信息被泄露,还应采取一定的保密技术措施,配备必要的保密技术装备。

五、办公室泄密的查处

如果办公室工作人员发现失密、泄密、被窃密的情况,应该及时进行查处。

首先,办公室工作人员应当立即报告直接上司,以便及时采取补救或应急措施,并及时报告有关部门。

其次,立即向公安机关报案。及时报案并查处,有利于控制泄密范围,减少泄密造成的损失。如果泄密内容涉及国家秘密还应向国家安全机关报告。

泄密事件发生后,企业可以利用法律来维护企业利益。通过法律向泄密者索要经济损失赔偿。

任务二　保密工作的具体事务处理

企业保密工作应以国家相关法律法规为依据,坚持“预防为主、突出重点、便利工作、保障安全”的方针,着重做好以下几个方面的具体工作。

一、成立保密工作的机构

保密工作是一项专业性和群众性都很强的工作,在充分发动广大员工做好保密工作的同时,办公室应辅助领导建立健全各级保密工作的组织机构。成立企业保密工作委员会,负责企业保密具体事务,依法组织开展商业秘密保护教育培训、保密检查、保密技术防护和泄密事件查处等工作。有条件的企业应当配备专职保密工作人员,负责商业秘密保护管理。企业内部的科技、法律、知识产权等业务部门按照职责分工,负责职责范围内商业秘密的保护和管理工作。

在各业务部门确定保密员,主要负责所在部门的具体保密工作。保密员应根据企业保密工作委员会对保密工作的要求和本部门负责人意见,草拟、收集、保管有关保密信息和内部资料,并对本部门人员保密制度的执行进行监督。

二、确定企业秘密事项

1. 确定本企业商业秘密的保护范围。一般企业商业秘密主要包括:战略规划、管理方法、商业模式、改制上市、并购重组、产权交易、财务信息、投融资决策、产购销策略、资源储备、客户信息、招投标事项等经营信息;设计、程序、产品配方、制作工艺、制作方法、技术诀窍等技术信息。

2. 企业应及时拟定本企业商业秘密及其密级、保密期限和知悉范围,并根据企业发展变化及时进行变更调整。

3．一般根据泄露会使企业的经济利益遭受损害的程度，将企业密级确定为核心商业秘密、普通商业秘密两级，密级标注统一为“核心商密”、“普通商密”。

4．设定商业秘密的保密期限。可以预见时限的以年、月、日计，不可以预见时限的应当定为“长期”或者“公布前”。

5．企业商业秘密的密级和保密期限一经确定，应当在秘密载体上做出明显标志。标志由权属（单位规范简称或者标识等）、密级、保密期限三部分组成。

6．企业根据工作需要严格确定商业秘密知悉范围。知悉范围应当限定到具体岗位和人员，并按照涉密程度实行分类管理。

7．商业秘密需变更密级、保密期限、知悉范围或者在保密期限内解密的，由业务部门拟定，主管领导审批，办公室备案。

8．商业秘密的密级、保密期限变更后，应当在原标明位置的附近做出新标志，原标志以明显方式废除。保密期限内解密的，应当以能够明显识别的方式标明“解密”的字样。

三、建立保密工作制度

制度是保密工作的保证，企业应根据新形势、新技术条件，在《保密法》及其《实施办法》所规定的要求下，建立健全保密工作制度。保密制度应包括保密范围和密级确定、保密措施、保密守则等内容。可以根据企业工作实际分项制定办公室工作人员保密守则、文书工作保密制度、会议保密制度、涉密档案管理办法等具体制度。

四、企业秘密保护的措施

常见的企业秘密保护措施有：

1．企业与员工签订的劳动合同中应当含有保密条款。

2．企业与涉密人员签订的保密协议中，应当明确保密内容和范围、双方的权利与义务、协议期限、违约责任。

3．企业应当根据涉密程度等与核心涉密人员签订竞业限制协议，协议中应当包含经济补偿条款。

4．企业因工作需要向各级国家机关，具有行政管理职能的事业单位、社会团体等提供商业秘密资料，应当以适当方式向其明示保密义务。所提供涉密资料，由业务部门拟定，主管领导审批，办公室备案。

5．企业涉及商业秘密的咨询、谈判、技术评审、成果鉴定、合作开发、技术转让、合资入股、外部审计、尽职调查、清产核资等活动，应当与相关方签订保密协议。

6．企业在涉及境内外发行证券、上市及上市公司信息披露过程中，要建立和完善商业秘密保密审查程序，规定相关部门、机构、人员的保密义务。

7．对涉密岗位较多、涉密等级较高的部门（部位）及区域，应当确定为商业秘密保护要害部门（部位）或者涉密区域，加强防范与管理。

8. 企业应当对商业秘密载体的制作、收发、传递、使用、保存、销毁等过程实施控制，确保秘密载体安全。

9. 企业应当加强涉及商业秘密的计算机信息系统、通讯及办公自动化等信息设施、设备的保密管理，保障商业秘密信息安全。

10. 企业应当将商业秘密保护工作纳入风险管理，制定泄密事件应急处置预案，增强风险防范能力。发现商业秘密载体被盗、遗失、失控等事件，要及时采取补救措施，发生泄密事件要及时查处并报告国务院国资委保密委员会。

11. 企业应当对侵犯本单位商业秘密的行为，依法主张权利，要求停止侵权，消除影响，赔偿损失。

12. 企业应当有一定的经费保证用于商业秘密保密教育、培训、检查、奖励及保密设施、设备购置等工作。

五、企业秘密承诺管理

1. 企业所有成员(无论何种用工形式)在上岗或离岗时均须签订《保密承诺书》。在岗人员还应在年度述职或工作总结中对保密承诺执行情况作出说明。

2.《保密承诺书》内容一般包含三部分。第一部分为“单位”、“姓名”、“职务(岗位)”、“涉密等级”及承诺书编号；第二部分为“保密守则”；第三部分为保密承诺。保密承诺须本人亲自签名，并注明签订日期。

3. 企业根据员工工作岗位接触、知悉企业秘密的程度确定人员涉密等级。企业董事会董事、高级管理人员、办公室机要文件收发及档案管理等界定为“重要涉密人员”；其他人员界定为“一般涉密人员”。在岗位调整时涉及涉密等级变化的人员，应在及时调整涉密等级的同时进行涉密期限的管理。

4. 企业可根据需要补充保密承诺相关内容，或增订专项保密承诺内容。

六、文书资料保密管理

1. 办公室文书(保密员)对收到的文件要认真登记、编号，按规定的范围和程序传阅、办理。其中具有“秘密”级以上文件，要及时送上司阅示，紧急密件、密电要随到随送、不过夜，阅后及时退回办公室，按保密规定保存或送缴发文单位。

2. 属企业绝密、机密内容的电子文档必须要用专用磁盘。绝密纸质文件只能打印一份，由起草人送有阅文资格的人员传阅，阅完后由起草人收回归档，保存在具有保险防护装置的橱柜内。机密文件和资料，由起草人根据批阅人要求按审阅人数确定打印份数，并对每份进行编号后登记发放，阅完后由起草人收回归档，保存在具有保险防护装置的橱柜内。秘密文件、资料由办公室文书(或部门保密员)根据要求确定打印份数、登记发放，由阅文人妥善保管，最后按档案管理制度立卷归档。

3.“秘密”以上文件未经企业领导批准，不得查阅、复印和严禁携带外出；经领导批准，查阅时要做好查阅登记工作。

4. 妥善保管秘密文件、内部资料，不在不利于保密的地方存放秘密文件、内部资料。

5. 当公开企业信息、资料时，凡涉及企业内部统计数字、资料的，必须经领导同意。

七、会议与活动保密管理

具有属于企业秘密内容的会议和其他活动，应采取下列保密措施：

1. 选择具备保密条件的会议场所，严禁使用无线话筒传达和向室外扩音。

2. 根据工作需要，限定参加会议人员的范围，对参加涉及密级事项会议的人员予以指定。

3. 周密规定使用会议设备、管理会议文件。

4. 确定会议内容是否传达及传达范围。

5. 凡规定不准记录的会议内容，与会人员不得记录。

6. 与会人员不得以任何形式对外泄露会议秘密内容，不得公开报道会议秘密事项。

7. 会议结束后，要对会议场所进行保密检查，查看有无遗失的文件、资料、笔记本等。

8. 与会人员进入涉密会议会场前要关闭手机，未经批准，不得将通讯工具以及具有录音、录像、拍照等信息存储的设备带入涉密会场。

八、电子信息保密管理

随着办公现代化的普及，用计算机、电子网络处理、传输企业内部信息和资料已成为日常工作，因此电子信息涉密管理日显重要。企业应对计算机、局域网的保密管理做出规定。

1. 企业资产管理部门负责计算机的添置，并对计算机进行登记备案，建立计算机台账。

2. 企业涉及秘密的计算机由专人保管，按有关规定管理使用，并做到与国际互联网脱离。

3. 企业一般应专设一台涉及公司秘密及内部资料的计算机，不与任何网络连接，按有关规定操作和储存信息，定期对信息进行光盘刻录，登记编号保存。

4. 各部门计算机由使用人员做好设备的日常清洁、维护工作。计算机使用人员对所使用计算机设置并保管开机密码和屏保密码。密码由所在部门保密备份一份，以防遗忘。

5. 计算机使用人员不得使用来历不明的软盘或光盘，禁止在计算机上传播含有反动、黄色淫秽内容的信息。未经企业领导同意，不得将企业文件和数据拷贝或传输给其他单位或个人。

6. 计算机应安装正版杀毒软件，计算机使用人员应定期对所使用的计算机扫描杀毒，如遇清除不了的病毒或其他故障，及时报告，由办公室安排专业人员进行杀毒或维修。

7. 企业局域网安装硬件防火墙和路收器，通过技术手段物理隔离病毒和计算机上网管理，局域网机房由专人管理，保持机房整洁。如有故障报请办公室安排专人进行维修，其他人员未经许可不得入内。

8. 在计算机上处理涉及公司内部秘密信息时，该计算机必须切断与互联网的联通，用后及时存储到专用可移动介质（移动硬盘），当处理结束后可移动介质应及时在计算机上移除，做到“计算机不涉密，可移动磁介质不联网”。

9. 企业可为各职能部门配备可移动介质（移动硬盘），指定专人妥善管理，进行统一登记编号和密级标积；各职能部门定期将保密信息在公司保密计算机进行备份，以防资料的丢失；报废涉密硬盘及可移动存储介质，按涉密载体管理的有关规定统一上交集中销毁。

10. 企业网站是公司宣传企业形象的重要窗口，在及时上传公司新闻等信息时，由专人填写公司网站上传信息登记审批表，经公司总经理或总经理授权人员审批同意后，由专人负责上传。

九、手机保密管理

手机等移动通信工具的广泛使用，给工作带来很大方便，但是随着信息技术的发展，手机的功能越来越多，泄密隐患也越来越多。因此，必须加强手机保密工作。

1. 企业涉密人员不得在手机通话中涉及企业秘密事项，不得发送涉及企业秘密事项的信息。

2. 核心涉密人员、重要涉密人员应尽可能配备和使用专用手机，使用的手机应经过必要的安全检查。不得使用未经入网许可的手机和开通位置服务、连接互联网等功能的手机；不得使用他人赠予的手机。

3. 核心涉密人员、重要涉密人员的手机出现故障或发现异常情况时应立即报告，并在指定地点维修。无法修复使用的，应按涉密器材销毁。

4. 涉密场所的手机使用保密管理必须明确要求，落实责任，完善设施。核心涉密场所禁止带入手机。重要涉密场所禁止使用手机。一般涉密场所限制使用手机。因特殊原因带入的，手机要取出电池或采取屏蔽措施。

◎ 技能训练

训练一　案例讨论

一、训练目标

通过案例分析与训练，熟练掌握企业保密工作的技能。

二、训练方案与要求

商业机密被盗　企业产品滞销

我市不少企业为商业泄密困扰

商业机密是我市许多企业赖以生存和发展的法宝。但记者在调查中了解到，商业泄密事件正在不断地困扰着我市不少企业，企业为此已蒙受巨大的经济损失。

商业泄密已出现多种类型

对商业泄密，曾有人打趣说，"世界上有三个秘密是人们不知道的：英国女王的财富，巴西球星罗纳尔多的体重和可口可乐的秘方。"事实上，商业泄密者已在经济活动当中无孔不入。据了解，我市企业当中出现的商业泄密事件也出现多样化。

一、亲属暗盗商业机密。永康有一家生产机械配套产品的企业，所生产的配套产品专供重庆一家整机生产厂家。本月初，企业老总发现重庆厂家不断向他的产品压价。他才想起，上月负责生产配套产品的两名工作人员不辞而别，其中一名还是他的亲戚。

通过四处打听，他了解到这个亲戚已在武义租了一座厂房，生产和他一模一样的产品。当初考虑到是自己的亲戚，这名企业老总就将产品图纸全部交给这名亲戚管理。在管理过程中，这名亲戚就私自将产品图纸复印了一份，偷偷盗走了这名企业老总的商业机密。

二、配套厂家窃密。方小东（化名）在东阳创办了一家木制品生产企业。这种木制品需要多个部件，他就将其中的几个部件请其他厂家加工生产。今年初，他发现其中的一家配套厂家开始生产跟他同样的产品，而且以比他产品更低的价格投放市场，他的产品销量迅速下降。

原来，这家配套厂家的业主常跑到他的厂里，了解这种木制品的整个生产过程和其中的工艺。当初，方小东并没有想到这家配套厂家的业主是早有预谋的。

三、管理人员带着"联络图"跳槽。这是在我市企业常发生的一种商业泄密现象。同类企业之间常用高薪为诱饵，"钓"走竞争对手的管理人员。在这些频繁跳槽的管理人员口中了解到对手的商业机密。

不少业主不知如何保密

从这些商业泄密事件中可以看出，我市不少业主还不懂得如何保护自己的商业机密。在我市规模以上的企业当中，业主都会跟员工或配套厂家签订保密协议。但一些小型企业的保护意识十分缺乏。昨日，方小东就说，这家配套厂家的业主跟他是多年的朋友，考虑到是朋友关系，他压根就没有考虑到要对朋友保密。

一旦发生商业泄密事件，我市不少业主不知如何去维护自身的权益。从今年年初开始，永康某日用五金厂的业主就托人到公安等部门反映自己的员工盗走商业机密的事。直到本月中旬，他的事才得到圆满解决。这时，他才知道，这类事情只要到劳动仲裁部门就可以了。永康仲裁部门已要求那名盗走商业机密的员工支付数万元违约金，并要求这名员工在五年内不得从事跟这名业主相类似的生产经营活动。（信息来源：《金华日报》，2007 年 05 月 30 日）

分析思考：

1. 通过案例分析，谈谈我国企业在商业秘密保护方面存在哪些问题？

2. 结合你所掌握的企业保密工作知识，分别针对三则案例中的问题提供一些解决方案。

◎ 知识拓展

资料阅读：全球企业的信息保密

融合一家企业的传统方法是让员工在同一幢大楼里办公，而信息科技已经动摇了这一点。通过互联网连接起来的廉价计算网络，已在很大程度上改变了工作的组织方式，促使企业高管和政策制定者们努力探究随之而来的机遇与后果。其中一个后果，就是旨在保护商业信息隐私和安全的大战。如今，企业花费数十亿美元来应对 10 年前想不到的风险。

就在几年前，惠普（Hewlett-Packard）还把产品设计师与营销、制造人员安排在同一块办公地点。研发人员可以把正在研发的产品从楼梯上搬下来，到装配线上制作原型并进行试验。营销人员可以在午饭时间和设计工程师打一场排球，其间双方会交换有关客户需求或竞争威胁的想法。

而今天，这些人中有许多在一个扩展了的企业工作，企业由分布在全球的多个公司组成，彼此通过网络交流。通过网页浏览器，设计师就能为远在地球另一边的工厂实施工程上的修改，采购员就能更动供应商订单，供应链经理就能监督工厂的生产状况，客户工程师就能协调货物的交付。此等互动环节中的每一个，都有可能被人观察或破坏，对方可能是寻求刺激的年轻黑客，也可能是为了追逐竞争优势而更为别有用心的人。

这些变化并不局限于科技公司。互联网戏剧性地增进了企业把工作转移到最高效率地点的能力。例如，沃尔玛（Wal-Mart）已将许多传统的零售功能转移给它的供应商，采用电子通讯手段协调日常采购和供应链规划。而通用汽车（General Motors）之类的汽车制造商，则把产品设计职能推给了供应商，双方通过网络交换设计信息。

由于大企业纷纷采用外包和其他削减成本的方法，它们正面临新的风险，包括供应中断和延误，共享的知识产权被盗，以及令客户失望。这些大企业整合了针对不同部门的应用系统，如制造、分销、财会和人力资源等。来自不同公司的成员组成虚拟团队，运用一系列个人设备进行交流，包括笔记本电脑、个人数字助理和手机等，而这些往往造成易受攻击的新的薄弱环节。

许多老式的制造控制应用程序，都是依照独立运行模式开发的，很少顾及安全问题。将这些应用程序与其他系统整合起来，就可能造成安全漏洞。同样，当两家公司为了加快信息流动而把它们的网络连接起来时，由于网络安全设置上的差异，两个网络间仿佛有一扇虚拟旋转门，这又是一个安全漏洞。一个整合网络的风险级别，往往取决于其中安全系数最低的企业。

在全球范围追踪和管理工作流，本来就已不易，而一旦外包，则工作及相关信息就会迅速流向供应商的供应商，甚至更远。在这种情况下，企业可能涉及几千家公司。

雷神飞机公司(Raytheon Aircraft)对此深有体会。该公司是防务承包商"雷神"的一家子公司。去年夏天，它与国际商业机器公司(IBM)签订了一份实施其企业软件项目的外包协议。当 IBM 表明，为了压低成本，它打算利用印度的承包商时，雷神的高管立刻意识到自己遇到了问题。由于该项目涉及有关飞机设计的敏感数据，如果按原计划履行合同，那么该公司将违反美国法规。为了保住这桩交易，IBM 同意，在开发出一套安全管理系统之前，它会把这个项目留在美国本土完成。

从收件箱里删除中毒的电子邮件，已成了人们的一项例行公事，仿佛是开始又一天工作的仪式之一。然而，我们很容易对这些小小的安全疏漏视熟视无睹，将其视为互联网时代的小麻烦。事实上，小失误往往会导致极为严重的后果。

那些指望用科技解决安全问题的人将会失望，因为就连那些出售技术解决方案的企业都会立刻承认其不足。今年 5 月在塔克商学院(Tuck Business School)举行的一次峰会上，来自各行各业的首席信息官都同意这样一种看法：信息安全是一个管理问题，应对这个问题需要结合企业文化、教育以及有效的风险评估。

80 年代，当许多欧美制造商面临与日本越来越大的质量差距时，它们发现，质量的突破不能由质控部门单独实现，而必须成为整个企业文化的一部分。同样，安全是每个人的责任。企业管理者不能消极待命，坐等信息安全警察的保护。信息主管必须阐明风险，而高管必须权衡这些风险。

思科公司(Cisco)的首席信息官布赖德·波斯顿(Brad Boston)描述了他的部门如何从交通警角色(即对管理者的要求作出肯定或否定答复)，转变为帮助管理者作出好的决策。"我们的职责，是指明风险以及此等风险所构成的实际威胁，并告诉他们各种应对方案。然后，他们会作出有关哪些风险可以接受，哪些风险不能接受的商业决策。"

企业上下的每一层都负有这种责任，直至董事会。一位首席信息官抱怨说，当他向董事会演示最新的 IT 应用技术时，董事们的眼睛发亮了。而当他谈到安全问题时，他们就心不在焉。董事会内部有成员了解各种风险，并能帮助其他成员看到此等风险，对于有效的IT管理是至关重要的。

如何在企业内开展IT安全风险知识的教育呢？首先，此种教育应针对具体职能并具有相关性。有太多安全管理者只是在散布恐慌心理，大喊狼来了以提高人们的意识。这种做法在短期能够赢得注意力，但没有长期效果。对首席信息官来说，要赢得并维持其他高管的信心，就需要从商业角度阐明风险和机遇，而不仅仅是预报厄运。

嘉吉公司(Cargill)的全球信息保护经理斯哥特·戴(Scott Day)向人们介绍了这一农业集团是如何划分其培训的。“我们识别了各种角色，以及担当这些角色的业务部门领导。业务经理需要知道什么？他的决策权将如何受到影响？我们之所以开展这项工作，是因为我们认为这么做有助于将此种知识融入企业文化。当每个人都知道自己的职责，以及自己须如何负责时，他们就会去准备自己需要的东西，并确保自己不会落伍。”

其次，在扩展了的企业中实现安全保障，需要对供应商和客户都进行仔细审查，换句话说，要对他们构成的安全风险进行持续评估。应向他们提供相关的风险警告，并鼓励他们改进安全工作。例如，许多金融企业要求客户使用最新版本的网页浏览器，这既保护了自己，也保护了客户。

有时候，保护扩展了的企业，意味着不与那些风险超过潜在效益的公司合作。富达公司(Fidelity)管理研究部的首席信息官吉姆·麦克唐纳(Jim MacDonald)表示，信息安全方面的问题，已经影响到该公司对合作伙伴的选择。

“对我们来说，与那些小型科技公司极富创意的系统合作是一个问题。我们喜欢那些公司，因为它们能帮助我们获得竞争优势，”他说道，“(但)当我们进入这些公司做安全评估时，(我们发现)安全往往不是这些公司重视的领域，而是它们的不足之处。对于是否与这类公司合作，我们的决定要更慢：我们看到了它们的技术，棒极了，但他们就是(对安全)重视不足。”

根据IT安全风险来评价供应商，与评估他们的财务风险或质量同样重要。正如通用汽车的供应链主管马克·希尔姆(Mark Hillman)所说的：“如果你有许多外包项目，那你就得戳一戳每一个人。”在这里“戳”是指评估信息安全风险，然后监督这种风险，如同监督这家供应商可能带来的任何其他风险。这意味着确保供应商在接入你的系统时不会损害你的网络安全，确保它们的安全措施足以保护你与之共享的知识产权。在一个扩展企业的新世界里，安全问题决不能被掉以轻心。(信息来源：《金融时报》M. 艾瑞克·约翰逊)

项目二　企业安全保卫工作

◎ 学习目标

知识目标

- 了解企业保卫工作范围、性质。
- 了解火灾的定义和分类。
- 了解安全事故分类、安全事故处理的原则。
- 熟悉企业保卫工作职责。
- 熟悉消防安全的组织。
- 熟悉火灾预防和控制。
- 熟悉安全事故预防措施。
- 掌握消防责任、设施和器材、检查、教育等管理工作。
- 掌握安全事故处理流程。

能力目标

- 能够制定企业保卫工作职责，组织实施企业保卫工作。
- 能够制定消防管理制度，开展消防管理。
- 能够按照流程进行企业安全事故处理。

◎ 工作任务

- 任务一：办公室保卫工作职责制定。
- 任务二：财产安全与消防管理。
- 任务三：安全事故的应对处置。

◎ 导入案例

案例一　央视火灾事故

2009年2月9日晚20时27分，北京京广桥附近的央视新大楼北配楼发生火灾，火势凶猛。大火燃烧了近6个小时，附近千人被疏散。火场救出30多名伤员，一名消防人员牺牲，火灾的过火面积10余万平方米，位于楼内南侧演播大厅的数字机房被烧毁。据一位建筑学家估算：火灾造成损失保守估计要6亿～7亿元。

国家安全监管总局介绍，央视新址配楼火灾事故的现场勘察基本结束，初步认定这是一起重大责任事故，已对24名事故相关责任人进行拘捕。这次火灾是违规燃放烟花引起。火灾现场发现的A类烟火与北京奥运时燃放的烟花类似，是北京市明令禁止燃放的产品。燃放时，曾有治安民警进行劝阻，然而业主单位执意燃放。由于大楼的装修刚进入尾声，易燃材料多，灭火设施不完善，再加上消防部门现有装备灭火能力最高只能达到九十多米，灭火困难，加重了火灾的损失。（资料来源：搜狐新闻网，2009年2月11日）

思考：这起火灾事故给我们带来什么启示？

案例二　安全事故处理需要“小题大作”①

前不久，海安佳可制衣公司发生一起安全事故。一名女工在下午快要下班时，没有按规定停下电动缝纫机就直接将手伸进去整理边角布料，结果右手中指指甲被缝针刺穿。事故发生后，立即进行包扎，并送医院检查，安排休息，休息期间工资照发，并按规定发放营养费，公司老板、工会主席前去看望。这样一个看起来微不足道的小事故，却牵动了佳可公司上上下下领导的心，显得人情味十足，充满了人文关怀。

但事故处理并没有结束。首先是组织事故调查分析，召开全厂职工警示批评教育。相关责任人，上至公司董事长、安全厂长、安全科长、车间主任、事故当事人全部重新组织安全知识学习，闭卷考试（必须达到100分方可通过），独自查找事故产生的内在原因，进行事故责任分析。这样才可复班。

事故处理还没有结束，所有相关责任人，按照公司规定当月从公司中扣安全事故责任金，董事长300元，安全厂长200元，安全科长100元，班组长50元，当事人20元。并张榜公布。

事故发生、处理过程，全部编写进公司安全宣传栏，相关材料存入安全档案。

事情还没有结束，这样一个材料在每天的安全晨会上都会让大家谈感受，谈防范措施。相关责任人周、旬、月、季必须上交对该事故处理的认识。

这样的事故处理是不是“搞得太认真了”，会不会“小题大作”？当职工们谈论及此，并不这样认为，公司的董事长更不这样认为。他们说，公司开办五年来，这是发生的第二次事故，安全厂长的最主要职责就是确保企业不发生以上的事故。不管事故多小，是不是发生在我的身上，都有后果，都有伤害啊。

受伤职工更是非常懊恼，明知道违规操作有危险，但心存侥幸，不就最后一块边角料吗，不至于……到底还是出事啦。如果当时自己安全意识再强一点，旁边有谁提醒一下，这个事故就会避免。好在这次事故小，要是出了人命，那该怎么办啊？我今后再也不会违规操作了。感谢公司对我的关心，对不起公司各位领导，连累大家扣了钱，要扣钱也只该扣我一个人的钱，事故是我出的，就是扣钱也该我扣得最

① 引自：江苏工会网，http://www.jsgh.org/template/10001/file.jsp?aid=20503.

多，不好意思啊。

思考题：海安佳可制衣公司对于安全事故的管理是不是小题大作？这样的小题大作有没有必要？请谈谈你的看法？

提示：安全事故处理确实需要“小题大作”。长期坚持“小题大作”，才能有效防止安全事故的发生。习惯于“小题不作”、“大题小作”，就可能酿成安全方面的大问题。时时坚持“小题大作”，处处坚持“小题大作”，全国的重特大事故就不会此起彼伏，连绵不断。“千里之堤溃于蚁穴”，一次疏忽了望、一次未穿救生衣、大船上的一个虫眼、一次未拉安全网、一次未走安全通道、一颗松动的螺丝钉、一个未关闭的电源、一个接触不良、发热自燃的电线接头，就让事故发生，悲剧重演……

◎ 理论导读

企业安全保卫工作概述

办公室的安全工作是办公室的一项重要工作内容。企业的办公室安全保卫工作主要是保证员工在劳动工作过程中的生命安全、身体健康，不发生安全事故，不影响正常的生产、工作秩序。办公室安全保卫工作的内容主要有治安管理、劳动安全管理、保密安全管理以及消防管理等。

任务一　企业保卫工作职责制定

企业保卫工作是指企业安全管理部门，运用专门的护卫力量，对企业内部的重要场所、目标进行公开守卫，维护企业生产经营秩序，保护企业利益的工作。

一、企业保卫工作范围

企业保卫工作的范围主要是在企业内部，必要时可以延展至企业周边公共通道部分。一般来说，企业保卫工作重点是要保护企业内部生产、生活、办公场所的出入口、大厅等。如果出现不法分子利用企业周边的公共通道侵害企业利益或危及企业职工、客户安全，企业保卫人员也应及时给予保护。

二、企业保卫工作性质

1. 预防性。企业保卫工作应以预防为主。这是因为企业的护卫力量一般不具有强制措施和处罚权力，不具备执法权。在进行保卫工作时，保卫人员可以统一着装，并在法律许可范围内配备预防安保器械，以产生对违法者的威慑作用，预防各类安全事件的产生。

2. 服务性。企业保卫工作是企业管理的一部分。在企业管理系统中，保卫工作是为其他工作提供服务的。因此，在开展保卫活动时，既要保护企业安全，又要方便客户、员工，促进企业管理活动开展。必要时还需要为客户提供询问、指路等服务性工作。

三、企业保卫工作职责

(一)守护企业各出入口,维护人员、车辆进出秩序

1. 对人员、车辆滞留堵塞交通有疏散保证通行的职责。

2. 对出入口内外发生的违法犯罪行为有采取措施加以制止和报告上级主管的职责。

3. 职工专用出入口的保卫人员负有安全检查的职责,如查验证件、考勤登记、携带外出物品外出检查、私人会客登记等。

4. 按上级主管通知,临时加强警卫和堵卡检查的职责。

(二)保护要害部位重要目标的职责

1. 在要害部位发生侵害行为时有及时制止并报告上级主管的职责。

2. 守护重要库房的职责。

3. 维护停车场、车库秩序的职责。

4. 守护企业高楼顶层,防止跳楼自杀事件发生的职责。

(三)维护企业内公共场所治安秩序的职责

1. 维护企业办公场所秩序,防止发生物品被窃和其他非法行为发生的职责。

2. 维护企业秩序,防止治安事件发生。

3. 负责企业公共通道、路面巡逻,防止发生不法行为。

(四)其他有关企业安全的职责

1. 押运大宗现金的职责。

2. 企业发生意外事件或治安灾害事故时维护秩序的职责。

3. 执行上级主管下达的临时性维护秩序的职责。

4. 保护违法犯罪案件、治安灾害事故、治安事件等现场的职责。

四、企业保卫工作的组织实施

(一)组织企业保卫力量

企业保卫工作是一项专门业务,应建立专门的保卫组织。如保安部、护卫队、经警等。保卫组织建立时需要合理确定人数,精心挑选保卫人员。

企业保卫人员选择需要着重考察其身体条件和政治道德品质。因此,保卫人员一般应是35岁以下男性为主,身材匀称、五官端正、视力要好。在政治道德品质方面应遵守纪律,集体意识强,没有经济和生活作风问题,没有违法犯罪纪律,没有不良习惯和嗜好。退伍军人是保卫人员的最好选择。

随着企业对外交往的扩大,在选择保卫人员时,也应对其学历有所规定,提高保卫队伍的整体素质,提高保卫人员的服务意识。

经过选拔合格的保卫人员,在上岗前应进行一定的培训。保卫人员培训可由公司保安部门负责,也可由委托公安部门、武警部队等实施。培训的主要内容有:

保卫工作基本技能;相关法律知识;企业规章制度;保卫人员职责和管理制度;基本礼仪规范;其他需要掌握的知识和技能。

(二)企业保卫工作实施

企业保卫工作分为定点保卫和流动保卫两种基本形式。

1.定点保卫

是指设立固定岗的保卫工作。比如常见的有门卫、要害保卫等。必须明确的是,定点保卫并不是简单的站岗、死守,而是相对的固定,并负责周围地区的保卫工作。定点保卫一般实行24小时全天候保卫。企业可以根据自身条件,确定是采用三班倒还是两班倒。每班人员建议至少两人,这样有利于相互配合和相互督促。

2.流动保卫

流动保卫即巡逻,是指保卫人员在企业的一定区域内巡回观察,发现、纠正和处理各种不安全因素和违法犯罪行为的一项重要措施。流动保卫可以弥补定点保卫、各值班人员以及监视装置视线范围以外区域的一项防范措施。流动保卫可以阻止案件发生,发现可能导致不安全的潜在危险情况,也可及时发现可疑的人与事。流动保卫队盗窃、火灾等事故防范效果特别好。

在组织流动保卫时,应做好巡逻路线的制定和巡逻力量的配置工作。

巡逻路线一般可以分为定线、乱线、定乱线结合的方式。企业在确定巡逻路线时,应该统筹考虑企业建筑物的特点,对重要对象、要害部位实施巡逻,也要考虑不同时间的巡逻路线,做到流动保卫与定点保卫力量相互呼应。

实施巡逻时应编组进行,一般两人一组,保持一定距离,以利观察周围动静,相互配合。白天巡逻宜穿企业一般规定的工作服以体现“内紧外松”原则,夜间宜穿保卫人员统一制服以便于识别。

有的企业为了使企业保卫人员保持旺盛精力和工作中集中注意力,采取定点保卫和流动保卫交替换岗的做法也是可行的。

(三)保卫工作外包

随着社会分工细化,外包服务已经成为一种企业管理的趋势。目前,有许多企业采用保卫工作外包服务,将企业的安全保卫工作外包给保安公司。保卫外包,不仅可以减少企业的管理成本,还能提高保卫效果。专业保安公司的保安业务比较专一,不需要企业培训即可上岗。同时受合同制约一般责任和工作效率比较高,企业安全部门不需要花大量精力去管理,可腾出精力加强其他方面的安全工作。

(四)企业保卫工作中常见问题的处置

1.发现违法犯罪行为或迹象的处理

企业保卫人员在执勤中发现明显的违法犯罪行为,如盗窃、行凶伤人、斗殴闹事等,应一面用对讲机报告安全部门,一面按保卫人员规定的职责,制止违法犯罪行为的继续,必要时可采取正当防卫措施制服行为人。要保护好现场,留住违法犯罪行为人，在无法留住情况下要记住其姓名、身份及其基本特征，以便安全部来人调查处理。如只是可能有违法犯罪的迹象、包括酗酒耍疯、舞场起哄、男女不正常的勾勾搭搭等，应注意观察以防进一步发展，同时报告安全部请求派员前来加强管理，必要时可对有关人员进行正面宣传教育，宣传企业有关规定，一般不要轻易地干涉他们的行为。对闲杂人员进入企业，可礼貌地上前询问，或婉转地告知此地不宜停留，让其自行离去。一般不宜过于纠缠、横加盘诘而分散保卫本职工作精力，造成不良影响。如确有可疑，可先将其稳住，然后报告安全部派员来处理。

2.发现不安全因素的处理

不安全因素是指有可能发展成治安灾害事故的因素。如在大门口或主要车行道上汽车"抛锚"熄火；巡逻时发现电器设备运转不正常和有异味；发现漏水及建筑物损塌等，一般应守在出事点，设法弄清情况，排除隐患或防止事态发展，同时应立即报告安全部或其他部(如工程部)，等他们来人处置后再离去。

3.发现不明可疑物品的处置

有时在保卫点周围或巡逻过程中发现该处有不明的可疑物品，如行李箱子、食品、包裹、印刷品等，这些物品有的可能是顾客遗留的，有的是犯罪分子转移暂放的，有的是不法分子故意投放的。发现这些东西后保卫人员一般先要观察一下周围的地形和动静，不要轻易去翻动这些物品，然后适当地隐蔽在旁进行监视和报告安全部请他们来人调查处理。如安全部人员尚未到达而已有人来提取，应相机上前搭讪盘问，拖时间不要让可疑人脱身。如对方急于脱身，可明确他要等一下安全部来人处理，如他夺路而走，可作为嫌疑人员将其扭送安全部。

4.对来历不明和需要救援人员的处置

在保卫人员中有时会遇到来历不明的人，有的是外来的盲流人员，也有的可能伺机作案，还有流浪的精神病患者。保卫人员发现这些人员时，不要轻易地处理或放走，应将他们带交安全部，由安全部弄清情况再作处理。

保卫工作中有时还会遇到有些人因病发作或其他意外受伤需要救援的情况，保卫人员应抽出人抢救，或送其去医院；另一人则坚守工作岗位并报告安全部或其他有关部门请求派员处理。如果该人已死亡，则保护好现场，迅速报告安全部请他们来处理。

任务二 财产安全与消防管理

企业消防管理是预防火灾和扑救火灾的总称。企业厂区火险隐患多，火灾就容易发生，一旦发生所造成的后果将不堪设想的。企业消防管理的基本目的是预防火灾发生，对火灾隐患进行整改、治理和排除，最大限度地减少火灾发生率和火灾发生后所造成的危害和损失。

一、火灾的定义和分类

火灾是因失火而造成人员伤亡及物质损失的灾害。按照其灾害程度，火灾一般可分为三级。

（一）一般火灾

物质损失在1万元以上5万元以下；或人员死亡1～2人；或受伤10人以下的火灾事故。

（二）重大火灾

物质损失5万元以上50万元以下；或人员死亡3人以上10人以下；或受伤10人以上；或虽未达到上述数字但危及首长、外宾和知名人士安全，造成严重不良社会政治影响的。

（三）特大火灾

物质损失在50万元以上；或人员死亡在10人以上的。

二、消防安全组织

（一）消防安全管理的组织构成

企业消防安全领导机构是防火安全委员会，具体组织机构应由企业行政领导负责的、各职能部门参与，自上而下形成的消防安全管理组织。它要求整个企业做到人人防火、时时防火，力争做到万无一失。

（二）消防负责人建立

企业要根据“谁主管，谁负责”的原则建立各级的负责人体系。一般企业建立三级消防组织，确立三级消防负责人。

一级消防负责人由企业法人代表担任，主要负责贯彻消防管理法律法规、申报消防审核手续、组织建立消防机构等工作。二级消防负责人由各职能部门负责人担任，负责本部门消防工作的安排落实，有计划地组织学习教育和消防训练，进行消防工作的督促检查以及整改工作。三级消防负责人由各班、组长等基层一线管理人员担任，负责消防执行。

（三）消防员队伍建设

企业消防员队伍一般由专职消防队伍和义务消防队伍组成。

专职消防队伍主要负责消防工作的管理、指导、检查、监督与落实，进行消防巡逻值班、消防培训、消防检查、消防器材的保管与保养，在火灾发生时，协助消防部队进行灭火工作。从企业管理成本出发，可以将企业保卫人员队伍和专职消防队伍合一，减少不必要的支出。

企业义务消防队是由企业的在职职工组成。一般企业在内部选出那些年轻、身体素质好、工作负责的职工组成义务消防队，负责火灾的日常预防。义务消防人员人数一般不少于总人数的10％。

义务消防队组建后，还应进行消防培训。企业可以根据工作特点，在公安消防部门的指导下，制订培训计划，进行灭火训练和消防演习。

三、消防责任管理

（一）消防岗位责任

企业根据“谁主管，谁负责”的原则建立各级的消防岗位责任制度，包括企业主管消防岗位责任制度、各部门消防岗位责任制度、安全员和设施维护消防岗位责任制度、企业员工消防岗位责任制度等。

企业防火负责人的职责是：贯彻消防法规和有关消防管理的规定；结合企业具体情况确定消防目标，制订规划和计划；领导消防队和义务消防队的工作；在企业技术改造、新产品试制等工作中负责提出消防安全意见和措施；在新建、扩建和改建工程项目时，责成有关部门将工程项目报公安消防部门办理建筑设计消防审核手续；组织防火安全委员会的工作，建立消防组织机构，配备人员，制定消防安全管理制度、作业安全规程和标准，从各方面的匹配出发制定实施消防安全的对策，组织消防安全教育、防火安全检查和火险隐患的整改工作。

（二）消防值班责任

企业值班人员消防工作职责是：定时巡查、发现火灾隐患及时处理、消防设施检查保养、交接班管理等。

四、火灾预防和控制管理

从预防角度出发，对容易引起火灾的各类行为做出规定，以减少火灾发生的可能。

内　容	规　　定
易燃、易爆物品	厂区范围（重点区域）严禁烟火；禁止乱扔烟头、火柴；企业电器严禁超负荷使用；办公制动化设备安全用电
公共通道	保持通道畅通；对通道使用的改变需要报消防管理部门批准
消防设施	消防栓、水龙头、喷淋头、烟感器、警铃、温感器、消防电话、消防线路，不得擅自移动、拆除，不得任意使用

五、消防设施和器材的配备和管理

消防设施和器材的配备消防设施和器材是灭火工作的物质基础，是确保人身安全及财产不受或少受损失的主要保证。

（一）电气设备的要求

企业电气设备安装要符合有关电气安装规则的要求，具体要求如下：

1. 对于建筑物所安装的电气设备，若有绝缘损坏的要及时进行更换；

2. 不要在电气设备附近堆放可燃物品；

3. 使用电加热器必须遵守有关规定，并要符合防火要求；

4.不要超负荷,不要使用不合规格的保险装置;

5.对避雷、防静电、电气自动断闸等安全装置要经常检查;

6.工作结束后要切断电源。

(二)对易燃易爆厂房、设备、电器的要求

企业内生产、储存、运输、使用易燃易爆物品的厂房、设备和电器等,必须符合防火和防爆要求。设备要勤保养、勤维修,防止“跑、冒、滴、漏”。贮存易燃易爆物品要有专门的库房,并且实行分堆存放。试制易燃、易爆新产品、新工艺要经过鉴定,必须符合安全要求。危险性仓库要有可靠的人员管理。易燃、易爆品的装卸、运输要求包装容器完整牢固,防止剧烈震动和撞击。

(三)设备安装的防火要求

在安装设备(如锅炉、炉灶等)及房屋装修时,使用焊接、切割、电热、烘烤等明火作业时,一定要有防火安全措施,并须经本企业消防安全管理部门检查。

(四)建筑、设施要求

1.对建筑物的要求

对于企业新建或改建的建筑物,一定要遵照“建筑设计防火规范”的要求,不得擅自搭建易燃违章建筑,不得在防火间距内堆放可燃物品,不得随意改变建筑的使用性质,不得破坏建筑物内已有的消防安全设施。此外,消防通道、安全门、疏散楼梯、走道要时刻保持畅通无阻。

2.对消防设施的要求

企业的消防设备和火灾报警设施应相对比较完善,并具有适当的种类和数量,须将其分别布置在明显和便于使用的地点;同时,加强维修保养和改进。

六、消防检查管理

企业消防检查是企业内部进行的防火安全检查,以便及时发现和消除自身火险隐患,纠正自身违法行为,达到预防和减少火灾的目的。这是依照《中华人民共和国消防法》及《机关、团体、企业、事业企业消防安全管理规定》中的有关规定对企业提出的具体要求。

(一)企业消防检查的作用

1.促进企业贯彻实施预防为主,防消结合的消防工作方针,落实消防安全责任制。预防为主,防消结合这一方针是我国人民同火灾作斗争的科学总结,它正确地反映了消防工作的客观规律。企业应当认真贯彻落实各项消防法律、法规,制定消防安全管理制度,切实落实消防安全责任制和逐级防火责任制,使这项工作经常化、制度化。通过检查还能发现灭火设备、消防组织、灭火预案中存在的问题,并得到及时解决,真正做到防消结合。

2.及时发现和纠正违反消防法律、法规的行为,消除火灾隐患。

3.落实逐级责任制。对企业自身进行消防检查,能增强防火管理者的责任感和自觉性,使之能经常的对企业实施消防检查,熟悉掌握企业生产工艺及火灾危险性,并督促落实各项消防安全措施和防火责任制,有效地保证消防安全。

4.强化重点部位的消防安全管理。将重点部位进行分类,突出重点,配备力量,做到抓住重点,兼顾一般,确保消防安全。

(二)企业消防检查的形式

企业消防检查是确保消防安全的需要,是一种自觉的内部管理行为。检查的形式有以下几种。

1.防火巡查

是消防安全重点企业常用的一种消防检查形式,其他企业可以根据需要组织防火巡查。消防安全重点企业可以结合实际情况组织夜间防火巡查。

2.定期检查

其对象是消防安全重点部位,对消防安全重点部位的检查,每个季度不应少于一次。检查内应具体,检查应深入,整改应及时,并逐项登记,记入档案。

3.抽样性检查

针对非消防安全部位进行的检查,要根据部位的特点进行重点抽查。

4.专项检查

根据企业实际情况,当前主要任务,消防安全薄弱环节开展的检查,如用电检查、用火检查、疏散检查、消防设施设备检查、危险品储存与使用检查,专项检查应有专业技术人员参加。

5.设备检测

使用仪器设备对消防设施、设备、电气设施设备、危险品设施、用火设施等进行检查测试,确保其安全性、功能状况等指标是否符合要求。其实施由专业部门进行。

6.日常性检查

根据本企业的具体情况进行的经常性消防检查的活动。经常性检查能及时发现不安全因素,及时消除安全隐患是重要的消防安全检查形式之一。

7.季节性检查

针对每年“五一”、“十一”、“元旦”、“春节”和春季、秋季到来之前的消防安全检查。

(三)消防检查的方法

消防检查的方法是指消防人员在实施检查过程中所采取的技术措施或手段。只有正确运用各种检查方法,才能顺利实施消防安全检查,对检查对象的安全状况做出正确的评价。

1.直观检查法

直观检查法就是用人的感官而不借助任何器械、仪器进行检查,如眼看、手摸、耳听、鼻子嗅等。这是消防检查的传统方法,也是日常采用的最基本的方法。特别是进行消防巡查时,要用眼看一看有哪些不正常的现象,手摸一摸有无不正常的感觉(过热),听一听有无不正常的声音,嗅一嗅有无不正常的气味。

2.询问了解法

询问了解法是消防检查中不可缺少的手段之一,通过询问,可以了解本企业消防安全工作开展情况和各项制度的执行落实情况。询问的重要性,还在于有些问题不通过询问可能根本查不出来,有些火灾隐患就是通过询问了解到的。

3.仪器检测法

仪器检测法是指在消防检查中利用防火检查仪器和工具对电气设备、线路、安全设施、可燃气体危害程度参数等进行测试、测定,进行评定企业某个场所的安全状况,确定是否存在火险隐患的科学方法。

任务三　安全事故的应对处理

安全事故是指生产经营单位在生产经营活动(包括与生产经营有关的活动)中突然发生的,伤害人身安全和健康,或者损坏设备设施,或者造成经济损失的,导致原生产经营活动(包括与生产经营活动有关的活动)暂时中止或永远终止的意外事件。

一、安全事故分类

(一)按照事故原因分类

根据事故产生的原因可以将安全事故分为物体打击事故、车辆伤害事故、机械伤害事故、起重伤害事故、触电事故、火灾事故、灼烫事故、淹溺事故、高处坠落事故、坍塌事故、冒顶片帮事故、透水事故、放炮事故、火药爆炸事故、瓦斯爆炸事故、锅炉爆炸事故、容器爆炸事故、其他爆炸事故、中毒和窒息事故、其他伤害事故等20种。

(二)按照事故的等级分类

国务院《生产安全事故报告和调查处理条例》根据事故造成的人员伤亡或者直接经济损失,分为四个等级:

1.特别重大事故:是指造成30人以上死亡,或者100人以上重伤(包括急性工业中毒,下同),或者1亿元以上直接经济损失的事故;

2.重大事故:是指造成10人以上30人以下死亡,或者50人以上100人以下重伤,或者5000万元以上1亿元以下直接经济损失的事故;

3.较大事故:是指造成3人以上10人以下死亡,或者10人以上50人以下重伤,或者1000万元以上5000万元以下直接经济损失的事故;

4.一般事故:是指造成3人以下死亡,或者10人以下重伤,或者1000万元以下直接经济损失的事故。

二、安全事故处理的原则

（一）快速反应

及早发现，及时应对，是处理安全事故的第一要务。及早发现问题，并采取有效措施控制事态的发展，化解事故危机，不仅能减少时间所造成的消极影响，而且投入的成本也比较低。而一旦任其发展，事情就会像决堤的洪水一样难以控制，就有可能造成致命的伤害，并极有可能引起连锁反应。

（二）以人为本

当安全事故发生时，保护人的生命安全是最高利益、最大原则。要在第一时间内组织人员迅速撤离危险地带，而不要组织非专业人员进行抢救，以致造成更大的和无谓的人员伤害。

（三）公开透明

企业一旦发生安全事故，无论什么性质、无论多么严重，企图封锁消息、隐瞒事实真相都是最愚蠢的做法。到头来，不仅掩盖不住真相，还会造成舆论上的混乱，延误救援的最佳时机，极大地损害组织形象。正确的态度应是及时与新闻媒体联系，及时披露事实真相和企业所采取的态度及应对措施，争取理解和支持。

三、安全事故预防措施

1. 以书面形式确定的安全事故处理程序，其中详细地记录出现火灾、人员受伤、突发疾病或发生炸弹威胁等恐怖活动时的具体处理程序。

2. 用上述紧急情况处理程序培训所有工作人员，如健康、安全培训、急救培训、保安人员的特殊培训。

3. 张贴显示有关的紧急程序，在可利用的地方显示相应的布告，让所有人员了解有情况发生该如何疏散和急救员的姓名。

4. 实行紧急情况模拟演练，如定期进行消防演习或疏散演习来测试编写的程序是否合适，并指导员工的应对行动。

5. 明确各级管理人员的在紧急情况下所负的任务和职责，一旦有情况，由他们担当处理。

6. 保证配备有关的设备和资源以随时处理紧急情况，如有报警装置、灭火器、急救包等。

7. 保证定期检查和更新设备，如灭火器、急救包、报警装置的定期检查和维护。

四、安全事故处理流程

（一）事故报告

各单位发生安全事故后立即组织抢救伤者，同时电话告知生产安全部门，由生产管理部门按有关标准及医院的初步诊断结论确定事故性质，并在第一时间内上报公司领导。

报告内容应说明事故发生单位、时间、地点、伤者自然情况及伤害部位、伤害程度、设备、发生经过等情况。

（二）事故调查

安全事故发生后根据事故严重程度组成不同级别的事故调查组。调查组接到事故报告后应迅速赶赴事故现场进行勘察，查明事故发生经过、原因及人员伤亡情况，确定事故性质，询问知情者，搜集现场物证及索取有关资料。

事故现场的处理：采取措施防止事故蔓延，同时要保护好现场，凡与事故有关的物体、痕迹等，应保持事故发生时的原始状态，任何人不得随意破坏。如抢救伤者需改动现场时，应做上标记；急需恢复生产时，重伤及以上事故须经相关领导批准，死亡事故须经政府安全生产监督管理机构批准。

（三）事故分析

通过对事故直接原因和间接原因的分析，确定事故的直接责任者和间接责任者。通过有关人员的职责和在事故中的行为、作用，确定事故的主要责任者和次要责任者，并依据管理情况确定领导者责任。

（四）事故处理

事故处理包括对责任者的处理和对事故的善后处理。重伤及以上事故由生产安全部门提出处理意见，报公司相关部门审批。处理原则是依据国家、地方政府及企业自身制定的有关法规。

事故单位应认真落实“工伤事故调查报告”中的处理决定，包括对责任者的处罚和整改措施的落实。

善后处理包括伤者的医疗、补偿、评残等，也包括有关措施的改进和落实。

1.医疗

（1）因工受伤、职业病及旧伤复发必须到医疗保险定点医院。

（2）医疗终结后报销医疗费、领取伙食补助费等应凭本人《工伤认定申请表》复印件办理。

2.安装辅助器具审批

（1）工伤员工因日常生活或辅助生产劳动需要，必须安装假肢、仪器眼、配置代步车辆等辅助器具的，由员工所在单位提出安装申请。

（2）申请安装辅助器具需向生产部提供如下材料：

《申请安装辅助器具呈报表》、《企业职工伤亡事故记录表》或《工伤认定申请表》复印件。

（五）安全事故责任追究程序

在安全工作方面有下列行为之一，致使发生安全事故的，应负领导责任：

强令工人违章冒险作业的；

劳动安全设施不符合国家规定，经有关部门或单位职工提出后，对事故隐患仍不采取整改措施的；

在安全事故发生后，隐瞒不报、谎报、故意破坏现场，或者无正当理由而拒绝接受调查及拒绝提供有关情况及资料的；

无安全工作长远规划、无明确安全生产责任制的；

不按要求召开安委会及安全工作专题会议的；

其他违反《企业安全生产责任制管理规定》的行为。

责任追究应包括对责任者的处罚。企业应根据事故危害确定处罚标准。

（六）事故结案和工伤统计

发生安全事故后，应将《企业职工伤亡事故记录表》、《工伤认定申请表》、工伤事故调查报告、医院诊断书、证实材料等资料上报生产安全部门，经当地劳动和社会保障部门审批后方可结案。工伤事故档案要认真保管，不能损坏和丢失。

◎ 技能训练

企业安全教育活动

一、训练目标

通过实训，掌握安全管理知识，培养安全意识。

二、训练方案与要求

（一）案例描述

近日，国内多家大型企业发生安全事故，造成多人死亡，也给企业带来巨大经济损失。为了杜绝此类事件的发生，根据市安监部门的要求，友邦化工公司决定近期在企业内部开展安全教育活动，对企业职工开展治安、生产安全、消防安全等管理知识宣传教育活动。

（二）训练要求

根据实际情况制定安全教育方案并组织实施。

（三）训练步骤

1. 同学针对企业常见的安全管理问题，收集有关企业安全管理的规章、常识等。

2. 分小组设计安全教育的内容，内容制作尽量丰富多样，例如，案例重现、技能演示、现场模拟、知识抢答等。

3. 模拟开展对企业员工的安全教育活动，学习识别安全隐患、处理安全事故。

4. 总结活动的收获，写成体会材料。

（四）训练提示

1. 本实训可选择在课外进行。

2. 实训应分组进行，可以3人一组。

3. 每个同学在实训过程中一定要严肃认真，言行符合规范。

◎ 知识拓展

遇到火灾基本处理技能

1. 如果办公室门外着火了，浓烟渐渐透过门缝进入室内，应该如何处理？

情景分析：遇到这种情况，千万不要贸然开门，尽管有时没有明火，但烟雾可使人在短时间内窒息，从而丧失逃生的能力。

正确的做法：尽快用手边的软布或丝巾塞住门缝。如果没有填塞物，尽量用水不断泼到门上降温，不让它烧起来；如果浓烟已经全部进来，已经是很危险的时候了，可立即找出一个大的塑料袋，在空中挥动几下，然后套在头上扎紧，袋中的氧气能保证你用1分钟，然后马上找到窗户，并开始求救；如果没有塑料袋，应尽量靠近饮水机或电冰箱，因为桶里或冰箱里的微量氧气能帮助你争取逃生的宝贵时间！

2. 如果在楼道里逃生时，遇到前方是关着的门，应该怎么办？

情景分析：千万不能立即将门打开，否则，如果门背面是烈火的话，遇到充足的氧气，烈火就有可能顷刻把人烧成灰烬！

正确做法：先用手小心地碰一下门把手或门，如果过烫，则不要打开；如果微热，也应慢慢将门打开。打开过程中，如果通过门缝看到对面是火红的亮光，应立即关上门，找其他逃生通道。

3. 如果电器着火了，应该怎么办？

情景分析：不要试图用棉被覆盖电器，也不要用水浇。因为棉被覆盖上去，如果不能完全贴紧并遮住电器，等于给电器一个可燃物；用水浇更不明智，等于变相将电流引导到自己身上。

正确做法：马上拔掉电源插头，并把周围的东西挪开，防止火热扩散。如果火已经烧了一会儿，应马上离开，因为电器随时可能爆炸！

4. 如果看到有人身上着火了，应该怎么办？

情景分析：不要试图用水浇，或者用棉被覆盖。由于人的皮下都有脂肪，如果脂肪在燃烧的同时遇到水，会马上发生爆裂！如果用棉被覆盖，火即便扑灭了，当揭开棉被的同时，皮肤也会被一起撕下！

正确做法：如果手边没有灭火器，应指导着火者在地上打滚，用隔绝空气的方法将火扑灭。如果用灭火器灭火，只能选择干粉灭火器。

5. 如果要冲向火海救人，应怎样做好自身防火工作？

情景分析：冲入火海救人前，一定要先做好自身防火工作，否则，非但救不了人，自己也会被火海吞没。救人固然重要，但不提倡无谓的牺牲。没有条件自身防火的，应等待消防员的营救。

正确做法：先向自身喷射干粉，需100％覆盖表皮，再找一张大的棉被或布，再在其上喷射干粉后盖在身上，然后冲向火海，这能保证你在一分钟里不被火焰灼伤。记住，这一分钟里，不仅要找到伤员，还要和伤员一起逃出火海！否则，营救者很可能与伤员一起葬身火海。（资料来源：中国政府门户网站，2006年11月）

模块十　企业总务后勤管理

项目一　办公用品配备与管理

◎ 学习目标

知识目标

- 了解办公用品的分类。
- 了解办公用品管理的内容。
- 掌握办公用品采购和发放程序。
- 熟悉办公用品的保管和维护。
- 掌握办公用品费用管理。

能力目标

- 能够采购和发放办公用品。
- 能够保管和维护办公用品。
- 能够合理控制办公用品费用。

◎ 工作任务

- 任务一:办公用品的程序化。
- 任务二:办公用品的管理标准。

◎ 导入案例

嘉欢是一家能源公司的办公室文员。月底,按照惯例她把做好的公司下月办公用品采购计划表交给老板审批。老板看了看申购表,皱起了眉头,责问为什么办公用品用消耗得这么快。

嘉欢无奈地解释说:我又没时间老是去盯着他们,特别是做业务的员工普遍喜欢浪费公司的办公用品，一张纸上写上一个电话号就不用了。笔也是到处可见，就不知道是谁的，要用时却到处找。

老板说：这些虽是小方面的，但是还是要适当的控制才好。

思考题：请你给嘉欢一些建议，帮助她管好公司的办公用品。

提示：办公用品的管理繁杂琐碎，大到一套办公桌椅、一个文件柜，小到一支笔、一张便笺条，遗漏其中任何一项物品都会给办公带来不便。作为办公室一项基本事务，如何管理控制好公司的办公用品成为你必须思考的问题，也是必须掌握的企业事务处理技巧。

◎ 理论导读

办公用品管理概述

企业在进行行政办公时，需要一些必要的办公用品才能使工作顺利完成，如办公室的电脑、打印机、电话、传真机、复印机、纸张和笔等。办公用品作为办公工具，其性能及管理中的每一个环节都直接与办公人员的工作效率发生联系。同时，办公用品作为办公经费开支的主要部分，与减少企业运营成本、提高企业经济效益也有很大关系，所以企业在加强行政办公事务管理时，也必须重视对办公用品的管理。

一、办公用品的分类

办公用品有广义和狭义之分。狭义的办公用品包括办公室中除办公设备以外的所有用具、用品(英文 Office Supplies)。而广义的办公用品则包括了办公设备。严格地说，在办公用品和办公设备之间没有严格的界限。办公用品也有普通办公用品和专业办公用品之分。我们常见的订书机、文件栏、文件夹、签字笔、圆珠笔、传真纸、复(写)印纸等都属于普通办公用品。专业办公用品比如财务办公用品等。

一般而言，我们把办公用品分为以下几种类型。

(一)日常用具类

日常用具指企业日常工作及业务操作所使用的家具、工具、器具等。它又包括：

1. 纸簿类：复印纸、打印纸、传真纸、信纸信封、便笺纸、稿纸、卡纸、等其他纸品。表格单据、档案用品、复写纸、账簿账册、会议记录本、记事簿、电话簿、收文登记本、发文登记本等本簿。

2. 笔尺类：白板笔、钢笔、记号笔、签字笔、荧光笔、中性笔、笔芯、铅笔、铅芯、光盘笔、粉笔、橡皮、修正液等。

3. 装订类：打孔器、订书机、起钉器、胶带/双面胶、曲别针、大头针、小夹子、剪刀、橡皮筋等。

4. 家具类：保险柜、文件柜、报刊架、杂志架、展示架、办公桌、电脑桌、会议桌、办公椅、沙发等。

5. 数码类：U 盘、MP3 播放器、数码录音笔、移动硬盘、数码摄像头等。

6. 桌面类：笔筒、笔座、日历座、文稿架、胶水/胶棒、名片盒、名片册、削笔器、转笔刀、垫板、印台、印油等。文件筐、文件盘、公文篮、板夹、公事包、资料册、抽杆夹、名片册、票据夹等。

7. 日用劳保类：日化清洁用品、劳保用品、生活用纸、纸杯、灯泡灯管、电源插座、电池等。

（二）电脑耗材类

各种原装以及品牌硒鼓、墨盒、打印机填充墨水、软盘、刻录盘、鼠标、鼠标垫、键盘、电脑清洁用品、耳机等。

（三）办公设备类

计算机、电话机、传真机、打印机、复印机、考勤机、碎纸机、装订机、投影仪、一体机、照相机、摄像机等。

二、办公用品管理主要内容

1. 采购：根据库存和消耗情况，提出采购计划，经主管领导批准后选择供应商。采购时，要选择物美价廉、经济耐用的物品，减少经费的开支。

2. 保管：专人负责办公用品管理，建立库存台账，做到进出有记录，账货两相符。定期进行库存检查，确保易耗品及时供应。

3. 发放：建立完善的发放管理程序，手续齐全，并控制和监管办公用品的使用。

任务一 办公用品的程序化

所谓的办公用品程序化，就是在办公用品的管理过程中按照一定的固定顺序进行。通过程序化管理，可以规范办公用品的管理行为，提高采购效率，降低采购成本和企业办公用品费用支出。从整个流程看，办公用品管理主要涉及采购、库存管理、发放三个流程。

一、办公用品的采购管理

（一）办公用品采购程序

办公用品采购工作时办公用品管理的基础。它主要包括办公用品的申购、审批、采购、验收四个环节。具体的采购程序如图 10-1 所示：

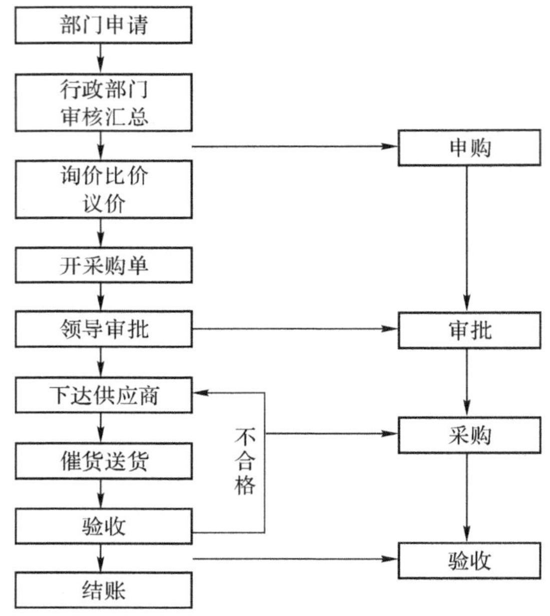

图 10-1 办公用品采购程序图

1. 申购

(1)部门申请:公司各个部门根据业务工作,向行政部门提出办公用品需求计划,报行政部门汇总。

(2)审核汇总:行政部门将公司各部门办公用品需求情况进行汇总,根据各部门办公用品实际使用情况做好审核工作,形成办公用品采购清单。

(3)询价比价议价:行政部门依据采购清单,向有关办公用品供应商询问价格,最好能货比三家后最终确定价格。如果公司有固定的协议采购单位则不需要此项工作。

(4)开采购单:根据采购清单和询价情况,最终完成采购单。

2. 审批

将制作好的采购单交由分管的公司领导审批。只有得到领导审批同意后才能采购。

3. 采购

(1)下达供应商:根据领导审批后的采购单,向相关供应商下达采购要求。

(2)供应商配货送货:一般来说,对于采购的办公用品,供应商会及时送货上门的。在选择供应商时,我们应考虑有无送货上门的服务,以提高工作效率。如果供应商配货速度较慢,秘书人员应该及时跟进,催促其尽快送货。

4.验收

(1)验收:仓库管理人员或是行政部门人员,根据采购单的采购目录和质量、数量要求对采购的办公用品进行验收入库。如果出现数量、质量等问题,应及时反馈给供应商,要求其重新配货送货,直至符合要求为止。

(2)结账:对于办公用品验收合格的,应及时和供应商结账。根据公司的财务制度,可以由采购人员先行垫付,再凭发票到财务部门报销;也可以由供应商直接到财务部门办理相应的结账手续。如果是定点协议采购单位,可以和供应商协商采用月结、季度结或是半年、一年结的方式。

(二)办公用品采购注意事项

采购办公用品时必须首先决定购买何物和从何处购买的问题。作为办公用品负责人,必须选择最适合的办公用品和最合适的购货处。

1.掌握办公用品的有关知识。

2.充分理解各个部门对办公用品的要求。

3.办公用品负责人需要将企业全体共同使用的办公用品和特定部门用于特殊目的的办公用品分开,将采购部全体共同使用的物件作为主要目标和中心。

4.特定部门用于特殊目的的办公用品,则在需要时向特定部门询问所必需的重要物件。

(三)购入办公用品的要求

1.办公用品负责人根据办公用品知识决定购入的办公用品

(1)对市场上的办公用品进行调查,把握其性能、功能及价格。

(2)选择最适合企业的物件。

(3)办公用品负责人需要经常对新产品加以注意,以便寻找符合组织要求的物品。

(4)需要经常接触办公用品供应商以取得商品目录,或者经常出入展览会场等。

(5)一旦发现好的办公用品便介绍给企业的业务负责人以促其使用。

2.办公用品负责人提出购买要求,由购货负责人订货

(1)购货负责人就购货处价格及交货期进行协商。

(2)购货处的选择由提出购买要求的办公用品负责人决定,或者由购货部门决定。

(3)同一物品存在多处购货处时,大多由购货部门决定购货处。

(4)办公用品负责人在制作购买计划时,必须决定购入数量与交货期。

(5)若购入数量过多,作为存货积压的东西会增多,从而导致资金无法被有效地运用。

(6)购入数量过少会造成库存中断,使业务停止。

(7)决定购入数量和交货期的依据是办公用品的需要计划和该年度的预算。

(8)易耗品的供给工作应做到下一批物品在存货将尽前购入并到货。

(9)存货没有的日期只需用现在的存货量除以每日计划需要量即可算出。

(10)要向订货处提出待物品快要用完时马上交货的要求。

(11)订货是可通过每日计划需要量乘以订货间隔天数算出。

二、办公用品发放管理

(一)办公用品的发放程序

办公用品发放工作是整个管理的最后环节,是办公用品控制的节点。它的程序包括填单申请、部门审核、领导审批、登记发放四个步骤(如图 10-2)。

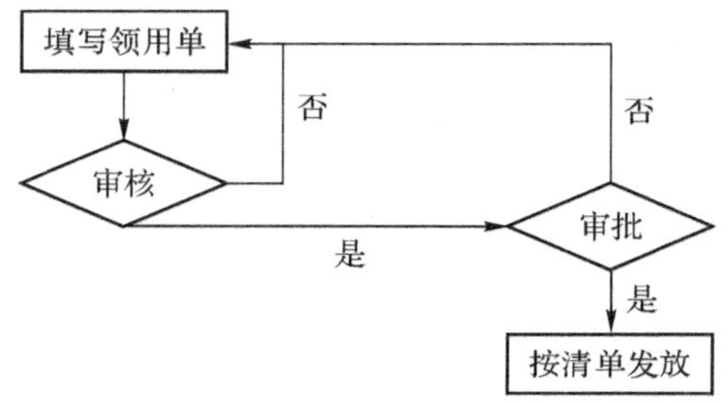

图 10-2　办公用品发放程序图

1. 填单申请:领用人在领用时需要按照规定填写《办公用品领用申请单》,填写清楚领用产品名称、数量、领用日期、用途等,并签字确认。

2. 部门审核:领用人将填写好的申请单交由本部门领导审核签字。

3. 领导审批:领用人将部门审核后的申请单交由公司分管领导审批。一般可以根据领用物品的价值高低、数量多少、类型区别确立审批权限。一般的办公用品可以由行政部门领导审批。大额、高价值、特殊类型的物品由经理审批,以减少公司领导的工作量。

4. 登记发放:领用人将领导审批同意的申请单交给办公用品管理人员。管理人员根据申请清单登记后发放。

(二)办公用品发放管理

对办公用品的发放管理,要建立正常的发放和使用制度。要严格掌握办公用品的发放范围,根据实际需要进行发放,避免浪费。对经费已经超支的部门,要限制领用。在办公用品领取和发放工作中,保管员要坚守工作岗位,服务要热情周到。对不符合领取规定的,要做好解释工作,使之能够理解。

任务二　办公用品的管理标准

一、办公用品管理的基本原则

办公用品的管理应该做到经济、有效，要按照标准化和制度化的原则进行管理。

（一）经济化原则

所谓经济化原则，就是要求办公用品能够最大限度发挥其价值，创造更多的效益。衡量办公用品的经济与否，关键看工作人员所消耗办公用品的数量和工作成就的价值是否等值。如果消耗量大，但创造的价值小，则表明存在着办公用品的浪费，应该加以控制和监督使用。

（二）有效化原则

有效化原则，要求我们在办公用品管理过程中不能因为一味追求经济效益，盲目地缩减办公用品的支出。盲目的缩减支出，不仅不能使办公用品发挥最大作用，甚至会影响工作的正常开展，导致效率的下降。在实际工作中，在不浪费的前提下，只要使用得当，即使花费多也不能吝惜。

同时有效化原则还要求我们在办公用品采购、保管、发放等一系列管理活动中，既要保证全公司的办公用品供应，又不能积压浪费，增加仓储成本和自然损耗成本。

（三）制度化原则

制度化原则，要求我们从企业的实际情况出发，制定和建立本企业办公用品的基本原则与方法，并且严格执行，以制度来约束办公用品管理工作。

建立办公用品管理的各种基本原则、方法和制度，要求我们要深入了解本公司办公用品使用的基本情况，针对不同类型的办公用品建立不同的管理制度，以最大化方便工作，提高工作效率。

（四）标准化原则

标准化原则，是指为了把有效原则和经济化原则统一起来，应力求办公用品的使用合乎办公的特殊需要，并和办公地点、建筑等相适应。

二、办公用品的保管与维护

办公用品的保管与维护，就是对办公用品进行的登记入库、收藏、分配、盘点、交换和养护等一系列管理，以保持办公用品的效能。

（一）办公用品保管要求

1.办公用品的保管一般要设专门的库房和专人进行管理。

2.保管人员对购入的办公用品，按照规格、数量、质量，认真验收、登记、上账、入库、精心保管。库房内的各种物品要摆放合理，并做到整齐、美观。

3.要经常检查库房内的物品，防止损坏、变质、变形，并对存货量进行整理、整顿以使其得到有效利用，以及进行修理以使其经常处于使用状态等。

4.在保管工作中，要及时登记保管账卡，定期（季度或半年）清理库存，做到账物相符。

5.保管员还要根据库存和需求情况，定期提出采购计划。在做计划时，要注意防止物资的积压，努力压缩库存，做到节约资金。

6.对库房还要注意加强安全防范工作，经常进行安全检查，防止各种意外事故的发生。

（二）提高办公用品的利用率

提高办公用品的利用率是办公用品负责人的责任。办公用品的利用率，是指办公用品的利用量与可能利用的存货量之比。

提高办公用品的利用率可使企业用少量资金进行经营活动的设想成为可能：

1.为提高企业总体办公用品的利用率，办公用品负责人需要准备利用率高的物资，减少利用率低的办公用品。

2.为提高办公用品的利用率就必须防止办公用品的丢失破损，除企业使用目的以外不作他用。

3.必须确认办公用品没有丢失和破损。

（三）办公用品的盘点

为确认其使用符合企业的目的，可以对办公用品进行盘点：

1.盘点是调查易耗办公用品的存货量。

2.可在特定时日使用办公用品一览表对存货量进行检查。

3.在工作人员自由拿取办公用品的地方把握存货数值。与过去的存货实际业绩比较，若数值过小，则需要调查大量分配的原因所在。

4.若办公用品是由办公用品负责人进行配用的，则将存货量与账簿上的存货量作比较。

5.办公用品负责人将办公用品的收支记在台账上，并努力使其与实际的存货量保持一致。

6.办公用品若为日常用具和办公设施附件，则盘点时需要调查办公用品所在和破坏状况，并且明确办公用品的管理负责人、使用部门等。

7.为方便盘点，必须在各办公用品上贴上管理序号。

（四）办公用品的整理

为了有效灵活利用办公用品就需要对办公用品进行整理：

1.部门办公用品负责人必须使办公用品处于随时可供使用的状态。

2.将使用与不使用的办公用品分开，并将不使用的办公用品可向上返还到特定场所。

3.将物品放到该放的地方，并且摆放时要注意今后便于拿取。

4.办公用品的维护管理需要确立及早发现故障、进行修理的体制：

(1)要从使用者手中确实收取办公用品的使用报告，时常把握有关办公用品的信息。

(2)要制定一定的修理制度，以便发现故障时按故障程度及时与有关人员联系。

(3)当工作人员开始使用办公用品后，若初次发现办公用品有故障，要与办公用品负责人联系。由办公用品负责人决定对工作影响最小的对策：

①可使用代替品。

②或由办公用品负责人修理。

③或由生产厂家的修理负责人修理。

④或交由修理业者修理。

⑤或者废弃。

(4)对于可能给工业造成重大影响的，需要定期进行检查和保养以免发生故障。

(5)若有必要可事先准备代替品。

三、办公用品费用管理

据有关报道，在上海等沿海发达城市，大部分中小企业人均每年使用办公文化用品都在100元以上，办公用品如同日常生活中的柴米油盐，往往是必需但又容易被人忽视，使得企业在办公用品方面形成了一个成本黑洞。因此，在办公用品管理过程中必须严格办公用品的费用管理。

(一)加强企业员工的节约意识教育，建立节约型的企业文化

办公用品归根结底是人在用，控制办公用品费用首先应该在人身上做文章。在企业内部开展节约教育是一项长期工作，关键是要建立起节约的企业文化。比如公司文件草稿的打印一律用废纸打印、要求双面打印；再比如充分发挥办公自动化设备的作用，尽量在电脑上修改材料，减少重复打印次数；能传阅的文件资料尽量传阅，减少复印。这些良好的节约习惯都可以帮助企业较少浪费，节省办公用品费用支出。也可以建立企业节约奖励制度。

(二)把好采购关，提高采购质量

1.采购办公用品时应做好审核工作

对于各部门的采购申请，采购负责人应做好审核工作。审一审哪些是不必要的办公用品，哪些是可以替代的，哪些是每个人必需的。还应考虑有无必要购买这个价格的品牌产品，比如买诸如派克等“奢华”的品牌是完全没有必要的。在保证质量的前提下，购买和公司实力相当的品牌。

2.注重日常积累,了解办公用品信息变化

办公室须关注市场价格,同时要定期对供应商进行评估甄选,适时变换或更换,以所购办公用品质优价廉,控制费用支出。

3.选择合适的采购途径

目前采购的途径有很多,首先应该坚持公司统一采购,杜绝部门自行采购行为。其次要定点采购或是协议采购,这样有利于拿到更为优惠的价格。也可以与其他企业联合采购。对于很多办公用品供应商来说,公司采购的数量越多其索要的价格会越低,所以与其他业务上的合作伙伴一起采购可以降低采购成本。

当然随着科技的发展,有一些新型的采购方式值得我们借鉴。比如网上批量采购,这种方式可以大量节约成本,在国外已被广为接受。据悉,进入中国的全球500强的企业有93%以上的企业已认可这种方式。

(三)加强保管和维护,减少办公用品管理损耗

减少办公用品费用支出,做好保管和维护工作也是必不可少的。保管过程中我们应尽可能要定期盘点,避免盘亏现象。同时要合理测算办公用品的需求量和补货周期,减少仓储成本。

做好办公用品登记,建立非消耗办公用品台账,凡调出或离职人员在办理离职或交接手续时,应将所领用的办公用品(一次性消耗品除外)如数归还。有缺失的应照价赔偿,否则不予办理有关手续。

(四)严格控制发放环节,监督使用

发放是办公用品管理的最后环节,我们应该做到该发的发,不该发的不发。凡发必审,凡发必批。保管人不得超标发放办公用品,确因工作需要超标领用的,应经分管领导同意。

企业为避免办公用品的总体费用超过预算,可以建立办公用品定额制度,制定各使用人的办公用品使用标准。办公用品管理人员应根据发放情况计算出各部门及人员办公用品使用量,与平均使用量进行比较,动态掌握各部门各使用人的办公用品消耗情况。对即将或是已经超出预算的部门或人员提出超预算预警,提醒其节约使用办公用品,同时对一些严重超预算行为应及时汇报上司。

◎ 技能训练

训练一　购置办公用品

一、训练目标

通过本实训掌握办公用品管理的一般程序和一般方法。

二、训练方案与要求

(一)案例描述

海潮公司需要购置一批办公用品,清单如下:货架 1 个,储藏文件柜 1 个,打印纸 5 箱,打印墨盒 10 个,信封 500 个,横格笔记本 100 个,稿笺纸 200 本,铅笔、圆珠笔、签字笔各 120 支,大头针、曲别针各 50 盒,订书机 5 个,碎纸机 2 台,备忘录 100 个,锁 10 把。请你做好这项工作。

(二)训练要求

根据实际情况演练办公用品的购置过程。

(三)训练步骤

1. 指导学生认真阅读案例及实训内容和要求。

2. 分析案例主要内容以及本次实训目的。

3. 讲解办公用品管理要点。

4. 布置实训任务。

(四)训练提示

1. 本实训可选择在模拟的办公室或教室进行,最好能配备真实的电脑。

2. 实训应分组进行,可以 3 人一组,其中 1 人扮演秘书,1 人扮演供应商,1 人进行监督和评价。每个人都要轮演秘书和供应商。

3. 每个同学在演练过程中一定要严肃认真,言行符合规范。

4. 每个同学最好都能按照实训内容设计演练的脚本(包括情节和台词),并给本小组成员分派角色。

5. 老师可以临场发挥,比如增设模拟角色和任务;在同学们演练时,组织其他的同学对表演进行评论。

◎ 知识拓展

链接资料一　某公司办公用品管理办法

第一条　目的

为了规范公司办公用品的采购、保管、发放、费用分摊及报销等工作,合理控制费用支出,避免浪费,特制定本办法。

第二条　适用范围

适用于集团总部、科技公司、研究所。

第三条　办公用品范围

本办法所称办公用品是指 300 元以下的日常办公文具、打印纸、易耗及耐耗材等。分为一级消耗品、二级消耗品、管理消耗品和管理耐用品四种。

1. 一级消耗品:铅笔、胶水、胶带、钉书钉、签字笔、圆珠笔、笔芯、软皮笔记本、复写纸、标签、橡皮、告示贴、档案袋、拉杆文件夹、修正液、荧光笔等；

2.二级消耗品：名片册、高级笔记本、钢笔、笔筒等；

3.管理消耗品：碳粉、墨盒、添加墨水、硒鼓、复印纸等；

4.管理耐用品：剪刀、直尺、订书机、打孔器、印泥、计算器等。

第四条　办公用品领用

1.普通员工和中层管理人员可领用一级消耗品内的所有物品，每季度办公用品领用总金额不超过50元，如有特殊，报请所在公司总经理批准。

2.集团总部总监和子公司副总经理级以上员工，可领用一、二级消耗品内的所有物品，根据实际需求领用，不受金额限制。

3.管理消耗品由各子公司行政前台负责根据实际使用需求进行领用。

4.管理耐用品无特殊情况，由部门员工一人领用，本部门共同使用。

第五条　办公用品申请

各子公司行政前台负责汇总各部门次月办公用品领用计划，每月25日前将经所在公司总经理签字后的《办公用品采购申请表》递交集团行政人事部，由集团行政人事部统一采购配发办公用品。

第六条　办公用品采购

1.办公用品由集团行政人事部统一采购。

2.采购人员应严格遵守职业道德，及时了解市场商品信息，选择质量可靠、物美价廉的办公用品，降低费用支出。

3.采购人员至少提供3家及以上数量的供货商供选择。

4.采购人员每半年轮换一次。

第七条　办公用品入库和管理

1.办公用品管理员负责到货办公用品的验货工作，逐一核查产品数量和质量，并妥善保管《送货单》。《送货单》一式两联；一联用于管理员留存备查，一联用于采购员报销。对验货不合格产品，不予入库，由采购员负责办理退换货手续。

2.办公用品管理员负责建立《办公用品库存电子台账》，及时登记、更新办公用品出入库数量，每月最后一个工作日将本月最新电子台账报行政人事部部长审核。

3.各子公司行政前台每季度核算一次员工个人领用办公用品金额，超过采购限额的部分从次季度中扣除。集团采购员每季度核算一次各子公司管理消耗品采购金额，作为次年办公用品费用参考依据。

第八条　办公用品发放

1.各部门员工尽量领用申购计划内的办公用品。领用申购计划外的办公用品时须填写《办公用品临时采购申请表》，行政人事部负责采购。特殊或急需的办公用品，经领导签批后可由子公司自行购买。

2.每个员工均建立《办公用品领用登记表》，所有领用办公用品均逐一登记在案。

第九条　办公用品报销

1.固定供货商可采用季结方式,临时外采即时报销。

2.办公用品报销须持符合财务要求的正规发票并附办公用品管理员签字确认的《送货单》,方可报销。

第十条　使用规定

1.严禁员工将办公用品带出公司挪作私用。

2.员工离职时除易耗品外,其余应按《办公用品领用登记表》所领物品一并退回。

3.凡属各部门或部门内员工公用的办公用品应指定专人负责保管。

4.公司员工应本着节约的原则使用办公用品。

5.办公用品若被人为损坏,根据办公用品使用年限折价赔偿。

第十一条　办公用品报废

办公用品因使用年限过长或破损等原因确实无法使用或影响办公的,使用人填写《办公用品报废申请表》,经领导签批后,办公用品管理员负责回收处理。

第十二条　本办法自发布之日起执行。

第十三条　本办法由公司行政人事部负责解释。

链接资料二　办公用品管理各类表格

办公用品采购申请单

申购部门		经办人		
负责人签字		分管领导签字		
申请品名	规格及型号	数量	备注	

办公用品购置计划表

购置部门			采购员			
办公室负责人签字			领导审批签字			
采购品名	规格及型号	数量	单位	采购报价	金额	备注

办公用品购买入库登记表

序号	购买时间	名称	单位	数量	购买人	保管人	备注

办公用品领用登记表

序号	名称	单位	数量	领用部门	领用人	发放人	备注

办公用品管理统计表

序号	名称	单位	购买数量	领用数量	库存数量	备注

项目二　环境、物产与车辆管理

◎ 学习目标

知识目标

- 了解企业绿化、房产、车辆管理主要内容。
- 熟悉企业室内外绿化管理方法。
- 熟悉企业房产管理。
- 掌握企业车辆管理的环节、方法。

能力目标

- 能够拟订企业绿化方案和室内绿化布置。
- 能够管理企业房产。
- 能够熟练地调度车辆，实现有效管理。

◎ 工作任务

- 任务一：绿化环境管理。
- 任务二：企业房产管理。
- 任务三：车辆配备与使用。

◎ 导入案例

案例一 ABB 公司绿化管理有特色①

今天的市容巡报我们一起去厦门 ABB 开关有限公司看看，这里的园林绿化管理不仅有特色、水平高、绿化量充足，而且公司率先使用的中水回用系统也得到了考评专家的一致肯定。

这是 ABB 办公大楼前的绿化，乔木灌木各色花草错落有致，修剪到位，放眼望去到处一派绿意盎然。工作人员说，根据场所视线的特殊要求，所以从设计绿化一开始，他们就花了不少心思，选择各具特点的乔灌木品种搭配种植，大型乔木多以秀美挺拔的大王椰子为主。

绿化考评人员介绍说，ABB 整个厂区的绿化不仅修剪养护得很不错，而且在空间利用上也是别有风味。顶楼往往是被大家最容易忽视的地方，但 ABB 开关公司则把顶楼平台设计成了一个精致的小庭院，这里不仅种满了各种绿色植物，还有石桌石椅可供休憩。而在生产区内虽然只能做一些简单绿化，但工作人员还是尽其所能让有限的绿化透出层次和美感，像这个精致的小花园就很好地藏在生产车间中。

另外，厂区使用的中水回用系统也得到了考评专家的一致肯定，现在 ABB 厂区内的所有绿化都采用中水灌溉，这套系统也为工厂带了不错的经济效益。

厦门 ABB 开关有限公司行政管理人员黄思明说中水回用这套系统是我们公司率先使用，确实为我们公司产生了很大的经济效益，每年可以节省七八千吨的自来水。

案例二 办公室绿化好处多②

办公室里有些花花草草，好处可能出乎多数人的预料。德国科学家的一项研究指出，办公室绿化不仅能提高空气质量、降低污染物和噪音，还有助于缓解职员

---

① 引自：厦门广电网，http://www.xmg.com.cn/news/article/xm_44123.asp，记者林宏、通讯员胡伟青报道。

② 引自：《解放军报》2003 年 1 月 17 日报道。

头疼、紧张等症状。

据德国《商报》近日报道，这一研究是由宝马汽车公司和弗劳恩霍夫研究所共同进行的，目的在于通过改善办公环境提高职员的工作效率。宝马公司对一个25人的大办公室里进行绿化试验，然后由专家检测其效果。结果证实，办公室绿化可以有效提高空气湿度和清洁度，还能过滤空气，降低噪音，很大程度上足以代替空调。

科学家得到的数据是：办公室适度的绿化将室内空气环境质量提高30%，将噪音和空气污染物降低15%，通过改善办公环境可以把职员病假缺勤率从15%降低到5%。对职员进行的问卷调查表明，他们认为在绿色办公室里紧张感小，而创造力和活力提高了。

专家举例说，要把一间30平方米大小办公室的空气湿度从30%提高到最惬意的50%，需要种植6棵大约1.5米高的植物。宝马公司认为，这次试验使它认识并且更加珍视绿色办公室。

思考题：办公室绿化应该注意什么？

提示：环境是人们生活、工作的重要组成部分。环境质量好坏与工作效率高低有着直接关系。我们应该为企业每一位员工提供高质量的生活工作环境。

◎ 理论导读

任务一　绿化环境管理

企业的环境绿化，就是指在企业室内外种植物花草，改善美化办公环境。绿色象征和平与生机，使人产生安全感，并使人奋发向上。合理的绿化环境，既可以给员工创造舒适的工作空间，提高员工工作效率，也能有效地减少生产带来的噪音、粉尘、细菌等环境影响，创造较好的社会效益。企业环境绿化包括室内环境绿化和室外环境绿化。

随着我国现代化进程的不断加快，企业的办公水平逐渐提高，对企业办公环境的要求也越来越高。特别是随着世界低碳经济的发展和环保理念的深入，要求我们的企业能够对自己的办公环境进行合理绿化。而对环境绿化工作的组织、实施等一系列活动过程就是企业绿化环境管理工作。

一、室内绿化环境管理

室内环境主要指办公室环境。室内绿化环境就是利用各种绿色植物有效改变室内的环境，包括空气、光线、颜色等。

（一）办公室环境绿化作用

办公室里有些花草好处可能出乎很多人的预料，德国科学家的一项研究指出，办公室绿化不仅能提高空气质量、降低污染物和噪音，还有助于缓解职员头疼、紧张等症状。这一研究也证实通过改善办公环境可以提高职员的工作效率。具体来说办公室环境绿化的作用如下。

1. 绿化办公室环境可以愉悦心情，提高工作效率

科学家经过研究发现，办公室进行适度绿化后，室内空气质量提高了30%，而噪音和空气污染物则下降了15%，整个办公室环境进行绿化，员工病假缺勤率降低了10%，员工在办公室的紧张感也得到降低，创造力和活力却得到提高。这些研究说明绿化办公室环境可以愉悦心情，有助于提高工作效率。

2. 绿化办公室环境点染自然之趣，减轻办公压力

现代社会，人们生活在钢筋水泥的丛林中，缺乏自然情趣。沉闷刻板的办公室环境给人们带来了巨大的工作压力。而进行办公室绿化，将大自然赋予的青葱绿色引入室内，给员工带来令人耳目一新、精神为之一振的积极感觉，从而大大减轻上班族的工作压力，有助于放松心情，消除紧张，帮助思考等。

3. 绿化办公室环境有利于促进身心健康

植物能使人赏心悦目，净化心灵，陶冶情操，植物室内装饰的观赏功能满足了人们的心理需求。同时，良好的室内植物装饰环境可以使工作人员在紧张的工作中获得轻松。据有关实验表明，绿色在人的视野中占据25%，则能消除眼睛的生理疲劳，对于人的精神和心理最为适宜；一些植物能分泌出一种气态芳香萜烯类物质，人（或亚健康状态的人）吸入后，可兴奋人的神经中枢，刺激某些器官，起利尿、消炎和加强呼吸的作用等等。

（二）办公室环境绿化的方法

1. 根据办公室的环境条件，精心挑选合适的植物

进行办公室绿化之前，我们首先要观察办公室光线是否充足。一般来说，办公室里除了靠近窗户的位置，其他位置都存在着光线不足的问题。因此，我们在选择办公室绿色植物时，应该选择那些对光线需求不高的阴性植物，比如大岩桐、兰草、黄金葛、蕨类、常春藤等。这类植物原来就生存在比较阴暗的地方，对光线的需求比较少，因此很适合放在室内种植。

2. 根据办公室空间的大小，合理组织室内绿化空间

办公室空间有大小之分，植物体形也有大小之分。中国的审美文化强调和谐，办公室的绿色植物布置也是一样。如果用体形小的植物放在大空间的室内就会使人感到空旷、单调；用体形大的植物布置小空间的室内又会使人感到拥挤。因此要因地制宜，灵活合理地组织室内绿化空间。在小空间里可以用小型盆栽或悬吊小型吊篮、壁挂等形式进行绿化装饰，使较小型办公室具有“室雅何需大，花香不在多”的意境。在较大的室内空间里可以布置些体大、叶大、花艳、色浓的植物景观。

室内空间的绿化比例，一般不应超过室内空间的1/10，这样就会使室内产生

空间扩大感；反之，就会给人带来压抑感。因此要根据房间面积的大小选择和摆放植物，植株的高低、冠径的大小、绿量的大小都会影响到净化效果。一般室内绿色植物以集中布置为宜。10平方米左右的房间，1.5米高的植物放两盆比较合适，高大的植物一般不要超过2.5米，否则也会造成压抑感。

3. 利用室内各种设施，创造优美的室内植物景观

室内植物造景要充分发挥植物本身的姿态造型特点，以达到以少胜多、以小胜大、高低起伏的优美景观。例如，将各种造型雅致的盆景独立放置桌边、案几、窗台等处，形成独立的自然胜景；用直立、高大、色浓的盆栽花木布置在视野开阔处或墙基，借以衬托前景，形成大小、高低、色彩深浅的对比；还可以充分利用藤蔓植物枝条下垂、宜于悬吊等特性，把它悬在天花板、屋角、檐下、窗前，随风飘动的姿态，自然生动，别具风格。室内绿化造景还要充分利用室内各种设施，巧妙地将绿化植物与室内设施形成统一景观，使主人在不同角度都有景可赏，虽居室内却有招摇不尽之春，隐现无穷自然之态。

4. 根据现有绿化设备条件与审美趣味爱好，灵活设计室内绿化装饰小品

室内绿化装饰的主打手段是盆栽花木，然而要创造出办公室绿化的新意，还必须灵活设计各类室内绿化装饰小品。常用的几种室内绿化小品有：

(1)悬挂小品：在装有培养土的吊盆、吊篮里栽种富有变化的花木，以方便空中吊挂，创造办公室内的空中花园，它是一种欣赏盆、篮和植物色彩、造型艺术的绿化综合体，是活跃办公室气氛的佳品。

(2)瓶中小品：在小小封闭式的玻璃瓶中，加适量土壤、水分，置放小型植物即会茂盛生长形成瓶中花草，耐人寻味。因为瓶中空气、水分通过植物生长可以往返循环自给，而光线又可以直接照入，所以植物不仅能生存而且可以生长发育，长期保持优美精致的瓶中植物景观，是点缀办公室生气的佳品。

(3)盆景：盆景是我国传统的优秀园林艺术珍品，它富于诗情画意和生命特征，用于装点办公室，使人身居斗室却能领略山水林泉的情趣。盆景是植物饰品中的奇葩，其以小见大、缩龙成寸的艺术特色，格外迷人，是提升办公室高雅格调的佳品。

(4)插花：插花艺术具有装饰性强、随意性强、季节性强、作品精巧美丽的特点。一瓶艳丽或淡雅的插花，可以给办公室内带来温馨的感觉，使人获得一种美的喜悦和享受。它在室内装饰美化中起到点染色彩、创造气氛、增添美感的作用。

利用花卉植物净化室内环境应注意：

忌香：一些花草香味过于浓烈，会让人难受，甚至产生不良反应，如夜来香、郁金香、五色梅等。

忌敏：一些花卉，会让人产生过敏反应。像月季、玉丁香、五色梅、洋绣球、天竺葵、紫荆花等，人碰触抚摸它们，往往会引起皮肤过敏，甚至出现红疹，奇痒难忍。

忌毒：有的观赏花草带有毒性，摆放应注意，如含羞草、一品红、夹竹桃、黄杜鹃和状元红等。

（三）室内卫生环境管理

卫生环境管理是对企业办公区域环境的公共区域的清洁管理，是企业办公室环境建设的主要内容，也是室内环境绿化的重要组成部分。办公室环境清洁、美化，可以反映一个企业的精神面貌，使其在公众中树立良好形象。企业要经常清洁公用打印机、复印机周围，发现有废纸等杂物要及时清洁整齐，公用的文件柜、书架和贵重物品要保持有序；有专人负责经常清理的接待区或者会议室，应在访客离开或者会后立即清理，保证在下一个访客或会议前又有一个清洁整齐的环境。

加强企业室内卫生环境管理，一方面要建立起办公室卫生管理制度，特别是卫生值日制度。另一方面要加强对办公室人员保持卫生，减少污染的理念教育，从办公室领导到员工都应自觉遵守公司的卫生管理制度，维持企业办公室环境的清洁卫生，比如说在企业里推行"5S"管理等。

二、室外环境绿化管理

搞好企业室外的绿化管理，不仅能美化企业，吸收有害气体，改善环境条件，而且能为员工创造一个健康舒适的生产环境，可以有效地提高劳动生产率。同时，绿化也可以反映出企业的管理水平和员工的精神风貌。

（一）企业室外环境绿化的意义

企业室外的绿化建设，是企业综合实力的外在表现，体现着企业的外部形象。搞好企业室外的绿化，具有特殊的意义。

1. 美好企业环境是良好企业形象的重要组成部分

企业室外绿化是企业环境的重要组成部分。企业对室外建筑、道路、空地等进行绿化，所营造出的企业环境反映的是这个企业的文化氛围，体现着企业管理水准和企业员工的精神面貌。因此，企业环境是企业物质文化的载体，是企业形象的外在体现。美好的企业环境树立的是良好企业形象。

2. 美好企业环境改善员工工作环境

绿化能消除或减弱对人体神经系统的不良刺激，植物的绿色对人的心理有镇静作用。研究表明，一个人在劳动 4 个小时后到树木花草环境中，休息 15 分钟就能恢复体力。因此对企业室外环境进行绿化，建设美好的企业室外环境，能够有效改善企业员工工作环境，有利于促进员工的身心健康，提高劳动能力，进而提高生产率，减少工伤事故的发生。

3. 美好企业环境有利于减少环境污染，改善生态

随着工业发展，企业所带来的环境污染问题日益严重。在企业室外环境进行绿化，有利于减少环境污染，从而改善生态。绿色植物能吸收二氧化碳，释放氧气，吸收有害气体，还能吸收放射性物质、吸滞烟尘和粉尘。研究人员发现，在企业里

草坪地区比裸地地区上空的含尘量少2/3～5/6。

（二）企业室外绿化的原则

1. 室外绿化必须满足企业安全生产要求

生产是企业的根本。在对企业室外环境进行绿化时，我们必须始终考虑企业生产的要求，满足企业安全生产要求。绿化时，不仅要充分考虑绿化与建筑朝向、门窗位置、风向等因素，还应考虑光线和空气等要求。在管线复杂区域，不但要考虑植物与地下管线和空中线路的最小净间距，还要考虑植物的耐修剪程度，以不影响空中电缆和地下管线的安全生产为原则，并要合理选配树种，达到防火、防爆、安全生产的要求。

2. 室外绿化要保证合理绿化率

企业在进行室外绿化前，必须对企业的自然条件，企业性质、规模、污染等进行充分的调查，合理规划，提高土地利用率，保证合理适度的企业绿化率。采用合理的绿化形式，选择恰当的绿色植物，确定合适的绿化风格。我们在对企业室外环境进行绿化时，既不能蜻蜓点水，应付了事，为了绿化而绿化，把绿化做成表面文章；也不能过度绿化，超出企业的经济承受能力和企业的生产要求。

3. 室外绿化要和谐美观

对企业室外绿化，是一项美化环境的工程。因此，在绿化设计和绿化施工时，要尊重中国传统审美标准，结合时代审美发展，坚持统一规划，选择合理的绿化方案，做到点、线、面和谐美观，既要符合审美要求，又要具有企业特色，符合企业文化内涵和时代特征。

（三）企业室外绿化的方法

1. 选择植物品种

我们在选择植物品种时，应该充分考虑企业所在地的气候条件和气候特征、土壤、温度、水源、污染等因素，选择那些适合在这一环境下生长的植物品种，达到绿化层次明晰，四季常青、季季有花开的美化效果。根据美化效果，我们可选择多种形体的品种，具有季相变化的品种，来形成观形、觉色、闻味、听声的艺术效果，以实现现代企业的优美环境。选择时还应考虑植物的抗性，比如在钢铁企业中，常含有大量尘埃、油烟、炭粉等粉尘。为减少粉尘污染，就应选择枝叶茂密的树木，可以大大降低风速，从而使大尘埃下降。应选枝叶表面粗糙并生长有绒毛、叶面能分泌黏性油脂和汁浆的植物。当空气中的尘埃经过时，便被吸滞到叶片枝干上。此后，黏满灰尘的叶片经雨水冲刷，即可恢复吸滞灰尘的能力。

2. 配置绿色植物

选择好植物的品种后，还得进行有效的植物配置，才能达到最优化的效果。适合在同一企业中生长的植物品种是较丰富的，因而在配置上应采用多品种配置，以增强区域的识别性。可以根据绿化的不同目的，采用不同绿色植物，乔灌藤草的搭配，形成物种丰富，层次复杂的复层群落结构。

在配置绿色植物时，要考虑植物的色彩、形体、季相。植物的色相是相当丰富的，其能给人一种自然、放松的感觉，主要源于其色彩的丰富。色彩主要反映在其叶片、花朵上。因而在配置时按色彩学原理进行赏心悦目的配置，使企业较灰暗的环境中也能见到色彩亮丽的植物景观，为职工们提供舒适明快的景观环境。各个科的植物品种也有着不同的树形的，在配置中要将不同树形的品种相结合种植。同时可应用整形植物来体现植物的形体美。比如速生树与慢长树应按比例配置。园林植物随着时间变化而改变其形态，速生树高大显著，树枝舒展。慢长树色相丰富，枝叶浓密。在季相上，一方面可采取常绿树种与落叶树种搭配。常绿树四季常青，能美化冬季园林景观，而落叶树季相变化丰富。两者合理搭配，既能有效地利用光能，也能形成植物景观的季相美。另一方面是花、叶有季色相的植物应进行充分的搭配。

3. 分区管理室外绿化

由于企业工艺流程的特点，污染情况、治理“三废”措施等不同，对绿化的要求也不同，我们应该对企业室外绿化进行分区管理。

(1)企业门前区域和办公区的绿化管理

企业门前区域和办公区在一定程度上代表着企业的形象，体现企业的面貌，是企业员工上下班集散的场所，是给宾客参观产生第一印象之处。这一区域的绿化除了表现一般的抗性和美化效果外，还需达到赏心悦目、具有识别性。既可以种植观赏价值较高的常绿树，也可布置色彩绚丽、姿态婀娜、气味香馥的晚香玉、百合、牡丹、月季、紫薇等花卉。这一区域的布置可以适当拓展，比如设置喷水池、假山石等，或是利用各种花卉、草皮拼成不同图案或文字，比如企业标识、企业口号等。

(2)生产区的绿化管理

生产区域是企业的主体，应是企业室外绿化的重点，该区的绿化应以满足功能上的要求为主。不同性质的生产区域可因绿化面积的大小而异。高温区周围的绿化，应充分利用其附近空地，广泛栽植高大的落叶乔木和灌木，以构成浓荫蔽日、色彩淡雅、芳香沁人的凉爽、幽静环境，便于员工消除疲劳。方便于防火，应不种或少种针叶类及含油脂的树种。对产生污染物和噪音等有害物质的生产区，应选择生长迅速、抗污染能力强的灌木和乔木进行多行密植，形成多层次的混交。有条件应留有绿化带空地。在绿化管理时，道路旁应选用没有花粉、花絮飞扬的树木整齐栽植，其余空地可大面积铺栽草坪，适当点缀花灌木，用绿化来净化空气，增加空气湿度，减少尘土飞扬，形成空气清新、环境优美的工作环境。

(3)居住区的绿化管理

规模较大的企业或生产型企业往往建有生活区、居住区。居住区在绿化时，应尽量防止生产污染生活区，除了基础的美化外，还需给员工们创造各种园林空间环境，同时在居住区还应设有一些游憩绿地。

(4)企业内道路绿化管理

企业内道路是连接内外交通的纽带，员工上下班人流集中，车辆来往频繁，地上地下管道，电线纵横交叉，都给绿化带来了一定的困难。道路绿化应满足庇荫、防尘、降低噪音、交通运输安全及美观等要求，乔木以7～10米为宜。一般道路在两侧对称地栽树效果较好；如果道路狭窄不能两侧都栽树或者一侧管线太多时，可采用在道路一侧绿化的方式；如果路较宽，车行道和人行道能分开时，可以设计成多种形式以突出绿化效果。为了保证车河行人及生产安全，道路绿化要明确厂内道路交叉、转变地点的非植树区最小距离，树木与建筑物、道路、地下管线的最小间距。要充分发挥植物的形体色彩美，有层次地布置好乔木、花灌木、绿篱、花卉，形成既壮观又美丽的绿色长廊。

4. 室外绿化养护

室外绿化完成后，我们还应加强日常养护。养护时，我们一方面可以要做好植物的定期浇水等日常工作，检查植物病虫害；另一方面还要对绿化进行适当的更新，可以采用时令摆花与基础绿化相结合的办法。时令草花和多年生花卉的丰富色彩和芳香是植物景观中的点睛之笔，其观赏价值是最显著的，因而要体现一个企业的绿化景观，时令草花的应用是必要的。

任务二　企业房产管理

房产是企业重要的固定资产。对企业房产及其附属物业进行科学管理，发挥资产的最大效益，减低企业经营成本是企业经营管理的重要内容。企业房产管理工作主要是指对企业房产的产权、租赁、分配、维护等一系列管理活动。

一、产权管理

产权管理是企业房产管理的基础，是对企业房产进行租赁、分配、维护的前提条件。产权管理的关键是建立产权档案，明确所管理房产的产权来源依据、房屋的结构、面积、高度、建造时间、维修及变动等情况。一般而言，企业房屋新建扩建时，都有设计、施工图纸。房屋建成后，施工单位应将这些详细资料、图纸等移交到企业房管部门进行登记建档。房产管理人员应熟悉并详细了解产权的具体情况。在对企业房产进行产权管理过程中，要加强对房屋的定期检查，出现损坏情况应及时修缮。对检查、修缮的情况也应及时记录，归入档案。产权管理要重视制度建设，为产权管理过程中的一系列行为建立规范，包括产权登记、审核、交易管理、收益分配等。

二、租赁管理

房产对企业而言是一笔重要资产，在满足正常生产经营活动的前提下，企业可以将剩余的房产对外出租，发挥房产的经济效益，为企业增加收入，提高资产利用效益。在租赁管理活动中，要提高房屋租赁经营管理质量，规避房屋租赁经营风险，一方面要甄选承租人，选择那些有实力、守信用的承租人；另一方面是要签订租赁合同保障企业合法权益。房产租赁合同一般包括：

- 租赁双方的姓名或名称、住所
- 房屋坐落地点、面积、结构、装修、附属设施和设备状况
- 租赁期限
- 租金、管理费、能源费等费用支付时间及方式
- 房屋用途
- 房屋交付日期
- 租赁双方当事人的权利和义务
- 房屋转租的约定
- 房屋使用要求和维修责任
- 房屋返还时的状态和增添物的处置
- 变更和解除合同的条件
- 违约责任和争议的解决方式
- 当事人约定的其他条款

三、分配管理

房产管理人员对提供企业内部生产、经营活动使用的房产应进行合理分配。房产使用分配应慎重，避免因分配影响企业职工、部门的工作情绪和积极性，从而影响企业整体办公效率。

（一）分配原则

1. 优先保障

在企业管理系统中，生产和销售等是企业的核心业务，是企业的重中之重。行政工作则是企业管理的支撑系统，是辅助管理系统。因此在房产分配时应对生产业务用房优先保障，为其创造良好办公条件。在此基础上，兼顾支撑系统的办公用房需求，最大限度地提高房屋的利用率。

2. 优化流程

在对企业房产进行分配时，应结合企业的办公布局设计，结合各部门的职能和工作特点，考虑使用和服务要求，优化业务流程，将同类功能的房屋安排于办公场所的适当位置，保障流程之间的连贯性，方便人员联系业务。

（二）分配方法

一般来说，企业需要分配使用的房产主要包括办公用房以及员工宿舍。在对此类房屋进行分配时，应事先进行摸底，充分掌握具体情况，包括本企业可供使用的房屋的间数、总面积、建筑分布情况；企业职能部门设置情况，工作业务的特点及

部门间的协作关系;需要使用办公用房的部门人员及业务量等情况全面掌握,甚至能估计到部分部门人员数及业务可能出现的变化等。在了解清楚之后,再根据分配原则进行合理分配。要注意的是制订分配方案时,要充分听取各部门或使用人对方案的意见,使分配方案得到更多人的支持和理解。

四、维护管理

房产维护旨在保证房屋的正常使用,延长房产使用寿命,提高房屋使用效益。企业房产维护是企业房产管理工作的一项主要职能。

在房产维护工作中,要坚持管用结合的原则,房产管理部门和使用部门、使用人员相互配合,共同做好相应的维护保养工作。

房产管理部门要负责好配备办公家具、设备、门卫、清洁人员和维修房屋人员、供应水电等方面工作。应建立必要的保修、派工、回执、检查监督等制度,随时出现问题就随时维护,以免影响办公。合理制定维护计划。维护计划包括维护顺序的先后、资金的投入、维护进度等。管理部门要尽可能地降低维护成本,节约维护资金,但必须以保证质量为前提,决不允许以劣充优,埋下安全隐患。

使用部门和使用人员要负责保持房屋的清洁卫生以及房间设备的一般维修工作。要建立规章制度,以明确管用各方的责任,以免出现相互推诿现象而影响工作。

任务三　车辆配备与使用

随着社会经济的发展,使用车辆的人越来越多,对于拥有各种类型车辆的企业而言,车辆的管理日益成为日常事务中的一项重要的工作内容。如何让管理人员及时了解车辆状况,司机状况,合理安排出车,提高工作效率,提高车辆的使用效率,降低车辆使用费用和维修费用,就成为各家公司期待解决的一个课题。

一、企业车辆的购置管理

企业车辆的购置必须坚持有利于降低成本和控制费用、有利于资源优化配置和提高企业经营管理效率,有利于保证主营业务开展。在购置车辆时要考虑购车的数量、金额标准等。

每个企业应严格按照公司的规模大小、职能分工、领导数量等合理确定本公司的车辆数量,要从严掌握、合理确定。一般来说根据企业经济实力,在允许的前提下,公司领导公务用车按现职领导人数配备,可以采用主要负责人配备固定用车,副职保证工作用车的配置策略。对于业务部门的用车,可以根据业务的实际需要酌情予以配备。在配备车辆时,要做到各类车辆(轿车、客车、商务车、卡车等)合理配置,以满足不同的用车环境。

企业也应对公务车购置金额标准做出规定,一般根据企业实力按照职务等级区别配备相应档次的车辆，忌讳有的企业一味追求企业形象，超过自身实力购买豪华车辆。在确定车辆购置金额标准时要考虑购置车辆及办理入户手续过程中发生的各种税费。

对于因各种原因需要更新车辆，重新购置时，应坚持经济、安全的原则。只有当维修成本已大于车辆折旧的、或有安全隐患的、或已达到国家强制报废标准、或是出现过重大事故、存在重大安全隐患或原车型不能满足需要、使用成本过高的车辆才进行更新。企业一般需要对车辆更新做出年限或是行驶里程上的规定。

当企业提出需要购置车辆时，管理人员首先应该考虑能否通过提高现有车辆的利用率来保证工作用车需求。对确有需要购置的车辆，应该履行相应的购车审批手续。购置车辆后，我们还要按照国家有关法律法规做好车辆登记手续，到交通管理部门办理车辆行驶证和牌照，缴纳有关车辆保险费用。

二、企业车辆的调度管理

企业车辆的调度是指车辆管理人员根据企业车辆使用管理规定和当天用车需要，对企业车辆的使用进行分配安排。只有做好调度工作，才可以充分发挥汽车的使用效益，最大限度地满足各方面的用车要求。目前，企业普遍存在用车量大、供需矛盾突出的问题。企业行政管理人员应该充分发挥企业车辆调度在连接、协调用车部门同车队之间关系的纽带作用。

车辆调度工作一般采取的程序为：用车申请填写派车单→用车部门主管核准→车辆调度单位核准→行车司机出车。

在车辆调度管理中，我们要注意以下问题：

1. 用车提前申请：一般用车部门应该提前1～2天提出用车申请，填写派车单，交由部门主管和车辆调度单位核准。如有临时性、紧急性事件可以不受此约束，比如遇到员工急病、工伤抢救、报警等非常事故情况用车，可直接通知司机出车，后补办用车手续。

2. 合理调度：车辆调度原则上以派车单送达的先后顺序及办理事务轻重缓急程度安排车辆。一般情况下，在一条线路上不重复派车，车辆不能一次派完，要留备用车辆以应急需。

3. 车辆经调派外出后，用车人员务必掌握好用车时间及办事效率，原则上不得超时用车。若因特殊情况需延时用车时须提前与调度单位主管联络，并经许可后方能继续用车，否则，司机有权按预定时间返回。

4. 车辆使用完毕，用车单位人员应于行车日志上签字，并确认用车时间、里程数及所发生费用（停车费、过路费等），以作为费用分摊依据。

三、企业车辆的安全管理

企业车辆的安全是企业车辆管理的一项重要工作，关系到车辆的正常使用和工作用车的有效保障。对车辆的安全管理，要坚持预防为主的方针，做到管好人、用好车、防事故，严格执行车辆使用管理制度。

（一）管好人：加强驾驶员管理

“管车先管人，管人管思想”是车辆安全管理工作的基本规律，也是加强安全管理的一个重要环节。企业要充分认识车辆事故的危害性和行车安全的重要性，把做好预防车辆事故工作列为企业安全生产一项重中之重来抓。

一方面，要加强对驾驶员的行车安全教育。“思想决定一切”，对驾驶员应从思想根源上强化安全防范意识。组织驾驶员认真学习《道路交通安全法》以及本单位的相关规章制度，真正使安全教育的内容入心、入脑，自觉遵守交通规则，抵制不安全行为，确保他人与自身安全，切实提高驾驶员的安全意识和责任意识。

另一方面要加强对驾驶员的监督管理。要求驾驶员严格执行单位行车相关规章制度，落实各项安全防范措施，坚决做到“六个严禁”，即：严禁酒后开车，严禁疲劳开车，严禁超速行车，严禁超载，严禁驾驶员私自出车，严禁将车辆交给无证或其他人员驾驶，确保自身出行安全。

为了加强对驾驶员管理，还应制定一定的奖惩制度。对于安全行车达到一定里程，没有任何交通违章记录的司机应给予一定奖励。对不遵守交通规则、交通肇事、费用报销中的弄虚作假、车辆维修中受贿、不遵循车辆调度安排等行为予以经济处罚。

（二）用好车：做好车辆日常管理

1. 建立车辆安全技术档案

建立车辆技术档案，包括车辆购置时间、维修、保养情况、安全行驶和年检情况等，做到对车辆的安全状况心中有数。同时还应对每辆建立车辆保险档案。为车辆建立技术档案有利于掌握车辆的使用性能的变化情况，以便于对薄弱环节采取技术措施，充分发挥车辆性能和保证行车安全；有利于掌握车辆不同使用条件下的技术状况和机件的磨损规律，以便更好地调整保养作业的项目和周期；有利于掌握车辆保修和运行物料的消耗规律，从中找出节约人力、物力的最好途径；有利于为车辆保养、修理和原材料供应计划的编制和对车辆进行技术鉴定提供依据；有利于为改进车辆结构、性能和配件提供有关的技术资料和数据。

2. 定期实行车辆安全检查

严格执行车辆的安全检查制度，注重对车辆“出车前、行驶中和收车后”安全检查，要经常性地对车辆的转向、制动、传动、灯光、轮胎等部件进行安全检查，认真排查事故隐患，对有安全隐患的车辆一律不准上路，确保车辆运行安全。

3. 做好日常保养维护

企业车辆的保养一般分为例行保养、一级保养、二级保养和三级保养等四个等级。例行保养和一级保养一般可以由车辆使用人员完成，二、三级保养则需要到专业的车辆保养部门完成。

例行保养。它是以日常清洁为中心，是驾驶员每天出车前、行车中和收车后针对汽车使用情况所做的保养。其主要内容为：打扫、清洗汽车外部，检查安全机构及各部机件的连接紧固情况，检查轮胎气压，补给油、水，以及保养里程的润滑作业。

一级保养。它是以润滑、紧固为中心。其主要内容是检查车辆外露部位的螺栓、螺母是否牢固和按规定在润滑部位加注润滑脂。检查总轴承内润滑油平面，加添润滑油，清洗各个空气滤清器，排除发现的故障，车辆在一级保养后，应达到车容整洁、装备齐全、连接牢固、滤清器畅通、不漏油、不漏电、油嘴齐全及润滑良好。

二级保养。它是以检查、调整为中心。二级保养除执行一级保养的作业项目以外，主要检查、调整发动机、底盘及电气设备的工作状况，并完成一些附加的小修项目。

三级保养。它是以总成解体、清洗、检查、调整、消除隐患为中心，从而改善其技术状况并做好技术鉴定。

4. 及时维修故障车辆

维修车辆时对汽车所有零件及总成进行修理。它按照不同的对象和不同的作业范围，分为车辆大修、总成大修、车辆小修和零件修理。

车辆大修。它是指新车或经过大修后的车辆，在行驶一定里程或时间后，经过检测诊断和技术鉴定，用修理或更换车辆任何零部件的方法，恢复车辆的完好技术状况，完全或接近完全恢复车辆寿命的恢复性修理。

总成大修。它是指车辆的总成经过一定使用里程或时间后，用修理或更换总成任何零部件（包括基础件）的方法，恢复其完好技术状况和寿命的恢复性修理。

车辆小修。它是指用修理或更换个别零件的方法，保证或恢复车辆工作能力的运行性修理，主要是消除车辆在运行过程或维护作业过程中发生或发现的故障或隐患。

零件修理。它是指对因磨损、变形、损伤等而不能继续使用的零件进行修理。

（三）防事故：加强交通事故管理

企业车辆的使用频率高，难免会遇到交通事故。企业应对事故发生后如何处理做出相应规定，明确事故处理的责任部门和管理人员、处理程序、处理基本原则、处理的基本办法。

一般来说，交通事故发生后，司机和相关人员应在第一时间报告企业车辆管理部门。由车辆管理部门派人赴现场或是授权当事司机交涉处理。对于赔偿较大的交通事故应及时通报公司负责同志，切不可擅自做主。

事故现场处理要点包括：

- 迅速与公司联系，接受公司指示；
- 保护好现场，报告交警及保险公司；

• 如发生人身伤害时，应迅速把伤者送到最近的医院进行治疗；

• 记录下对方车辆损毁部位及程度；

• 牢记双方车辆损毁部位及程度；

• 根据实际情况回答交警提问，确认责任原因，接受交警处罚，保留好交警开出的交通事故报告；

• 需要自己赔偿的事故，通知自己的保险公司到现场定险。

交通事故的事后处理要点包括：

• 修理好事故车辆，保留好单据发票，到保险公司理赔；

• 事故中有人员受伤，需要联系医院治疗，保留好单据发票，到保险公司理赔；

• 大额的交通事故赔偿，事后有公司进行协商解决；

• 出现重大交通事故，应及时检查分析，在公司进行通报，同时开展安全教育和安全检查，杜绝事故的再次发生；

• 因公用车发生交通事故，不论大小，应通知行政部处理。

四、企业车辆费用管理

企业车辆管理效益最终体现在企业在车辆费用上的支出。在当前国际石油价格日益飞涨的形势下，如何节约车辆费用，显得越来越重要。企业对于车辆费用进行管理，关键要控制车辆的油料支出、维修费用支出、路桥费用支出。

对于油料费用支出，要根据车辆的实际状况，制定每辆车的油耗标准，实行“总量控制，包干使用”的办法。同时要建立指定加油点，认真做好加油记录和车辆行驶记录。无特殊原因未经公司批准，擅自在外加油，公司不予报销。每月车辆管理部门应将耗油量及行驶路程抽查一次，以防浪费。对于耗油量过高的，应及时查明原因，采取措施，如检修车辆或查问油票使用情况。

汽车用油分析方法如下：

1. 统计两项数字

(1)实际用油总数。

(2)行车总公里数。

2. 分析用油情况

(1)汽车正常耗油量：升/公里(查看汽车说明书)。

(2)将用车总公里数×升/公里＝应消耗的油量。

将上面计算出的消耗油量和实际用油总数相比是否大致一致。如若相差太大，说明有问题，应立即查明原因。

对于车辆因公所发生的一切过路、过桥、停车等费用，企业应据实报销。

车辆维修费用控制可以采用定点维修的办法。

◎ 技能训练

制订公司车辆管理改革方案

一、训练目标

通过本实训掌握企业车辆管理的基本内容和方法。

二、训练方案与要求

(一)案例描述

艾可公司是一家贸易公司。公司一共有七辆车,平时五位司机各开一辆车,其中一辆商务车,一辆奥迪 A8 钥匙由秘书小李保管,有重要客人时,司机换车来开。公司承担车辆的一切费用,包括汽油、养路费、保险费、维修费、洗车费、过路费、住宿餐费。此外还承担司机的工资、福利、社保公积金等。车辆主要用途是:1. 老板用车;2. 接送公司客人;3. 业务部外出见客户。业务部见客户原则上是一个人去同一个地方或几个人去同一个地方不派车,主要是各业务部门经理用车比较多。

秘书小李对公司去年车辆使用费用进行了统计,结果如下(单位:元):

油费 155454;养路费 10560;保险费 3000;汽车维修费 15000;折旧 110000;洗车 5000;合计 299014

今年公司想对车辆管理进行改革,希望能降低费用。

(二)训练要求

根据实际情况制订车辆管理改革方案。

(三)训练步骤

1. 指导学生认真阅读案例及实训内容和要求。

2. 分析案例主要内容以及本次实训目的。

3. 讲解车辆管理要点。

4. 布置实训任务。

(四)训练提示

1. 本实训可选择在模拟的办公室或教室进行,最好能配备真实的电脑。

2. 实训应分组进行,可以 3 人一组。

3. 每个同学在演练过程中一定要严肃认真,言行符合规范。

◎ 知识拓展

车辆管理常用表格

××公司用车申请单

年　月　日

申请部门		申请人		目的地		里程	
用车用途	送、发、提货□　采购□　办公□　辐射□					数量	
用车时段		出车时间		回车时间		超时原因	
申请部门经理		办公室主任		汽车班长			
备注				司机			

注：本单一式三联，第一联申请部门留存，第二联交办公室，第三联交司机。

××公司机动车基本情况及卫生检查记

年　月　日

车辆明细		卫生					机动车基本情况							其他
车型	牌照号	车内	底盘	车外	车库	玻璃	漆面	轮胎气压	电瓶	灯光	发动机	冷却液	机油	
尼桑	AK3829													
庆铃	AN5129													
本田	AK9770													
长安	AN7930													
夏利	AP6790													
别克	A09666													
木兰	A65431													

××公司司机考核记录

年　月

姓名	驾驶车型	牌照号	卫生	车况	出勤	公里/月	出车次/月	耗油	违章	事故	安全学习	修车费	成绩	备注
	尼桑	AK3829												
	长安	AN7930												
	长安	AC5873												
	天虹	A10444												
	天虹	A40897												
	木兰	A65431												

××公司汽车司机每日出车记录

年　月　日

姓名	车名/公里	车名/公里	车名/公里	车名/公里	车名/公里	车名/公里	公里合计
备注	1.各种车型的公里数总和。 2.加油记录。 3.其他一些突发事项，写明原因。 4.一式二联　一联交办公室　一联留存						

××公司机动车费用统计表

年份(　　)

车类	牌照号	公里数	使用公里数	耗油(升/百公里)	违章费用/次数	修车费/次数	备注
尼桑	AK3829						
本田	AK9770						
木兰	A65431						
别克	A09666						
总计							

××公司机动车保养记录

年　月　日

车型	牌照号	保养时间	金额	地点	日期	保养时间	金额	地点	日期	保养时间	金额	地点
尼桑	AK3829											
本田	AK9770											
长安	AN7930											
夏利	AP6790											
别克	A09666											

参考书目

1. 谭昆智,汤敏慧,劳彦儿.公关关系策划,北京:清华大学出版社,2009
2. 何伟祥.公关关系原理与实务,大连:东北财经大学出版社,2009
3. 王巧丽.公关关系实用教程,北京:对外经济贸易大学出版社,2009
4. 翁海峰.职业礼仪规范,北京:机械工业出版社,2009
5. 杨群欢:秘书理论与实务,北京:中国财政经济出版社,2005
6. 杨群欢:秘书实务实践教程,北京:中国商业出版社,2004
7. 杨群欢:秘书理论与实务教程,杭州:浙江大学出版社,2009
8. 仇雨临.员工福利管理.上海:复旦大学出版社,2004
9. 焦名海.办公室事务处理.重庆:重庆大学出版社,2010
10. 王福春.外事管理学概论,北京:北京大学出版社,2003
11. 胡占友.办公室管理行动指南,北京:机械工业出版社,2005
12. 杨剑宇.涉外秘书实务,上海:上海人民出版社,2007
13. 李柯.秘书与人力资源管理.北京:北京大学出版社,2010
14. 殷珍泉.礼仪有学问,北京:台海出版社,2002
15. 李莉.实用礼仪教程,北京:中国人民大学出版社,2004
16. 郑建斌.宴道,北京:中国纺织出版社,2009
17. 冯玉珠.餐饮礼仪全攻略,北京:对外经济贸易大学出版社,2005
18. 周国宝.外事管理实务,广州:华南理工大学出版社,2005
19. 张佩云等.人力资源管理.北京:清华大学出版社,2007
20. 吴宝华.人力资源管理实用教程.北京:中国林业出版社,2007
21. 李瑛珊等.企业行政管理实务.北京:北京大学出版社,2009
22. 杨群欢:秘书职业化——当代秘书与职业准入机制研究,长春:吉林大学出版社,2007
23. 文同:企业秘书管理手册,北京:企业管理出版社,2002
24. 廖金泽,公司秘书手册,深圳:海天出版社,2003

25. 劳动和社会保障部,中国就业培训技术指导中心:秘书国家职业资格培训教程,北京:海潮出版社,2003
26. 陈嫦盛:秘书沟通,深圳:海天出版社,2007
27. 杜骁:全方位秘书实务一图解手册,广州:广东经济出版社,2003
28. 杨蓓蕾:现代秘书工作导引,上海:同济大学出版社,2004
29. 赵锁龙:管理秘书实务,北京:中国人民大学出版社,2004
30. 张承钢:职场定位的 39 条法则,北京:蓝天出版社,2006
31. 廖金泽:秘书训练课程,深圳:海天出版社,2003
32. 夏于宝:职场方圆之道——办公室生存博弈规则,北京:地震出版社,2006
33. 石咏琦(台湾):谈天才秘书,北京:北岳文艺出版社,2003
34. 张知渔,徐娟:职场过三关,北京:中国城市出版社,2006
35. 张浩:新编秘书工作必读,北京:光明日报出版社,2001
36. 李明伦:秘书辅助方略,太原:书海出版社,2001
37. 蔡超,杨锋:现代秘书实务,广州:暨南大学出版社,2006
38. 董继超:普通秘书学,北京:中央广播电视大学出版社,1997

后　　记

由浙江大学出版社组织国内文秘专业重点高校编写的《企业综合事务管理》是高职高专文秘类专业工学结合规划教材、浙江省高校重点教材。教材结合秘书或行政助理各位特点，以项目化、任务驱动为基本特点，对传统教材进行了较大的改革，重在有效提升高校学生秘书职业综合素质和职业技能。该教材结合新时期高职高专学生特点，针对秘书工作岗位分为十大模块，教材编写分工如下：杨群欢（浙江湖州职业技术学院教授）：教材主编，教材总体策划设计，并承担模块二、模块五主要内容，红润模块七、模块九等相关内容；焦名海（深圳信息职业技术学院副教授）：模块三、模块四主要内容；李柯（湖州职业技术学院讲师）：模块一、模块六、模块七主要内容；严晓蓉（浙江经济职业技术学院讲师）：模块八主要内容；余红平（丽水职业技术学院讲师）：模块九、模块十主要内容；段利（浙江商业职业技术学院讲师）：模块五相关内容。同时，华侨大学华文学院孙汝建院长、金华职业技术学院施新教授给予了专业指导，湖州职业技术学院胡世明教授、丁继安教授、丁国强教授沈文中副教授等为教材的基本建设和总体框架等提供了相关指导和帮助。在此一并感谢！

本教材主编杨群欢教授，负责全书统稿。副主编焦名海、李柯、严晓蓉。

2011年7月

图书在版编目（CIP）数据

企业综合事务管理／杨群欢主编．—杭州：浙江大学出版社，2011.9(2022.9 重印)

ISBN 978-7-308-08863-3

Ⅰ.①企… Ⅱ.①杨… Ⅲ.①企业—秘书学—高等职业教育—教材 Ⅳ.①F272.9

中国版本图书馆 CIP 数据核字（2011）第 134493 号

企业综合事务管理

杨群欢　主编

丛书策划	樊晓燕　葛　娟
责任编辑	葛　娟
封面设计	吴慧莉
出版发行	浙江大学出版社 （杭州市天目山路 148 号　邮政编码 310007） （网址：http://www.zjupress.com）
排　　版	杭州青翊图文设计有限公司
印　　刷	广东虎彩云印刷有限公司绍兴分公司
开　　本	710mm×1000mm　1/16
印　　张	25
字　　数	490 千
版 印 次	2011 年 9 月第 1 版　2022 年 9 月第 2 次印刷
书　　号	ISBN 978-7-308-08863-3
定　　价	52.00 元